언어
문자
규범

GF 0025—2021

국제 중문 교육 중문 수준 등급 표준

Chinese Proficiency Grading Standards for International Chinese Language Education

中国教育部中外语言交流合作中心 主编

연세대학교 공자아카데미·중국연구원, 차이홍 공자아카데미 편역

연세대학교 대학출판문화원

국제 중문 교육 중문 수준 등급 표준
Chinese Proficiency Grading Standards for International Chinese Language Education

주편 中国教育部中外语言交流合作中心
편역 연세대학교 공자아카데미·중국연구원, 차이홍 공자아카데미
발행 연세대학교 대학출판문화원
주소 서울특별시 서대문구 연세로 50
http://www.yonsei.ac.kr/press
ysup@yonsei.ac.kr
전화 02)2123-3380~2
팩스 02)2123-8673
등록 1955년 10월 13일 제9-60호
인쇄 (주)화신문화

2021년 12월 30일 1판 1쇄
ISBN 978-89-6850-628-4(93720)

값 30,000원

일러두기

본 규범은 중국 교육부 대외언어교류협력센터(中外语言交流合作中心)와 중국 교육부 언어문자정보관리사(语言文字信息管理司)에서 제의하였다. 그리고 본 규범은 국가언어문자공작위원회(国家语言文字工作委员会)의 언어문자규범표준(语言文字规范标准) 심의위원회에서 심의하였다.

본 규범의 기안 기관은 중국 교육부 대외언어교류협력센터이고, 본 규범의 기안자는 刘英林, 马箭飞, 赵国成, 傅永和, 胡自远, 李佩泽, 李亚男, 梁彦民, 郭锐, 侯精一, 李行健, 王理嘉, 张厚粲, 杨寄洲, 赵杨, 吴勇毅, 王学松, 张新玲, 刘立新, 张洁, 于天昱, 应晨锦, 金海月, 王鸿滨, 关蕾, 白冰冰 등이다.

탈경계와 교차
– 서문을 대신하여

우리는 모국어가 아닌 외국어를 학습할 때 많은 어려움을 겪는다. 특히 성인이 되어 배울 때 더욱 그러하다.

말과 글, 구어와 문어, 입말과 글말 등의 언어는 사람과 사람을 이어주고 소통시켜 주는 매개체이다. 이렇듯 개인과 개인, 개인과 사회, 사회와 또 다른 사회를 이어주는 역할을 하는 것을 의사소통이라고 한다.

오늘날 세상의 많은 사람이 중국 현지의 모국어 화자들과 상호작용하는 도구가 바로 중문이고, 중문을 매개체로 소통한다.

이런 중문 학습, 특히 제2외국어로서의 중문 교육에 큰 변화가 생겼다. <국제 중문 교육 중문 수준 등급 표준>(이하 <표준>으로 약칭)이 새롭게 발표되었다. <표준>에서 '대외 중국어'나 '국제 중국어'가 아닌 '국제 중문(中文)'이란 용어를 사용한 것은 언어, 다시 말해 '말'뿐만 아니라 '글'과 '중화 문화' 등 종합적인 능력을 양성하는 것에 주목한 결과이다. <표준>의 발표는 중문을 제2외국어로 삼는 해외 학습자들이 생활, 학습, 업무 등의 영역에서 중문으로 교류할 때 필요한 언어 수준 등급을 재규정한 것을 의미한다. 그리고 <표준>은 학습자의 중문 실력을 '3단계 9등급'으로 나누어 음절, 한자, 어휘, 어법과 같은 언어의 기본 요소를 네 가지 차원의 기준으로 구성하고, 언어 의사소통 능력, 화제 임무 관련 내용, 언어 능력의 수치화 지표와 같은 세 가지 평가 기준을 세워 듣기, 말하기, 읽기, 쓰기, 번역이라는 다섯 가지 언어기능에서 중문 학습자들의 실력을 정확하게 평가할 수 있게 하였다. <표준>은 앞으로 국제 중문과 관련된 표준화 시험 출제의 근거가 될 것이고, 이에 중문을 평가하는 도구인 HSK도 3단계 9등급으로 바뀐다. <표준>은 '인터넷플러스(互聯網+)'시대 속에서 새로운 형태의 교육 모델을 구축하는 데에도 중요한 근거가 될 것이며, 각국의 국제 중문 교육의 전반적인 설계, 교재 집필, 수업 교수, 수업 평가에도 활용될 예정이다.

이 책은 종이 시험이 가진 한계를 다시 한번 어법 포인트를 통해서 정리한 것이 눈에 띈다. 경계를 넘어 영역 간 그리고 난이도 간 교차하는 부분을 극복하여 필수 항목들만 여기에 담았다.

이제는 모국어와 외국어, 중국어와 한국어의 한계를 뛰어넘어, 한국인 학습자들이 어떻게 하면 중문을 잘 학습하고 활용할 수 있는지 두 언어의 특징과 특성을 교차하여 그 방법과 교수법을 마련해야 한다.

이러한 목표와 목적으로 이 책이 세상에 나왔다. 어려운 환경 속에서도 흔쾌히 출판을 허락해 주신 연세대학교 대학출판문화원 하경심 원장님과 기획과 편집까지 힘든 일을 도맡아 주신 김성수 주임님께도 다시 한번 감사의 말씀 전한다. 이번 역시 同道들과 함께 행복하게 또 한 고개를 넘었다.

2021년 11월 22일 小雪 날

김현철, 김진무 적음

목 차

국제 중문 교육
중문 수준 등급 표준

Chinese Proficiency Grading Standards
for International Chinese Language Education

01 범위

본 규범은 중국어를 제2외국어로 삼는 학습자가 생활, 학습, 업무 등의 영역에서 중국어를 사용하여 교류할 때 필요한 언어 수준 등급을 규정한다.
본 규범은 국제 중국어 교육의 학습, 교육, 시험과 평가에 적용되며, 아울러 참고자료로 제공된다.

02 용어와 정의

다음의 용어와 정의는 본 규범에 적용된다.

2.1 국제 중문 교육 (International Chinese Language Education)

중국어를 제2외국어로 삼는 학습자를 대상으로 하는 교육이다.

2.2 중문 수준 (Chinese proficiency)

학습자가 중국어를 사용하여 언어교류를 할 때 나타나는 언어 수준이다.

2.3 3등급 9급수 (Three levels and nine bands)

학습자의 중국어 수준을 낮은 수준에서 높은 수준까지 초등·중등·고등의 3등급으로 나누고, 각 등급은 수준에 따라 각각 3급수로 나누어 모두 '3등급 9급수'가 된다.

2.4 4가지 기준 (Four-dimension benchmarks)

음절, 한자, 어휘, 어법 등 언어의 네 가지 기본 요소를 중국어 수준을 평가하는 기준으로 삼는다.

2.5 언어 교류 능력 (Verbal communication abilities)

학습자가 듣기, 말하기, 읽기, 쓰기, 번역이라는 5가지 언어기능을 종합적으로 활용하여, 각기 다른 환경에서 서로 다른 화제에 대해 중국어로 교류할 수 있는 능력이다.

2.6 화제와 임무 (Topics and tasks)

학습자가 생활, 학습, 업무에서 중국어를 사용할 때 언급하는 상용 화제 내용과 교류 과정에서 여러 항목의 언어기능을 종합적으로 활용해 완수하는 전형적인 언어 교류 임무이다.

2.7 언어 능력 수치화 지표 (Quantitative criteria)

다음은 학습자가 각 급수의 중국어 수준에 도달하기 위해서 숙지해야 할 음절, 한자, 어휘, 어법의 내용과 수량이다.

《국제 중문 교육 중문 수준 등급 표준》 언어 능력 수치화 지표 총괄표

등급	급수	음절	한자	어휘	어법
초등	1급	269	300	500	48
	2급	199/468	300/600	772/1272	81/129
	3급	140/608	300/900	973/2245	81/210
중등	4급	116/724	300/1200	1000/3245	76/286
	5급	98/822	300/1500	1071/4316	71/357
	6급	86/908	300/1800	1140/5456	67/424
고등	7-9급	202/1110	1200/3000	5636/11092	148/572
총계		1110	3000	11092	572

주의 : 서식에서 '/' 앞뒤의 두 숫자 중 앞의 숫자는 해당 급수에서 새로 증가한 언어요소의 수량이며, 뒤의 숫자는 해당 급수까지 누적된 언어요소의 수량을 나타낸다. '고등'에서 언어 능력 수치화 지표는 급수에 따라 세분하지 않는다.

03 등급

3.1 초등

기본적으로 간단한 언어자료를 이해할 수 있고, 효과적인 사회적 교류를 할 수 있다. 일상생활, 학습, 업무, 사회적 교류 등을 완수할 수 있는 제한적인 화제를 표현할 수 있고, 상용 문형으로 짧은 문단을 만들며, 간단한 교류 임무를 완수할 수 있다. 간단한 교류 전략으로 일상표현을 보조할 수 있다. 초보적으로 중국 문화 지식을 이해하며, 초보적인 다문화 소통 능력을 구비하고 있다. 초등 단계의 학습을 완수하려면 음절 608개, 한자 900개, 어휘 2245개, 어법포인트 210개를 숙지해야 하며, 한자 300개를 쓸 수 있어야 한다.

3.1.1 1급 표준

- 언어 교류 능력: 초보적인 듣기, 말하기, 읽기, 쓰기 능력을 구비한다. 가장 익숙한 화제에 대해 간단하거나 수동적인 교류를 할 수 있으며, 가장 기본적인 사회적 교류를 완수한다.
- 화제와 임무: 화제는 개인 정보, 일상생활, 음식, 교통, 취미 등과 관련되며, 이와 관련된 교류 임무를 완수할 수 있다. 예를 들어 각기 다른 교류 대상에게 가장 간단한 겸양어를 사용할 수 있어야 한다. 또한 공공 환경의 일부 간단한 정보를 식별하고 문의하여 확인할 수 있다.
- 언어 능력 수치화 지표: 음절 269개, 한자 300개, 어휘 500개, 어법포인트 48개.

1) 듣기

1급 '화제와 임무'에서 언급된 내용의 단어나 구 또는 단문 위주의 간단한 대화(80자 이내)를 듣고 이해할 수 있다. 대화 발음은 표준적이며, 음성이 뚜렷하고, 발화속도가 느리다(최소 분당 100자 이상). 그림, 실물 등의 보조 수단을 통해 기본 정보를 이해할 수 있다.

2) 말하기

1급 '언어 능력 수치화 지표'의 음절을 숙지해야 하며, 발음은 기본적으로 정확해야 한다. 1급에서 언급되는 어휘와 어법을 사용하여 관련 화제 표현과 교류 임무를 완수할 수 있다. 초보적인 회화 표현 능력을 구비하고, 단어나 구와 상용 단문으로 간단한 질의응답을 할 수 있다.

3) 읽기

1급 '언어 능력 수치화 지표'에서 언급한 음절, 한자, 어휘를 정확하게 읽을 수 있다. 그림, 병음 등에 의지해 1급 '화제와 임무'에서 언급된 내용의 어법이 1급 범위를 초과하지 않는 언어자료(100자 이내)를 읽고 이해할 수 있으며, 읽는 속도는 분당 80자 이상이어야 한다. 일상생활에서 가장 흔히 보는 표지를 식별할 수 있고 간단한 메모, 서식, 지도에서 가장 기본적인 정보를 얻을 수 있다.

4) 쓰기

초등 쓰기 한자표의 한자 100개를 숙지해야 한다. 한자의 필획과 필순의 쓰기 규칙 및 가장 많이 쓰이는 문장부호의 용법을 기본적으로 이해한다. 기본적으로 정확하게 한자를 필사할 수 있으며, 필사 속도는 분당 10자 이상이어야 한다. 가장 기본적인 서면 표현 능력을 구비하고, 간단한 단어나 구 그리고 상용 단문을 사용할 수 있으며, 가장 기본적인 개인 정보를 기입하고, 메모를 작성할 수 있다.

3.1.2 2급 표준

- 언어 교류 능력: 기본적인 듣기, 말하기, 읽기, 쓰기 능력을 구비한다. 비교적 익숙한 화제에 대해 짧은 교류를 하며 간단한 사회적 교류도 완수할 수 있다.
- 화제와 임무: 화제는 기본적인 사교, 가정생활, 학습 계획, 쇼핑, 식사, 개인 감정 등에 관련되며, 이와 관련된 교류 임무를 완수할 수 있다. 예를 들어 친구와 중국음식점에서 음식을 주문하고 좋아하는 것에 대해 교류할 수 있으며 입학서식의 정보를 식별하고 기입할 수 있다.
- 언어 능력 수치화 지표: 음절 468개(199개 추가), 한자 600개(300개 추가), 어휘 1272개(772개 추가), 어법포인트 129개(81개 추가).

1) 듣기

2급 '화제와 임무'에서 언급된 내용의 단문이나 소량의 간단한 복문을 포함한 대화 또는 일반적인 발언(150자 이내)을 듣고 이해할 수 있다. 대화 또는 발언의 발음은 표준적이며, 음성이 뚜렷하고, 말하는 속도가 비교적 느리다(분당 140자 이상). 손짓, 표정 등의 보조 수단을 통해 기본 정보를 이해할 수 있다.

2) 말하기

2급 '언어 능력 수치화 지표'의 음절을 숙지해야 하며, 발음이 기본적으로 정확해야 한다. 2급에서 언급되는 어휘와 어법을 사용하여 관련 화제 표현과 교류 임무를 완수할 수 있다. 기본적인 회화 표현 능력을 구비하고 간단한 문장으로 짧은 질의응답이나 진술 및 사교적인 담화를 할 수 있다.

3) 읽기

2급 ‘언어 능력 수치화 지표’에서 언급한 음절, 한자, 어휘를 정확하게 읽을 수 있다. 병음, 삽화, 학습 사전 등을 참고하여 2급 ‘화제와 임무’에서 언급된 내용의 어법이 2급 범위를 초과하지 않는 간단한 200자 이내의 언어자료를 읽고 이해할 수 있으며, 읽는 속도는 분당 100자 이상이어야 한다. 소개, 서술 등의 언어자료에서 구체적인 목표 정보를 획득할 수 있으며, 기본적으로 일반적인 통지, 전자정보 등을 읽고 이해할 수 있다.

4) 쓰기

초등 쓰기 한자표의 한자 200개를 숙지해야 한다. 한자의 필획과 필순의 쓰기 규칙 및 자주 쓰이는 문장부호의 용법을 비교적 잘 숙지해야 한다. 비교적 정확하게 한자를 필사할 수 있으며, 필사 속도는 분당 15자 이상이어야 한다. 초보적인 서면 표현 능력을 구비하고, 간단한 문장을 사용할 수 있으며, 규정된 시간 내에 개인 생활 또는 학습 등과 밀접하게 관련된 기본 정보를 소개할 수 있다. 글자 수는 100자 이상이어야 한다.

3.1.3 3급 표준

- 언어 교류 능력: 일반적인 듣기, 말하기, 읽기, 쓰기 능력을 구비한다. 기본적인 일상생활, 학습과 업무에 대한 화제에 대해 간단한 교류를 할 수 있으며, 일상적인 사회적 교류를 수행할 수 있다.
- 화제와 임무: 화제는 여행경험, 교과과정 상황, 문화 오락 및 스포츠 활동, 명절 풍습, 교육, 직업 등과 관련되며, 이와 관련된 교류 임무를 완수할 수 있다. 예를 들어 다른 사람과 설날 등 전통 명절의 여행 계획 및 명절 풍속에 대해 교류할 수 있다. 비교적 공식적인 구두 혹은 서면 초청이 가능하고, 다른 사람의 초청에 답할 수도 있다.
- 언어 능력 수치화 지표: 음절 608개(140개 추가), 한자 900개(300개 추가), 어휘 2245개(973개 추가), 어법포인트 210개(81개 추가).

1) 듣기

3급 ‘화제와 임무’에서 언급된 내용의 비교적 긴 단문과 간단한 복문 위주의 대화 또는 일반적인 발언(300자 이내)을 듣고 이해할 수 있다. 대화 또는 발언의 발음은 기본적으로 표준적이며, 음성이 뚜렷하고, 말하는 속도는 정상 속도에 가깝다(분당 180자 이상). 음성, 어조, 말하는 속도의 변화 등 보조 수단을 통해 주요 정보를 이해하고 획득할 수 있다.

2) 말하기

3급 '언어 능력 수치화 지표'의 음절을 숙지해야 하며, 발음이 기본적으로 정확해야 한다. 3급에서 언급되는 어휘와 어법을 사용하여 관련 화제 표현과 교류 임무를 완수할 수 있다. 일반적인 회화 표현 능력을 구비하고, 소량의 비교적 복잡한 문형으로 간단한 교류 또는 토론을 할 수 있다.

3) 읽기

3급 '언어 능력 수치화 지표'에서 언급한 음절, 한자, 어휘를 정확하게 읽을 수 있다. 3급 '화제와 임무'에서 언급된 내용의 어법이 기본적으로 3급 범위를 초과하지 않는 언어자료(300자 이내)를 읽고 이해할 수 있으며, 읽는 속도는 분당 120자 이상이어야 한다. 간단한 복문을 이해할 수 있고, 서술, 설명 등의 언어자료를 읽고 이해할 수 있으며, 문장의 대의와 세부적인 정보를 이해할 수 있다. 또한 자전, 사전 등을 이용하여 단어의 의미를 이해할 수 있다. 중요 대목 독해, 발췌독 등의 읽기 기능을 구비하고 있다.

4) 쓰기

초등 쓰기 한자표의 한자 300개를 숙지해야 한다. 한자의 필획과 필순의 쓰기 규칙 및 각종 문장부호의 용법을 비교적 능숙하게 숙지해야 한다. 정확하게 한자를 필사할 수 있으며, 필사 속도는 1분에 20자 이상이어야 한다. 일반적인 서면 표현 능력을 구비하여 간단한 서면 교류를 할 수 있고, 규정된 시간 내에 편지, 통지 및 서술성 단문 등을 쓸 수 있으며, 글자 수는 200자 이상이어야 한다. 기본적으로 문장은 매끄럽고, 표현은 분명해야 한다.

3.2 중등

여러 가지 주제의 일반 언어자료를 이해하고, 비교적 유창하게 사회적 교류를 할 수 있다. 일상생활, 업무, 직업, 사회 문화 등 영역의 비교적 복잡한 화제에 대해 기본적인 단락 표현을 할 수 있다. 자주 접하는 교류 전략을 활용할 수 있다. 기본적으로 중국문화지식을 이해하고, 기본적인 다문화 소통 능력을 구비한다. 중등 단계의 학습을 완수하려면 음절 908개(300개 추가), 한자 1800개(900개 추가), 어휘 5456개(3211개 추가), 어법포인트 424개(241개 추가)를 숙지해야 하며, 한자 700개(400개 추가)를 쓸 수 있어야 한다.

3.2.1 4급 표준

• 언어 교류 능력: 일정한 듣기, 말하기, 읽기, 쓰기와 초보적인 번역 능력을 구비한다. 비교적 복잡한

일상생활, 학습, 업무 등의 화제에 대해 기본적으로 완전하고 연관이 있으며 효과적인 사회적 교류를 할 수 있다.

- 화제와 임무: 화제는 지역사회 생활, 건강 상황, 캠퍼스 생활, 일상 근무 등과 관련되며 이와 관련된 교류 임무를 완수할 수 있다. 예를 들어 의사에게 진찰받을 때, 병세를 간단하게 설명하고 의사와 소통할 수 있으며, 간단한 겸직 광고를 쓰고 상대방의 문의에 답할 수 있다.
- 언어 능력 수치화 지표: 음절 724개(116개 추가), 한자 1200개(300개 추가), 어휘 3245개(1000개 추가), 어법포인트 286개(76개 추가).

1) 듣기

4급 '화제와 임무'에서 언급된 내용의 비공식 대화 또는 400자 이내의 발언을 듣고 이해할 수 있다. 대화 또는 발언의 발음은 자연스럽고 약간의 방언이 있으며 정상 속도로 말한다(분당 180-200자 정도). 불필요한 중복, 일시 중지 등의 영향을 받지 않고 정확하게 주요 정보를 획득할 수 있다. 말 속에 숨은 뜻을 알아챌 수 있으며, 대화 또는 발언 중에 언급된 문화 요소를 이해할 수 있다.

2) 말하기

4급 '언어 능력 수치화 지표'의 음절을 숙지해야 하며, 발음이 기본적으로 정확하고, 어조가 비교적 자연스러워야 한다. 4급에서 언급되는 어휘와 어법을 사용하여 관련 화제 표현과 교류 임무를 완수할 수 있다. 초보적인 단락 표현 능력을 구비하고, 일부 비교적 복잡한 문형으로 사건의 전개를 서술하며, 비교적 복잡한 장면을 묘사하고, 간단명료하게 관점을 진술하고 감정을 표현할 수 있다. 일반적인 이야기를 나누고, 표현은 비교적 유창하며, 단어는 비교적 정확하게 사용할 수 있다.

3) 읽기

4급 '언어 능력 수치화 지표'에서 언급한 음절, 한자, 어휘를 정확하게 읽을 수 있다. 4급 '화제와 임무'에서 언급된 내용의 어법이 기본적으로 4급 범위를 초과하지 않는 500자 이내의 언어자료를 읽고 이해할 수 있으며, 읽는 속도는 1분에 140자 이상이어야 한다. 일반적인 복문을 이해할 수 있으며, 서술, 설명 등 언어자료 및 간단한 논설문을 읽고 이해할 수 있다. 주요 내용을 이해하여 중요한 정보를 파악하고 아울러 적당히 추론하여 기본적으로 언급된 문화 요소를 이해할 수 있다. 빠른 속도로 읽기, 추측하고 연상하기, 장애 뛰어 넘기 등의 읽기 기능을 초보적으로 숙지할 수 있다.

4) 쓰기

중등 쓰기 한자표의 한자 100개를 숙지해야 한다. 기본적으로 한자의 구조 특징을 숙지해야 한다.

간단한 문형을 사용해 문단 표현을 할 수 있고, 규정된 시간 내에 간단한 서술, 설명 등 언어자료의 작문을 완수하며, 글자 수는 300자 이상이어야 한다. 단어 사용이 기본적으로 정확하고, 문형에는 일정한 변화가 있으며, 내용이 기본적으로 완전하고, 표현이 비교적 분명해야 한다. 자주 보는 응용 문체 작문을 완수할 수 있고 형식은 기본적으로 정확해야 한다.

5) 번역

초보적인 번역 능력을 구비하여, 4급 '화제와 임무'의 내용에 대해 번역할 수 있으며, 내용은 완전하고, 번역 중 언급된 문화 요소를 이해할 수 있다. 비공식적인 장소에서의 접대와 간단한 수행통역 임무를 완수할 수 있으며, 표현은 기본적으로 유창해야 한다. 간단한 서술, 설명 등의 서면 언어자료를 번역할 수 있으며, 번역문은 대체로 정확해야 한다.

3.2.2 5급 표준

- 언어 교류 능력: 일정한 듣기, 말하기, 읽기, 쓰기와 기본적인 번역 능력을 구비한다. 복잡한 생활, 학습, 업무 등의 화제에 대해 기본적으로 완전하고 막힘이 없으며 효과적인 사회적 교류를 할 수 있다.
- 화제와 임무: 화제는 인간관계, 생활방식, 공부방법, 자연환경, 사회현상 등과 관련되며, 이와 관련된 교류 임무를 완수할 수 있다. 예를 들어 생활하면서 자주 접하는 사회현상에 대해 교류를 하거나 견해를 나눌 수 있다. 편지에 답장을 하거나 자신의 공부방법 및 건의를 소개할 수 있다.
- 언어 능력 수치화 지표: 음절 822개(98개 추가), 한자 1500개(300개 추가), 어휘 4316개(1071개 추가), 어법포인트 357개(71개 추가).

1) 듣기

5급 '화제와 임무'에서 언급된 내용의 비공식적인 그리고 비교적 공식적인 대화 또는 발언(500자 이내)을 듣고 이해할 수 있다. 대화 또는 발언의 발음은 자연스럽고 약간의 방언이 있으며, 분당 200-220자 내의 정상 속도로 말한다. 시끄러운 환경, 불필요한 중복, 일시 중지 등의 영향을 받지 않고, 정확하게 주요 정보와 일부 세부 내용을 획득할 수 있다. 기본적으로 대화 또는 발언 중에 언급된 문화 요소를 이해할 수 있다.

2) 말하기

5급 '언어 능력 수치화 지표'의 음절을 숙지해야 하며, 발음이 기본적으로 정확하고, 어조가 비교적 자연스러워야 한다. 5급에서 언급되는 어휘와 어법을 사용하여 관련 화제 표현과 교류 임무를 완수할 수 있다. 기본적인 단락 표현 능력을 구비하고, 비교적 복잡한 문형으로 이야기를 나누며, 비교적 자세하게 사건을 묘사하고, 완전하게 개인의 감정을 표현할 수 있다. 비교적 복잡한 생각과 감정을 일관되게 표현할 수 있고, 단어는 정확하게 사용할 수 있으며, 일정한 논리를 갖춘다.

3) 읽기

5급 '언어 능력 수치화 지표'에서 언급한 음절, 한자, 어휘를 정확하게 읽을 수 있다. 5급 '화제와 임무'에서 언급된 내용의 어법이 기본적으로 5급 범위를 초과하지 않는 700자 이내의 언어자료를 읽고 이해할 수 있으며, 읽는 속도는 분당 160자 이상이어야 한다. 복잡한 복문을 이해할 수 있으며, 서술, 설명, 논설 등의 언어자료를 읽고 이해할 수 있다. 언어자료의 중심의미 또는 논점의 논거를 이해하고 개괄할 수 있으며, 아울러 논리적인 추론을 하여 관련된 문화 요소를 비교적 잘 이해할 수 있다. 속독, 발췌독, 정보 찾기 등 읽기 기능을 비교적 잘 숙지한다.

4) 쓰기

중등 쓰기 한자표의 한자 250개를 숙지해야 한다. 자주 보는 한자의 구조를 분석할 수 있다. 비교적 복잡한 문형을 사용해 문단 표현을 할 수 있고, 규정된 시간 내에 일반적인 서술, 설명 및 간단한 논설 등 언어자료의 작문을 완수할 수 있으며, 글자 수는 450자 이상이어야 한다. 단어 사용이 비교적 적절하고, 문형은 기본적으로 정확하며, 내용이 비교적 완전하고, 표현은 비교적 매끄러워야 한다. 일반적인 응용문체 작문을 완수할 수 있고, 기본적으로 형식은 정확해야 하며, 표현은 규범적이어야 한다.

5) 번역

기본적인 번역 능력을 구비하여 5급 '화제와 임무'의 내용에 대해 번역할 수 있으며, 내용은 완전하고, 번역 중 언급된 문화 요소를 기본적으로 처리할 수 있다. 비공식적인 장소에서 간단한 순차통역 임무를 완수할 수 있으며, 표현은 비교적 유창해야 한다. 일반적인 서술과 설명 또는 간단한 논설 등의 서면 언어자료를 번역할 수 있으며, 번역문은 비교적 정확해야 한다.

3.2.3 6급 표준

- 언어 교류 능력: 일정한 듣기, 말하기, 읽기, 쓰기와 일반적인 번역 능력을 구비한다. 일부 전문적인 영역의 학습과 업무 화제에 대해 비교적 풍부하고 유창하며, 적절한 사회적 교류를 할 수 있다.
- 화제와 임무: 화제는 사회적 교류, 회사 사무, 갈등분쟁, 사회뉴스, 중국과 외국 비교 등에 관련되며, 이와 관련된 교류 임무를 완수할 수 있다. 예를 들어 비공식적인 장소에서의 역사, 문화 등의

방면에서 중국과 외국의 차이를 논할 수 있다. 대략적으로 사회뉴스를 읽고 이해하고 평론을 할 수 있다.

- 언어 능력 수치화 지표: 음절 908개(86개 추가), 한자 1800개(300개 추가), 어휘 5456개(1140개 추가), 어법포인트 424개(67개 추가).

1) 듣기

6급 '화제와 임무'에서 언급된 내용의 대화 또는 600자 이내의 발언을 듣고 이해할 수 있다. 대화 또는 발언의 발음은 자연스럽고 약간의 방언이 있으며, 말하는 속도는 분당 200-240자 내의 정상 속도이거나 이보다 약간 빠르다. 문구 중 오류, 수정 등 요소의 영향을 받지 않고 비교적 정확하게 화자의 진정한 의도를 이해할 수 있다. 기본적으로 대화 또는 발언 중에 언급된 문화 내용을 이해할 수 있다.

2) 말하기

6급 '언어 능력 수치화 지표'의 음절을 숙지해야 하며, 발음이 기본적으로 정확하고, 어조가 비교적 자연스러워야 한다. 6급에서 언급되는 어휘와 어법을 사용하여 관련 화제 표현과 교류 임무를 완수할 수 있다. 일반적인 단락 표현 능력을 구비하고, 복잡한 문형을 정확하게 사용하여 사건과 장면을 자세하게 묘사하며, 비교적 유창하게 토론과 간단한 협상을 할 수 있다. 개인의 견해와 생각과 감정을 비교적 충분하고 유창하게 표현하고, 단어 사용이 풍부하며, 기본적으로 적절하고 비교적 논리적이어야 한다.

3) 읽기

6급 '언어 능력 수치화 지표'에서 언급한 음절, 한자, 어휘를 정확하게 읽을 수 있다. 6급 '화제와 임무'에 언급된 내용의 어법이 기본적으로 6급 범위를 초과하지 않는 900자 이내의 언어자료를 읽고 이해할 수 있으며, 읽는 속도는 분당 180자 이상이어야 한다. 언어자료의 구조적 층차를 구별할 수 있으며, 정확하게 내용을 이해하고, 주요 논점과 정보를 채택할 수 있다. 앞뒤 문장을 통해 단어의 의미를 추측하고 내포된 정보를 추론할 수 있으며, 기본적으로 언급된 문화내용을 이해한다. 비교적 강한 발췌독, 정보 찾기, 요점 개괄 등 읽기 기능을 갖추고 있다.

4) 쓰기

중등 쓰기 한자표의 한자 400개를 숙지해야 한다. 비교적 숙련되게 한자의 구조를 분석할 수 있다. 비교적 길고 복잡한 문형을 사용해 단락 표현을 할 수 있고, 규정된 시간 내에 자주 보는 서술, 설명,

논설 등 언어자료의 작문을 완수할 수 있으며, 글자 수는 600자 이상이어야 한다. 단어 사용이 적절하고, 문형이 정확하며, 내용이 완전하고, 표현이 매끄럽고 연관이 있어야 한다. 자주 쓰이는 수사법을 활용할 수 있다. 여러 종류의 응용문체 작문을 완수할 수 있으며, 형식은 정확해야 하고, 표현은 규범적이어야 한다.

5) 번역

일반적인 번역 능력을 구비하여 6급 '화제와 임무'의 내용에 대해 번역할 수 있으며, 내용은 완전하고, 중국어 표현 규칙에 부합해야 하며, 번역 중 언급된 문화 내용을 처리할 수 있어야 한다. 비공식적인 장소에서의 통역 임무를 완수할 수 있으며, 표현은 유창하고, 즉시 교정 또는 다시 번역할 수 있어야 한다. 자주 보는 서술, 설명, 논설 등의 서면 언어자료를 번역할 수 있으며, 번역문은 정확해야 한다.

3.3 고등

여러 가지 주제와 체재의 복잡한 언어 자료를 이해하고, 심도 있는 교류와 토론을 할 수 있다. 사회생활, 학술연구 등 복잡한 영역의 화제에 대해 규범적이고 적절한 사회적 교류를 할 수 있고, 논리가 분명하며, 구성이 치밀하고, 문장 조직이 합리적으로 연결되어 있어야 한다. 각종 교류 전략을 융통성 있게 활용할 수 있다. 중국문화지식을 심도 있게 이해하고, 국제적인 시각과 다문화 소통 능력을 구비한다. 고등 단계의 학습을 완수하려면 음절 1110개(202개 추가), 한자 3000개(1200개 추가), 어휘 11092개(5636개 추가), 어법포인트 572개(148개 추가)를 숙지해야 하며, 한자 1200개(500개 추가)를 쓸 수 있어야 한다.

고등(7-9급) '언어 능력 수치화 지표'는 급수별로 세분하지 않는다.

3.3.1 7급 표준

- 언어 교류 능력: 양호한 듣기, 말하기, 읽기, 쓰기와 초보적인 전문 번역 능력을 구비한다. 비교적 광범위하고 고차원적인 화제에 대해 기본적으로 규범적이며, 유창하고, 적절한 사회적 교류를 할 수 있다.
- 화제와 임무: 화제는 사교 예절, 과학기술, 문예, 스포츠, 심리 감정, 전공 교과과정 등과 관련되며, 이와 관련된 교류 임무를 완수할 수 있다. 예를 들어 비교적 공식적인 회의에서 참석자와 교류할 수 있다. 또한 기본적으로 전공 교과과정의 학습 자료를 읽고 이해할 수 있으며, 교과과정의 과제를 완수할 수 있다.

1) 듣기

7급 '화제와 임무'에서 언급된 내용의 말하는 속도가 정상 속도이거나 비교적 빠른 일반적인 강좌와 800자 정도의 사회뉴스를 듣고 이해할 수 있다. 기본적으로 환경 요소 등의 방해를 받지 않고, 비교적 정확하게 주요 사실과 관점을 파악할 수 있으며, 논리구조를 이해할 수 있다. 기본적으로 언급된 사회 문화의 함의를 이해할 수 있다.

2) 말하기

고등 '언어 능력 수치화 지표'의 음절, 어휘, 어법을 활용할 수 있으며, 7급에서 언급되는 화제 표현과 교류 임무를 완수할 수 있다. 초보적인 텍스트 표현 능력을 구비하고 복잡한 문형을 융통성 있게 사용하여 개인의 견해를 표현하고, 토론과 변론을 할 수 있다. 내용은 비교적 충실하고 표현은 유창하며, 어구가 연관되어 있으며 논리적이어야 한다. 발음이 정확하고 어조가 자연스러워야 한다. 교류 장면에 따라 표현 방식을 조정하고, 언어 표현을 적절히 할 수 있다. 수사법을 사용하여 회화의 표현 효과를 높일 수 있으며, 일정한 다문화 교류 의식을 구현할 수 있다.

3) 읽기

고등 '언어 능력 수치화 지표'에서 언급한 음절, 한자, 어휘를 정확하게 읽을 수 있다. 7급 '화제와 임무'에서 언급된 내용의 각종 체재의 문장을 읽고 이해할 수 있으며, 읽는 속도는 분당 200자 이상이어야 한다. 중국어의 사유와 표현 방식에 대해 일정한 이해와 숙지가 있으며, 텍스트의 구조 관계를 정확하게 파악할 수 있고, 텍스트 내용에 대해 분석, 판단, 논리적인 추리를 하고, 언급된 문화내용을 이해할 수 있다. 각종 읽기 기능을 숙지하고, 기본적으로 필요한 정보를 독립적으로 검색하고 찾을 수 있다.

4) 쓰기

고등 '언어 능력 수치화 지표'가 요구하는 한자를 쓸 수 있어야 한다. 일정한 편폭의 응용문, 설명문, 논설문과 전공논문을 쓸 수 있다. 기본적으로 관점이 명확하고, 층차는 분명하며, 어구는 매끄럽고, 형식은 정확하며, 표현은 적절하고, 논리에 부합해야 한다. 여러 종류의 수사법을 정확하게 활용할 수 있다.

5) 번역

초보적인 전문 번역 능력을 구비하여 7급 '화제와 임무'의 내용에 대해 번역할 수 있으며, 내용은 완전하고 정확해야 한다. 공식적인 장소에서 순차통역과 수행통역 임무를 완수할 수 있으며, 표현은 유창해야 한다. 일정한 편폭의 응용문, 설명문, 논설문 등을 번역할 수 있으며, 번역문은 기본적으로 원문에 충실하고, 형식은 정확해야 한다.

3.3.2 8급 표준

- 언어 교류 능력: 양호한 듣기, 말하기, 읽기, 쓰기와 기본적인 전문 번역 능력을 구비한다. 각종 고차원적인 또는 전문 화제에 대해 비교적 규범적이고, 유창하며, 적절한 사회적 교류를 할 수 있다.
- 화제와 임무: 화제는 언어문자, 정치경제, 법률사무, 철학, 역사 등에 관련되며, 이와 관련된 교류 임무를 완수할 수 있다. 예를 들어 철학, 종교, 시사 등 화제에 대해 비교적 심도 있는 토론과 교류를 할 수 있다. 분쟁이 발생했을 때 관점을 표현하고, 질의하고, 이유를 호소할 수 있다.

1) 듣기

8급 '화제와 임무'에서 언급된 내용의 말하는 속도가 정상 속도이거나 비교적 빠른 전문적인 강좌와 특정 제목의 800자 정도의 뉴스를 듣고 이해할 수 있다. 환경 요소의 방해를 받지 않고, 장애를 뛰어넘어, 요점을 종합하고 개괄하며, 세부 사항을 정확하게 파악하고, 논리구조를 이해할 수 있다. 언급된 사회 문화의 함의를 비교적 잘 이해할 수 있다.

2) 말하기

고등 '언어 능력 수치화 지표'의 음절, 어휘, 어법을 활용하여, 8급에서 언급되는 화제 표현과 교류 임무를 완수할 수 있다. 텍스트 표현 능력과 언어를 융통성 있게 사용하는 능력이 비교적 잘 구비되어 있다. 연설, 즉석 발언 또는 답변을 할 수 있으며, 자신의 견해와 생각을 충분하고 적절하게 표현할 수 있다. 발음이 정확하고 어조가 자연스럽고, 표현이 유창하며, 논리가 강해야 한다. 수사법을 적절히 사용하여 회화 표현 효과를 높일 수 있으며, 일정한 다문화 교류 의식을 구현할 수 있다.

3) 읽기

고등 '언어 능력 수치화 지표'에서 언급한 음절, 한자, 어휘를 정확하게 읽을 수 있다. 8급 '화제와 임무'에서 언급된 내용의 각종 체재의 문장을 읽고 이해할 수 있으며, 읽는 속도는 분당 220자 이상이어야 한다. 기본적으로 중국어의 사유와 표현 방식에 대해 숙지하고 있으며, 각종 독해 기능을 숙련되게 숙지하고 있다. 문장의 사상과 사회문화적 함의를 정확하게 이해하고 있으며, 문장의 언어문제, 논리적 결함 등을 발견할 수 있다.

4) 쓰기

고등 '언어 능력 수치화 지표'가 요구하는 한자를 쓸 수 있다. 비교적 긴 편폭의 응용문, 설명문, 논설문과 전공논문을 쓸 수 있다. 관점은 명확하고, 층차는 분명하며, 어구는 매끄럽고, 형식은 정확하며, 표현은 적절하고, 논리가 분명해야 한다. 비교적 풍부한 성어, 관용어와 각종 수사법을 정확하게 활용할 수 있다.

5) 번역

기본적인 전문 번역 능력을 구비하여, 8급 '화제와 임무'의 내용에 대해 번역할 수 있으며, 내용은 완전하고 정확해야 한다. 공식적인 장소에서 전문적인 내용의 순차통역을 할 수 있으며, 표현은 유창하고, 중국어 표현 규칙에 부합해야 한다. 비교적 긴 편폭의 응용문, 설명문, 논설문 등을 번역할 수 있으며, 번역문은 정확하고, 수사법과 언어 풍격은 원문에 충실해야 한다.

3.3.3 9급 표준

- 언어 교류 능력: 양호한 듣기, 말하기, 읽기, 쓰기와 전문적인 번역 능력을 구비한다. 각종 기능을 종합적으로 활용할 수 있고, 여러 가지 상황 하에서 각종 화제에 대해 규범적이고 유창하며 적절한 사회적 교류를 할 수 있다.
- 화제와 임무: 화제는 학술연구, 정책법규, 상업무역, 국제사무 등에 관련되며, 이와 관련된 교류 임무를 완수할 수 있다. 예를 들어 공식적인 장소에서 비즈니스 담판에 참여하여 상대방과 교류하고 변론할 수 있다. 정책법규, 연구보고 등의 공식적인 문체의 문건을 읽고 이해할 수 있으며, 충분하고 적절하게 평론을 발표할 수 있다.

1) 듣기

9급 '화제와 임무'에서 언급된 내용의 말하는 속도가 정상 속도이거나 비교적 빠른 800자 정도의 각종 언어자료를 듣고 이해할 수 있다. 필요한 정보를 분석하고 추론할 수 있으며, 언급된 사회 문화의 함의를 정확하게 이해할 수 있다.

2) 말하기

고등 '언어 능력 수치화 지표'의 음절, 어휘, 어법을 활용하여, 9급에서 언급되는 화제 표현과 교류 임무를 완수할 수 있다. 텍스트 표현 능력과 언어를 융통성 있게 사용하는 능력이 잘 구비되어 있다. 생각과 견해를 완전하고 정확하며, 유창하고 적절하게 표현할 수 있으며, 내용은 충실하고 논리가 치밀해야 한다. 발음이 정확하고 어조가 자연스러워야 한다. 수사법을 융통성 있게 활용하여 회화 표현 효과를 높일 수 있으며, 비교적 강한 다문화 소통 능력을 구현할 수 있다.

3) 읽기

고등 '언어 능력 수치화 지표'에서 언급한 음절, 한자, 어휘를 정확하게 읽을 수 있다. 각종 제재, 장르의 문장을 읽고 이해할 수 있으며, 읽는 속도는 분당 240자 이상이어야 한다. 중국어의 사유와 표현 방식에 대해 잘 숙지하고 있으며, 각종 읽기 기능을 종합적으로 활용할 수 있다. 문장의 사상과 사회 문화적 함의를 깊이 이해할 수 있다.

4) 쓰기

고등 '언어 능력 수치화 지표'가 요구하는 한자를 쓸 수 있다. 학위논문과 여러 가지 문체의 작문을 완수할 수 있다. 관점은 명확하고, 텍스트는 연관되어 있으며, 형식은 정확하고, 표현은 적절하며, 논리적이어야 한다. 각종 복잡한 문형을 정확하게 사용하고, 여러 가지 수사법을 종합적으로 활용할 수 있다. 내용이 충실하고, 문장이 아름다워야 한다.

5) 번역

전문 번역 능력을 구비하여, 9급 '화제와 임무'의 내용을 숙련되게 번역할 수 있으며, 내용은 완전하고 정확해야 한다. 공식적인 장소에서 전문적인 내용의 동시통역을 할 수 있으며, 표현은 유창해야 한다. 각종 문체의 문장을 번역할 수 있으며, 번역문은 매끄럽고, 형식은 정확하며, 텍스트는 연관되어 있고, 수사법과 언어 풍격은 원문에 충실해야 한다.

04 어휘표

4.1 1급 어휘표

爱 ài [동]①사랑하다 ②…하기를 좋아하다
爱好 àihào [동]애호하다 [명]취미;기호
八 bā [수]여덟
爸爸丨爸 bàba丨bà [명]아빠;아버지
吧 ba [조]문미에 쓰여 상의·제의·청구·명령·독촉의 어기를 나타냄
白 bái [형]희다
白天 báitian [명]낮;대낮
百 bǎi [수]백
班 bān [명]반;조(組) [양]조(組);반으로 된 단체
半 bàn [수]2분의 1;반
半年 bànnián [명]반년
半天 bàntiān [명]한나절;한참 동안
帮 bāng [동]돕다;거들어 주다
帮忙 bāng//máng [동]일(손)을 돕다
包 bāo [명]포대;가방 [양]포 [동]싸다
包子 bāozi [명](소가 든) 만두
杯 bēi [양]잔
杯子 bēizi [명]잔
北 běi [명]북;북녘
北边 běibiān [명]북방;북쪽
北京 Běijīng [명]베이징;북경
本 běn [양]권(책을 세는 단위)
本子 běnzi [명]공책;노트
比 bǐ [개]…에 비하여;…보다 [동]비교하다
别 bié [부]…하지 마라
别的 biéde [대]다른 것;딴 것
别人 biérén [대]다른 사람
病 bìng [명]병 [동]병나다;앓다
病人 bìngrén [명]병자;환자
不大 búdà 크지 않다
不对 búduì [형]심상치 않다;정상이 아니다
不客气 búkèqi 천만에요;별말씀을요
不用 búyòng [부]…할 필요가 없다;…하지 마라
不 bù [부]동사·형용사와 다른 부사의 앞에 쓰여 부정을 표시함
菜 cài [명]채소;요리
茶 chá [명]차
差 chà [동]모자라다;부족하다 [형]다르다;차이가 나다
常 cháng [부]자주;언제나
常常 chángcháng [부]늘;항상
唱 chàng [동]노래하다
唱歌 chàng//gē 노래를 부르다
车 chē [명]차
车票 chēpiào [명]승차권;차표
车上 chēshang 차 안
车站 chēzhàn [명]정거장
吃 chī [동]먹다
吃饭 chī//fàn 밥을 먹다
出 chū [동](안에서 밖으로) 나가다(나오다)
出来 chū//lái (안에서 밖으로) 나오다
出去 chū//qù (안에서 밖으로) 나가다
穿 chuān [동](옷을) 입다
床 chuáng [명]침대
次 cì [양]번;횟수
从 cóng [개]…부터
错 cuò [형]틀리다;맞지 않다 [명]틀림;착오
打 dǎ [동]때리다;치다
打车 dǎ//chē 차를 잡다;택시를 타다
打电话 dǎ diànhuà 전화를 걸다
打开 dǎ//kāi [동]열다;펼치다
打球 dǎqiú 공을 치다
大 dà [형](체적·면적 따위가) 크다;(수량이) 많다

大学 dàxué [명]대학
大学生 dàxuéshēng [명]대학생
到 dào [동]도착하다
得到 dé//dào 손에 넣다;되다
地 de [조]地 앞의 단어나 구가 부사어(상황어)임을 나타냄
的 de [조]한정어의 뒤에 붙음
等 děng [동]기다리다
地 dì [명]땅;지구
地点 dìdiǎn [명]지점;장소
地方 dìfang [명]장소;곳
地上 dìshang [명]지면;땅바닥
地图 dìtú [명]지도
弟弟 | 弟 dìdi | dì [명]아우;남동생
第(第二) dì [접두]제;제2(수사 앞에 쓰여 차례의 몇 째를 가리킴)
点 diǎn [양]약간;조금 [동]주문하다 [명]방울;점
电 diàn [명]전기
电话 diànhuà [명]전화
电脑 diànnǎo [명]컴퓨터
电视 diànshì [명]텔레비전
电视机 diànshìjī [명]텔레비전 수상기
电影 diànyǐng [명]영화
电影院 diànyǐngyuàn [명]영화관
东 dōng [명]동쪽
东边 dōngbian [명]동쪽
东西 dōngxi [명]물품;물건
动 dòng [동]움직이다
动作 dòngzuò [명]동작;행동
都 dōu [부]모두;다
读 dú [동]낭독하다;읽다
读书 dú//shū 책을 읽다
对 duì [형]맞다;옳다
对不起 duìbuqǐ [동]미안합니다
多 duō [형]많다 [대]얼마나
多少 duōshao [대]얼마;몇
饿 è [형]배고프다 [동]굶(기)다
儿子 érzi [명]아들
二 èr [수]둘;이(2)
饭 fàn [명]밥
饭店 fàndiàn [명]호텔;레스토랑
房间 fángjiān [명]방
房子 fángzi [명]집;건물
放 fàng [동]놓아 주다;풀어 놓다
放假 fàng//jià 휴가로 쉬다;방학하다
放学 fàng//xué 하교하다
飞 fēi [동]날다;비행하다
飞机 fēijī [명]비행기
非常 fēicháng [부]대단히;심히
分 fēn [명]분;파생된 것 [양]①분(전체를 몇으로 나눈 부분) ②(화폐의) 분
风 fēng [명]바람
干 gān [형]건조하다;마르다
干净 gānjìng [형]깨끗하다
干 gàn [동](일을) 하다
干什么 gànshénme 무엇을 하는가? 어째서
高 gāo [형]높다
高兴 gāoxìng [형]기쁘다;유쾌하다
告诉 gàosu [동]알리다;말하다
哥哥 | 哥 gēge | gē [명]형;오빠
歌 gē [명]노래
个 gè [양]개;명
给 gěi [동]주다 [개]…에게
跟 gēn [개]…와(과);…에게 [접]…와 [동]따라가다;좇아가다
工人 gōngrén [명]노동자
工作 gōngzuò [동]일하다;노동하다 [명]일;노동
关 guān [동]①닫다 ②끄다
关上 guānshang (문을) 닫다;(전등을) 끄다
贵 guì [형]비싸다;귀하다
国 guó [명]국가;나라
国家 guójiā [명]국가;나라
国外 guówài 외국
过 guò [동]지나다;거치다

还 hái [부]아직;여전히
还是 háishi [부]아직도;여전히 [접]또는;아니면
还有 háiyǒu 그리고;또한
孩子 háizi [명]아이;자녀
汉语 Hànyǔ [명]중국어
汉字 Hànzì [명]한자
好 hǎo [형]좋다
好吃 hǎochī [형]맛있다
好看 hǎokàn [형]아름답다;보기 좋다
好听 hǎotīng [형]듣기 좋다
好玩儿 hǎowánr [형]재미있다
号 hào [명]①이름 ②(사람의) 호 [양]①명 ②번;차례
喝 hē [동]마시다
和 hé [개]…과(와);…에게 [접]…고;…하고
很 hěn [부]매우;아주
后 hòu [명]뒤;후
后边 hòubian [명]뒤쪽
后天 hòutiān [명]모레
花 huā [명]꽃
话 huà [명]말
坏 huài [형]①나쁘다 ②상하다
还 huán [동]돌아가다;돌아오다;돌려주다
回 huí [동]되돌아오다;되돌아가다
回答 huídá [동]대답하다 [명]대답
回到 huídào [동]되돌아가다
回家 huíjiā 집으로 돌아가다(오다);귀가하다
回来 huí//lái 돌아오다
回去 huí//qù 돌아가다
会 huì [동]…할 수 있다
火车 huǒchē [명]기차
机场 jīchǎng [명]공항
机票 jīpiào [명]비행기표
鸡蛋 jīdàn [명]계란
几 jǐ [수]몇 [대]얼마나
记 jì [동]기억하다;암기하다
记得 jìde [동]기억하고 있다
记住 jìzhù 확실히 기억해 두다
家 jiā [명]가정 [양]가정·가게 따위를 세는 단위
家里 jiāli 집(안);가정
家人 jiārén [명]한 집안 식구;일가
间 jiān [양]칸(방을 세는 양사)
见 jiàn [동]보다;마주치다
见面 jiàn//miàn 만나다
教 jiāo [동]가르치다
叫 jiào [동]외치다;짖다
教学楼 jiàoxuélóu [명]강의실 건물
姐姐|姐 jiějie|jiě [명]누나;언니
介绍 jièshào [동]소개하다
今年 jīnnián [명]금년;올해
今天 jīntiān [명]오늘
进 jìn [동]나아가다
进来 jìn//lái 들어오다
进去 jìn//qù 들어가다
九 jiǔ [수]아홉;구(9)
就 jiù [부]곧;즉시
觉得 juéde [동]…라고 여기다
开 kāi [동]열다
开车 kāi//chē 차를 몰다
开会 kāi//huì 회의를 열다
开玩笑 kāiwánxiào 농담을 하다;웃기다
看 kàn [동]보다
看病 kàn//bìng 문병하다;진찰하다
看到 kàndào 보(이)다;눈이 닿다
看见 kàn//jiàn 보(이)다;눈에 띄다
考 kǎo [동]시험치다
考试 kǎoshì ①시험을 치다 ②시험
渴 kě [형]목 타다
课 kè [명]수업;강의
课本 kèběn [명]교과서
课文 kèwén [명]본문
口 kǒu [양]식구 [명]입
块 kuài [명]덩어리;조각 [양]①덩어리 ②중국의 화폐 단위

快 kuài [형]빠르다 [부]빨리;곧
来 lái [동]오다
来到 láidào [동]오다;도착하다
老 lǎo [형]①늙다 ②오래된
老人 lǎorén [명]노인
老师 lǎoshī [명]선생님
了 le [조]동사 또는 형용사 뒤에 쓰여 동작 또는 변화가 이미 완료되었음을 나타냄
累 lèi [형]지치다;피곤하다
冷 lěng [형]춥다
里 lǐ [명]속;안
里边 lǐbian [명]안;안쪽
两 liǎng [수]둘(2)
零 líng [수]영(0)
六 liù [수]여섯;육(6)
楼 lóu [명]층;층집
楼上 lóushàng 위층
楼下 lóuxià 아래층
路 lù [명]길;도로 [양]노선
路口 lùkǒu [명]갈림길;길목
路上 lùshang [명]①노상 ②도중
妈妈 | 妈 māma | mā [명]엄마
马路 mǎlù [명]대로;큰길
马上 mǎshàng [부]곧;즉시
吗 ma [조]구말에 사용하여 의문을 표시함
买 mǎi [동]사다
慢 màn [형]느리다
忙 máng [형]바쁘다
毛 máo [양]1위안(元)의 십분의 일
没 méi [부]…않다 [동]없다
没关系 méiguānxi 괜찮다;문제없다
没什么 méishénme 아무것도 아니다;아무것도 없다
没事儿 méi//shìr 일이 없다;괜찮다
没有 méi·yǒu [동]없다 [부]아직 …않다
妹妹 | 妹 mèimei | mèi [명]누이동생
门 mén [명]문 [양]과목
门口 ménkǒu [명]입구;현관
门票 ménpiào [명]입장권
们(朋友们) men(péngyoumen) [접미]…들;친구들 (사람을 지칭하는 명사나 대명사의 뒤에 쓰여 복수를 나타냄)
米饭 mǐfàn [명]쌀밥
面包 miànbāo [명]빵
面条儿 miàntiáor [명]면;국수
名字 míngzi [명]이름
明白 míngbai [형]분명하다 [동]이해하다;알다
明年 míngnián [명]내년
明天 míngtiān [명]내일
拿 ná [동]잡다;쥐다
哪 nǎ [대]어느;어떤
哪里 nǎ·lǐ [대]어디;어느 곳
哪儿 nǎr [대]어디;어느 곳
哪些 nǎxiē [대]어느;어떤
那 nà [대]저것;그것
那边 nàbiān [대]그쪽;저쪽
那里 nà·lǐ [대]그곳;저곳
那儿 nàr [대]그곳
那些 nàxiē [대]그것들
奶 nǎi [명]젖;유방
奶奶 nǎinai [명]할머니
男 nán [형]남자
男孩儿 nánháir [명]사내아이
男朋友 nánpéngyou [명]남자친구
男人 nánrén [명]남자
男生 nánshēng [명]남학생
南 nán [명]남;남쪽
南边 nánbian [명]남쪽
难 nán [형]어렵다
呢 ne [조]의문문의 끝에 써서 의문의 어기를 나타냄
能 néng [동]…할 수 있다
你 nǐ [대]너;당신
你们 nǐmen [대]너희들

年 nián [양]년;해
您 nín [대]당신(你를 높여 부르는 말)
牛奶 niúnǎi [명]우유
女 nǚ [형]여성의
女儿 nǚ'ér [명]딸
女孩儿 nǚháir [명]여자아이
女朋友 nǚpéngyou [명]여자친구
女人 nǚrén [명]여자
女生 nǚshēng [명]여학생
旁边 pángbiān [명]옆
跑 pǎo [동]달리다;뛰다
朋友 péngyou [명]친구
票 piào [명]표
七 qī [수]일곱;칠(7)
起 qǐ [동]일어서다
起床 qǐ//chuáng 일어나다;기상하다
起来 qǐ//·lái ①동사 뒤에 붙어 동작이 위로 향함을 나타냄 ②동사 또는 형용사 뒤에 붙어 동작이나 상황이 시작되고 또한 계속됨을 나타냄
汽车 qìchē [명]자동차
前 qián [명]앞
前边 qiánbian [명]앞(쪽)
前天 qiántiān [명]그저께
钱 qián [명]돈;화폐
钱包 qiánbāo [명]돈지갑
请 qǐng [동]요청하다;부탁하다
请假 qǐng//jià 휴가를 받다(신청하다)
请进 qǐngjìn 들어오세요
请问 qǐngwèn [동]잠깐 여쭙겠습니다
请坐 qǐngzuò 앉으세요
球 qiú [명]공;구형이나 이에 가까운 물체
去 qù [동]떠나다;가다
去年 qùnián [명]작년
热 rè [형]덥다;뜨겁다 [동]가열하다;덥히다
人 rén [명]사람;인간
认识 rènshi [동]알다;인식하다 [명](심리)인식
认真 rènzhēn [형]진지하다;성실하다
日 rì [명]①해;태양 ②하루;일
日期 rìqī [명](특정한) 날짜;기간
肉 ròu [명]고기;(사람·동물의) 살
三 sān [수]셋;삼(3)
山 shān [명]산
商场 shāngchǎng [명]시장;상가
商店 shāngdiàn [명]상점
上 shàng [명]위 [동]오르다;올라가다
上班 shàng//bān 출근하다
上边 shàngbian [명]위;위쪽
上车 shàng chē 차를 타다
上次 shàngcì 먼젓번;지난번
上课 shàng//kè 수업하다
上网 shàng//wǎng 인터넷에 접속하다
上午 shàngwǔ [명]오전
上学 shàng//xué ①등교하다 ②(초등학교에) 입학하다
少 shǎo [형]적다;부족하다 [동]잃다;없어지다
谁 shéi/shuí [대]누구
身上 shēnshang [명]몸
身体 shēntǐ [명]①신체;몸 ②건강
什么 shénme [대]어떤;무슨
生病 shēng//bìng 병이 나다;아프다
生气 shēng//qì 화내다
生日 shēngrì [명]생일
十 shí [수]열;십(10)
时候 shíhou [명]시간;기간
时间 shíjiān [명]시간
事 shì [명]일;사건
试 shì [동]시험하다;시도하다
是 shì [동]…이다
是不是 shì bu shì …하는 것이 어떠냐? 그렇지 않으냐?
手 shǒu [명]손
手机 shǒujī [명]휴대폰
书 shū [명]책
书包 shūbāo [명]책가방

书店 shūdiàn [명]서점
树 shù [명]나무
水 shuǐ [명]물
水果 shuǐguǒ [명]과일
睡 shuì [동](잠을) 자다;눕다
睡觉 shuì//jiào 자다;쉬다
说 shuō [동]말하다;이야기하다
说话 shuō//huà 말하다;이야기하다
四 sì [수]넷;사(4)
送 sòng [동]보내다;선물하다
岁 suì [양]세;살
他 tā [대]그;그 사람
他们 tāmen [대]그들;그[저]사람들
她 tā [대]그 여자;그녀
她们 tāmen [대]그녀들;그[저]여자들
太 tài [부]아주;대단히
天 tiān [명]하늘;날씨 [양]날
天气 tiānqì [명]일기;날씨
听 tīng [동]①듣다 ②(남의 의견·권고 따위를) 받아들이다
听到 tīngdào 들리다;귀에 들어오다
听见 tīng//jiàn 들리다;듣다
听写 tīngxiě [동]받아쓰기를 하다
同学 tóngxué [명]동창;학우
图书馆 túshūguǎn [명]도서관
外 wài [명]밖;겉
外边 wàibian [명]밖;바깥(쪽)
外国 wàiguó [명]외국
外语 wàiyǔ [명]외국어
玩儿 wánr [동]놀다;장난치다
晚 wǎn [형]늦은;끝나가는
晚饭 wǎnfàn [명]저녁밥
晚上 wǎnshang [명]저녁;밤
网上 wǎng shang 온라인
网友 wǎngyǒu [명]PC통신을 매개로 만난 친구;네티즌
忘 wàng [동]잊다;망각하다
忘记 wàngjì [동]잊어버리다
问 wèn [동]묻다;질문하다
我 wǒ [대]나;저
我们 wǒmen [대]우리
五 wǔ [수]다섯;오(5)
午饭 wǔfàn [명]점심밥
西 xī [명]서쪽
西边 xībian [명]서쪽;서쪽 편
洗 xǐ [동]씻다;빨다
洗手间 xǐshǒujiān [명]화장실
喜欢 xǐhuan [동]좋아하다
下 xià [명]밑;아래 [동]내리다
下班 xià//bān 퇴근하다
下边 xiàbian [명]아래;아래쪽
下车 xià chē 하차하다;내리다
下次 xià cì 다음 번
下课 xià//kè 수업이 끝나다
下午 xiàwǔ [명]오후
下雨 xià yǔ 비가 내리다
先 xiān [부]먼저;우선
先生 xiānsheng [명]선생;씨(성인 남자에 대한 존칭)
现在 xiànzài [명]지금;현재
想 xiǎng [동]생각하다;추측하다
小 xiǎo [형](체적·면적·용량·소리 따위가)작다;(수량이)적다
小孩儿 xiǎoháir [명]어린애
小姐 xiǎojiě [명]미스(Miss);아가씨
小朋友 xiǎopéngyou [명]아동;어린아이
小时 xiǎoshí [명]시간
小学 xiǎoxué [명]초등학교
小学生 xiǎoxuéshēng [명]초등학생
笑 xiào [동]웃다
写 xiě [동]글씨를 쓰다;글을 짓다
谢谢 xièxie [동]감사드리다
新 xīn [형]새롭다;새로운
新年 xīnnián [명]신년;새해

星期 xīngqī [명]요일
星期日 xīngqīrì [명]일요일
星期天 xīngqītiān [명]일요일
行 xíng [동]걷다;가다 [형]좋다;괜찮다
休息 xiūxi [동]휴식하다
学 xué [동]배우다;학습하다
学生 xué · sheng [명]학생
学习 xuéxí [동]학습하다;공부하다
学校 xuéxiào [명]학교
学院 xuéyuàn [명](단과)대학
要 yào [동]구하다;요구하다
爷爷 yéye [명]할아버지
也 yě [부]…도 또한;그리고 또
页 yè [양]페이지;쪽
一 yī [수]일;하나(1)
衣服 yīfu [명]옷
医生 yīshēng [명]의사
医院 yīyuàn [명]병원
一半 yíbàn [수]반;절반
一会儿 yíhuìr 잠시;잠깐 동안
一块儿 yíkuàir [명]동일한 장소;같은 곳 [부]함께;같이
一下儿 yíxiàr [부]금방;금새
一样 yíyàng [형]같다;동일하다
一边 yìbiān [명]한쪽;한편 [부]한편으로 ……하면서 ……하다
一点儿 yìdiǎnr 조금;좀
一起 yìqǐ [부]같이;함께 [명]한 곳;한데
一些 yìxiē 약간;조금
用 yòng [동]쓰다;사용하다
有 yǒu [동]소유하다;있다
有的 yǒude [대]어떤 것;어떤 사람
有名 yǒu//míng 유명하다
有时候 | 有时 yǒushíhou | yǒushí [부]때로(는);어떤 때
有(一)些 yǒu(yì)xiē [부]조금
有用 yǒu//yòng [동]쓸모가 있다;유용하다
右 yòu [명]우측;오른쪽
右边 yòubian [명]우측;오른쪽
雨 yǔ [명]비
元 yuán [양]중국의 화폐 단위
远 yuǎn [형]멀다;오래다
月 yuè [명]월;달
再 zài [부]또;다시
再见 zàijiàn [동]다시 만나
在 zài [동]…에 있다 [개]…에(서) [부]막 하고 있는 중이다
在家 zàijiā [동]집에 있다
早 zǎo [형]빠르다;이르다
早饭 zǎofàn [명]아침밥
早上 zǎoshang [명]아침
怎么 zěnme [대]어떻게;어째서
站 zhàn [명]정거장;역
找 zhǎo [동]찾다;구하다
找到 zhǎodào 찾아내다
这 zhè [대]이;이것
这边 zhèbiān [대]여기;이곳
这里 zhè · lǐ [대]여기;이곳
这儿 zhèr [대]여기;이곳
这些 zhèxiē [대]이것들
着 zhe [조]…하고 있다(동작의 지속을 나타냄)
真 zhēn [부]정말;참으로 [형]진실하다;진짜이다
真的 zhēnde 정말;참으로
正 zhèng [부]마침;꼭
正在 zhèngzài [부]마침 …하고 있는 중이다
知道 zhī · dào [동]알다;이해하다
知识 zhīshi [명]지식
中 zhōng [명]가운데
中国 Zhōngguó [명]중국
中间 zhōngjiān [명]한가운데;중간
中文 Zhōngwén [명]중국어
中午 zhōngwǔ [명]정오
中学 zhōngxué [명]중·고등학교
中学生 zhōngxuéshēng [명]중·고등학생

重 zhòng [형]무겁다
重要 zhòngyào [형]중요하다
住 zhù [동]살다;거주하다
准备 zhǔnbèi [동]준비하다
桌子 zhuōzi [명]탁자
字 zì [명]글자;문자
子 (桌子) zi(zhuōzi) [접미]명사성 형태소 뒤에 붙어 명사를 이룸(탁자)
走 zǒu [동]걷다
走路 zǒu//lù 길을 가다
最 zuì [부]가장;제일
最好 zuìhǎo [부]제일 좋기는
最后 zuìhòu [명]맨 마지막
昨天 zuótiān [명]어제
左 zuǒ [명]왼쪽
左边 zuǒbian [명]왼쪽
坐 zuò [동]앉다;타다
坐下 zuòxia 앉다
做 zuò [동]①하다 ②만들다

4.2 2급 어휘표

啊 a [조]문장의 끝에 쓰여 감탄·찬탄 따위의 어기를 도움, 평서문·의문문·명령문의 끝에 쓰여 어기를 나타냄
爱情 àiqíng [명](주로 남녀간의) 애정
爱人 ài·ren [명]①남편 또는 아내 ②애인
安静 ānjìng [형]안정적이다;안정되다 [동]자다
安全 ānquán [형]안전하다 [명]안전
白色 báisè [명]백색
班长 bānzhǎng [명]반장
办 bàn [동]처리하다
办法 bànfǎ [명]방법; 수단
办公室 bàngōngshì [명]사무실
半夜 bànyè [명]한밤중
帮助 bāngzhù [동]돕다
饱 bǎo [형]배부르다
报纸 bàozhǐ [명]신문
北方 běifāng [명]북쪽
背 bèi [동]등지다
比如 bǐrú [동]예를 들다
比如说 bǐrúshuō 이를테면
笔 bǐ [명]①붓 ②필기구 [양]금액·금전이나 그것과 관계있는 데에 쓰임
笔记 bǐjì [명]필기
笔记本 bǐjìběn [명]수첩
必须 bìxū [부]반드시 …해야 한다
边 biān [명]가장자리
变 biàn [동]바뀌다
变成 biànchéng [동]변하여 …이 되다
遍 biàn [양]번;회
表 biǎo [명]①겉 ②용모
表示 biǎoshì [동]나타내다 [명]표정
不错 búcuò [형]맞다;틀림없다
不但 búdàn [접]…뿐만 아니라
不够 búgòu [동]모자라다 [부]덜
不过 búguò [접]그런데;그러나
不太 bú tài 그다지 …하지 않다
不要 búyào [부]…하지 마라
不好意思 bùhǎoyì·si 부끄럽다
不久 bùjiǔ [형]머지 않아; 곧
不满 bùmǎn [형]불만족하다
不如 bùrú [동]…만 못하다
不少 bùshǎo [형]적지 않다
不同 bùtóng [형]같지 않다
不行 bùxíng [동]틀리다 [형]안 된다
不一定 bùyídìng [부]반드시 …하는 것은 아니다
不一会儿 bùyíhuìr [부]곧;머지않아

部分 bù·fen [명]일부
才 cái [부]…에야 비로소
菜单(儿, 子) càidān(r,·zi) [명]식단;메뉴
参观 cānguān [동]견학하다
参加 cānjiā [동]참가하다
草 cǎo [명]풀
草地 cǎodì [명]잔디
层 céng [양]①층 ②겹
查 chá [동]검사하다
差不多 chà·buduō [형]큰 차이가 없다 [부]대강;대체로
长 cháng [형]길다
常见 chángjiàn [동]흔히 있다
常用 chángyòng [동]일상적으로 사용하다
场 chǎng [양]번;차례
超过 chāoguò [동]추월하다
超市 chāoshì [명]마트
车辆 chēliàng [명]차량
称1 chēng [동]부르다
成 chéng [동]이루다
成绩 chéngjì [명]①성적 ②성과
成为 chéngwéi [동]…으로 되다
重复 chóngfù [동]반복하다
重新 chóngxīn [부]다시;새로이
出发 chūfā [동]출발하다
出国 chū//guó [동]출국하다
出口 chū//kǒu [명]①출구 ②수출
出门 chū//mén [동]외출하다
出生 chūshēng [동]①출생하다 ②몸을 바치다
出现 chūxiàn [동]출현하다
出院 chū//yuàn [동]퇴원하다
出租 chūzū [동]①세를 놓다 ②조세를 내다
出租车 chūzūchē [명]택시
船 chuán [명]배;선박
吹 chuī [동]불다
春节 chūnjié [명]음력설
春天 chūntiān [명]봄철
词 cí [명]①말 ②단어
词典 cídiǎn [명]사전
词语 cíyǔ [명]①단어와 어구 ②글자
从小 cóngxiǎo [부]어릴 때부터
答应 dā·ying [동]대답하다
打工 dǎ//gōng [명]아르바이트
打算 dǎ·suàn [동]…하려고 하다 [명](행동의 방향·방법 등에 관한) 생각;계획
打印 dǎyìn [동]타자친 것을 인쇄하다
大部分 dàbù·fen [명]대부분
大大 dàdà [부]크게;대단히
大多数 dàduōshù [명]대다수
大海 dàhǎi [명]큰 바다
大家 dàjiā [대]모두
大量 dàliàng [형]대량의;다량의
大门 dàmén [명]①대문 ②정문
大人 dà·ren [명]①성인 ②어른
大声 dàshēng 큰 소리
大小 dàxiǎo [명]①어른과 아이 ②큰 것과 작은 것
大衣 dàyī [명]외투;오버코트
大自然 dàzìrán [명]대자연
带 dài [동]①지니다 ②휴대하다
带来 dài·lái [동]가져오다;가져다주다
单位 dānwèi [명]①단위 ②부문
但 dàn [접]①그러나 ②다만…만 한다면
但是 dànshì [접]①그러나 ②단지…이라면
蛋 dàn [명]①알 ②둥근 물건
当 dāng [동]①…를 향하다 ②당연히 …해야 하다
当时 dāngshí [명]당시;그때
倒 dào [동]거꾸로 되다;뒤집(히)다
到处 dàochù [부]널리;샅샅이
倒 dào [동]거꾸로 되다;뒤집(히)다
道 dào [양]강·하천같이 긴 것을 세는 데 쓰임, 문·담 따위에 쓰임
道理 dào·li [명]①법칙 ②도리
道路 dàolù [명]①도로 ②진로
得 dé [동]얻다;획득하다

得出 déchū [동]…을 얻어 내다
的话 dehuà [조]…하다면;…이면
得 de [조]동사 뒤에 쓰여 가능을 나타냄
灯 dēng [명]①등 ②버너
等 děng [조]등;따위 [명]등급
等到 děngdào [개]…때에 이르러
等于 děngyú [동]…와 같다
低 dī [형]낮다 [동]①(머리를) 숙이다 ②(소리를) 낮추다
地球 dìqiú [명]지구
地铁 dìtiě [명]지하철
地铁站 dìtiězhàn [명]지하철역
点头 diǎn//tóu 머리를 끄덕이다
店 diàn [명]상점;가게
掉 diào [동]①떨어지다 ②뒤에 처지다
东北 dōngběi [명]①동북 방향 ②중국의 둥베이 지구
东方 dōng·fang [명]동방;동양
东南 dōngnán [명]①동남 방향 ②중국의 동남부 연해 지역
冬天 dōngtiān [명]겨울
懂 dǒng [동]알다;이해하다
懂得 dǒng·de [동]알다;이해하다
动物 dòngwù [명]동물
动物园 dòngwùyuán [명]동물원
读音 dúyīn [명]발음
度 dù [명](도량형의) 도;길이 [양](온도·밀도·농도 따위 의) 단위
短 duǎn [형]짧다
短信 duǎnxìn [명]①짧은 편지 ②메시지
段 duàn [양]사물이나 시간 따위의 한 구분을 나타냄
队 duì [명]대열;팀
队长 duìzhǎng [명]주장;대장
对 duì [개]…에게;…에 대하여 [동]①대답하다 ②향하다
对话 duìhuà [동]대화 [명]①대화하다 ②접촉하다
对面 duìmiàn [명]반대편;맞은편
多 duō [부]①훨씬 ②얼마나
多久 duōjiǔ [대]①얼마동안 ②오랫동안
多么 duō·me [부]얼마나;어느정도
多数 duōshù [명]다수
多云 duōyún [명]①구름이 많음 ②흐린 날씨
而且 érqiě [접]게다가;또한
发 fā [동]①보내다 ②발사하다
发现 fāxiàn [동]발견하다 [명]발견
饭馆 fànguǎn [명]요리점;식당
方便 fāngbiàn [형]편리하다
方便面 fāngbiànmiàn [명](인스턴트) 라면
方法 fāngfǎ [명]방법;수단
方面 fāngmiàn [명]방면;분야
方向 fāngxiàng [명]방향
放下 fàngxià [동]내려놓다;내버리다
放心 fàng//xīn [동]마음을 놓다;안심하다
分 fēn [동]①나누다 ②분배하다
分开 fēn//kāi [동]갈라지다;나누다
分数 fēnshù [명]①점수 ②분수
分钟 fēnzhōng [양]분
份 fèn [양]①전체 중의 일부분 ②몫
封 fēng [양]통;꾸러미
服务 fú//wù [동]①근무하다 ②봉사하다
复习 fùxí [동]복습하다
该 gāi [동]①…해야 한다 ②…의 차례다
改 gǎi [동]①변하다 ②고치다
改变 gǎibiàn [동]변하다;바뀌다 [명]변화
干杯 gān//bēi 건배하다;잔을 비우다
感到 gǎndào [동]느끼다;생각하다
感动 gǎndòng [동]감동하다
感觉 gǎnjué [동]느끼다;여기다 [명]감각;느낌
感谢 gǎnxiè [동]감사하다
干活儿 gàn//huó(r) (육체적인) 일을 하다
刚 gāng [부]지금;막
刚才 gāng·cái [명]지금 막;방금
刚刚 gānggāng [부]방금;겨우

高级 gāojí [형]고급의
高中 gāozhōng [명]고등학교
个子 gè·zi [명]①체격 ②키
更 gèng [부]더욱
公共汽车 gōnggòng qìchē 버스
公交车 gōngjiāochē [명]버스
公斤 gōngjīn [양]킬로그램(kg)
公里 gōnglǐ [양]킬로미터(km)
公路 gōnglù [명]도로
公平 gōng·píng [형]공평하다
公司 gōngsī [명]회사
公园 gōngyuán [명]공원
狗 gǒu [명]개
够 gòu [동]①충분하다 ②도달하다 [부]능히
故事 gù·shi [명]고사;옛 부터 전해오는 이야기
故意 gùyì [부]고의로;일부러
顾客 gùkè [명]고객
关机 guānjī ①전원을 끄다 ②일을 끝내다
关心 guān//xīn [동]관심을 갖다
观点 guāndiǎn [명]관점;입장
广场 guǎngchǎng [명]광장
广告 guǎnggào [명]광고
国际 guójì [명]국제
过来 guò//lái [동]건너오다
过年 guò·nian 설을 쇠다
过去 guò//·qù [동]지나가다
过 guo [조]보통 '~了'의 형으로 동사 뒤에 붙어 동작의 완료나 동작이 과거에 일어난 것임을 나타냄
海 hǎi [명]①바다 ②큰 호수
海边 hǎibiān 해변;바닷가
喊 hǎn [동]①외치다 ②부르다
好 hǎo [부]잘;안녕히
好处 hǎo·chu [명]①장점 ②이익
好多 hǎoduō [수]①아주 많다 ②얼마
好久 hǎojiǔ [형]날, 세월 따위가 매우 오래다
好人 hǎorén [명]①좋은 사람 ②건강한 사람
好事 hǎoshì [명]좋은 일
好像 hǎoxiàng [부]마치 [동]마치 …과 같다
合适 héshì [형]적당하다;알맞다
河 hé [명]강;하천
黑 hēi [형]①검다 ②어둡다
黑板 hēibǎn [명]칠판
黑色 hēisè [명]검은색
红 hóng [형]붉다
红色 hóngsè [명]붉은 빛깔;빨강
后来 hòulái [명]이후;그다음
忽然 hūrán [부]갑자기;별안간
湖 hú [명]호수
护照 hùzhào [명]①여권 ②증명서
花 huā [동]소비하다;쓰다
花园 huāyuán [명]화원
画 huà [동]그리다
画家 huàjiā [명]화가
画儿 huàer [명]그림
坏处 huài·chu [명]①결점 ②해로운 점
坏人 huàirén [명]악인;불순분자
欢迎 huānyíng [동]환영하다
换 huàn [동]교환하다;바꾸다
黄 huáng [형]노랗다;누렇다
黄色 huángsè [명]노란색
回 huí [양]번;회
回国 huí//guó 귀국하다
会 huì [명]회;집회
活动 huó·dòng [동]①운동하다 ②활동하다 [명]활동;행사
或 huò [접]혹은;또는
或者 huòzhě [접]…(이)거나;…든지
机会 jī·huì [명]기회
鸡 jī [명]닭
级 jí [명]①등급 ②학년
急 jí [형]급하다
计划 jìhuà [명]계획 [동]계획하다
计算机 jìsuànjī [명]①계산기 ②컴퓨터
加 jiā [동]더하다;늘다

加油 jiā//yóu ①힘을 내다 ②기름을 넣다
家 (科学家) jiā [접미]어떤 전문 학문(활동)에 종사하는 사람(과학자)
家庭 jiātíng [명]가정
家长 jiāzhǎng [명]①가장 ②보호자
假 jiǎ [형]거짓의;가짜의
假期 jiàqī [명]휴가기간;휴일
检查 jiǎnchá [동]검사하다;점검하다 [명]검사;점검
见到 jiàn//dào ①목격하다 ②생각이 미치다
见过 jiànguo 본 적이 있다
件 jiàn [양]일·사건을 세는 데 사용함
健康 jiànkāng [형]건강하다 [명]건강
讲 jiǎng [동]이야기하다;설명하다
讲话 jiǎng//huà 담화
交 jiāo [동]①넘기다 ②맡기다
交给 jiāogěi ①교부하다 ②건네주다
交朋友 jiāo péng·you 동무를 사귀다;친구와 교제하다
交通 jiāotōng [명]교통
角 jiǎo [양]4분의1 [명]뿔;나팔
角度 jiǎodù [명]①각도 ②견지
饺子 jiǎozi [명]교자 (중국전통음식)
脚 jiǎo [명]발
叫作 jiàozuò [동]…라고 부르다
教师 jiàoshī [명]교사
教室 jiàoshì [명]교실
教学 jiàoxué [명]①수업 ②교육
教育 jiàoyù [동]교육하다 [명]교육
接 jiē [동]①가까이 가다 ②연결하다
接到 jiēdào ①받다 ②입수하다
接受 jiēshòu [동]①받아들이다 ②수락하다
接下来 jiēxiàlái 다음은;이하는
接着 jiē·zhe [동](손으로) 받다 [부]잇따라;연이어
街 jiē [명]길;거리
节 jié [명]①마디 ②관절 [양]절;마디
节目 jiémù [명]종목;프로그램
节日 jiérì [명]①기념일 ②명절
结果 jiéguǒ [명]결과 [접]결국은;끝내는
借 jiè [동]빌려주다
斤 jīn [양]근(무게의 단위)
今后 jīnhòu [명]앞으로
进入 jìnrù [동]진입하다
进行 jìnxíng [동]진행하다
近 jìn [형]가깝다
经常 jīngcháng [부]늘;항상
经过 jīngguò [동]①경과하다 ②경험하다 [명]①과정 ②경력
经理 jīnglǐ [명]①사장 ②매니저
酒 jiǔ [명]술
酒店 jiǔdiàn [명]술집
就要 jiùyào [부]멀지 않아;곧
举 jǔ [동]①들어올리다 ②일으키다
举手 jǔ//shǒu [동]손을 들다
举行 jǔxíng [동]개최하다;실시하다
句 jù [양]마디;편(말·글의 수를 세는 단위)
句子 jù·zi [명]문장;구
卡 kǎ [명]①카드 ②트럭
开机 kāijī ①기계를 가동하다 ②촬영을 시작하다
开心 kāixīn [동]기분 전환하다 [형]유쾌하다;즐겁다
开学 kāi//xué 개학하다
看法 kàn·fǎ [명]인식;견해
考生 kǎoshēng [명]수험생
靠 kào [동]기대다
科 kē [명]과
科学 kēxué [명]과학 [형]과학적이다
可爱 kě'ài [형]사랑스럽다;귀엽다
可能 kěnéng [형]가능하다 [명]가능성
可怕 kěpà [형]두렵다
可是 kěshì [접]그러나
可以 kěyǐ [동]①…할 수 있다 ②…해도 좋다
克 kè [양]그램(gram)
刻 kè [양]15분
客人 kè·rén [명]손님
课堂 kètáng [명]교실

空气 kōngqì [명]공기
哭 kū [동](소리 내어) 울다
快餐 kuàicān [명]즉석 음식
快点儿 kuàidianr 좀 빨리 하다;서두르다;어서 하다
快乐 kuàilè [형]즐겁다
快要 kuàiyào [부]곧
筷子 kuài·zi [명]젓가락
拉 lā [동]끌다
来自 láizì [동](…에서) 오다
蓝 lán [형]남색의
蓝色 lánsè [명]남색
篮球 lánqiú [명]농구
老 lǎo [부]오래도록
老 (老王) lǎo [접두]호칭(형제·자매의 순서, 동·식물 이름 앞에 쓰임)
老年 lǎonián [명]노인
老朋友 lǎopéng·you 오랜 친구
老是 lǎo·shi [부]언제나
离 lí [동]분리하다 [개]…에서
离开 lí//kāi 떠나다
礼物 lǐwù [명]①선물 ②예물
里头 lǐ·tou [명]내부
理想 lǐxiǎng [명]이상
例如 lìrú [동]예를 들다
例子 lì·zi [명]예
脸 liǎn [명]얼굴
练 liàn [동]연습하다
练习 liànxí [동]연습하다 [명]연습;훈련
凉 liáng [형]서늘하다
凉快 liáng·kuai [형]서늘하다
两 liǎng [양]냥(무게 단위의 하나)
亮 liàng [형]밝다 [동]빛나다
辆 liàng [양]대(차량을 셀 때 쓰는 양사)
零下 língxià 영하
留 liú [동]머무르다
留下 liú·xià ①남기다 ②묵다
留学生 liúxuéshēng [명]유학생
流 liú [동]흐르다
流利 liúlì [형](문장·말 따위가) 유창하다
流行 liúxíng [동]유행하다 [형]유행하는;성행하는
路边 lùbiān 길옆
旅客 lǚkè [명]여행자
旅行 lǚxíng [동]여행하다
旅游 lǚyóu [동]여행하다
绿 lǜ [형]푸르다
绿色 lǜsè [명]초록색
卖 mài [동]팔다
满 mǎn [형]가득하다
满意 mǎnyì [동]만족하다;흡족하다
猫 māo [명]고양이
米 mǐ [양]미터(meter)
面 miàn [명]얼굴 [양]개;번
面2 miàn [명]밀가루
面前 miànqián [명]면전
名 míng [명]이름 [양]명(사람을 세는 단위)
名称 míngchēng [명]명칭
名单 míngdān [명]명단
明星 míngxīng [명]인기 있는 배우나 운동선수
目的 mùdì [명]목적
拿出 náchū 꺼내다
拿到 nádào ①입수하다 ②손에 넣다
那 nà [접]그렇다면
那会儿 nàhuìr [대]그때
那么 nà·me [대]그렇게;저렇게
那时候 | 那时 nàshíhou | nàshí 그때
那样 nàyàng [대]그렇게;저렇게
南方 nánfāng [명]남쪽
难过 nánguò [형]고생스럽다;괴롭다
难看 nánkàn [형]보기 싫다
难受 nánshòu [형]괴롭다
难题 nántí [명]난제
难听 nántīng [형]듣기 싫다
能够 nénggòu [동]…할 수 있다

年级 niánjí [명]학년
年轻 niánqīng [형]젊다
鸟 niǎo [명]새
弄 nòng [동]가지고 놀다
努力 nǔlì [형]열심이다;노력하다
爬 pá [동]기어가다
爬山 pá shān 등산하다
怕 pà [동]무서워하다
排 pái [명]줄;열 [양]줄;열을 이룬 것을 세는 데 쓰임
排队 pái//duì 줄을 서다; 정렬하다
排球 páiqiú [명]배구
碰 pèng [동]부딪히다
碰到 pèngdào 맞닥뜨리다
碰见 pèng//·jiàn 우연히 만나다
篇 piān [양]편[일정한 형식을 갖춘 문장을 세는 단위]
便宜 pián·yi [형]싸다 [명]①공짜 ②이익
片 piàn [양]얇고 작은 사물이나 작게 잘라진 부분을 세는 단위
漂亮 piào·liang [형]아름답다
平 píng [형]평평하다
平安 píng'ān [형]평안하다
平常 píngcháng [명]평소 [형]보통이다
平等 píngděng [형]평등하다
平时 píngshí [명]평소
瓶 píng [명]병 [양]병
瓶子 píng·zi [명]병
普通 pǔtōng [형]보통이다
普通话 pǔtōnghuà [명]보통화(현대중국어의 표준어)
其他 qítā [대]기타
其中 qízhōng [명]그 중
骑 qí [동]올라타다
骑车 qí//chē 자전거를 타다
起飞 qǐfēi [동]이륙하다
气 qì [동]화내다 [명]①기체 ②가스
气温 qìwēn [명]기온
千 qiān [수]천
千克 qiānkè [양]킬로그램(kg)
前年 qiánnián [명]재작년
墙 qiáng [명]벽;담
青年 qīngnián [명]청년
青少年 qīngshàonián [명]청소년
轻 qīng [형]가볍다
清楚 qīng·chu [형]분명하다
晴 qíng [형]맑다
晴天 qíngtiān [명]맑은 하늘
请客 qǐng//kè 손님을 초대하다
请求 qǐngqiú [동]청구하다;바라다;부탁하다 [명]청구
秋天 qiūtiān [명]가을
求 qiú [동]①요청하다 ②추구하다
球场 qiúchǎng [명]구장
球队 qiúduì [명]팀
球鞋 qiúxié [명]운동화
取 qǔ [동]①가지다 ②찾다
取得 qǔdé [동]취득하다
全 quán [부]전부 [형]완전하다
全部 quánbù [명]전부
全国 quánguó [명]전국
全家 quánjiā [명]온 집안
全年 quánnián [명]한 해, 연간
全身 quánshēn [명]전신
全体 quántǐ [명]전체
然后 ránhòu [접]그리고 나서
让 ràng [동]양보하다 [개]…에게
热情 rèqíng [명]열정 [형]열정적이다
人口 rénkǒu [명]인구
人们 rén·men [명]①사람들 ②타인
人数 rénshù [명]사람 수
认为 rènwéi [동]여기다
日报 rìbào [명](조간)신문
日子 rì·zi [명]날짜
如果 rúguǒ [접]만약

入口 rù//kǒu [명]입구
商量 shāng·liáng [동]상의하다
商人 shāngrén [명]상인
上周 shàngzhōu 지난주
少数 shǎoshù [명]소수
少年 shàonián [명]소년
身边 shēnbiān [명]①신변 ②곁
什么样 shén·meyàng [대]어떠한
生 shēng [동]①낳다 ②태어나다
生词 shēngcí [명]새 단어
生活 shēnghuó [명]생활 [동]생활하다
声音 shēngyīn [명]소리
省 shěng [명]성(중국의 최상급 지방 행정 단위)
省 shěng [동]아끼다
十分 shífēn [부]매우
实际 shíjì [명]실제 [형]실제의
实习 shíxí [동]실습하다 [명]실습
实现 shíxiàn [동]실현하다
实在 shízài [부]확실히
实在 shízài [형]진실되다
食物 shíwù [명]음식물
使用 shǐyòng [동]사용하다
市 shì [명]시장
市长 shìzhǎng [명]시장
事情 shì·qing [명]사건
收 shōu [동]거두다
收到 shōudào 받다
收入 shōurù [동]받다 [명]수입
手表 shǒubiǎo [명]손목시계
受到 shòu·dao …을 받다
舒服 shū·fu [형]편안하다
熟 shú [형]익다;여물다
数 shǔ [동]세다
数字 shùzì [명]숫자
水平 shuǐpíng [명]수평
顺利 shùnlì [형]순조롭다
说明 shuōmíng [동]설명하다 [명]설명
司机 sījī [명]기관사;운전사
送到 sòngdào 배웅하다
送给 sònggěi 주다
算 suàn [동]계산하다
虽然 suīrán [접]비록 …일지라도
随便 suíbiàn [형]함부로 하다;제멋대로다
随时 suíshí [부]수시로
所以 suǒyǐ [접]그래서
所有 suǒyǒu [형]모든
它 tā [대]그;저
它们 tā·men [대]그것들;저것들
太太 tài·tai [명]마님;부인
太阳 tàiyáng [명]태양
态度 tài·du [명]①태도 ②몸짓
讨论 tǎolùn [동]토론하다
套 tào [양]벌;조
特别 tèbié [형]특별하다 [부]특히
特点 tèdiǎn [명]특징
疼 téng [동]아프다
提 tí [동]들다
提出 tíchū 제출하다
提到 tídào 언급하다
提高 tí//gāo 끌어올리다
题 tí [명]①제목 ②문제
体育 tǐyù [명]체육
体育场 tǐyùchǎng [명]운동장
体育馆 tǐyùguǎn [명]체육관
天上 tiānshàng [명]하늘
条 tiáo [양]항목;조목
条件 tiáojiàn [명]조건
听讲 tīng//jiǎng 강연을 듣다
听说 tīngshuō [동]듣는 바로는(듣자니, 듣건대) …이라 한다
停 tíng [동]멈추다
停车 tíng//chē 정차하다
停车场 tíngchēchǎng [명]주차장
挺 tǐng [부]매우

挺好 tǐnghǎo 괜찮다
通 tōng [동]통하다 [형]전체의
通过 tōngguò [개]…를 통하여 [동]①지나가다 ②통과하다
通知 tōngzhī [동]통지하다 [명]통지
同时 tóngshí [접]동시에 [명]동시
同事 tóng//shì [명]동료;동업자
同样 tóngyàng [형]같다 [접]마찬가지로
头 tóu [명]머리 [양]두;마리
头（里头） tóu [접미]방위사의 뒤에 쓰임(안;내부)
头发 tóu·fa [명]머리카락
图片 túpiàn [명]①사진 ②그림
推 tuī [동]①밀다 ②갈다
腿 tuǐ [명]다리
外地 wàidì [명]외지
外卖 wàimài [명]포장 판매 음식 [동]포장 판매하다
完 wán [동]완성하다;끝마치다
完成 wán//chéng 완성하다
完全 wánquán [형]완전하다 [부]완전히
晚安 wǎn'ān [동]안녕히 주무십시오
晚报 wǎnbào [명]석간신문
晚餐 wǎncān [명]저녁식사
晚会 wǎnhuì [명]저녁 파티;만찬회
碗 wǎn [명]주발;공기
万 wàn [수]만
网 wǎng [명]그물
网球 wǎngqiú [명]테니스
网站 wǎngzhàn [명]웹 사이트
往 wǎng [동]①가다 ②향하다 [개]…쪽으로
为 wèi [개]①…에게 ②…을 위하여
为什么 wèishén·me 무엇 때문에
位 wèi [양](존칭·존댓말)분;명
味道 wèi·dao [명]①맛 ②느낌
喂（叹） wéi [감]여보세요
温度 wēndù [명]온도
闻 wén [동]듣다
问路 wènlù [동]길을 묻다
问题 wèntí [명]①문제 ②질문
午餐 wǔcān [명]점심
午睡 wǔshuì [명]낮잠 [동]낮잠을 자다
西北 xīběi [명]서북쪽
西餐 xīcān [명]서양 요리
西方 xīfāng [명]서쪽
西南 xīnán [명]서남쪽
西医 xīyī [명]서양 의학
习惯 xíguàn [명]습관 [동]습관이 되다
洗衣机 xǐyījī [명]세탁기
洗澡 xǐ//zǎo 목욕하다
下 xià [양]번;회 (동작의 횟수)
下雪 xià//xuě 눈이 내리다
下周 xiàzhōu 다음 주
夏天 xiàtiān [명]여름
相同 xiāngtóng [형]똑같다
相信 xiāngxìn [동]신임하다
响 xiǎng [형]소리가 크다;우렁차다
想到 xiǎng//dào 생각이 나다
想法 xiǎngfǎ [명]①생각 ②의견
想起 xiǎngqǐ 생각해내다
向 xiàng [개]…을 향하여 [동](앞을) 향하다
相机 xiàngjī [명]사진기
像 xiàng [동]닮다;비슷하다
小（小王） xiǎo [접두](일부 명사 앞에 붙어)'작은'의 뜻을 더하는 접두사(샤오왕)
小声 xiǎoshēng 작은 소리로
小时候 xiǎoshí·hou [명]유년기
小说 xiǎoshuō [명]소설
小心 xiǎo·xīn [형]조심스럽다 [동]조심하다
小组 xiǎozǔ [명]소그룹
校园 xiàoyuán [명]교정
校长 xiàozhǎng [명]교장;총장
笑话 xiào·hua [동]비웃다;조롱하다
笑话儿 xiào·huar [명]우스갯소리
鞋 xié [명]신발

心里 xīn·li [명]마음속
心情 xīnqíng [명]심정
心中 xīnzhōng [명]심중
新闻 xīnwén [명]뉴스
信 xìn [명]①편지 ②믿음
信号 xìnhào [명]신호
信息 xìnxī [명]①소식 ②정보
信心 xìnxīn [명]①확신 ②신념
信用卡 xìnyòngkǎ [명]신용카드
星星 xīngxing [명]별
行动 xíngdòng [동]①움직이다 ②행동하다 [명]행위;거동
行人 xíngrén [명]①행인 ②여행자
行为 xíngwéi [명]행위
姓 xìng [명]성(씨) [동]성이…이다
姓名 xìngmíng [명]성명
休假 xiū//jià ①휴가를 내다 ②휴가
许多 xǔduō [수]많은
选 xuǎn [동]선택하다
学期 xuéqī [명]학기
雪 xuě [명]①눈 ②얼음
颜色 yánsè [명]①색 ②얼굴 빛
眼 yǎn [명]①눈 ②시력 [양]우물·구멍이나 눈으로 보는 횟수를 세는 양사
眼睛 yǎnjing [명]①눈의 통칭 ②안중
养 yǎng [동]①양육하다 ②(가축, 화초 따위를)기르다
样子 yàngzi [명]①모양 ②태도
要求 yāoqiú [동]요구하다 [명]요구
药 yào [명]약
药店 yàodiàn [명]약국
药片 yàopiàn [명]알약
药水 yàoshuǐ [명]약물
也许 yěxǔ [부]아마도
夜 yè [명]밤
夜里 yè·lǐ [명]밤;밤중
一部分 yíbùfen 일부분
一定 yídìng [형]일정하다 [부]반드시
一共 yígòng [부]전부
一会儿 yíhuìr [부]잠시
一路平安 yílù-píng'ān 가시는 길에 평안하시길 빕니다
一路顺风 yílù-shùnfēng 가시는 길이 순조롭길 빕니다
已经 yǐjīng [부]이미;벌써
以后 yǐhòu [명]이후
以前 yǐqián [명]이전
以上 yǐshàng [명]이상
以外 yǐwài [명]이외
以为 yǐwéi [동]생각하다, 여기다
以下 yǐxià [명]이하;어느 한도의 아래
椅子 yǐzi [명]의자
一般 yìbān [형]①같다 ②보통이다
一点点 yì diǎndiǎn 아주 조금
一生 yìshēng [명]일생;평생
一直 yìzhí [부]①곧바로 ②계속해서
亿 yì [수]억
意见 yì·jiàn [명]①의견 ②이의
意思 yìsi [명]①생각 ②뜻
因为 yīn·wèi [접]왜냐하면 [개]…때문에
阴 yīn [형]흐리다
阴天 yīntiān [명]흐린 날씨
音节 yīnjié [명]음절
音乐 yīnyuè [명]음악
音乐会 yīnyuèhuì [명]음악회
银行 yínháng [명]은행
银行卡 yínhángkǎ [명]은행카드
应该 yīnggāi [동]마땅히 …해야 한다
英文 Yīngwén [명]영문
英语 Yīngyǔ [명]영어
影片 yǐngpiàn [명]①영화 필름 ②영화
影响 yǐngxiǎng [동]영향을 주다 [명]영향
永远 yǒngyuǎn [부]영원히
油 yóu [명]①기름 ②액체 상태의 조미료

游客 yóukè [명]관광객
友好 yǒuhǎo [형]우호적이다
有空儿 yǒukòngr [동]틈(짬, 겨를)이 있다
有人 yǒu rén 어떤 사람
有(一)点儿 yǒu(yì)diǎnr [부]조금
有意思 yǒu yìsi ①뜻이 깊다 ②재미있다
又 yòu [부]①(반복 또는 연속) 다시 ②(동시적 상황) 또한
鱼 yú [명]물고기
语言 yǔyán [명]언어
原来 yuánlái [형]원래의;본래의 [부]알고보니
原因 yuányīn [명]원인
院 yuàn [명]①뜰 ②어떤 기관이나 공공 장소
院长 yuànzhǎng [명]①병원 원장 ②(단과 대학) 학장
院子 yuànzi [명]뜰;정원
愿意 yuànyì [동]①하기를 바라다 ②희망하다
月份 yuèfèn [명]월분
月亮 yuèliang [명]달
越 yuè [부]점점
越来越 yuè lái yuè 더욱 더;갈수록
云 yún [명]구름
运动 yùndòng [동]운동하다 [명]운동
咱 zán [대]우리
咱们 zánmen [대]우리
脏 zāng [형]더럽다
早餐 zǎocān [명]아침 식사
早晨 zǎochen [명]아침;새벽
早就 zǎo jiù 이미
怎么办 zěnme bàn 어떻게 하나;어쩌지
怎么样 zěnmeyàng [대]①어떠하다 ②별로…않다
怎样 zěnyàng [대]어떻게;어떠하다
占 zhàn [동]①차지하다 ②처하다
站 zhàn [동]서다
站住 zhàn//zhù ①멈추다 ②안정되다
长 zhǎng ①나이가 많다 ②(친족 관계) 손위의
长大 zhǎngdà ①자라다 ②성장하다
找出 zhǎochū ①잡다 ②찾아내다
照顾 zhào·gù [동]①고려하다 ②돌보다
照片 zhàopiàn [명]사진
照相 zhào//xiàng ①사진 ②사진을 찍다
这么 zhème [대]이러한;이와 같은
这时候|这时 zhè shíhou | zhè shí 이 때
这样 zhèyàng [대]이러한;이와 같은
真正 zhēnzhèng [형]진정한;진짜의
正常 zhèngcháng [형]정상(적)이다
正好 zhènghǎo [형]꼭 알맞다 [부]때마침
正确 zhèngquè [형]정확하다
正是 zhèng shì [동]바로…이다, 바로 그러하다
直接 zhíjiē [형]직접적
只 zhǐ [부]단지;오직
只能 zhǐ néng 다만…할 수 있을 뿐이다
只要 zhǐyào [접]①…하기만 하면 ②만약…라면
纸 zhǐ [명]종이
中餐 zhōngcān [명]①중국음식 ②점심
中级 zhōngjí [형]중급의
中年 zhōngnián [명]중년
中小学 zhōng-xiǎoxué 초중고교
中心 zhōngxīn [명]중심
中医 zhōngyī [명]한의사
重点 zhòngdiǎn [명]중점 [부]중점적으로
重视 zhòngshì [동]중시하다
周 zhōu [양]바퀴
周末 zhōumò [명]주말
周年 zhōunián [명](시간 단위) 주년
主人 zhǔ·rén [명]주인;손님을 접대하는 사람
主要 zhǔyào [형]주요하다
住房 zhùfáng [명]주택
住院 zhù//yuàn 입원하다
装 zhuāng [동]①성장하다 ②치장하다
准确 zhǔnquè [형]확실하다
自己 zìjǐ [대]자기;자신
自行车 zìxíngchē [명]자전거

自由 zìyóu [명]자유 [형]자유롭다
字典 zìdiǎn [명]자전
走过 zǒuguò ①지나치다 ②거치다
走进 zǒujìn 걸어 들어오다
走开 zǒukāi ①떠나다 ②물러나다
租 zū [동]①임차하다 ②빌려주다
组 zǔ [동]조직하다;구성하다 [명]조
组成 zǔchéng [동]조직하다;구성하다
组长 zǔzhǎng [명]조장;반장
嘴 zuǐ [명]①입의 통칭 ②기물의 주둥이
最近 zuìjìn [명]최근
作家 zuòjiā [명]작가
作文 zuòwén [명]작문
作业 zuòyè [명]①숙제 ②작업
作用 zuòyòng [명]작용
座 zuò [양]좌;동
座位 zuò·wèi [명]자리;좌석
做到 zuòdào 성취하다
做法 zuò·fǎ [명](만드는) 법;(하는) 방법
做饭 zuò//fàn 밥을 짓다;식사 준비를 하다

4.3 3급 어휘표

爱心 àixīn [명]사랑하는 마음
安排 ānpái [동]안배하다;배치하다 [명]안배;배치
安装 ānzhuāng [동]①설치하다 ②고정시키다
按 àn [동]누르다 [개]…에 따라
按照 ànzhào [개]…에 따라
把 bǎ [개]동작의 대상을 동사 앞으로 전치시킬 때 씀
把 bǎ [양]①자루 ②한 줌
把握 bǎwò [동](꽉 움켜)쥐다 [명]①자신 ②성공의 가능성
白 bái [부]헛되이
白菜 báicài [명]①배추 ②김칫거리 채소
班级 bānjí [명]반
搬 bān [동]①운반하다 ②이사하다
搬家 bān//jiā 이사하다
板 bǎn [명]널빤지
办理 bànlǐ [동]처리하다
保 bǎo [동]보호하다
保安 bǎo'ān [명]경비원
保持 bǎochí [동]지키다;유지하다
保存 bǎocún [동]보존하다
保护 bǎohù [동]보호하다
保留 bǎoliú [동]보류하다
保险 bǎoxiǎn [형]안전하다 [명]보험
保证 bǎozhèng [동]담보하다;보증하다 [명]①보증 ②확보
报 bào [명]응보
报到 bào//dào ①도착 보고를 하다 ②출석하다
报道 bàodào [동]보도하다 [명]보도
报告 bàogào [동]보고하다;진술하다 [명]보고(서)
背 bēi [동]등지다
北部 běibù [명]북부
背 bèi [명]①등 ②(물체의)뒤
背后 bèihòu [명]배후
被 bèi [개]…당하다;…에게 …당하다
被子 bèizi [명]이불
本来 běnlái [형]본래 [부]①본래 ②응당
本领 běnlǐng [명]재능;능력
本事 běnshi [명]재능;능력
比较 bǐjiào [부]비교적 [동]비교하다
比例 bǐlì [명]비율
比赛 bǐsài [동]시합하다 [명]시합
必然 bìrán [형]필연적이다
必要 bìyào [형]필요하다 [명]필요
变化 biànhuà [동]달라지다;바뀌다 [명]변화

变为 biànwéi …으로 변하다
标题 biāotí [명]표제
标准 biāozhǔn [명]표준 [형]표준적이다
表达 biǎodá [동]표현하다
表格 biǎogé [명]표;양식
表面 biǎomiàn [명]표면
表明 biǎomíng [동]표명하다
表现 biǎoxiàn [동]표현하다 [명]표현
表演 biǎoyǎn [동]공연하다;공연하다 [명]상연;연기
并 bìng [부]같이 [접]그리고
并且 bìngqiě [접]또한
播出 bōchū ①방송하다 ②방영하다
播放 bōfàng [동]①방송하다 ②방영하다
不必 búbì [부]①…하지 마라 ②…할 필요가 없다
不断 búduàn [동]끊임없다 [부]끊임없이
不论 búlùn [접]…을 막론하고
补 bǔ [동]①보수하다 ②보충하다
补充 bǔchōng [동]보충하다 [명]보충
不安 bù'ān [형]불안하다
不得不 bùdébù …하지 않으면 안 된다
不光 bùguāng [부]…뿐 아니라 [접]…만 아니라
不仅 bùjǐn [접]…만은 아니라
布 bù [명]천;베
步 bù [명]①걸음 ②단계 [양]옛날 길이의 단위(1보는 5척(尺))
部 bù [명]부분 [양](서적·영화)부
部门 bùmén [명]부문
部长 bùzhǎng [명]중앙 정부의 각 부처 장관
才能 cáinéng [명]재능
采取 cǎiqǔ [동]채택하다
采用 cǎiyòng [동]채용하다
彩色 cǎisè [명]채색;천연색
曾经 céngjīng [부]일찍이
产生 chǎnshēng [동]발생하다
长城 Chángchéng [명]만리장성
长处 chángchù [명]장점
长期 chángqī [명]장기;긴 시간
厂 chǎng [명]공장
场合 chǎnghé [명]경우;형편
场所 chǎngsuǒ [명]①장소 ②시설
超级 chāojí [형](보통 등급에서)뛰어난
朝 cháo [개]…을 향하여 [동]…으로 향하다
吵 chǎo [형]시끄럽다 [동]떠들어 대다
吵架 chǎo//jià 다투다;말다툼하다
衬衫 chènshān [명]셔츠
衬衣 chènyī [명]①속옷 ②셔츠
称为 chēngwéi …라고 일컫다
成功 chénggōng [동]성공하다 [형]성공적이다
成果 chéngguǒ [명]성과
成就 chéngjiù [명]성취 [동]성취하다
成立 chénglì [동]①(조직·기구)설치하다 ②(이론·의견)성립하다
成熟 chéngshú [형]①성숙하다 ②(과일·곡식)익다
成员 chéngyuán [명]성원;구성 인원
成长 chéngzhǎng [동]성장하다;자라다
城 chéng [명]①성(벽)②도시
城市 chéngshì [명]도시
程度 chéngdù [명]정도;수준
持续 chíxù [동]지속하다
充满 chōngmǎn [동]가득차다;충만하다
重 chóng [부]재차
初 chū [부]처음으로
初 (初一) chū(chūyī) [접두]첫 번째의 (초하루)
初步 chūbù [형]초보적이다
初级 chūjí [형]초급의
初中 chūzhōng [명]중학교
除了 chúle [개]…을 제외하고
处理 chǔlǐ [동]①처리하다 ②(일을)안배하다 [명]①처리 ②안배
传 chuán [동]전하다
传播 chuánbō [동]①(씨를)흩뿌리다 ②널리 퍼뜨리다
传来 chuánlái 전래하다

传说 chuánshuō [동]이리저리 말이 전해지다 [명]소문
创新 chuàngxīn [동]옛 것을 버리고 새 것을 창조하다 [명]창조성
创业 chuàngyè [동]사업을 시작하다;창업하다
创造 chuàngzào [동]창조하다 [명]창조
创作 chuàngzuò [동]창작하다 [명]창작
从来 cónglái [부]지금까지;여태껏
从前 cóngqián [명]종전;이전
从事 cóngshì [동]종사하다;일을 하다
村 cūn [명]마을;동네
存 cún [동]있다;존재하다
存在 cúnzài [동]존재하다;현존하다
错误 cuòwù [형]잘못된 [명]실수;잘못
达到 dá//dào 달성하다
打破 dǎ//pò ①타파하다 ②때려 부수다
打听 dǎting [동]①물어보다 ②알아보다
大概 dàgài [형]대강의 [부]아마도
大使馆 dàshǐguǎn [명]대사관
大约 dàyuē [부]대략, 아마
大夫 dàifu [명]의사
代 dài [동]①대신하다 ②교체하다 [명]①시대 ②세대
代表 dàibiǎo [명]대표 [동]①대표하다 ②대신하다
代表团 dàibiǎotuán [명]대표단
带动 dàidòng [동](이끌어)움직이다
带领 dàilǐng [동]안내하다;인솔하다
单元 dānyuán [명]단원
当初 dāngchū [명]당초;처음
当地 dāngdì [명]①그 지방 ②현지
当然 dāngrán [형]당연하다 [부]당연히
当中 dāngzhōng [명]①중간 ②그 가운데
刀 dāo [명]칼
导演 dǎoyǎn [동]연출하다 [명]연출자
到达 dàodá [동]도착하다;도달하다
到底 dàodǐ [부]①도대체 ②마침내
得分 défēn [동]득점하다;점수를 얻다 [명]①성적 ②점수
等待 děngdài [동]기다리다
底下 dǐxia [명]밑;아래
地区 dìqū [명]지역;지구
电视剧 diànshìjù [명]텔레비전 드라마
电视台 diànshìtái [명]텔레비전 방송국
电台 diàntái [명]방송국
电子邮件 diànzǐ yóujiàn 전자우편;이메일
调 diào [동]①파견하다 ②조사하다
调查 diàochá [동]조사하다 [명]조사
订 dìng [동]①정하다 ②예약하다
定期 dìngqī [동]기한을 정하다 [형]정기의
东部 dōngbù [명]동부
动力 dònglì [명]①동력 ②원동력
动人 dòngrén [형]감동적이다
读者 dúzhě [명]독자
短处 duǎnchù [명]약점
短裤 duǎnkù [명]짧은 바지;반바지
短期 duǎnqī [명]단기
断 duàn [동]①자르다 ②단절하다
队员 duìyuán [명]대원
对待 duìdài [동]대우하다
对方 duìfāng [명]상대방;적
对手 duìshǒu [명]상대
对象 duìxiàng [명]대상
顿 dùn [양]번;끼니
发表 fābiǎo [동]발표하다;공표하다
发出 fāchū [동]①내다 ②발표하다
发达 fādá [형]발달된
发动 fādòng [동]①개시하다 ②행동하기 시작하다
发明 fāmíng [동]발명하다 [명]발명
发生 fāshēng [동]①발생하다 ②왕성하게 되다
发送 fāsòng [동]①발생하다 ②보내다
发言 fāyán [동]발언하다 [명]발언
发展 fāzhǎn [동]발전하다 [명]발전
反对 fǎnduì [동]반대하다

反复 fǎnfù [부]거듭 [명]반복
反应 fǎnyìng [동]반응하다 [명]반응
反正 fǎn·zhèng [부]어차피
范围 fànwéi [명]범위
方式 fāngshì [명]방식
防 fáng [동]막다;지키다
防止 fángzhǐ [동]방지하다
房东 fángdōng [명]집주인
房屋 fángwū [명]가옥;집
房租 fángzū [명]①집세 ②숙박료
访问 fǎngwèn [동]방문하다
放到 fàngdào 놔두다
飞行 fēixíng [동]비행하다
费 fèi [동]소비하다 [명]①비용 ②수수료
费用 fèiyong [명]비용
分别 fēnbié [동]①헤어지다 ②구별하다 [부]각각
分配 fēnpèi [동]①분배하다 ②배치하다
分组 fēnzǔ ①조를 나누다 ②분조
丰富 fēngfù [형]풍부하다
风险 fēngxiǎn [명]위험
否定 fǒudìng [동]부정하다 [형]부정의
否认 fǒurèn [동]부인하다
服装 fúzhuāng [명]복장
福 fú [명]복
父母 fùmǔ [명]부모
父亲 fùqīn [명]부친
付 fù [동]①교부하다 ②지불하다
负责 fùzé [동]책임이 있다 [형]책임감이 강하다
复印 fùyìn [동]복사하다
复杂 fùzá [형]복잡하다
富 fù [형]재산이 많다
改进 gǎijìn [동]개진하다
改造 gǎizào [동]개조하다
概念 gàiniàn [명]①개념 ②관념
赶 gǎn [동]①뒤쫓다 ②(시간에)대다
赶到 gǎndào 서둘러 도착하다
赶紧 gǎnjǐn [부]서둘러
赶快 gǎnkuài [부]빨리;얼른
敢 gǎn [동]감히…하다
感冒 gǎnmào [명]감기 [동]감기에 걸리다
感情 gǎnqíng [명]감정
感受 gǎnshòu [명]인상;느낌 [동](영향을)받다
干吗 gànmá [대]무엇 때문에;어째서
高速 gāosù [형]고속의
高速公路 gāosù gōnglù 고속도로
告别 gào//bié 헤어지다;작별 인사를 하다
歌迷 gēmí [명]노래 애호가
歌声 gēshēng [명]노랫소리
歌手 gēshǒu [명]가수
个人 gèrén [명]①개인 ②그 사람
个性 gèxìng [명]개성
各 gè [대]각자 [부]제각기
各地 gèdì [명]각지
各位 gèwèi [대]여러분
各种 gèzhǒng [대]각종
各自 gèzì [대]각자
根本 gēnběn [형]중요하다 [부]①본래 ②전혀 [명]근본;기초
更加 gèngjiā [부]더욱 더
工厂 gōngchǎng [명]공장
工程师 gōngchéngshī [명]엔지니어
工夫 gōngfu [명]①시간 ②노력
工具 gōngjù [명]①공구 ②도구
工业 gōngyè [명]공업
工资 gōngzī [명]임금
公布 gōngbù [동]공포하다
公共 gōnggòng [형]공공의
公开 gōngkāi [형]공개적으로 [동]공개하다
公民 gōngmín [명]공민
公务员 gōngwùyuán [명]공무원
功夫 gōngfu [명]①시간 ②노력
功课 gōngkè [명]①학과목 ②수업
功能 gōngnéng [명]①작용 ②효능
共同 gòngtóng [형]공동의

共有 gòngyǒu [동]합계가 …이다
姑娘 gūniang [명]①아가씨 ②딸
古 gǔ [형]낡다;오래되다
古代 gǔdài [명]고대
故乡 gùxiāng [명]고향
挂 guà [동]①걸다 ②전화를 끊다
关系 guān·xi [명]관련 [동]관계하다
关注 guānzhù [동]①관심을 가지다 ②배려하다
观察 guānchá [동]관찰하다
观看 guānkàn [동]관찰하다;관람하다
观念 guānniàn [명]①관념 ②생각
观众 guānzhòng [명]관중
管 guǎn [동]①담당하다 ②간섭하다
管理 guǎnlǐ [동]관리하다
光 guāng [부]다만 [명]①빛 ②풍경 [형]밝다
光明 guāngmíng [형]밝다;환하다 [명]광명
广播 guǎngbō [동]①방송하다 ②퍼뜨리다 [명]라디오
广大 guǎngdà [형]넓다
规定 guīdìng [동]규정하다 [명]규정
规范 guīfàn [형]규범에 맞다 [명]본보기;규범 [동]규범에 맞게 하다
国内 guó nèi 국내
国庆 guóqìng [명]①국가 경사 ②건국 기념일
果然 guǒrán [부]과연
果汁 guǒzhī [명]①과일즙 ②과일 주스
过程 guòchéng [명]과정
过去 guòqù [동]①지나가다 ②죽다
哈哈 hāhā [의]하하; 웃는 소리
海关 hǎiguān [명]세관
害怕 hài//pà 두려워하다;무서워하다
行 háng [양]행
好好 hǎohǎo [형]①멀쩡하다 ②좋다 [부]①잘 ②얌전하게
好奇 hàoqí [형]호기심이 많다
合 hé [동]①감다 ②합치다
合法 héfǎ [형]①법에 맞다 ②합법적이다
合格 hégé [형]①규격에 들어맞다 ②합격하다
合理 hélǐ [형]①도리에 맞다 ②합리적이다
合作 hézuò [동]①합작하다 ②협력하다
和平 hépíng [명]평화
红茶 hóngchá 홍차
红酒 hóngjiǔ [명]붉은 포도주
后果 hòuguǒ [명](주로 나쁜 측면) 최후의 결과
后面 hòumian [명]①뒤 ②뒷부분
后年 hòunián [명]내후년
互联网 hùliánwǎng [명]인터넷
互相 hùxiāng [부]서로
划船 huáchuán [동]배를 젓다
华人 huárén [명]①중국인 ②화교
化（现代化） huà(xiàndàihuà) [접미]…화(현대화)
话剧 huàjù [명]연극
话题 huàtí [명]화제
欢乐 huānlè [형]즐겁다;유쾌하다
环 huán [명]①고리 ②일환
环保 huánbǎo [명]환경 보호 [형]친환경적인
环境 huánjìng ①환경 ②주위 상황[조건]
会议 huìyì [명]회의
会员 huìyuán [명]회원
活 huó [형]①활기차다 ②살아 있는 [동]살다
火 huǒ [명]불
机器 jī·qì [명]①기계 ②기구
积极 jījí [형]적극적인
基本 jīběn [형]①기본의 ②기본적인
基本上 jīběn·shàng [부]①주로 ②대체로
基础 jīchǔ [명]①(건축물의) 토대 ②기초
及时 jíshí [형]시기 적절하다
…极了 jíle 극히;매우
集体 jítǐ [명]집단;단체
集中 jízhōng [동]집중하다;모이다 [형]집중적인
计算 jìsuàn [동]①계산하다 ②계획하다
记录 jìlù [명]기록 [동]기록하다
记者 jìzhě [명]기자

纪录 jìlù [명]최고 기록
纪念 jìniàn [동]기념하다 [명]기념
技术 jìshù [명]기술
继续 jìxù [동]계속하다
加工 jiā//gōng ①가공하다 ②마무리하다
加快 jiākuài [동]①빠르게 하다 ②속도를 올리다
加强 jiāqiáng [동]①강화하다 ②보강하다
家具 jiājù [명]가구
家属 jiāshǔ [명]가족
家乡 jiāxiāng [명]고향
价格 jiàgé [명]가격
价钱 jià·qián [명]가격;값
价值 jiàzhí [명]가치
架 jià [양](받침대가 있는 물건) 대 [명]선반 [동]받치다
坚持 jiānchí [동]①견지하다 ②끝까지 버티다
坚决 jiānjué [형]단호하다
坚强 jiānqiáng [형]굳고 강하다
简单 jiǎndān [형]간단하다
简直 jiǎnzhí [부]그야말로;정말
建 jiàn [동]①짓다 ②설립히다
建成 jiànchéng ①건설하다 ②완성하다
建立 jiànlì [동]건립하다
建设 jiànshè [동]건설하다 [명]건설
建议 jiànyì [동]건의하다;제의하다 [명]건의;제의
将近 jiāngjìn [부]거의
将来 jiānglái [명]장래
交费 jiāofèi [동]비용을 내다
交警 jiāojǐng [명]교통경찰
交流 jiāoliú [동]교류하다 [명]교류;교환
交往 jiāowǎng [동]①왕래하다 ②교제하다
交易 jiāoyì [명]교역;거래
叫 jiào [개]…에 의하여 (…하게 되다)
较 jiào [부]비교적
教材 jiàocái [명]교재
教练 jiàoliàn [명]①교관 ②코치
结实 jiēshi [형]①단단하다 ②(신체가)튼튼하다
接待 jiēdài [동]접대하다;응접하다
接近 jiējìn [동]①접근하다 ②가까이하다
节约 jiéyuē [동]절약하다
结合 jiéhé [동]결합하다;결부하다
结婚 jié//hūn 결혼하다
结束 jiéshù [동]①끝나다 ②결산하다
解决 jiějué [동]해결하다
解开 jiěkāi ①해체하다 ②(끈이나 단추 따위를) 풀다
金 jīn [명]금
金牌 jīnpái [명]금메달
仅 jǐn [부]①겨우 ②다만
仅仅 jǐnjǐn [부]단지;다만
尽量 jǐnliàng [부]가능한 한;될 수 있는 대로
紧 jǐn [형]①팽팽하다 ②단단하다
紧急 jǐnjí [형]①긴급하다 ②절박하다
紧张 jǐnzhāng [형]①긴장해 있다 ②긴박하다
进步 jìnbù [동]진보하다 [형]진보적이다
进一步 jìnyíbù [부]한층
进展 jìnzhǎn [동]진전하다
近期 jìnqī [명]①단기 ②가까운 기일
京剧 jīngjù [명]경극
经济 jīngjì [명]경제 [형]경제에 유익하거나 해로운
经历 jīnglì [동]경험하다 [명]경험
经验 jīngyàn [명]경험
经营 jīngyíng [동]경영하다
精彩 jīngcǎi [형]뛰어나다;훌륭하다
精神 jīngshén [명]활력;기력
精神 jīngshen [형]활기차다 [명]활력;기력
景色 jǐngsè [명]경치;풍경
警察 jǐngchá [명]경찰
静 jìng [형]조용하다 [동]①조용히 하다 ②차분히 하다
久 jiǔ [형]①오래다 ②(시간이)길다
旧 jiù [형]옛날의;낡다
救 jiù [동]①구하다 ②돕다
就是 jiùshì [접]설사 …이라도

就业 jiù//yè 취직하다;취업하다
举办 jǔbàn [동]①거행하다 ②설치하다
具体 jùtǐ [형]구체적이다
具有 jùyǒu [동]구비하다;가지다
剧场 jùchǎng [명]극장
据说 jùshuō [동]말하는 바에 의하다
决定 juédìng [동]결정하다 [명]결정
决赛 juésài [동]결승하다 [명]결승전
决心 juéxīn [동]결심하다 [명]결심
绝对 juéduì [부]절대로;완전히
咖啡 kāfēi [명]커피
开发 kāifā [동]①개발하다 ②일깨우다
开放 kāifàng [동]①(꽃이) 피다 ②개방하다
开始 kāishǐ [동]시작되다 [명]시작
开业 kāi//yè 개업하다
开展 kāizhǎn [동]①넓히다 ②전개하다
看起来 kàn·qǐ·lái 보아하니
看上去 kànshàng·qù …해 보이다
考验 kǎoyàn [동]①시험하다 ②시련을 주다
科技 kējì [명]과학 기술
可靠 kěkào [형]믿음직스럽다
可乐 kělè [명]콜라
克服 kèfú [동]극복하다
客观 kèguān [형]객관적
课程 kèchéng [명]교과 과정
空 kōng [형]텅 비다 [부]공연히;헛되이
空调 kōngtiáo [명]에어컨
恐怕 kǒngpà [부]염려하다
空儿 kòngr [명]틈
裤子 kùzi [명]바지
快速 kuàisù [형]쾌속
困 kùn [형]졸리다 [동]포위하다
困难 kùnnan [명]어려움 [형]어렵다
浪费 làngfèi [형]낭비하다
老百姓 lǎobǎixìng [명]백성
老板 lǎobǎn [명]사장님
老太太 lǎotàitai [명]노부인
老头儿 lǎotóur [명]늙은이
乐 lè [동]즐겁다
乐观 lèguān [형]낙관적이다
类 lèi [명]종류 [양]종류
类似 lèisì [형]비슷하다 [동]유사하다
离婚 lí//hūn 이혼하다
里面 lǐmiàn [명]안에
理发 lǐ//fà 머리를 깎다
理解 lǐjiě [동]이해하다
理论 lǐlùn [명]이론
理由 lǐyóu [명]이유
力 lì [명]힘
力量 lì·liàng [명]힘
立刻 lìkè [부]즉시;곧
利用 lìyòng [동]이용하다
连 lián [동]연결하다 [부]마저도
连忙 liánmáng [부]황급히
连续 liánxù [동]연속
连续剧 liánxùjù [명]연속극
联合 liánhé [동]연합하다
联合国 Liánhéguó [명]유엔
联系 liánxì [동]연락하다 [명]연락
凉水 liángshuǐ [명]찬물
了 liǎo [동]끝나다
领 lǐng [동]수령하다
领导 lǐngdǎo [동]이끌다 [명]지도자;리더
领先 lǐng//xiān 앞서다
另外 lìngwài [대]별도의;다른 [부]달리 [접]이 외에
另一方面 lìngyìfāngmiàn 다른 한편으로는
留学 liú//xué 유학하다
龙 lóng [명]용
录 lù [동]녹음하다
录音 lùyīn [동]녹음하다 [명]녹음
路线 lùxiàn [명]노선
旅馆 lǚguǎn [명]여관
旅行社 lǚxíngshè [명]여행사
绿茶 lǜchá [명]녹차

乱 luàn [형]어지럽다
落后 luò//hòu 뒤떨어지다
麻烦 máfan [동]귀찮게 하다 [형]귀찮다
马 mǎ [명]말
满足 mǎnzú [동]만족하다
慢慢 mànmàn 천천히
毛 máo [명]털
毛病 máo·bìng [명]결함
没用 méiyòng [동]소용없다
媒体 méitǐ [명]매체
每 měi [대]매;각각 [부]항상
美 měi [형]아름답다
美好 měihǎo [형]아름답다
美丽 měilì [형]아름답다
美食 měishí [명]미식
美术 měishù [명]미술
美元 měiyuán [명]달러
迷 mí [동]매혹되다;심취하다
米 mǐ [명]쌀
面对 miànduì [동]직면하다
面积 miànjī [명]면적
民间 mínjiān [명]민간
民族 mínzú [명]민족
明确 míngquè [형]명확하다 [동]명확하게 하다
明显 míngxiǎn [형]뚜렷하다
命运 mìngyùn [명]운명
某 mǒu [대]어느;아무
母亲 mǔ·qīn [명]어머니
木头 mùtou [명]나무
目标 mùbiāo [명]목표
目前 mùqián [명]현재
奶茶 nǎichá [명]밀크 티
男子 nánzǐ [명]남자
南部 nánbù [명]남부
难道 nándào [부]설마
难度 nándù [명]난이도
内 nèi [명]안
内容 nèiróng [명]내용
内心 nèixīn [명]속마음
能不能 néng bu néng 할 수 있습니까?
能力 nénglì [명]능력
年初 niánchū [명]연초
年代 niándài [명]연대
年底 niándǐ [명]연말
年纪 niánjì [명]나이
念 niàn [동]읽다
牛 niú [명]소
农村 nóngcūn [명]농촌
农民 nóngmín [명]농민
农业 nóngyè [명]농업
女子 nǚzǐ [명]여자
暖和 nuǎnhuo [형]따뜻하다
怕 pà [부]아마;혹시
拍 pāi [동]치다
排 pái [동]배열하다
排名 pái//míng 이름을 순서에 따라 올리다
牌子 páizi [명]간판
派 pài [동]파견하다 [명]피
判断 pànduàn [동]판단하다 [명]판단
胖 pàng [형]뚱뚱하다
跑步 pǎo//bù 달리기
配 pèi [동]배합하다
配合 pèihé [동]맞추다
批评 pīpíng [동]비평하다
批准 pīzhǔn [동]비준하다
皮 pí [명]가죽
皮包 píbāo [명]가죽 가방
啤酒 píjiǔ [명]맥주
票价 piàojià [명]표값
评价 píngjià [동]평가하다 [명]평가
苹果 píngguǒ [명]사과
破 pò [형]하찮다;보잘것없다 [동]①찢어지다 ②상하다
破坏 pòhuài [동]파괴하다

普遍 pŭbiàn [형]보편적이다
普及 pŭjí [동]보급하다 [형]널리 보급되다
期 qī [양]기
齐 qí [형]동등하다 [동]가지런하다
其次 qícì [대]두 번째
其实 qíshí [부]사실
奇怪 qíguài [형]이상하다
气候 qìhòu [명]기후
千万 qiānwàn [부]부디
前后 qiánhòu [명]앞뒤
前进 qiánjìn [동]전진하다
前面 qiánmiàn [명]앞쪽
前往 qiánwăng [동]나아가다
强 qiáng [형]강하다
强大 qiángdà [형]강대하다
强调 qiángdiào [동]강조하다
强烈 qiángliè [형]강하다
桥 qiáo [명]다리
巧 qiăo [형]교묘하다
亲 qīn [형]가깝다
亲切 qīnqiè [형]친절하다
亲人 qīnrén [명]직계 친속
亲自 qīnzì [부]몸소
情感 qínggăn [명]감정
情况 qíngkuàng [명]상황
请教 qĭngjiào [동]가르침을 청하다
庆祝 qìngzhù [동]경축하다
球迷 qiúmí [명]축구팬
区 qū [명]①구역;구역 ②구(행정구역 단위)
区别 qūbié [명]구별 [동]구별하다
取消 qŭxiāo [동]취소
去世 qùshì [동]돌아가시다
全场 quánchăng [명]전체 관객
全面 quánmiàn [형]전면적인
全球 quánqiú [명]글로벌
缺 quē [동]모자라다
缺点 quēdiăn [명]결점
缺少 quēshăo [동]모자라다
确保 quèbăo [동]확보하다
确定 quèdìng [형]확실하다 [동]확정하다
确实 quèshí [형]확실하다 [부]확실히
裙子 qúnzi [명]치마
群 qún [양]무리
热爱 rè'ài [동]매우 좋아하다
热烈 rèliè [형]열렬하다
人才 réncái [명]인재
人工 réngōng [명]인공 [형]인공적이다
人类 rénlèi [명]인간
人民 rénmín [명]인민
人民币 rénmínbì [명]인민폐
人群 rénqún [명]군중
人生 rénshēng [명]인생
人员 rényuán [명]인원
认出 rènchū 알아보다
认得 rènde [동]알다
认可 rènkě [동]인가
任 rèn [동]맡다;담당하다
任 rèn [접]…을 막론하고
任何 rènhé [대]어떤
任务 rènwu [명]임무
仍 réng [부]여전히
仍然 réngrán [부]여전히
日常 rìcháng [명]일상
容易 róngyì [형]쉽다
如何 rúhé [대]어떻게
散步 sàn//bù 산책하다
沙发 shāfā [명]소파
沙子 shāzi [명]모래
伤 shāng [동]상하다 [명]상처
伤心 shāng//xīn 슬프다
商品 shāngpĭn [명]상품
商业 shāngyè [명]상업
上来 shàng//·lái 올라오다
上面 shàngmiàn [명]위쪽

上去 shàngqù 올라가다
上升 shàngshēng [동]올라가다
上衣 shàngyī [명]상의
设备 shèbèi [명]장치
设计 shèjì [명]디자인 [동]디자인하다
设立 shèlì [동]설립하다
社会 shèhuì [명]사회
身份证 shēnfènzhèng [명]신분증
深 shēn [형]깊다
深刻 shēnkè [형]심각하다
深入 shēnrù [동]깊이 파고들다 [형]심각하다
升 shēng [동]오르다
生 shēng [형]날것이다
生产 shēngchǎn [동]생산하다
生存 shēngcún [동]생존하다
生动 shēngdòng [형]생동감 있다
生命 shēngmìng [명]생명
生意 shēngyi [명]장사
生长 shēngzhǎng [동]자라다
声明 shēngmíng [명]성명 [동]성명하다
胜 shèng [동]승리하다
胜利 shènglì [동]승리하다 [명]승리
失去 shīqù [동]잃어버리다
石头 shítou [명]돌
石油 shíyóu [명]석유
时 shí [명]때
时代 shídài [명]시대
时刻 shíkè [명]시시각각
实际上 shíjì·shàng [부]실제로
实力 shílì [명]실력
实行 shíxíng [동]실행하다
实验 shíyàn [동]실험하다 [명]실험
实验室 shíyànshì [명]실험실
食品 shípǐn [명]식품
使 shǐ [동]사용하다;(…에게)…하게 하다
始终 shǐzhōng [부]처음부터 끝까지
世纪 shìjì [명]세기
世界 shìjiè [명]세계
世界杯 shìjièbēi [명]월드컵
市场 shìchǎng [명]시장
事故 shìgù [명]사고
事件 shìjiàn [명]사건
事实 shìshí [명]사실
事实上 shìshíshang 사실상
事业 shìyè [명]사업
试题 shìtí [명]시험 문제
试验 shìyàn [동]시험하다
适合 shìhé [동]적합하다
适应 shìyìng [동]적응하다
适用 shìyòng [형]적용하다
室 shì [명]방
收费 shōufèi [동]비용을 받다
收看 shōukàn [동]시청하다
收听 shōutīng [동]청취하다
收音机 shōuyīnjī [명]라디오
手续 shǒuxù [명]수속
手指 shǒuzhǐ [명]손가락
首都 shǒudū [명]수도
首先 shǒuxiān [부]우선
受 shòu [동]받다
受伤 shòu//shāng 다치다
书架 shūjià [명]책꽂이
输 shū [동]나르다
输入 shūrù [동]입력합니다
熟人 shúrén [명]잘 아는 사람;지인
属 shǔ [동]속하다
属于 shǔyú [동]속하다
束 shù [양]묶음
数量 shùliàng [명]수량
双 shuāng [양]쌍 [형]두 배의
双方 shuāngfāng [명]쌍방
思想 sīxiǎng [명]사상
死 sǐ [동]죽다 [형]①…해 죽겠다 ②몹시
速度 sùdù [명]속도

随 suí [동]따르다
所 suǒ [명]장소 [양](집 세는 단위)채;동
所长 suǒzhǎng [명]소장
台 tái [명]무대
谈 tán [동]담론하다
谈话 tán//huà 담화하다
谈判 tánpàn [동]담판하다;협상하다 [명]담판;협상
汤 tāng [명]탕
糖 táng [명]설탕
特色 tèsè [명]특색
提前 tíqián [동]앞당기다
提问 tíwèn [동]질문하다
题目 tímù [명]제목
体会 tǐhuì [동]체득하다 [명]체득
体现 tǐxiàn [동]나타내다
体验 tǐyàn [동]체험하다
天空 tiānkōng [명]하늘
甜 tián [형]달다
调 tiáo [동]조정하다
调整 tiáozhěng [동]조정하다
跳 tiào [동]뛰다
跳高 tiàogāo [동]높이뛰기
跳舞 tiào//wǔ 춤을 추다
跳远 tiàoyuǎn [동]멀리뛰다
铁 tiě 철
铁路 tiělù [명]철로
听力 tīnglì [명]청력
听众 tīngzhòng [명]청중
停止 tíngzhǐ [동]멈추다
通常 tōngcháng [형]통상적인
通信 tōng//xìn 통신하다
同意 tóngyì [동]동의하다
痛 tòng [형]아프다
痛苦 tòngkǔ [형]고통스럽다
头 tóu [형]선두
头脑 tóunǎo [명]두뇌
突出 tūchū [형]뛰어나다 [동]돌파하다
突然 tūrán [형]갑작스럽다
图 tú [명]그림
图画 túhuà [명]그림
土 tǔ [명]흙
团 tuán [명]단체;집단
团结 tuánjié [동]단결하다
团体 tuántǐ [명]단체
推动 tuī//dòng [동]추진하다
推广 tuīguǎng [동]널리 보급하다
推进 tuījìn [동]추진하다
推开 tuīkāi 밀어젖히다;밀어 내다
退 tuì [동]물러서다
退出 tuìchū [동]탈퇴하다
退休 tuìxiū 퇴직하다
外交 wàijiāo [명]외교
外面 wài·miàn [명]밖
外文 wàiwén [명]외국어
完美 wánměi [형]완벽하다
完善 wánshàn [형]완벽하다 [동]완벽해지게 하다
完整 wánzhěng [형]온전하다
玩具 wánjù [명]장난감
往往 wǎngwǎng [부]왕왕
危害 wēihài [동]해를 끼치다 [명]해
危险 wēixiǎn [형]위험하다 [명]위험
为 wéi [동]돕다
为 wéi [개]…에게;…위하여
围 wèi [동]둘러싸다
伟大 wěidà [형]위대하다
卫生 wèishēng [형]위생적이다 [명]위생
卫生间 wèishēngjiān [명]화장실
为了 wèile [개]하기 위해서
温暖 wēnnuǎn [형]따뜻하다 [동]따뜻하게 하다
文化 wénhuà [명]문화
文件 wénjiàn [명]파일
文明 wénmíng [명]문명 [형]현대적인;신식의
文学 wénxué [명]문학

文章 wénzhāng [명]문장
文字 wénzì [명]문자
握手 wò//shǒu 악수하다
屋子 wūzi [명]방
武器 wǔqì [명]무기
武术 wǔshù [명]무술
舞台 wǔtái [명]무대
西部 xībù [명]서부
希望 xīwàng [동]희망하다 [명]희망
系 xì [명]①계통 ②학과
下来 xià//·lái 내려오다
下面 xiàmiàn [명]아래
下去 xià//·qù 내려가다
先进 xiānjìn [형]선진적이다 [명]앞선 사람
显得 xiǎnde [동]드러나다
显然 xiǎnrán [형]명백하다
显示 xiǎnshì [동]현시하다
现场 xiànchǎng [명]현장
现代 xiàndài [명]현대
现金 xiànjīn [명]현금
现实 xiànshí [명]현실
现象 xiànxiàng [명]현상
线 xiàn [명]선
相比 xiāngbǐ [동]비교하다
相当 xiāngdāng [부]상당히 [동]①같다 ②상당하다
相关 xiāngguān [동]관련되다
相互 xiānghù [부]서로
相似 xiāngsì [형]닮았다
香 xiāng [형]향기롭다
香蕉 xiāngjiāo [명]바나나
消费 xiāofèi [동]소비하다
消失 xiāoshī [동]사라지다
消息 xiāoxi [명]소식
效果 xiàoguǒ [명]효과
写作 xiězuò [동]글을 짓다
血 xiě [명]피
心 xīn [명]마음
信 xìn [동]믿다
信封 xìnfēng [명]편지봉투
信任 xìnrèn [동]신임하다
行李 xíngli [명]수하물
形成 xíngchéng [동]형성하다
形式 xíngshì 형식
形象 xíngxiàng [명]형상 [형]구체적이다
形状 xíngzhuàng [명]모양
幸福 xìngfú [형]행복하다 [명]행복
幸运 xìngyùn [형]운이 좋다
性(积极性) xìng(jījíxìng) [접미]성(적극성)
性别 xìngbié [명]성별
性格 xìnggé [명]성격
修 xiū [동]수리하다
修改 xiūgǎi [동]고치다
需求 xūqiú [명]수요
需要 xūyào [동]필요하다 [명]수요
宣布 xuānbù [동]선포하다
宣传 xuānchuán [동]선전하다 [명]선전
选手 xuǎnshǒu [명]선수
学费 xuéfèi [명]학비
训练 xùnliàn [동]훈련하다 [명]훈련
压 yā [동]누르다
压力 yālì [명]압력
烟 yān [명]연기
眼前 yǎnqián [명]눈앞;목전
演 yǎn [동]연기하다
演唱 yǎnchàng [동]노래하다
演唱会 yǎnchànghuì [명]콘서트
演出 yǎnchū [동]공연하다 [명]공연
演员 yǎnyuán [명]배우
羊 yáng [명]양
阳光 yángguāng [명]양광, 햇빛
要是 yàoshi [접]만일…이라면
衣架 yījià [명]옷걸이
一切 yíqiè [대]일체;모든 것

已 yǐ [부]이미
以来 yǐlái [명]이래
一方面 yìfāngmiàn [명]한 방면
艺术 yìshù [명]예술
意外 yìwài [형]의외이다 [명]뜻밖의 사고
意义 yìyì [명]의미
因此 yīncǐ [접]그래서
银 yín [명]은
银牌 yínpái [명]은메달
印象 yìnxiàng [명]인상
应当 yīngdāng [동]응당(당연히)…해야 한다
迎接 yíngjiē [동]영접하다
营养 yíngyǎng [명]영양
赢 yíng [동]이기다
影视 yǐngshì [명]영화와 텔레비전
应用 yìngyòng [동]응용하다
优点 yōudiǎn [명]장점
优势 yōushì [명]우위
由 yóu [개]①…이(동작의 주체) ②…으로부터
由于 yóuyú [개]…때문에 [접]…인하여
邮件 yóujiàn [명]우편
邮票 yóupiào [명]우표
邮箱 yóuxiāng [명]우편함
游 yóu [동]①헤엄치다 ②유람하다
游戏 yóuxì [명]게임
游泳 yóuyǒng [동]수영하다 [명]수영
有的是 yǒudeshì 얼마든지 있다
有利 yǒulì [형]유리하다
有效 yǒuxiào [동]유효하다
预报 yùbào [동]예보하다 [명]예보
预防 yùfáng [동]예방하다
预计 yùjì [동]예상하다
预习 yùxí [동]예습하다
员(服务员) yuán(fúwùyuán) [접미]어떤 분야에 종사하고 있는 사람(종업원)
员工 yuángōng [명]직원과 노무자
愿望 yuànwàng [명]소망
约 yuē [동]약속하다
乐队 yuèduì [명]악대
运输 yùnshū [동]운송하다
杂志 zázhì [명]잡지
早已 zǎoyǐ [부]훨씬 전에;이미
造 zào [동]만들다
造成 zàochéng [동]조성하다
责任 zérèn [명]책임
增加 zēngjiā [동]증가하다
增长 zēngzhǎng [동]늘어나다
展开 zhǎn//kāi 펼치다
张 zhāng [양](종이·침대 등 넓은 표면을 가진 것을 셈)장 [동]열다
照 zhào [동]비추다 [개]…에 따라
者(志愿者) zhě(zhìyuànzhě) [접미]자;것 (자원봉사자)
真实 zhēnshí [형]진실하다
争 zhēng [동]다투다
争取 zhēngqǔ [동]쟁취하다
整 zhěng [형]단정하다 [동]정리하다
整个 zhěnggè [형]온통
整理 zhěnglǐ [동]정리하다
整齐 zhěngqí [형]가지런하다
整体 zhěngtǐ [명]전체
整天 zhěngtiān [명]하루 종일
整整 zhěngzhěng [부]꼬박
正 zhèng [형]①곧다 ②바르다
正式 zhèngshì [형]정식의
证 zhèng [명]증서
证件 zhèngjiàn [명]증명서
证据 zhèngjù [명]증거
证明 zhèngmíng [동]증명하다 [명]증명
支 zhī [양]①(노래나 악곡 세는 단위) 곡 ②(가늘고 긴 물건) 자루
支持 zhīchí [동]지지하다
支付 zhīfù [동]지불하다
只 zhī [양]①(쌍을 이루는 물건 중 하나) 쪽 ②마리

直 zhí [형] 곧다;똑바르다 [동]곧게 하다 [부]곧장;줄곧
直播 zhíbō [동]생방송하다
直到 zhídào [동]쭉 …에 이르다
值 zhí [동]가치가 있다
值得 zhí//·de 가치가 있다
职工 zhígōng [명]직원
职业 zhíyè [명]직업
只好 zhǐhǎo [부]부득이
只是 zhǐshì [부]다만;오직 [접]그러나;그런데
只有 zhǐyǒu [접]오직
指 zhǐ [동]손가락으로 가리키다
指出 zhǐchū 지적하다
指导 zhǐdǎo [동]지도하다
至今 zhìjīn [부]지금까지
至少 zhìshǎo [부]최소한
志愿 zhìyuàn [명]지원
志愿者 zhìyuànzhě [명]자원봉사자
制定 zhìdìng [동]제정하다
制度 zhìdù [명]제도
制造 zhìzào [동]제조하다
制作 zhìzuò [동]제작하다
中部 zhōngbù [명]중부;중간부분
中华民族 Zhōnghuá Mínzú 중화 민족
终于 zhōngyú [부]마침내
钟 zhōng [명]시계
种 zhǒng 종류
种子 zhǒngzi [명]씨앗
重大 zhòngdà [형]중대하다
周围 zhōuwéi [명]주위;사방
猪 zhū [명]돼지
主持 zhǔchí [동]주관하다
主动 zhǔdòng [형]능동적이다
主任 zhǔrèn [명]주임
主意 zhǔyi [명]생각;의견
主张 zhǔzhāng [동]주장하다 [명]의견
注意 zhù//yì 주의하다
祝 zhù [동]축하하다
抓 zhuā [동]붙잡다
抓住 zhuāzhù 붙잡다;사로잡다
专家 zhuānjiā [명]전문가
专门 zhuānmén [부]전문적으로
专题 zhuāntí [명]전문적인 테마
专业 zhuānyè [명]전공
转 zhuǎn [동]돌다
转变 zhuǎnbiàn [동]전환하다;바꾸다
状况 zhuàngkuàng [명]상황
状态 zhuàngtài [명]상태
追 zhuī [동]뒤쫓다
准 zhǔn [형]정확하다;정밀하다 [부]꼭;반드시
资格 zīgé [명]자격
资金 zījīn [명]자금
子女 zǐnǚ [명]자녀
自从 zìcóng [개]…부터
自动 zìdòng [형]자발적인 [부]자발적으로
自觉 zìjué [형]자각적이다
自然 zìrán [명]자연 [형]자연스럽다 [부]저절로
自身 zìshēn [명]자신;본인
自主 zìzhǔ [동]자주적이다
总 zǒng [부]대략;대체로
总结 zǒngjié [동]총괄하다 [명]총결산
总是 zǒngshì [부]늘;줄곧
足够 zúgòu [동]충분하다;넉넉하다
足球 zúqiú [명]축구
组合 zǔhé [명]조합
左右 zuǒyòu [명]①좌와 우 ②옆 [동]좌우하다
作品 zuòpǐn [명]작품
作者 zuòzhě [명]작가
做客 zuò//kè 손님으로 들다

6.4 4급 어휘표

阿姨 āyí [명]①아주머니 ②이모
啊 ā [조]어기 조사
矮 ǎi [형]①(키가) 작다 ②(높이가) 낮다
矮小 ǎixiǎo [형]왜소하다
爱国 ài//guó 애국하다
爱护 àihù [동]애호하다;아끼다
安 ān [동]안정시키다;진정시키다 [형]안정되다;편안하다
安置 ānzhì [동]안치하다;배치하다
按时 ànshí [부]제때에;제시간에
暗 àn [형]어둡다
暗示 ànshì [동]암시하다
巴士 bāshì [명]버스
百货 bǎihuò [명]백화;잡화
摆 bǎi [동]진열하다;벌여놓다
摆动 bǎidòng [동]흔들거리다
摆脱 bǎituō [동]벗어나다;빠져나오다
败 bài [동]지다;패배하다
办事 bàn//shì 사무를 보다;일을 처리하다
包裹 bāoguǒ [명]소포;보따리 [동]싸다;포장하다
包含 bāohán [동]포함하다
包括 bāokuò [동]포괄하다
薄 báo [형]얇다
宝 bǎo [명]보물
宝宝 bǎobao [명](어린애에 대한 애칭)착한 아기;귀염둥이
宝贝 bǎo•bèi [명]①보물 ②귀염둥이(어린아이에 대한 애칭)
宝贵 bǎoguì [형]소중하다;귀중하다
宝石 bǎoshí [명]보석
保密 bǎo//mì 비밀을 지키다
保守 bǎoshǒu [동]고수하다;지키다 [형]보수적이다
抱 bào [동]안다;포옹하다
背景 bèijǐng [명]배경
倍 bèi [양]배;곱절
被迫 bèipò [동]강요당하다;핍박을 받다
本科 běnkē [명]학부;대학
笨 bèn [형]어리석다;멍청하다
比分 bǐfēn [명]득점;스코어
毕业 bì//yè 졸업하다
毕业生 bìyèshēng [명]졸업생
避 bì [동]피하다
避免 bìmiǎn [동]피하다;모면하다
编 biān [동]엮다;짜다
辩论 biànlùn [동]변론하다;논쟁하다 [명]변론;논쟁
标志 biāozhì [동]상징하다 [명]상징;표지
表情 biǎoqíng [명]표정
表扬 biǎoyáng [동]표창하다
别 bié [동]이별하다;헤어지다
冰 bīng [명]얼음
冰箱 bīngxiāng [명]냉장고
冰雪 bīngxuě [명]얼음과 눈 [형](마음·몸가짐이)순결하다
兵 bīng [명]병사
并 bìng [동]합치다;통합하다
不要紧 búyàojǐn [형]괜찮다;문제없다
不在乎 búzàihu [동]대수롭지 않게 여기다;문제삼지 않다
不管 bùguǎn [접]…에 관계없이;…을 막론하고
不然 bùrán [접]그렇지 않으면
布置 bùzhì [동]배치하다
步行 bùxíng [동]걸어서 가다
擦 cā [동]닦다
才 cái [명]재능;재주
材料 cáiliào [명]재료
财产 cáichǎn [명]재산
财富 cáifù [명]부;재산
采访 cǎifǎng [동]인터뷰하다;취재하다 [명]인터뷰;취재
参考 cānkǎo [동]참고하다

参与 cānyù [동]참여하다
操场 cāochǎng [명]운동장
操作 cāozuò [동]조작하다
测 cè [동]측정하다;재다
测量 cèliáng [동]측량하다
测试 cèshì [동]테스트하다 [명]테스트
曾 céng [부]일찍이
茶叶 cháyè [명]찻잎
产品 chǎnpǐn [명]제품
长途 chángtú [형]거리가 멀다 [명]장거리;장거리 버스
常识 chángshí [명]상식
唱片 chàngpiàn [명]레코드
抄 chāo [동]베끼다
抄写 chāoxiě [동]베껴쓰다
潮 cháo [명]추세 [형]눅눅하다
潮流 cháoliú [명]트렌드;추세
潮湿 cháoshī [형]눅눅하다;축축하다
彻底 chèdǐ [형]철저하다
沉 chén [동]①(물속에) 가라앉다 ②(물체가) 꺼지다 [형]①(정도가) 심하다 ②(물이) 깊다
沉默 chénmò [형]과묵하다 [동]침묵하다
沉重 chénzhòng [형]무겁다
称赞 chēngzàn [동]칭찬하다
成人 chéngrén [명]성인
诚实 chéng·shí [형]성실하다
诚信 chéngxìn [형]신용을 지키다
承担 chéngdān [동]감당하다
承认 chéngrèn [동]인정하다
承受 chéngshòu [동]이겨내다
程序 chéngxù [명]프로그램
吃惊 chī//jīng 놀라다
迟到 chídào [동]지각하다
尺 chǐ [명]자 [양]척(길이의 단위)
尺寸 chǐ·cùn [명]치수
尺子 chǐzi [명]자
冲 chōng [동]①씻어내다 ②돌파하다
充电 chōng//diàn 충전하다
充电器 chōngdiànqì [명]충전기
充分 chōngfèn [형]충분하다
虫子 chóngzi [명]벌레
抽 chōu [동]뽑다
抽奖 chōu//jiǎng 추첨하다
抽烟 chōuyān [동]담배를 피우다;흡연하다
出口 chū//kǒu [명]출구
出色 chūsè [형]뛰어나다
出售 chūshòu [동]팔다;매각하다
出席 chūxí [동]참석하다;출석하다
处于 chǔyú [동]…에 처하다
处 chù [명]곳
穿上 chuānshang 입다
传统 chuántǒng [명]전통 [형]전통적이다
窗户 chuānghu [명]창문
窗台 chuāngtái [명]창문턱
窗子 chuāngzi [명]창문
春季 chūnjì [명]봄철
纯 chún [형]순수하다
纯净水 chúnjìngshuǐ [명]정수
词汇 cíhuì [명]어휘
此 cǐ [대]이것
此外 cǐwài 이 밖에;이 외에
次 cì [형]떨어지다
刺 cì [동]찌르다 [명]가시
刺激 cìjī [동]자극하다 [명]자극
从此 cóngcǐ [부]이제부터
粗 cū [형]굵다
粗心 cūxīn [형]데면데면하다
促进 cùjìn [동]촉진하다
促使 cùshǐ [동]…도록 하다;…하게 하다
促销 cùxiāo [동]판매를 촉진하다;판촉하다
措施 cuòshī [명]조치;대책
打 dá [양]다스
答案 dá'àn [명]답안
打败 dǎbài [동]물리치다

打雷 dǎ//léi 천둥치다
打扫 dǎsǎo [동]청소하다
打折 dǎ//zhé 할인하다
打针 dǎ//zhēn 주사를 놓다
大巴 dàbā [명]대형버스
大多 dàduō [부]대부분
大方 dàfang [형]대범하다
大哥 dàgē [명]①큰형;큰오빠 ②형님(동년배의 남자에 대한 존칭)
大规模 dà guīmó 대규모
大会 dàhuì [명]대회
大姐 dàjiě [명]큰누나;큰언니
大楼 dà lóu 빌딩
大陆 dàlù [명]대륙
大妈 dàmā [명]①아주머님 ②큰어머니
大型 dàxíng [형]큰 규모의
大爷 dàye [명]①아저씨 ②큰아버지
大众 dàzhòng [명]대중
代替 dàitì [동]대체하다
待遇 dàiyù [명]대우;처우
袋 dài [명]주머니 [양]①포대 ②대(담배에 쓰이는 단위)
戴 dài [동]착용하다;쓰다
担保 dānbǎo [동]보증하다 [명]보증
担任 dānrèn [동]맡다;담당하다
担心 dān//xīn 걱정하다
单 dān [형]홑의;하나의 [부]오직;단지
单纯 dānchún [형]단순하다
单调 dāndiào [형]단조롭다
单独 dāndú [부]단독으로;혼자서
淡 dàn [형]①싱겁다;담백하다 ②(색이) 옅다
导游 dǎoyóu [동]안내하다 [명]가이드;관광 안내원
导致 dǎozhì [동]야기하다;초래하다
倒闭 dǎobì [동]도산하다;파산하다
倒车 dǎo//chē 차를 갈아타다
倒车 dào//chē 후진하다
得意 déyì [형]득의양양하다
得 děi [동]필요하다;…해야 한다
灯光 dēngguāng [명]①불빛 ②조명
登 dēng [동]오르다;올라가다
登记 dēng//jì 등록하다
登录 dēnglù [동]로그인하다
登山 dēng//shān 등산하다
的确 díquè [부]확실히
敌人 dírén [명]적
底 dǐ [명]밑
地方 dìfāng [명]곳
地面 dìmiàn [명]지면;바닥
地位 dìwèi [명]지위
地下 dìxià [명]지하
地址 dìzhǐ [명]주소
典型 diǎnxíng [명]전형 [형]전형적이다
点名 diǎn//míng 출석체크하다
电灯 diàndēng [명]전등
电动车 diàndòngchē [명]전동차
电梯 diàntī [명]엘리베이터
电源 diànyuán [명]전원
顶 dǐng [명]꼭대기 [동]받치다 [양](모자 등) 꼭대기가 있는 물건을 세는 단위
定 dìng [동]정하다
冬季 dōngjì [명]겨울철
动画片 dònghuàpiàn [명]애니메이션
动摇 dòngyáo [동]흔들리다
豆腐 dòufu [명]두부
独立 dúlì [동]독립하다
独特 dútè [형]독특하다
独自 dúzì [부]단독으로;혼자서
堵 dǔ [동]막다
堵车 dǔ//chē 차가 막히다
肚子 dùzi [명]배
度过 dùguò [동]지내다
锻炼 duànliàn [동]단련하다
对比 duìbǐ [동]대비하다;대조하다 [명]대비;비율
对付 duìfu [동]대처하다

对于 duìyú [개]…에 대해서
多次 duōcì 여러 번
多年 duō nián 여러 해;오랜 세월
多样 duōyàng [형]다양하다
多种 duō zhǒng 여러 가지
恶心 ěxin [형]메스껍다 [동]구역질이 나다
儿童 értóng [명]어린이
而 ér [접]①…하고도 ②…지만
而是 érshì 그러나;…이 아니라
耳机 ěrjī [명]이어폰
二手 èrshǒu [형]중고의
发挥 fāhuī [동]발휘하다
发票 fāpiào [명]영수증
发烧 fā//shāo 열이 나다
法 fǎ [명]①법 ②방식
法官 fǎguān [명]법관, 판사
法律 fǎlǜ [명]법률
法院 fǎyuàn [명]법원
翻 fān [동]뒤집다
翻译 fānyì [동]번역하다 [명]번역
烦 fán [형]귀찮다;번거롭다 [동]귀찮게 하다
反 fǎn [형]정반대의;거꾸로의 [동]바꾸다;뒤집다 [부]반대로
反而 fǎn'ér [부]오히려
反映 fǎnyìng [동]반영하다 [명]①반영 ②평판
方 fāng [형]네모지다 [명]사변형;육면체
方案 fāng'àn [명]방안;계획
方针 fāngzhēn [명]방침
放松 fàngsōng [동]풀어주다;느슨하게 하다
非 fēi [부]잘못
肥 féi [형]살지다
分布 fēnbù [동]분포하다;널려 있다
分散 fēnsàn [동]분산시키다 [형]분산하다;흩어지다
分手 fēn//shǒu 헤어지다
分为 fēnwéi 나누다
分之 fēnzhī 분의
纷纷 fēnfēn [부]잇달아;계속하여
奋斗 fèndòu [동]노력하다;분투하다
风格 fēnggé [명]스타일
风景 fēngjǐng [명]풍경
风俗 fēngsú [명]풍속
封闭 fēngbì [동]봉쇄하다;폐쇄하다 [형]폐쇄적이다
否则 fǒuzé [접]그렇지 않으면
夫妇 fūfù [명]부부
夫妻 fūqī [명]부부
夫人 fū·rén [명]부인
符号 fúhào [명]부호
符合 fúhé [동]부합하다
付出 fùchū [동]바치다
负担 fùdān [동]부담하다 [명]①부담 ②책임
附近 fùjìn [명]부근;근처
复制 fùzhì [동]복제하다
改善 gǎishàn [동]개선하다
改正 gǎizhèng [동]고치다
盖 gài [동]덮다
概括 gàikuò [동]요약하다 [형]간단하다;간략하다
感兴趣 gǎnxìngqù 관심있다
高潮 gāocháo [명]절정
高价 gāojià [명]고가
高尚 gāoshàng [형]고상하다
高铁 gāotiě [명]고속철도
格外 géwài [부]각별히;유달리
隔 gé [동]가로막다
隔开 gékāi [동]가로 막다;분리하다
个别 gèbié [형]극소수의;특수의
个体 gètǐ [명]개체
各个 gègè [대]각각 [부]하나하나씩
根 gēn [양]가닥;개비 [명]뿌리
根据 gēnjù [동]근거하다;따르다 [명]근거 [개]…에 근거하여
工程 gōngchéng [명]프로젝트
公元 gōngyuán [명]서기
供应 gōngyìng [동]공급하다

共 gòng [부]전부;모두
构成 gòuchéng [동]구성하다
构造 gòuzào [명]구조
购买 gòumǎi [동]구매하다
购物 gòuwù [동]쇼핑하다
骨头 gǔtou [명]뼈
固定 gùdìng [형]고정되다 [동]고정하다;정착하다
瓜 guā [명]박과 식물
怪 guài [형]이상하다 [부]매우
关 guān [명]관문
关闭 guānbì [동]닫다
关于 guānyú [개]…에 관해
官 guān [명]①관청 ②관리
官方 guānfāng [명]정부측;공식
光临 guānglín [동]왕림하다(존댓말)
光盘 guāngpán [명]디스크
逛 guàng [동]한가롭게 거닐다
归 guī [동]돌아가다
规律 guīlǜ [명]법칙
规模 guīmó [명]규모
规则 guīzé [명]규칙 [형]규칙적이다
果实 guǒshí [명]과실
过分 guò//fèn 지나치다;과분하다
海水 hǎishuǐ [명]바다물;해수
海鲜 hǎixiān [명]해산물
含 hán [동]포함하다;함유하다
含量 hánliàng [명]함량
含义 hányì [명]함의
含有 hányǒu [동]포함하다;함유하다
寒假 hánjià [명]겨울방학
寒冷 hánlěng [형]몹시 춥다;한랭하다
行业 hángyè [명]업계
航班 hángbān [명]항공편
航空 hángkōng [동]하늘을 날다
豪米 háomǐ [양]밀리미터
豪升 háoshēng [양]밀리리터
好友 hǎoyǒu [명]좋은 벗;친한 친구
号码 hàomǎ [명]번호
好 hào [동]좋아하다
合同 hé·tong [명]계약서
黑暗 hēi'àn [형]어둡다;깜깜하다
红包 hóngbāo [명]①세뱃돈
后头 hòutou [명]뒤쪽
厚 hòu [형]두껍다
呼吸 hūxī [동]호흡
忽视 hūshì [동]소홀히 하다;홀시하다
户 hù [양]세대;가구
护士 hùshi [명]간호사
花 huā [형]알록달록하다
划 huá [동](배를) 젓다
划 huà [동]긋다
怀念 huáiniàn [동]그리워하다
怀疑 huáiyí [동]의심하다
缓解 huǎnjiě [동]완화하다
黄瓜 huáng·guā [명]오이
黄金 huángjīn [명]황금
回复 huífù [동]답장하다
汇 huì [동]①모으다 ②(돈을) 부치다
汇报 huìbào [동]보고하다 [명]보고
汇率 huìlǜ [명]환율
婚礼 hūnlǐ [명]결혼식
火 huǒ [형]번창하다
伙 huǒ [양]무리
伙伴 huǒbàn [명]동료;파트너
或许 huòxǔ [부]아마도;혹시
货 huò [명]①돈 ②화물
获 huò [동]얻다;획득하다
获得 huòdé [동]얻다;획득하다
获奖 huòjiǎng [동]상을 받다
获取 huòqǔ [동]얻다;획득하다
几乎 jīhū [부]①거의 ②하마터면
机构 jīgòu [명]기관;기구
机遇 jīyù [명]기회
积累 jīlěi [동]쌓이다;누적하다

激动 jīdòng [형]흥분하다 [동]불러일으키다
激烈 jīliè [형]격렬하다
及格 jí∥gé 합격하다
极 jí [부]매우;극히
极其 jíqí [부]지극히;매우
即将 jíjiāng [부]곧;머지 않아
急忙 jímáng [부]급히;황급히
集合 jíhé [동]모으다;집합하다
记载 jìzǎi [동]기재하다
纪律 jìlǜ [명]규율
技巧 jìqiǎo [명]기교;노하우
系 jì [동]맺다
季 jì [명]시즌
季度 jìdù [명]시즌
季节 jìjié [명]계절
既 jì [부]이미;벌써 [접]…할 뿐만 아니라;…뿐더러
既然 jìrán [접]이미 이렇게 된 바에야;기왕 이렇게 된 이상
寄 jì [동]부치다
加班 jiā∥bān 야근;추가근무
加入 jiārù [동]가입하다
加油站 jiāyóuzhàn [명]주유소
家务 jiāwù [명]가사
假如 jiǎrú [접]만약에
坚固 jiāngù [형]견고하다
检测 jiǎncè [동]검사하다;측정하다
减 jiǎn [동]줄이다
减肥 jiǎn∥féi 다이어트하다
减少 jiǎnshǎo [동]감소하다
简历 jiǎnlì [명]이력서
健身 jiànshēn [동]몸을 튼튼히 하다
渐渐 jiànjiàn [부]점점;점차
江 jiāng [명]강
讲究 jiǎngjiu [동]①소중히 여기다 ②특별한 습관을 가지다 [형]정교하다
讲座 jiǎngzuò [명]강좌
奖 jiǎng [동]격려하다;장려하다 [명]격려
奖金 jiǎngjīn [명]상금
奖学金 jiǎngxuéjīn [명]장학금
降 jiàng [동]떨어지다
降低 jiàngdī [동]낮추다;내리다
降价 jiàng∥jià 값을 내리다;할인하다
降落 jiàngluò [동]떨어지다;낙하하다
降温 jiàng∥wēn 기온이 내려가다
交换 jiāohuàn [동]교환하다
交际 jiāojì [동]교제하다
教授 jiàoshòu [명]교수
教训 jiào·xùn [동]가르치고 타이르다 [명]교훈
阶段 jiēduàn [명]단계
街道 jiēdào [명]거리
节省 jiéshěng [동]아끼다;절약하다
结 jié [동]묶다;엮다 [명]매듭
结构 jiégòu [명]구조
结论 jiélùn [명]결론
姐妹 jiěmèi [명]자매
解释 jiěshì [동]①해석하다 ②설명하다
尽快 jǐnkuài [부]되도록 빨리
紧密 jǐnmì [형]밀접하다;긴밀하다
尽力 jìn∥lì 힘을 다하다
进口 jìnkǒu [동]수입하다 [명]수입
近代 jìndài [명]근대
禁止 jìnzhǐ [동]금지하다
经典 jīngdiǎn [명]고전;클래식
精力 jīnglì [명]정력;에너지
竟然 jìngrán [부]뜻밖에도;의외로
镜头 jìngtóu [명]렌즈
镜子 jìngzi [명]거울
究竟 jiūjìng [부]도대체;대관절
酒吧 jiǔbā [명]술집
居民 jūmín [명]주민
居住 jūzhù [동]거주하다
局 jú [명]국면;형세
巨大 jùdà [형]거대하다
具备 jùbèi [동]갖추다;구비하다

距离 jùlí [동](…로부터) 떨어지다;사이를 두다 [명]거리;간격
聚 jù [동]모이다
聚会 jùhuì [동]모이다 [명]모임
卷 juǎn [동]말다
卷 juàn [양]권(서적의 장절이나 책을 세는 단위)
角色 juésè [명]배역;역할
开花 kāi//huā 꽃이 피다
开水 kāishuǐ [명]끓은 물
看不起 kànbuqǐ [동]깔보다;업신여기다
看来 kànlái 보아하니
看望 kànwàng [동]방문하다
考察 kǎochá [동]조사하다 [명]①고찰 ②시찰
考虑 kǎolǜ [동]고려하다
棵 kē [양]그루
可见 kějiàn [접]알 수 있다
空间 kōngjiān [명]공간
空 kòng [동]비우다 [형]텅 비다
口袋 kǒudai [명]호주머니
口语 kǒuyǔ [명]구어
苦 kǔ [형]쓰다
会计 kuài·jì [명]회계
快递 kuàidì [명]택배
宽 kuān [형]넓다
宽广 kuānguǎng [형]넓다
矿泉水 kuàngquánshuǐ [명]광천수;미네랄 워터
扩大 kuòdà [동]확대하다
扩展 kuòzhǎn [동]확장하다
括号 kuòhào [명]괄호
垃圾 lājī [명]쓰레기
拉开 lākāi 당겨서 열다
辣 là [형]맵다
来不及 láibují [동]여유가 없다
来得及 láidejí [동]여유가 있다
来源 láiyuán [명]내원;근원
老公 lǎogōng [명]남편
老家 lǎojiā [명]고향
老婆 lǎopo [명]처;아내;마누라
老实 lǎoshi [형]솔직하다;성실하다
乐趣 lèqù [명]즐거움;재미
泪 lèi [명]눈물
泪水 lèishuǐ [명]눈물
类型 lèixíng [명]유형
冷静 lěngjìng [형]냉정하다
厘米 límǐ [양]센티미터
离不开 lí bukāi 떨어질 수 없다
力气 lìqi [명]힘
历史 lìshǐ [명]역사
立即 lìjí [부]즉시;당장
利息 lìxī [명]이자
利益 lìyì [명]이익;이득
俩 liǎ 둘
良好 liánghǎo [형]양호하다;좋다
量 liáng [동]재다;가늠하다
粮食 liángshi [명]식량
两边 liǎngbiān [명]양쪽
疗养 liáoyǎng [동]요양하다
了不起 liǎobuqǐ [형]뛰어나다;굉장하다
了解 liǎojiě [동]이해하다
列 liè [동]늘어놓다;배열하다 [양]줄
列车 lièchē [명]열차
列入 lièrù [동]집어넣다;끼워 넣다
列为 lièwéi (어떤 부류에) 속하다;들다
临时 línshí [형]단기적인;일시적인 [부]임박하여
零食 língshí [명]간식
流传 liúchuán [동]세상에 널리 퍼지다
楼梯 lóutī [명]계단;층계
陆地 lùdì [명]육지
陆续 lùxù [부]끊임없이;계속하여
录取 lùqǔ [동]합격시키다
律师 lǜshī [명]변호사
轮 lún [명]바퀴 [동]차례가 되다 [양]바퀴
轮船 lúnchuán [명]기선
轮椅 lúnyǐ [명]휠체어

轮子 lúnzi [명]바퀴
论文 lùnwén [명]논문
落 luò [동]떨어지다
毛巾 máojīn [명]수건
毛衣 máoyī [명]스웨터
帽子 màozi [명]모자
没错 méicuò 틀림없다;옳다
没法儿 méifǎr [동]방법이 없다
没想到 méixiǎngdào 생각지 못하다;뜻밖이다
美金 měijīn [명]달러
美女 měinǚ [명]미녀
梦 mèng [명]꿈 [동]꿈꾸다
梦见 mèngjiàn 꿈에 보다;꿈꾸다
梦想 mèngxiǎng [동]갈망하다 [명]꿈
秘密 mìmì [형]은밀하다;비밀스럽다 [명]비밀
秘书 mìshū [명]비서
密 mì [형]빽빽하다
密码 mìmǎ [명]비밀번호
密切 mìqiè [형]밀접하다 [동]밀접하게 하다
免费 miǎn//fèi 무료
面临 miànlín [동]직면하다
面试 miànshì [동]면접을 보다
描述 miáoshù [동]묘사하다;기술하다
描写 miáoxiě [동]묘사하다
名牌儿 míngpáir [명]명품
名片 míngpiàn [명]명함
名人 míngrén [명]유명인
摸 mō [동]만지다
模特儿 mótèr [명]모델
模型 móxíng [명]모형
末 mò [명]끝머리
默默 mòmò [부]묵묵히;아무 말 없이
哪怕 nǎpà [접]설령;가령
哪 na [조]어기 조사
男女 nánnǚ [명]남자와 여자
男士 nánshì [명]신사
难免 nánmiǎn [형]불가피하다
脑袋 nǎodai [명]①뇌;머리 ②지능
闹 nào [형]떠들썩하다;시끄럽다 [동]떠들다
闹钟 nàozhōng [명]알람시계
内部 nèibù [명]내부
内科 nèikē [명]내과
能干 nénggàn [형]능력이 뛰어나다
宁静 níngjìng [형]고즈넉하다
浓 nóng [형]①(액체나 기체 따위의 농도가)진하다 ②(정도가)깊다
女士 nǚshì [명]여사
暖气 nuǎnqì [명]난방
拍照 pāi//zhào 사진을 찍다
排列 páiliè [동]배열하다
牌 pái [명]①간판 ②상표
盘 pán [명]접시 [양]접시
盘子 pánzi [명]쟁반
胖子 pàngzi [명]뚱보
培训 péixùn [동]훈련하다;양성하다
培训班 péixùnbān [명]육성반;훈련반
培养 péiyǎng [동]키우다;양성하다
培育 péiyù [동]재배하다;기르다
批 pī [동]①손바닥으로 찰싹 갈기다 ②깎아내다
批 pī [양](사람의)무리;(물건의)무더기
片面 piànmiàn [형]일방적이다
品质 pǐnzhì [명]품질
平方 píngfāng [명]평방;제곱 [양]평방미터('平方米'의 준말)
平静 píngjìng [형]평온하다
平均 píngjūn [동]평균하다;균등히 하다 [형]평균한;균등한
平稳 píngwěn [형]안정되다;평온하다
迫切 pòqiè [형]절박하다
破产 pò//chǎn 파산하다
妻子 qīzi [명]처;아내
期待 qīdài [동]기대하다
期间 qījiān [명]기간
期末 qīmò [명]기말

期限 qīxiàn [명]기한
期中 qīzhōng [명]학기 중의;중간의
其余 qíyú [대]나머지
企业 qǐyè [명]기업
气球 qìqiú [명]풍선
汽水 qìshuǐ [명]사이다
汽油 qìyóu [명]휘발유;가솔린
器官 qìguān [명](생물의) 기관
前头 qiántou [명]앞부분
前途 qiántú [명]앞길;전망
浅 qiǎn [형]얕다
巧克力 qiǎokèlì [명]초콜릿
切 qiē [동]끊다;자르다
亲爱 qīn'ài [형]사랑하다;친애하다
亲密 qīnmì [형]사이가 좋다;친밀하다
青春 qīngchūn [명]청춘
轻松 qīngsōng [형]홀가분하다;가뿐하다
轻易 qīngyì [형]수월하다;간단하다 [부]함부로;쉽사리
清醒 qīngxǐng [형]뚜렷하다 [동]깨어나다
情景 qíngjǐng [명]광경;장면
穷 qióng [형]가난하다
穷人 qióngrén [명]가난한 사람
秋季 qiūjì [명]가을철
趋势 qūshì [명]추세;경향
圈 quān [명]원;동그라미 [동]둘러싸다
权利 quánlì [명]권리
却 què [부]오히려;반대로
确认 quèrèn [동]확인하다
然而 rán'ér [접]그러나;하지만
燃料 ránliào [명]연료
燃烧 ránshāo [동]연소하다
热闹 rènao [형]왁자지껄하다 [동]즐겁게 하다
热心 rèxīn [형]열성적이다;적극적이다
人家 rénjia [대]남;다른 사람
日记 rìjì [명]일기
日历 rìlì [명]달력
如今 rújīn [명]지금;오늘날
弱 ruò [형]약하다
伞 sǎn [명]우산
散 sàn [동]흩어지다
扫 sǎo [동]쓸다;소제하다
色 sè [명]①색;컬러 ②안색
色彩 sècǎi [명]색채
森林 sēnlín [명]삼림
晒 shài [동]햇볕이 내리쬐다
闪 shǎn [동]재빨리 비키다
闪电 shǎndiàn [명]번개
善良 shànliáng [형]착하다;선량하다
善于 shànyú [동]…에 능숙하다;…를 잘하다
伤害 shānghài [동]손상시키다;해치다
商务 shāngwù [명]비즈니스;상무
赏 shǎng [동]상을 주다
上个月 shàng ge yuè 지난달
上楼 shàng lóu 계단을 오르다
上门 shàng//mén 방문하다
烧 shāo [동]태우다;불사르다
设施 shèshī [명]시설
设置 shèzhì [동]설치하다;설정하다
申请 shēnqǐng [동]신청하다
身材 shēncái [명]몸매
身份 shēn·fèn [명]신분
身高 shēngāo [명]키
深厚 shēnhòu [형]깊고 두텁다
神话 shénhuà [명]신화
神秘 shénmì [형]신비하다
甚至 shènzhì [접]심지어
失败 shībài [동]실패하다 [형]실패적이다
失望 shīwàng [형]실망하다
失业 shī//yè 직업을 잃다
诗 shī [명]시
诗人 shīrén [명]시인
湿 shī [형]축축하다;습하다
实施 shíshī [동]실시하다

实用 shíyòng [형]실용적이다
食堂 shítáng [명]구내식당
使劲 shǐ//jìn 힘을 쓰다
士兵 shìbīng [명]사병;병사
市区 shìqū [명]시내
似的 shìde [조]…와 같다
事物 shìwù [명]사물
事先 shìxiān [명]사전
试卷 shìjuàn [명]시험지
是否 shìfǒu [부]…인지 아닌지
收回 shōu//huí 환수하다
收获 shōuhuò [동]수확하다 [명]수확
收益 shōuyì [명]수익
手工 shǒugōng [명]핸드메이드;수공
手里 shǒu li 수중;손안
手术 shǒushù [명]수술
手套 shǒutào [명]장갑
守 shǒu [동]지키다
首 shǒu [양](시나 노래 따위를 세는 단위)수
受不了 shòubuliǎo [동]견딜 수 없다
售货员 shòuhuòyuán [명]판매원;점원
叔叔 shūshu [명]①삼촌;작은 아버지 ②아저씨
舒适 shūshì [형]①쾌적하다 ②편하다
熟练 shúliàn [형]능숙하다;숙련되어 있다
暑假 shǔjià [명]여름방학
树林 shùlín [명]숲
树叶 shùyè [명]나뭇잎
数据 shùjù [명]데이터
数码 shùmǎ [명]디지털
刷 shuā [동]솔로 닦다;솔질을 하다
刷牙 shuāyá 이를 닦다;양치질하다
刷子 shuāzi [명]브러시
帅 shuài [형]멋지다
帅哥 shuàigē [명]멋진 남자
率先 shuàixiān [부]먼저
睡着 shuìzháo 잠들다
顺序 shùnxù [명]순서
说不定 shuōbudìng [동]단언하기 어렵다 [부]어쩌면
说服 shuōfú [동]설득하다
思考 sīkǎo [동]사고하다;사색하다
似乎 sìhū [부]마치 …인 것 같다
松 sōng [형]느슨하다 [동]느슨하게 하다;늦추다
松树 sōngshù [명]소나무
塑料 sùliào [명]비닐
塑料袋 sùliàodài [명]비닐봉지
酸 suān [형]산
酸奶 suānnǎi [명]요거트
随手 suíshǒu [부]…하는 김에 …하다
孙女 sūn·nǚ [명]손녀딸
孙子 sūnzi [명]손자
缩短 suōduǎn [동]단축하다;줄이다
缩小 suōxiǎo [동]축소하다
台阶 táijiē [명]계단;층계
台上 táishàng [명]무대 위;단상 위
躺 tǎng [동]드러눕다
套餐 tàocān [명]정식
特价 tèjià [명]특가
特殊 tèshū [형]특별하다
特征 tèzhēng [명]특징
提供 tígōng [동]제공하다
提醒 tí//xǐng 주의를 환기하다;일러주다
体操 tǐcāo [명]체조
体检 tǐjiǎn [동]신체검사를 하다
体重 tǐzhòng [명]체중
替 tì [동]대신하다 [개]…을 위하여
替代 tìdài [동]대체하다
天真 tiānzhēn [형]천진하다;순진하다
填 tián [동]채우다;메우다
填空 tián//kòng 빈자리를 메우다
挑 tiāo [동]선택하다;고르다
挑选 tiāoxuǎn [동]고르다
调皮 tiáopí [형]장난치다;까불다
挑 tiǎo [동]쑤시다;후비다
挑战 tiǎo//zhàn 도전하다

贴 tiē [동]붙이다
停下 tíngxia 멈추다
挺 tǐng [동]곧게 펴다
通知书 tōngzhīshū [명]통지서
同情 tóngqíng [동]동정하다
童话 tónghuà [명]동화
童年 tóngnián [명]어린시절
统计 tǒngjì [동]통계하다
统一 tǒngyī [동]통일하다;통합하다 [형]통일된; 일치된
痛快 tòng·kuài [형]통쾌하다
投 tóu [동]던지다;투척하다
投入 tóurù [동]투입하다;넣다 [명]투자금
投诉 tóusù [동]고소하다;소송하다
投资 tóuzī [명]투자
透 tòu [동]①(액체·빛·바람 따위가) 스며들다 ②(비밀이) 새다 [형]분명하다;명백하다
透明 tòumíng [형]투명하다
图案 tú'àn [명]도안
途中 túzhōng [명]도중
土地 tǔdì [명]땅;토지
推迟 tuīchí [동]미루다;연기하다
推销 tuīxiāo [동]판로를 확장하다
脱 tuō [동]벗다
袜子 wàzi [명]양말
外汇 wàihuì [명]외환
外交官 wàijiāoguān [명]외교관
外套 wàitào [명]외투
弯 wān [형]굽다 [동]굽히다
晚点 wǎn//diǎn 제시간에 늦다
万一 wànyī [명]만일 [접]만일, 만약
王 wáng [명]킹;왕
网络 wǎngluò [명]네트워크
网址 wǎngzhǐ [명]웹 사이트 주소
微笑 wēixiào [동]미소 짓다
微信 wēixìn [명]위챗
围巾 wéijīn [명]스카프;목도리
维持 wéichí [동]유지하다
维护 wéihù [동]지키다;유지하고 보호하다
维修 wéixiū [동]보수하다;손질하다
尾巴 wěiba [명]꼬리
未必 wèibì [부]꼭 그렇다고 할 수 없다
未来 wèilái [명]미래
位于 wèiyú [동]…에 위치하다
位置 wèi·zhì [명]위치
味儿 wèir [명]맛
喂 wèi [동]먹이다
稳 wěn [형]안정되다
稳定 wěndìng [형]안정하다;가라앉다
问候 wènhòu [동]안부를 묻다
无 wú [동]없다
无法 wúfǎ [동]…할 방법이 없다
无聊 wúliáo [형]무료하다;심심하다
无论 wúlùn [접]…에도 불구하고;…에도 막론하고
无数 wúshù [형]무수하다;매우 많다
无所谓 wúsuǒwèi [동]상관없다
无限 wúxiàn [형]끝없다
五颜六色 wǔyán-liùsè 가지각색
误会 wùhuì [동]오해하다 [명]오해
西瓜 xī·guā [명]수박
吸 xī [동]들이마시다;빨아들이다
吸管 xīguǎn [명]빨대
吸收 xīshōu [동]흡수하다
吸烟 xīyān [동]흡연하다
吸引 xīyǐn [동]매료시키다
喜爱 xǐ'ài [동]사랑하다
系列 xìliè [명]시리즈
系统 xìtǒng [명]시스템 [형]체계적이다
细 xì [형]가늘다
细节 xìjié [명]디테일
细致 xìzhì [형]꼼꼼하다
下个月 xià ge yuè 다음달
下降 xiàjiàng [동]떨어지다
下楼 xià lóu (위층, 계단 따위에서) 내려가다

下载 xiàzǎi [동]다운로드하다
夏季 xiàjì [명]봄철
鲜 xiān [형]싱싱하다
鲜花 xiānhuā [명]생화
鲜明 xiānmíng [형]선명하다
咸 xián [형](맛이) 짜다
显著 xiǎnzhù [형]현저하다;뚜렷하다
县 xiàn [명]현(행정단위, 省 밑에 속함)
限制 xiànzhì [동]제한하다;한정하다 [명]제한
相处 xiāngchǔ [동]함께 살다;함께 지내다
相反 xiāngfǎn [형]상반되다 [접]반대로;도리어
箱 xiāng [양]상자;트렁크
箱子 xiāngzi [명]상자;트렁크
想念 xiǎngniàn [동]그립다
想象 xiǎngxiàng [명]상상 [동]상상하다
项 xiàng [양]조항
项目 xiàngmù [명]프로젝트
相片 xiàngpiàn [명]사진
消化 xiāohuà [동]소화하다
销售 xiāoshòu [동]판매하다
小吃 xiǎochī [명]스낵
小伙子 xiǎohuǒzi [명]총각
小型 xiǎoxíng [형]소형
效率 xiàolǜ [명]효율
些 xiē [양]약간;조금
心理 xīnlǐ [명]심리
新郎 xīnláng [명]신랑
新娘 xīnniáng [명]신부
新鲜 xīn·xiān [형]신선하다
新型 xīnxíng [형]신형;신종
兴奋 xīngfèn [형]흥분하다
形容 xíngróng [동]형용하다;묘사하다
形势 xíngshì [명]형세
型 xíng [명]유형
型号 xínghào [명]사이즈;타입
醒 xǐng [동]깨다
兴趣 xìngqù [명]흥미
性质 xìngzhì [명]성질
兄弟 xiōngdì [명]형제
胸部 xiōngbù [명]가슴
修理 xiūlǐ [동]수리하다
选择 xuǎnzé [동]선택하다 [명]선택
学分 xuéfēn [명]학점
学年 xuénián [명]학년
学时 xuéshí [명]수업시간;교시
学术 xuéshù [명]학술
学问 xuéwen [명]학문
寻找 xúnzhǎo [동]찾다
迅速 xùnsù [형]신속하다
牙 yá [명]치아
牙刷 yáshuā [명]칫솔
亚运会 Yàyùnhuì [명]아시안게임
呀 ya [조]어기 조사
延长 yáncháng [동]연장하다
延期 yán//qī 연기하다
延续 yánxù [동]계속하다;연장하다
严 yán [형]빈틈없다;치밀하다
严格 yángé [형]엄격하다 [동]엄하게 하다
严重 yánzhòng [형]심각하다
研究 yánjiū [동]연구하다
研究生 yánjiūshēng [명]대학원생
研制 yánzhì [동]연구 제작하다
盐 yán [명]소금
眼镜 yǎnjìng [명]안경
眼泪 yǎnlèi [명]눈물
眼里 yǎnli [명]눈 속;안중
演讲 yǎnjiǎng [동]강연하다;연설하다
阳台 yángtái [명]베란다
养成 yǎngchéng [동]기르다;키우다
腰 yāo [명]허리
摇 yáo [동]흔들다
药物 yàowù [명]약물
要 yào [접]만약;만일
业余 yèyú [형]아마추어

叶子 yèzi [명]잎
医疗 yīliáo [동]치료하다;고치다
医学 yīxué [명]의학
依靠 yīkào [동]의지하다;기대다 [명]의지
依然 yīrán [부]여전히
一律 yílǜ [부]일률적으로
一再 yízài [부]거듭;수차
一致 yízhì [형]일치하다 [부]같이;함께
移 yí [동]움직이다;옮기다
移动 yídòng [동]이동하다
移民 yímín [동]이민하다 [명]이민한 사람
遗产 yíchǎn [명]유산
遗传 yíchuán [동]유전하다
疑问 yíwèn [명]의문
以及 yǐjí [접]그리고;아울러
以内 yǐnèi [명]이내
一般来说 yìbānláishuō 일반적으로 (말하면)
义务 yìwù [명]의무
议论 yìlùn [동]논의하다 [명]의론;논의
引 yǐn [동]끌다;잡아당기다
引导 yǐndǎo [동]①안내하다 ②인도하다
引进 yǐnjìn [동]도입하다;끌어들이다
引起 yǐnqǐ [동]야기하다;일으키다
应 yīng [동]응답하다
英勇 yīngyǒng [형]용맹하다
营业 yíngyè [동]영업하다
赢得 yíngdé [동]이기다
影子 yǐngzi [명]그림자
勇敢 yǒnggǎn [형]용감하다
勇气 yǒngqì [명]용기
用途 yòngtú [명]용도
优良 yōuliáng [형]우수하다;훌륭하다
优美 yōuměi [형]우아하고 아름답다
优秀 yōuxiù [형]우수하다
邮局 yóujú [명]우체국
有劲儿 yǒu//jìnr 힘이 있다
有趣 yǒuqù [형]재미있다;흥미있다
有限 yǒuxiàn [형]한계가 있다
幼儿园 yòu'éryuán [명]유치원
于是 yúshì [접]그래서
语法 yǔfǎ [명]문법;어법
语音 yǔyīn [명]음성
玉 yù [명]옥
玉米 yùmǐ [명]옥수수
预测 yùcè [동]예측하다
预订 yùdìng [동]예약하다
遇 yù [동]만나다
遇到 yùdào 만나다;마주치다
遇见 yùjiàn [동]만나다;조우하다
原料 yuánliào [명]원료
原则 yuánzé [명]원칙
圆 yuán [형]둥글다 [명]원
圆满 yuánmǎn [형]원만하다;완벽하다
约会 yuē·huì [동]데이트하다 [명]약속
月底 yuèdǐ [명]월말
阅读 yuèdú [동]독해
运动会 yùndònghuì [명]운동회
运动员 yùndòngyuán [명]운동선수
运气 yùnqi [명]운명;운세
运用 yùnyòng [동]운용하다
再三 zàisān [부]재삼;여러 번
在乎 zàihu [동]①…에 달려 있다 ②마음에 두다
在于 zàiyú [동]…에 있다;…에 달려 있다
赞成 zànchéng [동]찬성하다
赞赏 zànshǎng [동]칭찬하다
赞助 zànzhù [동]협찬하다
造型 zàoxíng [명]스타일
战斗 zhàndòu [동]전투하다;투쟁하다 [명]전투;투쟁
战胜 zhànshèng [동]승리하다
战士 zhànshì [명]전사
战争 zhànzhēng [명]전쟁
丈夫 zhàngfu [명]남편
招呼 zhāohu [동]인사하다
着 zháo [동]닿다

着火 zháo//huǒ 불나다
着急 zháo//jí 조급해하다
召开 zhàokāi [동](회의나 대회 등을) 열다
折 zhé [동]꺾다;끊다
针 zhēn [명]침
针对 zhēnduì [동]겨누다;견주다
阵 zhèn [양]바탕;차례(잠시 동안 지속되는 일이나 동작을 세는 단위)
争论 zhēnglùn [동]논쟁하다
征服 zhēngfú [동]정복하다
征求 zhēngqiú [동]널리 구하다
政府 zhèngfǔ [명]정부
政治 zhèngzhì [명]정치
之后 zhīhòu [명]그 후
之间 zhījiān [명]그 사이
之前 zhīqián [명]그 전
之一 zhīyī [명]…중의 하나
支 zhī [동]받치다;지지하다
植物 zhíwù [명]식물
指挥 zhǐhuī [동]지휘하다 [명]지휘
制订 zhìdìng [동]제정하다
质量 zhìliàng [명]품질
治 zhì [동]①다스리다 ②치료하다
治疗 zhìliáo [동]치료하다
智力 zhìlì [명]지능;지력
智能 zhìnéng [명]스마트
中介 zhōngjiè [명]중개
种类 zhǒnglèi [명]종류
中奖 zhòng//jiǎng 당첨되다
种 zhòng [양]종류 [동]심다
种植 zhòngzhí [동]재배하다
重量 zhòngliàng [명]중량
逐步 zhúbù [부]한걸음 한걸음
逐渐 zhújiàn [부]점차;차츰차츰
主题 zhǔtí [명]주제
主席 zhǔxí [명]주석;위원장
祝福 zhùfú [동]축복하다
著名 zhùmíng [형]저명하다;유명하다
著作 zhùzuò [명]저작
抓紧 zhuā//jǐn 꽉 쥐다;단단히 잡다
专心 zhuānxīn [형]몰두하다;전념하다
转动 zhuǎndòng [동]움직이다
转告 zhuǎngào [동]전달하다
转身 zhuǎn//shēn 몸을 돌리다
转弯 zhuǎn//wān 모퉁이를 돌다
转移 zhuǎnyí [동]옮기다;이동하다
装修 zhuāngxiū [동]인테리어하다
装置 zhuāngzhì [동]설치하다;장치하다 [명]장치;시설
追求 zhuīqiú [동]추구하다
准时 zhǔnshí [형]정시에;제때에
资料 zīliào [명]자료
资源 zīyuán [명]자원
自 zì [개]…로부터
自信 zìxìn [동]자신하다
字母 zìmǔ [명]자모
综合 zōnghé [동]종합하다
总共 zǒnggòng [부]전부;합쳐서
总理 zǒnglǐ [명]총리
总统 zǒngtǒng [명]대통령
总之 zǒngzhī [접]요컨대;한마디로 말하면
阻止 zǔzhǐ [동]저지하다;가로막다
嘴巴 zuǐba [명]입
最初 zuìchū [명]최초
作出 zuòchū 만들어내다
作为 zuòwéi [개]…으로서 [동]…으로 삼다
做梦 zuò//mèng 꿈을 꾸다

6.5 5급 어휘표

安慰 ānwèi [동]위로하다 [형]마음이 편하다
岸 àn [명]언덕
岸上 ànshang 언덕 위
按摩 ànmó [동]마사지하다
拔 bá [동]뽑다
白酒 báijiǔ [명]백주
拜访 bàifǎng [동]예를 갖추어 방문하다
版 bǎn [명]판
扮演 bànyǎn [동]출연하다
棒 bàng [형]훌륭하다;(수준이) 높다
包围 bāowéi [동]포위하다
包装 bāozhuāng [동]포장하다 [명]포장
保卫 bǎowèi [동]보위하다
保养 bǎoyǎng [동]보양하다
报答 bàodá [동]보답하다
报警 bào//jǐng 신고하다
抱怨 bào·yuàn [동]원망하다
背包 bēibāo [명]배낭;백팩
悲剧 bēijù [명]비극
悲伤 bēishāng [형]슬프다
北极 běijí [명]북극
被动 bèidòng [형]수동적이다
辈 bèi [명]대;세대
本人 běnrén [대]본인
鼻子 bízi [명]코
比方 bǐfang [명]예 [동]예를 들면
比重 bǐzhòng [명]비중
彼此 bǐcǐ [대]서로
必 bì [부]반드시
必需 bìxū [동]필요로 하다
毕竟 bìjìng [부]드디어;결국
闭幕 bì//mù 폐막하다
闭幕式 bìmùshì [명]폐막식
边境 biānjìng [명]변경;국경 지대
编辑 biānjí [동]편집하다
编辑 biānji [명]편집인
变动 biàndòng [동]변동하다
便利 biànlì [형]편리하다 [동]편리하게 하다
便条 biàntiáo [명]쪽지
便于 biànyú [동]…하기에 편리하다
宾馆 bīnguǎn [명]여관;호텔
饼 bǐng [명](밀가루) 전
饼干 bǐnggān [명]과자
病毒 bìngdú [명]바이러스
玻璃 bōli [명]유리
博客 bókè [명]①블로그 ②블로거
博览会 bólǎnhuì [명]박람회
博士 bóshì [명]박사
博物馆 bówùguǎn [명]박물관
薄弱 bóruò [형]박약하다
不顾 búgù [동]돌보지 않다
不利 búlì [형]불리하다
不耐烦 bú nàifán 못 참다;성가시다
不幸 búxìng [형]불행하다
不易 búyì [형]쉽지 않다
补偿 bǔcháng [동]보상하다
补贴 bǔtiē [동]보조하다 [명]보조금
不曾 bùcéng [부]여태 …하지 않다
不得了 bùdéliǎo [형]큰일났다
不敢当 bùgǎndāng [동]감당하기 어렵다
不良 bùliáng [형]불량하다
不免 bùmiǎn [부]필연적으로
不能不 bù néng bù …하지 않을 수 없다
不时 bùshí [부]때때로
不停 bù tíng 멈추지 않다
不许 bùxǔ [동]불허하다
不止 bùzhǐ [동]…에 그치지 않다
不足 bùzú [형]모자라다 [동]…하기에 부족하다
部位 bùwèi [명]부위
猜 cāi [동]알아맞히다

猜测 cāicè [동]추측하다
裁判 cáipàn [동]①재판하다 ②심판하다 [명]① 재판 ②심판
采购 cǎigòu [동]구매하다 [명]구매
彩票 cǎipiào [명]복권
餐馆 cānguǎn [명]음식점
餐厅 cāntīng [명]식당
餐饮 cānyǐn [명]음식
草原 cǎoyuán [명]초원
册 cè [양](한) 권
层次 céngcì [명]①단계 ②등급
叉 chā [동]손을 교차시키다
叉子 chāzi [명]포크
差别 chābié [명]차별
差距 chājù [명]격차
插 chā [동]끼우다
查询 cháxún [동]문의하다
差(一)点儿 chà(yì)diǎnr [부]하마터면
拆 chāi [동]①뜯다 ②헐다
拆除 chāichú [동]철거하다
产业 chǎnyè [명]산업
长度 chángdù [명]길이
长寿 chángshòu [형]장수하다
肠 cháng [명]창자
尝 cháng [동]맛보다
尝试 chángshì [동]시험해보다 [명]시도
厂长 chǎngzhǎng [명]공장장
场面 chǎngmiàn [명]장면
倡导 chàngdǎo [동]제창하다
超越 chāoyuè [동]초월하다
车主 chēzhǔ [명]차주
称2(动) chēng [동]무게를 재다
称号 chēnghào [명]칭호
成本 chéngběn [명]원가;코스트
成交 chéng//jiāo 거래가 성사되다
成效 chéngxiào [명]효능
成语 chéngyǔ [명]성어
承办 chéngbàn [동]맡아 처리하다
城里 chénglǐ [명]시내
乘 chéng [동]타다
乘车 chéng chē 승차하다
乘客 chéngkè [명]승객
乘坐 chéngzuò [동]탑승하다
吃力 chīlì [형]힘들다
池子 chízi [명]연못
迟 chí [형]늦다
冲动 chōngdòng [명]충동 [형]충동적이다
冲突 chōngtū [동]충돌하다 [명]충돌
充足 chōngzú [형]충족하다
愁 chóu [동]걱정하다
丑 chǒu [형]못생기다
臭 chòu [형]냄새나다
出版 chūbǎn [동]출판하다
出差 chū//chāi 출장가다
出汗 chū//hàn 땀이 나다
出于 chūyú [동]…에서 나오다
初期 chūqī [명]초기
除非 chúfēi [접]오직 …해야만 [개]…가 아니고서는
除夕 chúxī [명]섣달 그믐 밤
厨房 chúfáng [명]주방
处罚 chǔfá [동]처벌하다 [명]처벌
处分 chǔfèn [명]처벌;처분 [동]처벌하다;처분하다
处在 chǔzài [동]…에 위치하다
传达 chuándá [동]전달하다
传递 chuándì [동]전달하다;건네다
传真 chuánzhēn [명]팩스 [동]전송하다
窗帘 chuānglián [명]창문 커튼
闯 chuǎng [동]갑자기 뛰어들다
创立 chuànglì [동]창립하다
辞典 cídiǎn [명]사전
辞职 cí//zhí 사직하다
此后 cǐhòu [명]그 후
此刻 cǐkè [명]이 시각
此时 cǐshí [명]이 때

聪明 cōng·míng [형]똑똑하다
从而 cóng'ér [접]따라서
从中 cóngzhōng [부]그 속에서
脆 cuì [형]약하다
存款 cúnkuǎn [명]예금
寸 cùn [양]촌;치
达成 dáchéng [동]달성하다
答 dá [동]답하다
答复 dá·fù [동]회답하다 [명]회답
打(介) dǎ [개]…에서
打扮 dǎban [동]꾸미다
打包 dǎ//bāo ①포장하다 ②짐을 싸다
打击 dǎjī [동]타격을 주다
打架 dǎ//jià 싸우다
打扰 dǎrǎo [동]방해하다
大胆 dàdǎn [형]대담하다
大都 dàdōu [부]대부분
大纲 dàgāng [명]대강;요강
大伙儿 dàhuǒr [대]모두들
大奖赛 dàjiǎngsài [명]경연 대회
大脑 dànǎo [명]대뇌
大事 dàshì [명]대사;큰일
大厅 dàtīng [명]로비
大象 dàxiàng [명]코끼리
大熊猫 dàxióngmāo [명]자이언트 판다
大于 dàyú [동]…보다 크다
大致 dàzhì [형]대략적이다 [부]대체로
呆 dāi [형]둔하다
待 dāi [동]머물다
代价 dàijià [명]대가
代理 dàilǐ [동]대리하다
带有 dàiyǒu 지니고 있다
贷款 dàikuǎn [동]대출하다 [명]대출
单一 dānyī [형]단일하다
胆 dǎn [명]①쓸개 ②담력
胆小 dǎnxiǎo [형]겁이 많다
蛋糕 dàngāo [명]케이크
当场 dāngchǎng [부]현장에서
当代 dāngdài [명]현 시대
当年 dāngnián [명]그 해
当前 dāngqián [명]눈 앞 [동]직면하다
当选 dāngxuǎn [동]당선되다
挡 dǎng [동]막다
到来 dàolái [동]도래하다
倒是 dàoshì [부]오히려;도리어
道德 dàodé [명]도덕
得了 déle [동]됐다
得以 déyǐ [동]…할 수 있다
等候 děnghòu [동]기다리다
等级 děngjí [명]등급
低于 dīyú …보다 낮다
地带 dìdài [명]지대
地形 dìxíng [명]지형
地震 dìzhèn [명]지진 [동]지진나다
递 dì [동]건네주다
递给 dì gěi 건네다
典礼 diǎnlǐ [명]의식(儀式)
点燃 diǎnrán [동]점화하다
电池 diànchí [명]건전지
电饭锅 diànfànguō [명]전기밥솥
电子版 diànzǐbǎn [명]전자판
调动 diàodòng [동]이동하다
丢 diū [동]잃다
动机 dòngjī [명]동기
动手 dòng//shǒu ①때리다 ②착수하다
动态 dòngtài [명]동태
动员 dòngyuán [동]동원하다
冻 dòng [동]얼다
洞 dòng [명]구멍
豆制品 dòuzhìpǐn [명]콩으로 만든 식품
毒 dú [명]독 [동]해를 끼치다 [형]유해하다
堆 duī [동]쌓다 [명]무더기 [양]더미
对立 duìlì [동]대립하다
对应 duìyìng [동]대응하다

吨 dūn [양]톤
朵 duǒ [양](꽃이나 구름을 세는 단위) 송이
躲 duǒ [동]숨다
儿女 érnǚ [명]아들 딸
耳朵 ěrduo [명]귀
二维码 èrwéimǎ [명]QR코드
发布 fābù [동]발표하다
发掘 fājué [동]①발견하다 ②깨닫다
发射 fāshè [동]발사하다
发行 fāxíng [동]발행하다
罚 fá [동]벌주다
罚款 fákuǎn [명]벌금
法规 fǎguī [명]법규
法制 fǎzhì [명]법제
繁荣 fánróng [형]번영하다 [동]번영시키다
返回 fǎnhuí [동]되돌아가다
防治 fángzhì [동]예방 치료하다
放大 fàngdà [동]확대하다
放弃 fàngqì [동]포기하다
分成 fēnchéng 나누다
分解 fēnjiě [동]분해하다
分类 fēn//lèi 분류하다
分离 fēnlí [동]분리하다
分析 fēnxī [동]분석하다
分享 fēnxiǎng [동]함께 나누다
丰收 fēngshōu [동]풍작을 거두다
风度 fēngdù [명]풍격
风光 fēngguāng [명]풍경
封(动) fēng [동]밀봉하다
疯 fēng [형]정신이 이상하다
疯狂 fēngkuáng [형]미치다
扶 fú [동]부축하다
服从 fúcóng [동]복종하다
幅 fú [양](포목이나 그림을 세는 단위) 점
幅度 fúdù [명]폭
福利 fúlì [명]복지
辅助 fǔzhù [동]도와주다
负责人 fùzérén [명]책임자
附件 fùjiàn [명]첨부 서류
改革 gǎigé [동]개혁하다 [명]개혁
干脆 gāncuì [형]명쾌하다 [부]차라리
干扰 gānrǎo [동]교란시키다
干预 gānyù [동]관여하다
感想 gǎnxiǎng [명]감상
钢笔 gāngbǐ [명]펜
钢琴 gāngqín [명]피아노
高大 gāodà [형]높고 크다
高度 gāodù [명]높이 [형]정도가 높다
高跟鞋 gāogēnxié [명]하이힐
高温 gāowēn [명]고온
高于 gāoyú [동]…보다 높다
高原 gāoyuán [명]고원
搞 gǎo [동]①하다 ②벌이다
搞好 gǎohǎo 잘 해내다
歌曲 gēqǔ [명]노래
隔壁 gébì [명]이웃;옆집
个儿 gèr [명]키
跟前 gēnqián [명]근처에
跟随 gēnsuí [동]뒤따르다
更换 gēnghuàn [동]교체하다
更新 gēngxīn [동]갱신하다
工艺 gōngyì [명]공예
工作日 gōngzuòrì [명]근무일;작업일
公告 gōnggào [명]공고
公认 gōngrèn [동]공인하다
公式 gōngshì [명]공식
公正 gōngzhèng [형]공정하다
共计 gòngjì [동]합하다
共享 gòngxiǎng [동]함께 누리다
沟 gōu [명]도랑
沟通 gōutōng [동]소통하다
估计 gūjì [동]예측하다
古老 gǔlǎo [형]오래되다
鼓 gǔ [명]북 [동](악기를) 치다

鼓励 gǔlì [동]격려하다 [명]격려
鼓掌 gǔ//zhǎng 박수치다
顾问 gùwèn [명]고문
怪(动) guài [동]원망하다
关怀 guānhuái [동]배려하다
关键 guānjiàn [명]관건
冠军 guànjūn [명]1등;우승자
光荣 guāngróng [형]영광스럽다 [명]영광
光线 guāngxiàn [명]빛
广 guǎng [형]넓다
广泛 guǎngfàn [형]폭넓다
规划 guīhuà [명]계획 [동]계획하다
鬼 guǐ [명]귀신
柜子 guìzi [명]수납장
滚 gǔn [동]구르다
锅 guō [명]냄비
国籍 guójí [명]국적
国民 guómín [명]국민
过度 guòdù [형]과도하다
过敏 guòmǐn [동]알레르기를 일으키다 [형]예민하다
过于 guòyú [부]지나치게
害 hài [명]해 [동]해를 입히다
汗 hàn [명]땀
好运 hǎoyùn [명]행운
号召 hàozhào [동]호소하다 [명]호소
合并 hébìng [동]합병하다
合成 héchéng [동]합성하다
盒 hé [명]통 [양](상자를 세는 단위) 통;갑
盒饭 héfàn [명]도시락
盒子 hézi [명]상자
贺卡 hèkǎ [명]축하카드
恨 hèn [동]증오하다
猴 hóu [명]원숭이
后悔 hòuhuǐ [동]후회하다
胡同儿 hútòngr [명]골목
胡子 húzi [명]수염
虎 hǔ [명]호랑이
华语 Huáyǔ [명]중국어
滑 huá [형]미끄럽다 [동]미끄러지다
化石 huàshí [명]화석
划分 huàfēn [동]구분짓다
画面 huàmiàn [명]화면
环节 huánjié [명]부분;일환
慌 huāng [형]당황하다
慌忙 huāngmáng [형]황망하다
灰色 huīsè [명]회색 [형]침울하다
恢复 huīfù [동]회복하다
回报 huíbào [동]보답하다
回避 huíbì [동]피하다
回顾 huígù [동]회고하다
回收 huíshōu [동]회수하다
回头 huítóu [부]잠시 후에
回信 huíxìn [명]회신
回忆 huíyì [동]회상하다
汇款 huì//kuǎn 송금하다
会谈 huìtán [동]회담하다 [명]회담
活力 huólì [명]활력
活泼 huó·pō [형]활발하다
火柴 huǒchái [명]성냥
火腿 huǒtuǐ [명]햄
火灾 huǒzāi [명]화재
或是 huòshì [접]혹은
机器人 jī·qìrén [명]로봇
机制 jīzhì [명]시스템;메커니즘
肌肉 jīròu [명]근육
基地 jīdì [명]기지
基金 jījīn [명]기금
即使 jíshǐ [접]설사 …하더라도
集团 jítuán [명]집단
挤 jǐ [동]꽉 차다 [형]빽빽하다
记忆 jìyì [동]기억하다 [명]기억
技能 jìnéng [명]기능
继承 jìchéng [동]계승하다
加热 jiā//rè 가열하다

加上 jiāshàng [접]게다가
加速 jiāsù [동]가속하다
加以 jiāyǐ [동]…을 가하다 [접]…한데다가
夹 jiā [동]집다
甲 jiǎ [명]갑;십간(十干)의 첫째
价 jià [명]값
驾驶 jiàshǐ [동]운전하다
驾照 jiàzhào [명]운전면허증
坚定 jiāndìng [형]확고하다 [동]확고히 하다
肩 jiān [명]어깨
艰苦 jiānkǔ [형]고달프다
艰难 jiānnán [형]힘들다
检验 jiǎnyàn [동]검증하다
减轻 jiǎnqīng [동]경감하다
剪 jiǎn [동]자르다
剪刀 jiǎndāo [명]가위
剪子 jiǎnzi [명]가위
间接 jiànjiē [형]간접적인
建造 jiànzào [동]건조하다
建筑 jiànzhù [동]건축하다 [명]건축물
健全 jiànquán [형]건전하다 [동]건전하게 하다
键 jiàn [명]건반;키
键盘 jiànpán [명]①건반 ②키보드
将 jiāng [부]곧 [개]…으로
将要 jiāngyào [부]곧 …하려 하다
奖励 jiǎnglì [동]장려하다 [명]장려
交代 jiāodài [동]인계하다
郊区 jiāoqū [명]외곽 지역
胶带 jiāodài [명]테이프
胶水 jiāoshuǐ [명]풀
脚步 jiǎobù [명]발걸음
接触 jiēchù [동]접촉하다
接连 jiēlián [부]연달아
解除 jiěchú [동]해제하다
解放 jiěfàng [동]해방하다
戒 jiè [동]끊다
届 jiè [양]회;기;차

今日 jīnrì [명]오늘
尽管 jǐnguǎn [부]얼마든지 [접]…에도 불구하고
紧紧 jǐnjǐn 꽉;바짝
尽可能 jìnkěnéng 될 수 있는 한
进化 jìnhuà [동]진화하다
近来 jìnlái [명]근래
经费 jīngfèi [명]경비
景象 jǐngxiàng [명]상황;광경
警告 jǐnggào [동]경고하다 [명]경고
竞赛 jìngsài [동]시합하다
竞争 jìngzhēng [동]경쟁하다
酒鬼 jiǔguǐ [명]술고래
救灾 jiù//zāi 재난에서 구원하다
居然 jūrán [부]뜻밖에
局面 júmiàn [명]국면
局长 júzhǎng [명]국장
举动 jǔdòng [명]행동
拒绝 jùjué [동]거절하다
俱乐部 jùlèbù [명]클럽
剧本 jùběn [명]대본
决不 jué bù 절대 …하지 않다
绝望 jué//wàng 절망하다
军人 jūnrén [명]군인
开幕 kāi//mù 개막하다
开幕式 kāimùshì [명]개막식
看成 kànchéng …로 여기다
看出 kànchū 알아차리다
看待 kàndài [동]대하다
考核 kǎohé [동]심사하다
烤肉 kǎoròu [명]불고기
烤鸭 kǎoyā [명]오리구이
靠近 kàojìn [동]가까이 가다
颗 kē [양]알
咳 ké [동]기침하다
可 kě [부]가히 [접]그러나
可怜 kělián [형]가엽다 [동]가여워하다
可惜 kěxī [형]애석하다

渴望 kěwàng [동]갈망하다
刻(动) kè [동]새기다
客户 kèhù [명]고객
客气 kèqi [형]예의가 바르다 [동]사양하다
客厅 kètīng [명]거실
课题 kètí [명]과제
肯定 kěndìng [동]긍정하다 [형]긍정적이다
空中 kōngzhōng [명]공중
控制 kòngzhì [동]통제하다
口号 kǒuhào [명]구호
库 kù [명]창고
快活 kuàihuo [형]유쾌하다
宽度 kuāndù [명]너비
狂 kuáng [형]맹렬하다
亏 kuī [동]①줄다 ②기울다
困扰 kùnrǎo [동]귀찮게 굴다
落 là [동]빠뜨리다;누락되다
来信 láixìn [명]보내온 편지
烂 làn [형]낡다
朗读 lǎngdú [동]낭독하다
浪漫 làngmàn [형]낭만적이다
劳动 láodòng [동]노동하다 [명]노동
梨 lí [명]배
礼 lǐ [명]예
礼拜 lǐbài [명]①주 ②예배 [동]예배하다
礼貌 lǐmào [명]예의 [형]예의 바르다
厉害 lìhai [형]대단하다
立 lì [동]서다
立场 lìchǎng [명]입장
利润 lìrùn [명]이윤
例外 lìwài [동]예외로 하다 [명]예외
连接 liánjiē [동]연결하다
联络 liánluò [동]연락하다
联想 liánxiǎng [동]연상하다
脸盆 liǎnpén [명]대야
脸色 liǎnsè [명]①안색 ②얼굴빛
恋爱 liàn'ài [동]연애하다 [명]연애
两岸 liǎng'àn [명]양안
邻居 línjū [명]이웃
铃 líng [명]방울
铃声 língshēng [명]방울 소리
领带 lǐngdài [명]넥타이
令 lìng [동]명령하다
流动 liúdòng [동]흐르다
流通 liútōng [동]유통하다
漏 lòu [동]새다
漏洞 lòudòng [명]①구멍 ②빈틈
逻辑 luó·jí [명]논리
落实 luòshí [동]수행하다
码头 mǎ·tóu [명]부두
骂 mà [동]욕하다
买卖 mǎimai [명]매매
漫长 màncháng [형]길다
漫画 mànhuà [명]만화
毛笔 máobǐ [명]붓
矛盾 máodùn [명]모순 [형]모순적이다
冒 mào [동]뿜어 나오다
贸易 màoyì [명]무역
煤 méi [명]석탄
煤气 méiqì [명]가스
门诊 ménzhěn [동]문진하다
迷人 mírén [형]매력적이다
迷信 míxìn [동]맹신하다 [명]미신
面貌 miànmào [명]용모
面子 miànzi [명]체면
秒 miǎo [양](시간을 세는 단위) 초
敏感 mǐngǎn [형]민감하다
明亮 míngliàng [형]밝다
明明 míngmíng [부]분명히
命令 mìnglìng [명]명령 [동]명령하다
模范 mófàn [명]모범
模仿 mófǎng [동]모방하다
模糊 móhu [형]모호하다
模式 móshì [명]모델;표준 양식

摩擦 mócā [동]마찰하다 [명]마찰
摩托 mótuō [명]모터
模样 múyàng [명]모양
目光 mùguāng [명]①눈길 ②식견
耐心 nàixīn [형]끈기 있다 [명]인내심
男性 nánxìng [명]남성
南北 nánběi [명]남북
南极 nánjí [명]남극
难得 nándé [형]얻기 어렵다
难以 nányǐ [동]…하기 어렵다
脑子 nǎozi [명]뇌
内在 nèizài [형]내재적인
能量 néngliàng [명]에너지
年度 niándù [명]연도
年龄 niánlíng [명]연령
年前 niánqián [명]설 전에
牛(形) niú [형]대단하다
牛仔裤 niúzǎikù [명]청바지
农产品 nóngchǎnpǐn [명]농산품
女性 nǚxìng [명]여성
暖 nuǎn [형]따뜻하다 [동]따뜻하게 하다
偶尔 ǒu'ěr [부]간혹;때때로
偶然 ǒurán [형]우연스럽다
偶像 ǒuxiàng [명]우상
拍摄 pāishè [동]촬영하다
排除 páichú [동]배제하다
旁 páng [명]한자의 편방 [대]옆;곁
陪 péi [동]동반하다
赔 péi [동]변상하다
赔偿 péicháng [동]배상하다
配备 pèibèi [동]배치하다
配套 pèi//tào 하나의 세트로 만들다
喷 pēn [동]분출하다
盆 pén [명]①대야 ②화분
披 pī [동](겉옷을) 걸치다
皮肤 pífū [명]피부
皮鞋 píxié [명]구두
脾气 píqi [명]성격;성깔
匹 pǐ [양]필
骗 piàn [동]속이다
骗子 piànzi [명]사기꾼
拼 pīn [동](하나로) 잇다
频道 píndào [명]채널
频繁 pínfán [형]빈번하다
品 pǐn [동]품평하다
品 (工艺品) pǐn(gōngyìpǐn) [접미]…품(공예품)
品种 pǐnzhǒng [명]품종
平坦 píngtǎn [형]평탄하다
平原 píngyuán [명]평원
评估 pínggū [동]평가하다 [명]평가
评论 pínglùn [동]평론하다 [명]평론
凭 píng [동]의지하다 [개]…에 의지해
泼 pō [동]물을 뿌리다
葡萄 pútao [명]포도
葡萄酒 pútaojiǔ [명]포도주;와인
期望 qīwàng [동]기대하다
齐全 qíquán [형]완전하다
其 qí [대]그
启动 qǐdòng [동]가동하다
启发 qǐfā [동]계몽하다 [명]계몽
启事 qǐshì [명]공고;고시
起到 qǐdào (역할을) 다하다
起码 qǐmǎ [형]최소한
气体 qìtǐ [명]기체
气象 qìxiàng [명]기상
签(动) qiān [동]서명하다
签订 qiāndìng [동]체결하다
签名 qiān//míng 사인(sign)하다
签约 qiān//yuē 서명하다
签证 qiānzhèng [동]사증하다 [명]비자
签字 qiān//zì 서명하다
前景 qiánjǐng [명]장래;전망
前提 qiántí [명]전제
欠 qiàn [동]빚지다

枪 qiāng [명]총
强度 qiángdù [명]강도
墙壁 qiángbì [명]①벽 ②담
抢 qiǎng [동]빼앗다
抢救 qiǎngjiù [동]급히 구조하다
强迫 qiǎngpò [동]강요하다;강박하다
悄悄 qiāoqiāo [부]조용하게;은밀하게
敲 qiāo [동]두드리다
敲门 qiāo mén 문을 두드리다
瞧 qiáo [동]보다;구경하다
琴 qín [명]거문고
勤奋 qínfèn [형]근면하다
青 qīng [형]푸르다
清晨 qīngchén [명]새벽녘
清理 qīnglǐ [동]깨끗이 정리하다
情节 qíngjié [명]①사건의 내용과 경위 ②줄거리
情形 qíngxing [명]상황
晴朗 qínglǎng [형]쾌청하다
区域 qūyù [명]구역
全都 quándōu [부]전부
全世界 quán shìjiè 전 세계
泉 quán [명]샘
劝 quàn [동]권고하다
缺乏 quēfá [동]결핍되다
确立 quèlì [동]확립하다
群体 qúntǐ [명]집단;그룹
群众 qúnzhòng [명]군중
染 rǎn [동]물들이다
绕 rào [동]돌다
热量 rèliàng [명]열량
热门 rèmén [명]인기 있는 것
人间 rénjiān [명]속세
人力 rénlì [명]인력
人士 rénshì [명]인사;명망 있는 사람
人物 rénwù [명]인물
忍 rěn [동]참다
忍不住 rěn bu zhù 참지 못하다
忍受 rěnshòu [동]감내하다
认 rèn [동]분간하다
认定 rèndìng [동]①인정하다 ②확정하다
扔 rēng [동]버리다
仍旧 réngjiù [부]변함없이
如此 rúcǐ [대]이와 같다
如同 rútóng [동]마치 …와 같다
如下 rúxià [동]다음과 같다
入门 rù//mén 입문
软 ruǎn [형]부드럽다
软件 ruǎnjiàn [명]소프트웨어
洒 sǎ [동]뿌리다
散 sǎn [동]해산하다
散文 sǎnwén [명]산문
杀 shā [동]죽이다
杀毒 shā//dú 바이러스를 제거하다
沙漠 shāmò [명]사막
傻 shǎ [형]어리석다
山区 shānqū [명]산간 지대
扇 shān [동]부채질하다
扇 shàn [양]짝;틀 [명]①문짝 ②부채
扇子 shànzi [명]부채
商标 shāngbiāo [명]상표
上级 shàngjí [명]상급
上下 shàngxià [명]상하
上涨 shàngzhǎng [동]인상하다
稍 shāo [부]약간
稍微 shāowēi [부]조금
蛇 shé [명]뱀
舍不得 shěbude [동]아까워하다
舍得 shěde [동]아깝지 않다
设想 shèxiǎng [동]구상하다 [명]구상
社 shè [명]①조직체 ②조합
社区 shèqū [명]①공동체 ②지역사회
射 shè [동]발사하다
射击 shèjī [동]사격하다 [명]사격
摄像 shèxiàng [동]촬영하다

摄像机 shèxiàngjī [명]카메라
摄影 shèyǐng [동]촬영하다
摄影师 shèyǐngshī [명]촬영 기사
伸 shēn [동]펴다
深处 shēnchù [명]깊숙한 곳
深度 shēndù [명]심도
神 shén [명]신
神经 shénjīng [명]신경
神奇 shénqí [형]신기하다
神情 shénqíng [명]안색;기색
升高 shēnggāo 위로 오르다
生成 shēngchéng [동]생성되다
声 shēng [명]소리 [양]번
胜负 shèngfù [명]승부
剩 shèng [동]남다
剩下 shèngxia ①남기다 ②나머지
失误 shīwù [동]실수하다 [명]실수
师傅 shīfu [명]①스승 ②숙련공
诗歌 shīgē [명]시;시가
十足 shízú [형]충분하다
时常 shícháng [부]늘
时光 shíguāng [명]①시간;세월 ②시절
时机 shíjī [명]시기
时事 shíshì [명]시사
实惠 shíhuì [형]실용적이다 [명]실리
拾 shí [동]수습하다
使得 shǐde [동]①사용할 수 있다 ②…하게 하다
示范 shìfàn [동]모범을 보이다
式 shì [명]식;형식
势力 shìlì [명]세력
试图 shìtú [동]시도하다
视频 shìpín [명]영상
视为 shìwéi …로 보다
收购 shōugòu [동]사들이다
收集 shōují [동]수집하다
收拾 shōushi [동]수습하다
手段 shǒuduàn [명]수단
手法 shǒufǎ [명]수법
寿司 shòusī [명]초밥
受灾 shòu//zāi 재해를 입다
瘦 shòu [형]마르다
书法 shūfǎ [명]서예
书柜 shūguì [명]책장
书桌 shūzhuō [명]책상
输出 shūchū [동](안에서 밖으로) 내보내다
蔬菜 shūcài [명]채소
熟悉 shúxi [동]숙지하다
鼠 shǔ [명]쥐
鼠标 shǔbiāo [명]마우스
数目 shùmù [명]수
摔 shuāi [동]①넘어지다 ②내던지다
摔倒 shuāidǎo 넘어지다
率领 shuàilǐng [동]이끌다
双手 shuāng shǒu 두 손
水产品 shuǐchǎnpǐn [명]수산물
水分 shuǐfèn [명]수분
水库 shuǐkù [명]저수지;댐
水灾 shuǐzāi [명]수해
睡眠 shuìmián [명]수면
说法 shuō·fǎ [명]①논조 ②견해
硕士 shuòshì [명]석사
私人 sīrén [명]개인
思维 sīwéi [명]사유
四周 sìzhōu [명]사방;주변
搜 sōu [동]①찾다 ②수색하다
搜索 sōusuǒ [동]①수색하다 ②검색하다
宿舍 sùshè [명]기숙사
酸甜苦辣 suān-tián-kǔ-là 신맛·단맛·쓴맛·매운맛
随后 suíhòu [부]뒤이어
随意 suí//yì 뜻대로 하다
随着 suízhe [개]…에 따라
岁月 suìyuè [명]세월
碎 suì [형]부수러져 있다
损害 sǔnhài [동]손해를 주다

损失 sǔnshī [동]손실을 보다 [명]손실
所在 suǒzài [명]①장소 ②소재
锁 suǒ [명]자물쇠 [동]잠그다
台风 táifēng [명]태풍
抬 tái [동]들어올리다
抬头 tái//tóu 머리를 들다
太空 tàikōng [명]우주
弹 tán [동]튕기다
逃 táo [동]도망치다
逃跑 táopǎo [동]도망가다
逃走 táozǒu [동]도주하다
桃 táo [명]복숭아
桃花 táohuā [명]복숭아꽃
桃树 táoshù [명]복숭아나무
讨厌 tǎo//yàn 싫다;혐오하다
特定 tèdìng [형]특정한
特性 tèxìng [명]특성
特有 tèyǒu [형]특유한;고유한
提倡 tíchàng [동]제창하다
提起 tíqǐ [동]언급하다
提示 tíshì [동]제시하다
题材 tícái [명]제재
体积 tǐjī [명]체적;부피
体力 tǐlì [명]체력
天才 tiāncái [명]천재
天然气 tiānránqì [명]천연가스
天文 tiānwén [명]천문
调节 tiáojié [동]조절하다
调解 tiáojiě [동]조정하다
厅 tīng [명]①홀;큰방 ②청
停留 tíngliú [동]머물다
通用 tōngyòng [동]통용하다
偷 tōu [동]훔치다 [부]남몰래
偷偷 tōutōu [부]슬그머니
突破 tūpò [동]돌파하다 [명]돌파
土豆 tǔdòu [명]감자
吐 tǔ [동]토하다
吐 tù [동](착복한 돈 등을) 내놓다
兔 tù [명]토끼
团长 tuánzhǎng [명]단장
推行 tuīxíng [동]시행하다
脱离 tuōlí [동]이탈하다
外界 wàijiè [명]외부
完了 wánle [접]끝나다
微博 wēibó [명]마이크로 블로그
为难 wéinán [형]곤란하다 [동]난처하게 만들다
为期 wéiqī [동]…을 기한으로 하다
为止 wéizhǐ [동]…을 끝으로 하다
为主 wéizhǔ [동]…을 위주로 하다
违法 wéi//fǎ 법을 어기다
违反 wéifǎn [동]위반하다
违规 wéi/guī 규정을 어기다
围绕 wéirào [동]둘러싸다
唯一 wéiyī [형]유일하다
委托 wěituō [동]위탁하다
卫星 wèixīng [명]위성
胃 wèi [명]위
慰问 wèiwèn [동]위문하다
温和 wēnhé [형]따뜻하다
文艺 wényì [명]문예;문학과 예술
卧室 wòshì [명]침실
握 wò [동]쥐다;잡다
污染 wūrǎn [동]오염되다
污水 wūshuǐ [명]더러운 물
屋 wū [명]가옥
无奈 wúnài [동]어찌할 도리가 없다 [접]유감스럽게도
无疑 wúyí [동]의심하지 않다
舞 wǔ [명]춤 [동]춤추다
物价 wùjià [명]물가
物业 wùyè [명]가옥 등의 부동산
物质 wùzhì [명]물질
误解 wùjiě [동]오해하다 [명]오해
西红柿 xīhóngshì [명]토마토

西装 xīzhuāng [명]양복
喜剧 xǐjù [명]희극
戏 xì [명]①놀이 ②극
戏剧 xìjù [명]연극
吓 xià [동]놀라다
先后 xiānhòu [명]선후 [부]연이어
先前 xiānqián [명]앞서
鲜艳 xiānyàn [형]산뜻하고 아름답다
闲 xián [형]한가하다
显 xiǎn [동]나타내다
现有 xiànyǒu 기존의
现状 xiànzhuàng [명]현황
线索 xiànsuǒ [명]실마리;단서
献 xiàn [동]바치다
乡 xiāng [명]①시골 ②(행정 구역 단위) 향
乡村 xiāngcūn [명]농촌;시골
相等 xiāngděng [동]대등하다
相应 xiāngyìng [동]①상응하다 ②호응하다
香肠 xiāngcháng [명]소시지
详细 xiángxì [형]상세하다
享受 xiǎngshòu [동]즐기다 [명]향락
向导 xiàngdǎo [명]길 안내(자)
向前 xiàng qián 앞으로 나아가다
向上 xiàngshàng [동]발전하다
相声 xiàngsheng [명]만담
象征 xiàngzhēng [동]상징하다 [명]상징
消除 xiāochú [동]제거하다
消毒 xiāo//dú 소독하다
消防 xiāofáng [동]화재를 진압하거나 예방하다
消费者 xiāofèizhě [명]소비자
消极 xiāojí [형]소극적이다
小偷儿 xiǎotōur [명]도둑
歇 xiē [동]쉬다
协议 xiéyì [동]①협의하다 ②합의하다 [명]①협의 ②합의
协议书 xiéyìshū [명]①협의서 ②합의서
斜 xié [형]기울이다
心态 xīntài [명]심리 상태
心疼 xīnténg [동]몹시 아끼다
辛苦 xīnkǔ [형]고생하다 [동]고생스럽다
欣赏 xīnshǎng [동]감상하다
信念 xìnniàn [명]신념
信箱 xìnxiāng [명]우체함
行驶 xíngshǐ [동]주행하다
形态 xíngtài [명]형태
性能 xìngnéng [명]성능
雄伟 xióngwěi [형]웅대하다
熊 xióng [명]곰
休闲 xiūxián [동]오락 활동을 하다
修复 xiūfù [동]회복하다
修建 xiūjiàn [동]건설하다
修养 xiūyǎng [명]수양하다
虚心 xūxīn [형]겸허하다
许可 xǔkě [동]허락하다
选修 xuǎnxiū [동]선택하여 배우다
学科 xuékē [명]①학과 ②학문 분야
学位 xuéwèi [명]학위
学者 xuézhě [명]학자
寻求 xúnqiú [동]찾다
询问 xúnwèn [동]알아보다
押金 yājīn [명]보증금
鸭子 yāzi [명]오리
亚军 yàjūn [명]2등
延伸 yánshēn [동]확장하다
严厉 yánlì [형]호되다;매섭다
严肃 yánsù [형]엄숙하다 [동]엄숙하게 하다
言语 yányǔ [명]①말 ②언어
研究所 yánjiūsuǒ [명]연구소
眼光 yǎnguāng [명]안목
邀请 yāoqǐng [동]초청하다 [명]초청
摇头 yáo//tóu 고개를 젓다
咬 yǎo [동]물다
也好 yě hǎo [조]…하는 편이 좋다
业务 yèwù [명]업무

夜间 yèjiān [명]야간
一流 yīliú [명]일류 [형]정상급
依法 yīfǎ [부]법에 따라
依旧 yījiù [동]그대로 하다 [부]여전히
依据 yījù [동]의거하다 [명]근거
依照 yīzhào [동]…에 비추다 [개]…에 따라
一辈子 yíbèizi [명]한평생
一带 yídài [명]일대
一旦 yídàn [명]하루 아침 [부]일단
一句话 yíjùhuà 한마디
一路 yílù [명]도중 [부]함께
一下儿(副) yīxiàr [부]①금방 ②단번에
一下子 yīxiàzi [부]단번에
一向 yíxiàng [부]줄곧
乙 yǐ [명]을;십간(十干)의 둘째
以便 yǐbiàn [접]…하기에 편리하도록
以往 yǐwǎng [명]과거;이전
一口气 yìkǒuqì [부]단숨에
一身 yìshēn [명]온 몸
意识 yì·shí [명]의식 [동]의식하다
意味着 yìwèizhe [동]의미하다
意志 yìzhì [명]의지
因而 yīn'ér [접]따라서
饮料 yǐnliào [명]음료
饮食 yǐnshí [명]음식
印刷 yìnshuā [동]인쇄하다
应 yìng [동]응하다;받아들이다
硬 yìng [형]단단하다 [부]억지로
硬件 yìngjiàn [명]하드웨어
拥抱 yōngbào [동]포옹하다
拥有 yōngyǒu [동]보유하다
用不着 yòngbuzháo [동]필요치 않다
用户 yònghù [명]이용자
用来 yònglái 쓰다
用于 yòngyú …에 쓰다
优惠 yōuhuì [형]특혜의
优先 yōuxiān [동]우선하다
幽默 yōumò [형]익살맞다
尤其 yóuqí [부]특히
由此 yóucǐ 이로 인해
犹豫 yóuyù [형]주저하다
游泳池 yóuyǒngchí [명]수영장
友谊 yǒuyì [명]우의;우정
有毒 yǒudú ①독이 있다 ②유독하다
有害 yǒuhài 유해하다
有力 yǒulì [형]강력하다
有利于 yǒulì yú …에 유리하다
有着 yǒuzhe [동]가지고 있다
羽毛球 yǔmáoqiú [명]배드민턴
羽绒服 yǔróngfú [명]다운재킷
雨水 yǔshuǐ [명]빗물
预备 yùbèi [동]준비하다
预期 yùqī [동]예상하다;전망하다
元旦 Yuándàn [명]신정(설날) (양력 1월1일)
园林 yuánlín [명]조경 원림
原理 yuánlǐ [명]원리
原始 yuánshǐ [형]원시적이다
原先 yuánxiān [명]원래
原有 yuányǒu 예전부터 있다
远处 yuǎnchù [명]먼 곳
怨 yuàn [동]원망하다
愿 yuàn [동]바라다
约束 yuēshù [동]제약하다
月饼 yuèbing [명]월병
月球 yuèqiú [명]달
阅览室 yuèlǎnshì [명]열람실
运 yùn [동]운반하다
运行 yùnxíng [동]운행하다
灾 zāi [명]재해
灾害 zāihài [명]재해
灾难 zāinàn [명]재난
灾区 zāiqū [명]재해지역
再次 zàicì [부]재차
再也 zàiyě 이제 더 이상은

在场 zàichǎng [동]현장에 있다
在内 zàinèi [동]포함하다
暂时 zànshí [형]일시적으로
暂停 zàntíng [동]잠시 멈추다
糟 zāo [형]약하다
糟糕 zāogāo [형]엉망이다
早期 zǎoqī [명]초기;이른 시기
增 zēng [동]증가하다
增产 zēng//chǎn 증산하다
增大 zēngdà [동]증대하다
增多 zēngduō [동]많아지다;증가하다
增强 zēngqiáng [동]증강하다
赠 zèng [동]주다;선사하다
赠送 zèngsòng [동]증정하다
摘 zhāi [동]따다
展览 zhǎnlǎn [동]전람하다 [명]전람
展示 zhǎnshì [동]전시하다
展现 zhǎnxiàn [동]①전개하다 ②펼쳐지다
占领 zhànlǐng [동]점령하다
占有 zhànyǒu [동]점유하다
涨 zhǎng [동]오르다
涨价 zhǎng//jià 값이 오르다
掌握 zhǎngwò [동]①파악하다 ②장악하다
招生 zhāo//shēng 신입생을 모집하다
招手 zhāo//shǒu 손짓하다
珍贵 zhēnguì [형]진귀하다
珍惜 zhēnxī [동]소중히 여기다
珍珠 zhēnzhū [명]진주
真诚 zhēnchéng [형]①진실하다 ②성실하다
真理 zhēnlǐ [명]진리
真相 zhēnxiàng [명]진상
诊断 zhěnduàn [동]진단하다
振动 zhèndòng [동]진동하다
震惊 zhènjīng [형]충격적이다 [동]놀라다
争议 zhēngyì [동]논쟁하다
正版 zhèngbǎn [명]정품;정식 판본
正规 zhèngguī [형]정식의
正如 zhèngrú [동]…와 같다
正义 zhèngyì [명]정의 [형]정의로운
证实 zhèngshí [동]실증하다;증명하다
证书 zhèngshū [명]증서
挣 zhèng [동]①일하여 벌다 ②쟁취하다
挣钱 zhèng//qián 돈을 벌다
之内 zhīnèi [명]…의 안
之外 zhīwài [명](일정 범위의) 밖;외
之下 zhīxià [명]…의 아래;…의 밑
之中 zhīzhōng [명](어떤 집단이나 범위의) 가운데
支出 zhīchū [동]지출하다 [명]지출
支配 zhīpèi [동]지배하다
执行 zhíxíng [동]집행하다
直线 zhíxiàn [명]직선 [형]급격히
值班 zhí//bān 당직을 서다
职能 zhínéng [명]①직능 ②기능
职位 zhíwèi [명]직위
职务 zhíwù [명]직무
只不过 zhǐbúguò [부]단지 …에 불과하다
只见 zhǐ jiàn 단지 …만을 보다
指标 zhǐbiāo [명]지표
指甲 zhǐjia [명]손톱
指示 zhǐshì [명]지시 [동]지시하다
指责 zhǐzé [동]질책하다
至 zhì [동]이르다
制成 zhì chéng 완성하다
制约 zhìyuē [동]제약하다
治安 zhì'ān [명]치안
治理 zhìlǐ [동]①다스리다 ②관리하다
中断 zhōngduàn [동]중단하다
中秋节 Zhōngqiūjié [명]중추절(추석) (음력8월 15일)
中央 zhōngyāng [명]중앙
中药 zhōngyào [명]중국 의약
终点 zhōngdiǎn [명]종점
终身 zhōngshēn [명]평생
终止 zhōngzhǐ [동]중지하다

中毒 zhòng//dú 중독되다
众多 zhòngduō [형]매우 많다
周期 zhōuqī [명]주기
竹子 zhúzi [명]대나무
主办 zhǔbàn [동]주최하다
主导 zhǔdǎo [동]주도하다 [명]주도
主观 zhǔguān [형]주관적이다
主管 zhǔguǎn [동]주관하다 [명]주관
主体 zhǔtǐ [명]주체
助理 zhùlǐ [명]보조
助手 zhùshǒu [명]조수
注册 zhù//cè 등록하다
注射 zhùshè [동]주사놓다
注视 zhùshì [동]주시하다
注重 zhùzhòng [동]중시하다
祝贺 zhùhè [동]축하하다
专辑 zhuānjí [명]개인 앨범
专利 zhuānlì [명]특허
转化 zhuǎnhuà [동]…로 바뀌다
转换 zhuǎnhuàn [동]전환하다
转让 zhuǎnràng [동]양도하다
转向 zhuǎnxiàng [동]전향하다
装饰 zhuāngshì [동]장식하다 [명]장식
撞 zhuàng [동]부딪히다
资本 zīběn [명]자본
资产 zīchǎn [명]자산
资助 zīzhù [동](재정적으로) 돕다
子弹 zǐdàn [명]총알
仔细 zǐxì [형]자세하다
紫 zǐ [형]자줏빛의
自豪 zìháo [형]자랑스럽게 여기다
自杀 zìshā [동]자살하다
自愿 zìyuàn [동]자원하다
总裁 zǒngcái [명]총재
总数 zǒngshù [명]총수
总算 zǒngsuàn [부]마침내
总体 zǒngtǐ [명]전체
阻碍 zǔ'ài [동]방해하다 [명]방해
组织 zǔzhī [동]조직하다 [명]조직
醉 zuì [동]취하다
尊敬 zūnjìng [동]존경하다 [형]존경스럽다
尊重 zūnzhòng [동]존중하다
遵守 zūnshǒu [동]준수하다 [동]조직하다 [명]조직

6.6 6급 어휘표

挨着 āizhe ①가까이 붙어 있다 ②차례대로
挨 ái [동]~을 당하다
挨打 áidǎ [동]구타 당하다
安检 ānjiǎn [동]안전 검사를 하다
罢工 bà//gōng 파업하다
罢了 bàle [조]단지 ~일 뿐이다
白领 báilǐng [명]화이트칼라
百分点 bǎifēndiǎn [명]퍼센트
办公 bàn//gōng 사무를 보다
办事处 bànshìchù [명]사무소
办学 bànxué [동]학교를 설립하다
半决赛 bànjuésài [명]준결승
傍晚 bàngwǎn [명]저녁 무렵
保健 bǎojiàn [동]건강을 지키다
报刊 bàokān [명]신문•잡지 등의 간행물
报考 bàokǎo [동]시험에 응시하다
抱歉 bàoqiàn [형]미안해하다
暴风雨 bàofēngyǔ [명]폭풍우
暴力 bàolì [명]폭력
暴露 bàolù [동]폭로하다
暴雨 bàoyǔ [명]폭우
爆 bào [동]폭발하다

爆发 bàofā [동]①폭발하다 ②발발하다
爆炸 bàozhà [동]폭발하다
悲惨 bēicǎn [형]비참하다
背心 bèixīn [명]조끼
背着 bēizhe 업다
被告 bèigào [명]피고
奔跑 bēnpǎo [동]뛰어다니다
本 běn [대]지금의;자기의 쪽 [부]본래
本地 běndì [명]본지
本期 běnqī 당기
本身 běnshēn [대]그 자체
本土 běntǔ [명]본토
本质 běnzhì [명]본질
逼 bī [동]핍박하다
笔试 bǐshì [동]필기시험을 보다
必将 bìjiāng [부]반드시 …할 것이다
必修 bìxiū [형]필수의
闭 bì [동]닫다
边缘 biānyuán [명]가장자리
编制 biānzhì [동]엮다
扁 biǎn [형]납작하다
变更 biàngēng [동]고치다
变换 biànhuàn [동]바꾸다
变形 biàn//xíng 모양이 변하다
便 biàn [부]곧 [접]비록 …일지라도
便是 biànshì 바로
遍地 biàndì [부]곳곳에
表面上 biǎomiànshang 표면상
病房 bìngfáng [명]병실
病情 bìngqíng [명]병세
拨打 bōdǎ [동]전화를 걸다
波动 bōdòng [동]요동치다
波浪 bōlàng [명]물결;파도
播 bō [동]퍼뜨리다
不便 búbiàn [형]불편하다 [동]적당하지 않다
不见 bújiàn [동]만나지 않다
不料 búliào [접]의외로
不再 búzài [동]이미 …가 아니다
不至于 búzhìyú [동]…에 이르지 못하다
补考 bǔkǎo [동]추가시험을 보다
补课 bǔ//kè 보충 수업을 하다
补习 bǔxí [동]보충 학습하다
补助 bǔzhù [동]보조하다 [명]보조
捕 bǔ [동]붙잡다
不成 bùchéng [동]이루어지지 않다 [형]그르다
不禁 bùjīn [부]그만
不仅仅 bù jǐnjǐn …뿐만이 아니다
不通 bùtōng [동]통하지 않다
不怎么 bùzěnme [부]별로
不怎么样 bùzěnmeyàng 별로다
不值 bùzhí [동]가치가 없다
布满 bùmǎn 가득 널리다
部队 bùduì [명]부대
采纳 cǎinà [동]받아들이다
踩 cǎi [동]밟다
参赛 cānsài [동]시합에 참가하다
参展 cānzhǎn [동]전시회에 참가하다
餐 cān [양]끼;끼니
残疾 cán·jí [명]장애
残疾人 cán·jírén [명]장애인
残酷 cánkù [형]잔혹하다
惨 cǎn [형]비참하다
仓库 cāngkù [명]창고
藏 cáng [동]숨다
操纵 cāozòng [동]조작하다
厕所 cèsuǒ [명]화장실
侧 cè [명]옆 [동]기울다
测定 cèdìng [동]측정하다
策划 cèhuà [동]기획하다
策略 cèlüè [명]책략
层面 céngmiàn [명]층면
差异 chāyì [명]차이
查出 cháchū 조사해 찾아내다
查看 chákàn [동]확인하다

拆迁 chāiqiān [동]집을 철거하고 이주하다
产量 chǎnliàng [명]생산량
昌盛 chāngshèng [형]번창하다
长短 chángduǎn [명]좋고 나쁨
长假 chángjià [명]장기휴가
长久 chángjiǔ [형]장구하다
长跑 chángpǎo [명]장거리 경주
长远 chángyuǎn [형](시간이) 길다
常规 chángguī [명](틀에 박힌) 관례;평소 규정
常年 chángnián [부]일 년 내내;장기간
厂商 chǎngshāng [명]생산자
场地 chǎngdì [명]장소
场馆 chǎngguǎn [명]운동장과 체육관
场景 chǎngjǐng [명](연극이나 영화의) 장면
畅通 chàngtōng [형]막힘없이 잘 통하다
超 chāo [동]초과하다
超出 chāochū [동]초과하다
炒 chǎo [동]볶다
炒股 chǎo//gǔ 주식 투자를 하다
炒作 chǎozuò [동]대대적으로 띄우다
车号 chēhào [명]자동차 번호
车牌 chēpái [명]자동차 번호판
车展 chēzhǎn [명]모터쇼
撤离 chèlí [동]철수하다
撤销 chèxiāo [동]없애다
撑 chēng [동](떠) 받치다
成 chéng [양]10분의 1
成分 chéngfèn [명]성분
成品 chéngpǐn [명]완제품
承诺 chéngnuò [동]승낙하다
城区 chéngqū [명]도시지역
城乡 chéng xiāng 도시와 농촌
城镇 chéngzhèn [명]도시와 읍
持有 chíyǒu [동]소지하다
冲击 chōngjī [동]충돌하다 [명]충격
重建 chóngjiàn [동]재건하다
重组 chóngzǔ [동]다시 구성하다
崇拜 chóngbài [동]숭배하다
宠物 chǒngwù [명]애완동물
冲 chòng [동]향하다
出场 chū//chǎng 나타나다
出动 chūdòng [동]출동하다;나서서 하다
出访 chūfǎng [동]외국에 방문하러 가다
出路 chūlù [명]출로
出面 chū//miàn 나서다
出名 chū//míng 이름이 나다
出入 chūrù [동]드나들다 [명]출입
出事 chū//shì 사고가 발생하다
出台 chū//tái (정책이나 조치 등을) 공포하거나 실시하다
出行 chūxíng [동]길을 떠나다;외출하다
初等 chūděng [형]초급의
除 chú [개]…을 제외하고 [동]없애다
厨师 chúshī [명]요리사
储存 chǔcún [동]저장하다
处处 chùchù [부]도처에
处长 chùzhǎng [명]처장
传出 chuánchū 소문이 나다;전해지다
传媒 chuánméi [명]미디어;매체
传输 chuánshū [동]전송하다
传言 chuányán [명]소문 [동]말을 전하다
船员 chuányuán [명]선원
船长 chuánzhǎng [명]선장
船只 chuánzhī [명]선박
串 chuàn [양](한 줄로 꿴 듯한) 줄 [동]끈으로 꿰다
窗口 chuāngkǒu [명]창;창구
创办 chuàngbàn [동]창립하다
创建 chuàngjiàn [동]창건하다
创意 chuàngyì [명]새로운 의견 [동]새로운 의견을 생각하여 내다
此处 cǐ chù 여기
此次 cǐ cì 이번
此前 cǐqián [명]이전
此事 cǐshì [명]이 일

此致 cǐzhì [동]이에 …에 보냅니다
次数 cìshù [명]횟수
从不 cóngbù 이제까지 …한 적이 없다
从没 cóngméi 여태껏 …한 적이 없다
醋 cù [명]식초
村庄 cūnzhuāng [명]마을
错过 cuòguò [동]놓치다
搭 dā [동]어울리다
搭档 dādàng [동]협력하다 [명]파트너
搭配 dāpèi [동]배합하다
打动 dǎdòng [동]마음을 움직이다
打断 dǎduàn [동]끊다
打发 dǎfa [동]보내다
打官司 dǎ guānsi 소송을 걸다
打牌 dǎpái [동]마작·트럼프 따위를 하다
打印机 dǎyìnjī [명]프린터
打造 dǎzào [동](주로 금속 제품을) 만들다
大道 dàdào [명]큰길
大街 dàjiē [명]대로;큰길
大力 dàlì [부]강력하게
大米 dàmǐ [명]쌀
大批 dàpī [형]대량의
大赛 dàsài [명]규모가 큰 경기
大师 dàshī [명]거장
大使 dàshǐ [명]대사
待会儿 dāihuìr 잠시 후에
担忧 dānyōu [동]걱정하다
单打 dāndǎ [명](테니스·탁구 등의) 단식
诞生 dànshēng [동]태어나다
党 dǎng [명]정당
当 dàng [동]…를 향하다 [개]바로 그때
当成 dàngchéng [동]…로 여기다
当天 dàngtiān [명]당일
当作 dàngzuò [동](…로) 삼다
档 dàng [명]문서
档案 dàng'àn [명]문서;파일
岛 dǎo [명]섬

到期 dào//qī 기한이 되다
盗版 dào//bǎn [명]해적판
道教 Dàojiào [명]도교
道歉 dào//qiàn 사과하다
低头 dī//tóu 머리를 숙이다
低温 dīwēn [명]저온
滴 dī [동]액체가 (한 방울씩) 떨어지다 [양]방울
抵达 dǐdá [동]도착하다
抵抗 dǐkàng [동]저항하다
地板 dìbǎn [명]바닥
地名 dìmíng [명]지명
地下室 dìxiàshì [명]지하실
电车 diànchē [명]전차
电动 diàndòng [형]전동
电力 diànlì [명]전력
电器 diànqì [명]전기 기구
吊 diào [동]걸다
调研 diàoyán [동]조사 연구하다
跌 diē [동]넘어지다
定价 dìngjià [명]정가
定时 dìngshí [동]시간을 정하다 [명]정시
定位 dìng//wèi 자리를 정하다;정해진 자리
动画 dònghuà [명]만화 영화
斗争 dòuzhēng [동]투쟁하다 [명]투쟁
都市 dūshì [명]도시
毒品 dúpǐn [명]마약
赌 dǔ [동]내기하다
赌博 dǔbó [동]노름하다
渡 dù [동]건너다
端 duān [동]두 손으로 가지런히 들다
端午节 Duānwǔ Jié [명]단오절
短片 duǎnpiàn [명]단편 영화
队伍 duìwu [명]대열
对抗 duìkàng [동]대항한다
对外 duìwài [동]대외적으로 관계를 맺다
蹲 dūn [동]쪼그리고 앉다
多半 duōbàn [수]대다수 [부]아마

多方面 duō fāngmiàn 다방면의
多媒体 duōméitǐ [명]멀티미디어
夺 duó [동]강제로 빼앗다
夺取 duóqǔ [동]탈취하다
恩人 ēnrén [명]은인
儿科 érkē [명]소아과
发病 fā//bìng 병이 나다
发电 fā//diàn 발전하다(전기를 생산하다)
发放 fāfàng [동]방출하다
发怒 fā//nù 성내다
发起 fāqǐ [동]제창하다
发言人 fāyánrén [명]대변인
发炎 fāyán [동]염증을 일으키다
法庭 fǎtíng [명]법정
法语 Fǎyǔ [명]프랑스어
番 fān [양]종류;가지
番茄 fānqié [명]토마토
凡是 fánshì [부]대체로
繁殖 fánzhí [동]번식하다
反抗 fǎnkàng [동]반항하다
反问 fǎnwèn [동]반문하다
反响 fǎnxiǎng [명]반향
犯 fàn [동]위반하다
犯规 fàn//guī 규칙을 위반하다
犯罪 fàn//zuì 범죄를 저지르다
防范 fángfàn [동]방비하다
防守 fángshǒu [동]방어하다
房价 fángjià [명]집값
仿佛 fǎngfú [부]마치 …인 듯하다
飞船 fēichuán [명]비행선
飞行员 fēixíngyuán [명]조종사
肺 fèi [명]폐
分工 fēn//gōng 분업하다
分裂 fēnliè [동]분열하다
愤怒 fènnù [형]분노하다
风暴 fēngbào [명]폭풍
峰会 fēnghuì [명]정상 회담
奉献 fèngxiàn [동]바치다
佛 fó [명]불교
佛教 Fójiào [명]불교
服 fú [동]담당하다;복종하다
浮 fú [동]뜨다
父女 fùnǚ [명]부녀
父子 fùzǐ [명]부자
负 fù [동]메다
妇女 fùnǚ [명]부녀자
复苏 fùsū [동]회복하다
副 fù [형]부차적인
副 fù [양]벌;쌍
富人 fùrén [명]부자
富有 fùyǒu [형]부유한 [동]풍부하다
改装 gǎizhuāng [동]옷차림을 바꾸다
干涉 gānshè [동]간섭하다
肝 gān [명]간
杆 gǎn [명]대;자루
赶不上 gǎnbushàng [동]따라가지 못하다
赶忙 gǎnmáng [부]서둘러
赶上 gǎn//·shàng 따라잡다
敢于 gǎnyú [동]용감하게 …하다
感人 gǎnrén [형]감동적이다
刚好 gānghǎo [부]알맞게
岗位 gǎngwèi [명]직책
港口 gǎngkǒu [명]항구
高层 gāocéng [명]고고층;고위층 [형]고층의;고위층의
高档 gāodàng [형]고급의
高等 gāoděng [형]고등의
高峰 gāofēng [명]최고점
高考 gāokǎo [명]대학 입학시험
高科技 gāokējì [명]첨단 기술;하이 테크놀로지 (high-technology)
高手 gāoshǒu [명]고수
稿子 gǎozi [명]원고
歌唱 gēchàng [동]노래하다
歌词 gēcí [명]가사

歌星 gēxīng [명]유명 가수
革新 géxīn [동]혁신하다 [명]혁신
更是 gèngshì 더욱더
工商 gōngshāng [명]상공업
公 gōng [형]공공의
公安 gōng'ān [명]공안
公鸡 gōngjī [명]수탉
公众 gōngzhòng [명]공중;대중
公主 gōngzhǔ [명]공주
攻击 gōngjī [동]공격하다
供给 gōngjǐ [동]공급하다
宫 gōng [명]궁전
巩固 gǒnggù [형]공고하다 [동]공고하게 하다
贡献 gòngxiàn [동]공헌하다 [명]공헌
构建 gòujiàn [동]구상하여 세우다
孤独 gūdú [형]고독하다
孤儿 gū'ér [명]고아
姑姑 gūgu [명]고모
古典 gǔdiǎn [형]고전의
股 gǔ [양]가닥
股东 gǔdōng [명]주주
股票 gǔpiào [명]주식
故障 gùzhàng [명]고장
顾 gù [동]돌보다
刮 guā [동]깎다;긁다
拐 guǎi [동]방향을 바꾸다
关爱 guān'ài [동]아끼고 돌보다;사랑하다
关联 guānlián [동]관련되다
观光 guānguāng [동]관광하다
官司 guānsi [명]소송
管道 guǎndào [명]파이프
光辉 guānghuī [명]찬란한 빛 [형]찬란하다
广阔 guǎngkuò [형]광활하다
轨道 guǐdào [명]궤도
跪 guì [동]무릎을 꿇다
国产 guóchǎn [형]국산의
国歌 guógē [명]국가
国会 guóhuì [명]국회
国旗 guóqí [명]국기
国王 guówáng [명]국왕
果酱 guǒjiàng [명]과일 잼
果树 guǒshù [명]과수
过渡 guòdù [동]넘다
过后 guòhòu [명]이후
过时 guòshí [형]시대에 뒤떨어진
海报 hǎibào [명]포스터
海底 hǎidǐ [명]해저
海军 hǎijūn [명]해군
海浪 hǎilàng [명]파도
海外 hǎiwài [명]해외
海湾 hǎiwān [명]만;해만
海洋 hǎiyáng [명]해양
好(不)容易 hǎo(bù)róngyì [형]가까스로
好似 hǎosì [동]마치 …과 비슷하다
好转 hǎozhuǎn [동]호전되다
好学 hàoxué [동]배우기 좋아하다
合约 héyuē [명]계약
和谐 héxié [형]잘 어울리다
核心 héxīn [명]핵심
黑夜 hēiyè [명]밤
很难说 hěn nánshuō 말하기 어렵다;애매하다
狠 hěn [형]모질다
横 héng [동]가로놓다 [형]가로의
衡量 héngliáng [동]따져보다
宏大 hóngdà [형]웅대하다
洪水 hóngshuǐ [명]홍수
忽略 hūlüè [동]소홀히 하다
壶 hú [명]주전자 [양]단지
互动 hùdòng [동]상호 작용하다
户外 hùwài [명]실외
护 hù [동]보호하다
花费 huāfèi [동]소비하다
花瓶 huāpíng [명]화병
花生 huāshēng [명]땅콩

化解 huàjiě 녹이다
幻想 huànxiǎng [동]헛된 생각을 하다 [명]환상
患者 huànzhě [명]환자
皇帝 huángdì [명]황제
回应 huíyìng [동]응답하다
毁 huǐ [동]부수다
会见 huìjiàn [동]회견하다
会长 huìzhǎng [명]회장
绘画 huìhuà [동]그림을 그리다
昏 hūn [동]기절하다
混 hùn [동]섞다 [부]함부로;아무렇게나
混合 hùnhé [동]혼합하다
混乱 hùnluàn [형]혼란스럽다
活跃 huóyuè [형]활발하다 [동]활약하다
火箭 huǒjiàn [명]로켓
机动车 jīdòngchē [명]자동차
机关 jīguān [명]기관
机械 jīxiè [명]기계
基督教 Jīdūjiào [명]기독교
激情 jīqíng [명]열정
吉利 jílì [형]길하다
吉祥 jíxiáng [형]상서롭다
极端 jíduān [명]극단 [형]극단적인
急救 jíjiù [동]응급 치료를 하다
疾病 jíbìng [명]질병
集 jí [명]서책;집 [양]편
给予 jǐyǔ [동]주다
加盟 jiāméng [동]동맹이나 연맹에 가입하다
家电 jiādiàn [명]가전
家园 jiāyuán [명]집의 정원
嘉宾 jiābīn [명]귀한 손님
假日 jiàrì [명]휴일
尖 jiān [형]날카롭다
监测 jiāncè [동]모니터링하다;감독하다
监督 jiāndū [동]감독하다 [명]감독
捡 jiǎn [동]줍다
简介 jiǎnjiè [동]간단히 소개하다 [명]간단한 설명
剑 jiàn [명]검
鉴定 jiàndìng [동]감정하다 [명]평가서
箭 jiàn [명]화살
将军 jiāngjūn [명]장군
讲课 jiǎng//kè 강의하다
酱 jiàng [명]장
酱油 jiàngyóu [명]간장
骄傲 jiāo'ào [형]거만하다 [명]자랑
焦点 jiāodiǎn [명]초점
脚印 jiǎoyìn [명]발자국
觉 jiào [명]잠;수면
教堂 jiàotáng [명]교회
教育部 jiàoyùbù [명]교육부
接收 jiēshōu [동]받아들이다
揭 jiē [동]떼다/들추다
街头 jiētóu [명]길거리
节 jié [동]조절하다
节假日 jiéjiàrì [명]법정 공휴일과 휴일
节能 jiénéng [동]에너지를 절약하다
节奏 jiézòu [명]리듬
杰出 jiéchū [형]걸출하다
截止 jiézhǐ [동]마감하다
截至 jiézhì [동](시간적으로) …에 이르다
解 jiě [동]이해하다
解说 jiěshuō [동]해설하다
界 jiè [명]경계
界(文艺界) jiè(wényìjiè) [접미]계;분야(예술계)
借鉴 jièjiàn [동]참고로 하다
金额 jīn'é [명]금액
金钱 jīnqián [명]금전
金融 jīnróng [명]금융
尽 jìn [동]다하다 [부]전부
进攻 jìngōng [동]공격하다
近日 jìnrì [명]근래
近视 jìnshì [형]근시안적이다
惊人 jīngrén [형]사람을 놀라게 하다
惊喜 jīngxǐ [형]놀라며 기뻐하다 [명]놀람과 기쁨

精 jīng [형]정밀하다
精美 jīngměi [형]정교하고 아름답다
精品 jīngpǐn [명]정품;최상품
井 jǐng [명]우물
景 jǐng [명]경치
景点 jǐngdiǎn [명]명소
净 jìng [형]깨끗하다 [부]그저
纠纷 jiūfēn [명]다툼
纠正 jiūzhèng [동]교정하다
酒水 jiǔshuǐ [명]주류
救命 jiù//mìng 목숨을 구하다
救援 jiùyuán [동]구원하다
救助 jiùzhù [동]구조하다
就是说 jiùshìshuō 다시 말하면
就算 jiùsuàn [접]설령 …이라도
局 jú [양]한 판
剧 jù [명]연극
据 jù [개]근거하여
捐 juān [동]기부하다
捐款 juānkuǎn [명]기부금
捐赠 juānzèng [동]기증하다
捐助 juānzhù [동]재물을 기부하여 돕다
决策 juécè [동]방법(계책)을 결정하다 [명]결정;결정한 방법(계책)
觉悟 juéwù [동]깨닫다 [명]각오
绝 jué [형]막히다 [부]매우
绝大多数 jué dàduōshù 절대다수
军队 jūnduì [명]군대
军舰 jūnjiàn [명]군함
军事 jūnshì [명]군사;군대에 관한 일
开创 kāichuàng [동]개척하다
开关 kāiguān [명]스위치
开设 kāishè [동]개설하다
开通 kāitōng [동]개통하다
开头 kāitóu [명]최초
开夜车 kāiyèchē 밤새 일하다
看 kàn [동]지키다;돌보다
看管 kānguǎn [동]관리하다
看得见 kàndejiàn [동]볼 수 있다
看得起 kàndeqǐ [동]중시하다
看好 kànhǎo [동]전망이 밝다
看作 kànzuò [동]간주하다
康复 kāngfù [동]건강을 회복하다
抗议 kàngyì [동]항의하다
考场 kǎochǎng [명]시험장
考题 kǎotí [명]시험 문제
科研 kēyán [동]연구하다 [명]과학 연구
客车 kèchē [명]객차
肯 kěn [동]승낙하다
空军 kōngjūn [명]공군
口试 kǒushì [동]구술시험
扣 kòu [동](자물쇠를) 채우다
酷 kù [형]①몹시 심하다 ②쿨(cool)하다;멋있다
跨 kuà [동]뛰어넘다
快车 kuàichē [명]급행열차
宽阔 kuānkuò [형]①넓다 ②사치스럽다
矿 kuàng [명]광물
阔 kuò [형]넓다;광활하다
啦 la [조]了(·le)와 啊(·a)의 합음자로 두 자의 의미를 함께 가지고 있음
来往 láiwǎng [동]왕래하다
赖 lài [동]잡아떼다 [형]뻔뻔하다;좋지 않다
栏目 lánmù [명]항목
蓝领 lánlǐng [명]블루칼라;육체 노동자
蓝天 lán tiān 푸른 하늘
懒 lǎn [형]게으르다
牢 láo [형]견고하다
老乡 lǎoxiāng [명]동향인
冷气 lěngqì [명]냉기;냉방
冷水 lěngshuǐ [명]냉수
礼堂 lǐtáng [명]강당
理 lǐ [동]관리하다 [명]이치
理财 lǐ//cái 재테크하다
理智 lǐzhì [명]이지;이성과 지혜 [형]이지적이다

力(影响力) lì(yǐngxiǎnglì) [접미]능력(영향력)
利 lì [명]이익
联盟 liánméng [명]연맹
联赛 liánsài [명]리그전
联手 liánshǒu [동]연합하다
凉鞋 liángxié [명]샌들
两侧 liǎngcè [명]양측
两手 liǎngshǒu [명]솜씨
聊 liáo [동]한담하다
聊天儿 liáo//tiānr 한담하다
料 liào [동]①예측하다 ②관리하다
料 liào [명]재료
裂 liè [동]갈라지다
灵活 línghuó [형]민첩하다
领取 lǐngqǔ [동]수령하다
领袖 lǐngxiù [명]지도자
另 lìng [대]그 밖의 [부]따로
留言 liúyán [동]말을 남기다 [명]메모
流感 liúgǎn [명]유행성 감기
楼道 lóudào [명]복도
楼房 lóufáng [명]다층 건물
露 lòu [동]드러나다
陆军 lùjūn [명]육군
录像 lùxiàng [동]녹화하다 [명]녹화
录音机 lùyīnjī [명]녹음기
路过 lùguò [동]통과하다
露 lù [동]드러나다
旅店 lǚdiàn [명]여관
绿化 lǜhuà [동]녹화하다
马车 mǎchē [명]마차
嘛 ma [조]서술문 뒤에 쓰여 당연함을 나타냄
埋 mái [동]파묻다
馒头 mántou [명]찐빵
慢车 mànchē [명]완행열차
盲人 mángrén [명]맹인
梅花 méihuā [명]매화
美容 měiróng [동]미용하다
蒙 mēng [동]속이다;요행이다
蒙 méng [동]덮어쓰다
猛 měng [형]맹렬하다
棉 mián [명]면화
免得 miǎnde [접] …하지 않도록
面对面 miànduìmiàn 면대면으로
面向 miànxiàng [동]…의 쪽으로 향하다
妙 miào [형]미묘하다
灭 miè [동]불이 꺼지다
民歌 míngē [명]민가
民工 míngōng [명]잡부
民警 mínjǐng [명]인민 경찰
民意 mínyì [명]여론
民主 mínzhǔ [명]민주주의 [형]민주적이다
名额 míng'é [명]정원
名胜 míngshèng [명]명승지
名义 míngyì [명]명칭
名誉 míngyù [명]명예 [형]명예의
明日 míngrì [명]내일
命 mìng [명]생명;운명
膜 mó [명]막
磨 mó [동]갈다
没收 mòshōu [동]몰수하다
墨水 mòshuǐ [명]먹물
母 mǔ [형]암컷의 [명]어머니
母鸡 mǔjī [명]암탉
母女 mǔnǚ [명]모녀
母子 mǔzǐ [명]모자
墓 mù [명]무덤
拿走 názǒu 가져가다
奶粉 nǎifěn [명]분유
奶牛 nǎiniú [명]젖소
难忘 nánwàng [동]잊을 수 없다
内地 nèidì [명]내륙
内外 nèiwài [명]내외
内衣 nèiyī [명]속옷
能否 néngfǒu [동]…할 수 있을까?

泥 ní [명]진흙
扭 niǔ [동]비틀다
排行榜 páihángbǎng [명]순위 차트;랭킹
派出 pàichū 내보내다
判 pàn [동]판단하다
盼望 pànwàng [동]간절히 바라다
泡 pào [동]담그다 [명]거품
炮 pào [명]폭죽
陪同 péitóng [동]수행하다
配置 pèizhì [동]배치하다
皮球 píqiú [명]고무공
偏 piān [형]치우치다 [부]공교롭게
贫困 pínkùn [형]빈곤하다
品牌 pǐnpái [명]상표;브랜드
聘请 pìnqǐng [동]초빙하다
平凡 píngfán [형]평범하다
平方米 píngfāngmǐ [양]제곱미터
平衡 pínghéng [형]균형이 맞다
平台 píngtái [명]플랫폼(platform);환경
评 píng [동]비평하다
评选 píngxuǎn [동]심사하여 뽑다
屏幕 píngmù [명]스크린
坡 pō [명]비탈
扑 pū [동]뛰어들다
铺 pū [동]깔다
欺负 qīfu [동]얕보다
奇妙 qímiào [형]기묘하다
企图 qǐtú [동]기도하다 [명]기도;시도
起点 qǐdiǎn [명]기점
起诉 qǐsù [동]기소하다
气氛 qì·fēn [명] 분위기
恰当 qiàdàng [형]알맞다
恰好 qiàhǎo [부]마침
恰恰 qiàqià [부]바로
牵 qiān [동] 끌다
铅笔 qiānbǐ [명]연필
谦虚 qiānxū [형]겸허하다
前方 qiánfāng [명]앞
前来 qiánlái [동]다가오다
潜力 qiánlì [명]잠재력
强盗 qiángdào [명]강도
强化 qiánghuà [동]강화하다
强势 qiángshì [명]강세 [형]강력한;센
强壮 qiángzhuàng [형]강건하다 [동]강하게 하다
桥梁 qiáoliáng [명]교량
巧妙 qiǎomiào [형]교묘하다
茄子 qiézi [명]가지
切实 qièshí [형]확실하다
侵犯 qīnfàn [동]침범하다
亲属 qīnshǔ [명]친척
亲眼 qīnyǎn [부]직접
倾向 qīngxiàng [동]마음이 쏠리다 [명]경향
清 qīng [형]깨끗하다 [동]청소하다
清洁 qīngjié [형]청결하다
清洁工 qīngjiégōng [명]환경미화원
清明节 Qīngmíng Jié [명]청명절
清洗 qīngxǐ [동]깨끗하게 씻다
情绪 qíngxù [명]정서
求职 qiúzhí [동]일자리를 찾다
球拍 qiúpāi [명]라켓
球星 qiúxīng [명]스타플레이어(star player)
球员 qiúyuán [명]구기운동 선수
区分 qūfēn [동]구분하다
渠道 qúdào [명]방법;경로
取款 qǔkuǎn [동]예금을 인출하다
取款机 qǔkuǎnjī [명]현금인출기
去掉 qùdiào 없애다
权 quán [명]유리한 형세;권세
权力 quánlì [명]권력
全力 quánlì [명]전력
全新 quánxīn [형]완전히 새롭다
券 quàn [명]표
缺陷 quēxiàn [명]결함
却是 quèshì 알고 보니 …이다

让座 ràng//zuò 좌석을 양보하다
热点 rèdiǎn [명]이슈(issue)
热水 rèshuǐ [명]온수
热水器 rèshuǐqì [명]온수기
热线 rèxiàn [명]핫라인(hot line);인기 노선
人权 rénquán [명]인권
认同 rèntóng [동]인정하다
日夜 rìyè [명]밤낮
日语 Rìyǔ [명]일본어
融合 rónghé [동]융합하다
融入 róngrù 융합되다
如 rú [동]…와 같다 [접]만일
如一 rúyī [동]일치하다
乳制品 rǔzhìpǐn [명]유제품
入 rù [동]들다
入学 rù//xué 입학하다
若 ruò [접]만약 …이라면
塞 sāi [동]막다
赛 sài [동]시합하다
赛场 sàichǎng [명]경기장
三明治 sānmíngzhì [명]샌드위치
丧失 sàngshī [동]상실하다
山峰 shānfēng [명]산봉우리
山谷 shāngǔ [명]산골짜기
山坡 shānpō [명]산비탈
伤口 shāngkǒu [명]상처
伤亡 shāngwáng [동]사상하다 [명]사상자
伤员 shāngyuán [명]부상자
商城 shāngchéng [명]대형 쇼핑몰
上当 shàng//dàng 속다
上帝 Shàngdì [명]하느님
上市 shàng//shì 출시되다
上台 shàng//tái 무대에 오르다
上演 shàngyǎn [동]공연하다
勺 sháo [명]국자
少儿 shào'ér [명]소아
舌头 shétou [명]혀
设计师 shèjìshī [명]디자이너
涉及 shèjí [동]관련되다
深化 shēnhuà [동]심화하다
深深 shēnshēn 깊다
审查 shěnchá [동]심사하다
升级 shēng//jí 승급하다;업그레이드하다
升学 shēng//xué 진학하다
升值 shēngzhí [동]가치가 오르다
生活费 shēnghuófèi [명]생활비
省钱 shěng//qián 돈을 절약하다
圣诞节 Shèngdàn Jié [명]성탄절;크리스마스(Christmas)
盛行 shèngxíng [동]성행하다
师父 shīfu [명]사부
师生 shīshēng [명]사제
时而 shí'ér [부]때때로
时节 shíjié [명]계절
时期 shíqī [명]시기
时时 shíshí [부]항상
时装 shízhuāng [명]패션(fashion)
识 shí [동]알다
识字 shí//zì 글자를 알다
实践 shíjiàn [동]실천하다 [명]실천
食欲 shíyù [명]식욕
市民 shìmín [명]시민
事后 shìhòu [명]사후
试点 shìdiǎn [동]시험 삼아 해 보다 [명]시행
适当 shìdàng [형]적당하다
收藏 shōucáng [동]수집 보관하다
收取 shōuqǔ [동]받다
收养 shōuyǎng [동]입양하다
手续费 shǒuxùfèi [명]수속비
首 shǒu [명]머리
首次 shǒucì 최초
首脑 shǒunǎo [명]수뇌;지도자
首席 shǒuxí [명]수석;상석 [형]수석의
首相 shǒuxiàng [명]수상

书房 shūfáng [명]서재
薯片 shǔpiàn [명]감자칩
薯条 shǔtiáo [명]감자튀김
双打 shuāngdǎ [명]복식
爽 shuǎng [형]상쾌하다
水泥 shuǐní [명]시멘트
税 shuì [명]세금
顺 shùn [형]순조롭다 [동]같은 방향으로 향하다 [개]하는 김에
说明书 shuōmíngshū [명]설명서
说实话 shuō shíhuà 솔직히 말하다
司长 sīzhǎng [명]국장
死亡 sǐwáng [동]사망하다
四处 sìchù [명]사방
寺 sì [명]사찰
送礼 sòng//lǐ 선물을 보내다
送行 sòng//xíng 배웅하다
素质 sùzhì [명]소양
算了 suànle [동]됐다
算是 suànshì [부]겨우
虽 suī [접]비록 …하지만
岁数 suìshu [명]나이
所 suǒ [조]…하게 되다
踏实 tāshi [형]마음이 놓이다
塔 tǎ [명]탑
踏 tà [동]밟다
台灯 táidēng [명]탁상용 전등
太阳能 tàiyángnéng [명]태양 에너지
叹气 tàn//qì 한숨 쉬다
探索 tànsuǒ [동]탐색하다
探讨 tàntǎo [동]연구 토론하다
趟 tàng [양]차례;번
掏 tāo [동]꺼내다
特 tè [부]특히
特大 tèdà [형]특대의
特地 tèdì [부]특별히
特快 tèkuài [형]특급의
特意 tèyì [부]특별히;일부러
疼痛 téngtòng [형]아프다
踢 tī [동]차다
提交 tíjiāo [동]제출하다
提升 tíshēng [동]끌어올리다
天然 tiānrán [형]자연의
天堂 tiāntáng [명]천당
天下 tiānxià [명]천하
添 tiān [동]보태다
田 tián [명]밭
田径 tiánjìng [명]육상 경기
跳水 tiàoshuǐ [동]물에 뛰어들다
听取 tīngqǔ [동]청취하다
通报 tōngbào [동]알려 주다 [명]통보서
通道 tōngdào [명]통로
通红 tōnghóng [형]새빨갛다
通话 tōng//huà 통화하다
通行 tōngxíng [동]통행하다;통용되다
通讯 tōngxùn [명]통신
同 tóng [형]같다 [부]함께 [개]…와
同胞 tóngbāo [명]동포
同行 tóngháng [명]동업자
同期 tóngqī [명]같은 시기
同一 tóngyī [형]동일하다
铜牌 tóngpái [명]동메달
头疼 tóuténg [형]머리가 아프다
投票 tóu//piào 투표하다
透露 tòulù [동]드러내다
图书 túshū [명]서적
徒弟 tú·dì [명]제자
途径 tújìng [명]경로
土 tǔ [형]토속적이다
团队 tuánduì [명]단체
推出 tuīchū [동]내놓다
退票 tuì//piào 표를 환불하다
吞 tūn [동]삼키다
托 tuō [동]의지하다

拖 tuō [동]끌다
拖鞋 tuōxié [명]슬리퍼
挖 wā [동]파다
娃娃 wáwa [명]인형
哇 wa [조]'啊(ā)'가 앞 음절의 운미 'u·ou·ao'의 영향을 받아 발음이 달라짐에 따라 다르게 쓴 글자
外币 wàibì [명]외화
外部 wàibù [명]외부
外出 wàichū [동]외출하다
外观 wàiguān [명]외관
外科 wàikē [명]외과
外来 wàilái [형]외래의
外头 wàitou [명]밖
外衣 wàiyī [명]겉옷
外资 wàizī [명]외국자본
弯曲 wānqū [형]구불구불하다
顽皮 wánpí [형]장난이 심하다
顽强 wánqiáng [형]완강하다
王后 wánghòu [명]왕후
王子 wángzǐ [명]왕자
网吧 wǎngbā [명]PC방
网页 wǎngyè [명]인터넷 홈페이지
往后 wǎnghòu [명]향후;앞으로
往来 wǎnglái [동]왕래하다
往年 wǎngnián [명]왕년
望见 wàng·jiàn 멀리 바라보다
危机 wēijī [명]위기
威胁 wēixié [동]위협하다
微波炉 wēibōlú [명]전자레인지
维生素 wéishēngsù [명]비타민
为此 wèicǐ [접]이로 인해;이를 위해
为何 wèihé [부]왜
文娱 wényú [명]문화 오락
卧铺 wòpù [명]침대
乌云 wūyún [명]먹구름
无边 wúbiān [동]끝없다
无关 wúguān [동]무관하다
无效 wúxiào [동]효과가 없다
舞蹈 wǔdǎo [명]춤
物品 wùpǐn [명]물품
误 wù [동]틀리다
西班牙语 Xībānyáyǔ [명]스페인어
吸毒 xī//dú 마약을 하다
牺牲 xīshēng [동]희생하다 [명]희생
洗衣粉 xǐyīfěn [명]세제
戏曲 xìqǔ [명]희곡
细胞 xìbāo [명]세포
细菌 xìjūn [명]세균
先锋 xiānfēng [명]선봉
嫌 xián [동]싫어하다
显出 xiǎnchū 밝게 드러나다
险 xiǎn [형]험하다
线路 xiànlù [명]노선;코스
陷入 xiànrù [동]빠지다
响声 xiǎngshēng [명]소리
想不到 xiǎngbudào [동]미처 생각하지 못하다
消耗 xiāohào [동]소모하다 [명]소모
消灭 xiāomiè [동]소멸하다
小费 xiǎofèi [명]팁
小麦 xiǎomài [명]밀
小于 xiǎoyú [동]…보다 작다
晓得 xiǎode [동]알다
笑脸 xiàoliǎn [명]웃는 얼굴
笑容 xiàoróng [명]웃는 얼굴(모습)
笑声 xiàoshēng [명]웃음소리
协会 xiéhuì [명]협회
协商 xiéshāng [동]협상하다
协调 xiétiáo [동]협조하다 [형]조화로운
协助 xiézhù [동]협조하다
写字楼 xiězìlóu [명]오피스 빌딩;사무동
写字台 xiězìtái [명]사무용 테이블
心灵 xīnlíng [명]영혼;마음
心愿 xīnyuàn [명]염원
心脏 xīnzàng [명]심장

心脏病 xīnzàngbìng [명]심장병
新人 xīnrén [명]신인
新兴 xīnxīng [형]신흥의
薪水 xīnshui [명]봉급
信仰 xìnyǎng [동]믿고 따르다
信用 xìnyòng [명]신용
兴旺 xīngwàng [형]번창하다
行程 xíngchéng [명]여정;진행 과정
形 xíng [명]형체
凶 xiōng [형]흉악하다
凶手 xiōngshǒu [명]살인자
修车 xiū chē 차를 수리하다
袖珍 xiùzhēn [형]소형의
悬 xuán [동]매달리다
旋转 xuánzhuǎn [동]회전하다
选拔 xuǎnbá [동]선발하다
选举 xuǎnjǔ [동]선출하다 [명]선거
学会 xuéhuì [명]학회
学员 xuéyuán [명]수강생
血管 xuèguǎn [명]혈관
血液 xuèyè [명]혈액
循环 xúnhuán [동]순환하다
压迫 yāpò [동]압박
烟花 yānhuā [명]불꽃놀이;폭죽
沿 yán [개]…를 따라
沿海 yánhǎi [명]연해
沿着 yánzhe …을 따라서
研发 yánfā [동]연구 개발하다
眼看 yǎnkàn [동]눈으로 보다 [부]곧
演奏 yǎnzòu [동]연주하다
宴会 yànhuì [명]연회
洋 yáng [형]성대하다
仰 yǎng [동]우러러보다
养老 yǎng//lǎo 노인을 봉양하다
氧气 yǎngqì [명]산소
样 yàng [명]모양;본보기 [양]종류
药品 yàopǐn [명]약품

要不然 yàobùrán [접]그렇지 않으면
要好 yàohǎo [형]사이가 좋다
要么 yàome [접]…하든지 …하든지
要素 yàosù [명]요소
野 yě [형]야생의
野生 yěshēng [형]야생의
医药 yīyào [명]의약
依次 yīcì [부]순서에 따라
依赖 yīlài [동]의지하다
一次性 yícìxìng [형]일회용
一代 yídài [명]한 세대
一道 yídào [부]같이
一贯 yíguàn [형]일관되다
一路上 yílù shang (일정) 내내
仪器 yíqì [명]측정기
仪式 yíshì [명]의식
遗憾 yíhàn [형]유감스럽다 [명]유감
一番 yìfān 한바탕
一模一样 yìmú-yíyàng 모양이 완전히 같다
一齐 yìqí [부]일제히
一时 yìshí [명]한때 [부]때로는 …(하고) 때로는 …(하다)
一同 yìtóng [부]함께
一行 yìxíng [명]일행
艺人 yìrén [명]연예인
议题 yìtí [명] 의제
异常 yìcháng [형] 이상하다 [부]대단히
意想不到 yìxiǎngbú dào 예기치 못하다
意愿 yìyuàn [명]소원
因 yīn [개]…에 의하여 [접]… 때문에
因素 yīnsù [명]요소;원인
阴谋 yīnmóu [명]음모
阴影 yīnyǐng [명]그림자
音量 yīnliàng [명]음량
音像 yīnxiàng [명]녹음과 녹화
隐藏 yǐncáng [동]숨기다
隐私 yǐnsī [명]사생활;프라이버시(privacy)

印 yìn [동]찍다
英雄 yīngxióng [명]영웅
迎来 yínglái 맞이하다
影迷 yǐngmí [명]영화팬
影星 yǐngxīng [명]영화배우
应对 yìngduì [동]대처하다
应急 yìng//jí 응급조치하다
用处 yòngchù [명]용도
用得着 yòngdezháo [동]쓸모 있다
用法 yòngfǎ [명]용법
用品 yòngpǐn [명]용품
用心 yòngxīn [명]의도
优质 yōuzhì [형]품질이 우수한
游人 yóurén [명]여행객
游玩 yóuwán [동]놀다
游戏机 yóuxìjī [명]게임기
游行 yóuxíng [동]퍼레이드하다;시위하다
有关 yǒuguān [동]관련이 있다
有没有 yǒu méiyǒu 있나요?(있나요, 없나요?)
有事 yǒushì [동]일이 일어나다
于 yú [개]…에
娱乐 yúlè [동]즐겁게 하다 [명]오락
愉快 yúkuài [형]유쾌하다
与 yǔ [개]…과(와) [접]…과(와)
宇航员 yǔhángyuán [명]우주 비행사
雨衣 yǔyī [명]비옷
预约 yùyuē [동]예약하다
元素 yuánsù [명]원소;요소
园 yuán [명]①밭 ②공공장소
园地 yuándì [명]경작지의 총칭;분야
原 yuán [형]원래의
原告 yuángào [명]원고
原谅 yuánliàng [동]용서하다
圆珠笔 yuánzhūbǐ [명]볼펜
援助 yuánzhù [동]원조하다
缘故 yuángù [명]원인;까닭
远方 yuǎnfāng [명]먼 곳
远离 yuǎnlí [동]멀리 떠나다
远远 yuǎnyuǎn 멀리;몹시
约定 yuēdìng [동]약속하다
乐曲 yuèqǔ [명]악곡
晕 yūn [동]기절하다 [형]어지럽다
允许 yǔnxǔ [동]허락하다
运作 yùnzuò [동]운행하다
晕车 yùn//chē 차멀미하다
杂 zá [형]잡다하다
再生 zàishēng [동]재생하다
再说 zàishuō [동]다시 한번 말하다 [접]게다가
遭到 zāodào 당하다
遭受 zāoshòu [동]당하다
遭遇 zāoyù [동]조우하다 [명]불행한 운명;처지
早晚 zǎowǎn [명]아침저녁 [부]조만간
增进 zēngjìn [동]증진하다
增值 zēngzhí [동]가격이 오르다
扎 zhā [동]찌르다
扎实 zhāshi [형]견실하다
炸 zhà [동]터지다
炸弹 zhàdàn [명]폭탄
炸药 zhàyào [명]폭약
债 zhài [명]부채
占据 zhànjù [동]점거하다
战场 zhànchǎng [명]전쟁터
战略 zhànlüè [명]전략
战术 zhànshù [명]전술
战友 zhànyǒu [명]전우
站台 zhàntái [명]플랫폼(platform)
章 zhāng [양]단락
长(秘书长) zhǎng(mìshūzhǎng) [접미]우두머리(비서장)
掌声 zhǎngshēng [명]박수 소리
账 zhàng [명]장부
账户 zhànghù [명]계좌
涨 zhàng [동]팽창하다
障碍 zhàng'ài [명]장애(물) [동]방해하다

招 zhāo [동]손짓하다
招聘 zhāopìn [동]초빙하다
照样 zhàoyàng [부]여전히
照耀 zhàoyào [동]밝게 비추다
哲学 zhéxué [명]철학
这就是说 zhè jiùshì shuō 즉;말하자면
镇 zhèn [동]진정시키다 [명](군대의) 주둔지;읍내
争夺 zhēngduó [동]쟁탈하다
整顿 zhěngdùn [동]정돈하다
整治 zhěngzhì [동]손질하다
正当 zhèngdàng [형]올바르다
政策 zhèngcè [명]정책
政党 zhèngdǎng [명]정당
政权 zhèngquán [명]정권
症状 zhèngzhuàng [명]증상
之类 zhīlèi [명]…와 같은 것;따위
支撑 zhīchēng [동]버티다
支援 zhīyuán [동]지원하다 [명]지원
枝 zhī [명]가지 [양]자루
知名 zhīmíng [형]저명하다
织 zhī [동]방직하다
直升机 zhíshēngjī [명]헬리콥터
职责 zhízé [명]직책
止 zhǐ [동]정지하다
只得 zhǐdé [부]부득이
只顾 zhǐgù [부]오로지
只管 zhǐguǎn [부]얼마든지
指定 zhǐdìng [동]지정하다
指数 zhǐshù [명]지수
指头 zhǐtou [명]손가락
指着 zhǐzhe 가리키다
至于 zhìyú [동]…의 정도에 이르다 [개]…에 관해서는
治病 zhì//bìng 병을 고치다
智慧 zhìhuì [명]지혜
中等 zhōngděng [형]중등의
中华 Zhōnghuá [명]중국;중화
中期 zhōngqī [명]중간 기간
中外 zhōngwài [명]중국과 외국
忠心 zhōngxīn [명]충심
钟头 zhōngtóu [명]시간
肿 zhǒng [동]붓다
种种 zhǒngzhǒng [대]여러 가지
粥 zhōu [명]죽
珠宝 zhūbǎo [명]보석
诸位 zhūwèi [대]여러분
主持人 zhǔchírén [명]사회자
主角 zhǔjué [명]주인공
主流 zhǔliú [명]주류
煮 zhǔ [동]끓이다
住宅 zhùzhái [명]주택
驻 zhù [동]머무르다
柱子 zhùzi [명]기둥
祝愿 zhùyuàn [동]축원하다
专用 zhuānyòng [동]전용하다
转 zhuàn [동]돌다
转动 zhuǎndòng [동]돌리다
赚 zhuàn [동]벌다
赚钱 zhuàn//qián 돈을 벌다
装备 zhuāngbèi [동]갖추다 [명]장비
壮观 zhuàngguān [형]장관이다 [명]장관
追究 zhuījiū [동]추궁하다
捉 zhuō [동]붙잡다
咨询 zīxún [동]자문하다
自来水 zìláishuǐ [명]수돗물
自我 zìwǒ [대]자기 자신
自学 zìxué [동]독학하다
自言自语 zìyán-zìyǔ 혼잣말을 하다
自在 zìzài [형]자유롭다
宗教 zōngjiào [명]종교
总部 zǒngbù [명]본부
总监 zǒngjiān [명]총감독
总经理 zǒngjīnglǐ [명]최고 경영자(CEO)
总量 zǒngliàng [명]총량

走私 zǒu//sī 밀수하다
奏 zòu [동]연주하다
租金 zūjīn [명]임대료
足 zú [형]풍요롭다 [부]충분히
足以 zúyǐ [동]…하기에 족하다
族 zú [명]종족
族（上班族） zú(shàngbānzú) [접미]무리(직장인)
祖父 zǔfù [명]조부
祖国 zǔguó [명]조국
祖母 zǔmǔ [명]조모
钻 zuān [동]뚫다
最佳 zuìjiā [형]최고의
最终 zuìzhōng [명]최종
罪 zuì [명]죄
罪恶 zuì'è [명]죄악
作 zuò [동]①만들다 ②하다
作废 zuòfèi [동]폐기하다
作战 zuòzhàn [동]싸우다
座谈会 zuòtánhuì [명]좌담회

6.7 7-9급 어휘표

阿拉伯语 Ālābóyǔ [명]아랍어
哎 āi [감]에이
哎呀 āiyā [감]아이고
哀求 āiqiú [동]애원하다
挨家挨户 āijiā-āihù 집집마다
癌 ái [명]암
癌症 áizhèng [명]암
艾滋病 àizībìng [명]에이즈(AIDS)
唉 ài [감]아이참
爱不释手 àibúshìshǒu 애지중지하다
爱理不理 àilǐ-bùlǐ 본체만체하다
爱面子 àimiànzi 체면을 차리다
爱惜 àixī [동]아끼다
碍事 ài//shì ①방해가 되다 ②괜찮지 않다
安定 āndìng [형]안정되다 [동]안정시키다
安抚 ānfǔ [동]위로하다
安眠药 ānmiányào [명]수면제
安宁 ānníng [형]편안하다
安稳 ānwěn [형]안정되다
安心 ānxīn [형]안심하다
安逸 ānyì [형]안일하다
按键 ànjiàn [명]버튼
按理说 ànlǐ shuō 이치상으로는
按说 ànshuō [부]이치대로라면;사실상
案件 ànjiàn [명]안건
暗地里 àndì·li [명]암암리에
暗杀 ànshā [동]암살하다
暗中 ànzhōng [명]어둠 속
昂贵 ángguì [형]매우 비싸다
凹 āo [형]오목하다
熬 áo [동]①오랫동안 끓이다 ②참다
熬夜 áo//yè 밤을 새다
傲 ào [형]거만하다
傲慢 àomàn [형]오만하다
奥秘 àomì [명]신비
奥运会 Àoyùnhuì [명]올림픽 대회
八卦 bāguà [명]①운세 ②가십(gossip)
巴不得 bābu·de [동]간절히 바라다
扒 bā [동]파다
芭蕾 bālěi [명]발레
把柄 bǎbǐng [명]약점
把关 bǎ//guān ①관문을 지키다 ②검사하다
把手 bǎshou [명]손잡이
靶子 bǎzi [명]목표물
坝 bà [명]댐
罢免 bàmiǎn [동]파면하다

罢休 bàxiū [동]그만두다
霸占 bàzhàn [동]강제로 점유하다
掰 bāi [동]쪼개다
白白 báibái [부]쓸데없이
百分比 bǎifēnbǐ [명]백분율;퍼센티지(percentage)
百合 bǎihé [명]백합
百科全书 bǎikē quánshū 백과사전
柏树 bǎishù [명]측백나무
摆放 bǎifàng [동]놓다
摆平 bǎi//píng ①똑바로 놓다 ②해결하다
摆设 bǎishe [명]장식품
拜会 bàihuì [동]방문하다;회견하다
拜见 bàijiàn [동]찾아뵙다
拜年 bài//nián 세배하다;새해 인사를 드리다
拜托 bàituō [동](경어) 부탁드리다
扳 bān [동]돌리다;젖히다
颁布 bānbù [동]반포하다
颁发 bānfā [동]공포하다
颁奖 bān//jiǎng 시상하다
斑点 bāndiǎn [명]반점
搬迁 bānqiān [동]옮기다
板块 bǎnkuài [명]①플레이트(plate);판 ② 분야
办不到 bàn bu dào 처리해 낼 수 없다
半边天 bànbiāntiān [명]반쪽 하늘
半场 bànchǎng [명]절반
半岛 bàndǎo [명]반도
半路 bànlù [명]중도
半数 bànshù [명]절반
半途而废 bàntú'érfèi 중도에 그만두다
半信半疑 bànxìn-bànyí 반신반의하다
半真半假 bànzhēn-bànjiǎ 완전 진실이 아니다
扮 bàn [동]꾸미다;분장하다
伴 bàn [동]동반하다 [명]동반자
伴侣 bànlǚ [명]반려(자)
伴随 bànsuí [동]함께하다
伴奏 bànzòu [동]반주하다
拌 bàn [동]섞다
帮手 bāngshou [명]조력자
绑 bǎng [동]묶다
绑架 bǎngjià [동]납치하다
榜样 bǎngyàng [명]본보기
棒球 bàngqiú [명]야구(공)
磅 bàng [양]파운드(pound) [명]앉은뱅이 저울
包袱 bāofu [명]보따리
包容 bāoróng [동]포용하다
包扎 bāozā [동]싸매다
剥 bāo [동]벗기다
煲 bāo [명]솥 [동]천천히 끓이다
饱和 bǎohé [동]포화 상태에 이르다
饱满 bǎomǎn [형]알차다
宝库 bǎokù [명]①보고 ②보물창고
宝藏 bǎozàng [명]보배
保管 bǎoguǎn [동]보관하다 [명]보관인
保姆 bǎomǔ [명]가사도우미
保暖 bǎo//nuǎn 보온하다
保鲜 bǎoxiān [동]신선도를 유지하다
保修 bǎoxiū [동]정비하다
保佑 bǎoyòu [동]보우하다
保障 bǎozhàng [동]보장하다 [명]보장
保质期 bǎozhìqī [명]품질보증기간;유통기한
保重 bǎozhòng [동]건강에 주의하다
堡垒 bǎolěi [명]보루
报 bào [동]①갚다 ②알리다
报仇 bào//chóu 복수하다
报酬 bàochou [명]보수
报废 bào//fèi 폐기하다
报复 bào·fù [동]보복하다
报社 bàoshè [명]신문사
报亭 bàotíng [명]신문·잡지 가판점
报销 bàoxiāo [동]청구하다
抱负 bàofù [명]포부
豹 bào [명]표범
暴风骤雨 bàofēng-zhòuyǔ 사나운 비바람
暴利 bàolì [명]폭리

暴躁 bàozào [형]성격이 급하고 충동적이다;욱하다
曝光 bào//guāng ①노출하다 ②폭로되다
爆冷门 bào lěngmén 의외의 결과가 나타나다
爆满 bàomǎn [동]꽉 들어차다
爆竹 bàozhú [명]폭죽
卑鄙 bēibǐ [형]비열하다
悲哀 bēi'āi [형]슬프고 서럽다
悲观 bēiguān [형]비관적이다
悲欢离合 bēihuān-líhé 슬픔과 기쁨, 이별과 만남
悲痛 bēitòng [형]비통하다
碑 bēi [명]비석
贝壳 bèiké [명]조개껍데기
备课 bèi//kè (교사가) 수업 준비하다
备受 bèishòu [동]겪을 대로 다 겪다
备用 bèiyòng [동]예비로 두다
背面 bèimiàn [명]뒷면
背叛 bèipàn [동]배반하다
背诵 bèisòng [동]외우다
被捕 bèibǔ [동]체포되다
奔波 bēnbō [동]바삐 뛰어다니다
奔赴 bēnfù [동]달려가다
本分 běnfèn [명]본분 [형]분수를 지키다
本能 běnnéng [명]본능
本钱 běnqián [명]본전
本色 běnsè [명]본색
本性 běnxìng [명]본성
本意 běnyì [명]본의
本着 běnzhe [개]…에 따라서
奔 bèn [형]멍청하다
笨蛋 bèndàn [명]바보
笨重 bènzhòng [형]①육중하다 ②우둔하다
崩溃 bēngkuì [동]붕괴하다
绷 bēng [동]팽팽하게 당기다
绷带 bēngdài [명]붕대
蹦 bèng [동]①뛰다 ②튀어 오르다
逼近 bījìn [동]가까이 다가오다
逼迫 bīpò [동]핍박하다
逼真 bīzhēn [형]진짜 같다
鼻涕 bítì [명]콧물
比比皆是 bǐbǐ-jiēshì 비일비재하다
比不上 bǐ bu shàng 비교할 수가 없다
比起 bǐqǐ …보다
比试 bǐshi [동]겨루다
比喻 bǐyù [명]비유 [동]비유하다
鄙视 bǐshì [동]경멸하다
必不可少 bìbùkěshǎo 없어서는 안 된다
必定 bìdìng [부]반드시
碧绿 bìlǜ [형]짙푸르다
弊病 bìbìng [명]폐단
弊端 bìduān [명]폐단
壁画 bìhuà [명]벽화
避难 bì//nàn 피난하다
避暑 bì//shǔ 피서하다
边疆 biānjiāng [명]변방;국경 지대
边界 biānjiè [명]국경;경계
边远 biānyuǎn [형]국경에 가까운;변방의
编号 biānhào [명]일련번호
编剧 biānjù [명]각본가
编排 biānpái [동]배열하다
编写 biānxiě [동]집필하다
编造 biānzào [동]①조작하다 ②만들다
鞭策 biāncè [동]채찍질하다
鞭炮 biānpào [명]폭죽
贬值 biǎnzhí [동]화폐 가치가 떨어지다
变革 biàngé [동]변혁하다
变幻莫测 biànhuàn-mòcè 끊임없이 달라져서 종잡을 수가 없다
变迁 biànqiān [동]변천하다 [명]변천
变异 biànyì [동]변이하다
变质 biàn//zhì 변질하다
便道 biàndào [명]①인도 ②지름길
便饭 biànfàn [명]간단한 식사
便捷 biànjié [형]간편하다
便利店 biànlìdiàn [명]편의점

遍布 biànbù [동]널리 퍼져 있다
辨别 biànbié [동]판별하다
辨认 biànrèn [동]식별하다
辩 biàn [동]변론하다
辩护 biànhù [동]변호하다
辩解 biànjiě [동]해명하다
辫子 biànzi [명]변발
标 biāo [동]표시하다
标榜 biāobǎng [동]표방하다
标本 biāoběn [명]표본
标签 biāoqiān [명]라벨;태그
标示 biāoshì [동]표시하다
标语 biāoyǔ [명]표어
标致 biāo·zhì [형]아름답다
飙升 biāoshēng [동]급격히 오르다
表白 biǎobái [동]표명하다
表决 biǎojué [동]표결하다
表述 biǎoshù [동]설명하다;표현하다
表率 biǎoshuài 모범
表态 biǎo//tài 태도를 표명하다
表彰 biǎozhāng [동]표창하다
憋 biē [동]참다 [형]답답하다
别具匠心 biéjù-jiàngxīn 독창성을 가지고 있다
别看 biékàn [접]비록…지만
别墅 biéshù [명]별장
别说 biéshuō [접]…는 말할 것도 없고
别提了 biétí le 말도 마라
别致 biézhì [형]색다르다
别扭 bièniu [형]어색하다
彬彬有礼 bīnbīn-yǒulǐ 품위가 있고 예의 바르다
滨海 bīnhǎi 빈하이(천진시 동부 연해 지구)
缤纷 bīnfēn [형]①난잡하다 ②화려하다;찬란하다
冰棍儿 bīnggùnr [명]아이스바
冰山 bīngshān [명]빙산
丙 bǐng [명]병(천간의 셋째)
秉承 bǐngchéng [동]받들다
并非 bìngfēi [동]결코…이 아니다
并购 bìnggòu [동]인수 합병하다
并列 bìngliè [동]병렬하다
并行 bìngxíng [동]병행하다
病床 bìngchuáng [명]병상
病症 bìngzhèng [명]질병
拨 bō [동]밀어 움직이다;젓히다
拨款 bōkuǎn [명]지출금
拨通 bōtōng 통화가 연결되다
波及 bōjí [동]파급되다
波澜 bōlán [명]①물결 ②파란;우발 사건
波涛 bōtāo [명]파도
波折 bōzhé [명]우여곡절
剥夺 bōduó [동]박탈하다
剥削 bōxuē [동]착취하다 [명]착취
伯伯 bóbo [명]큰아버지
伯父 bófù [명]큰아버지
伯母 bómǔ [명]큰어머니
驳回 bóhuí [동]①반박하다 ②기각하다
脖子 bózi [명]목
搏斗 bódòu [동]격투하다
不定 búdìng [형]불확실하다 [부]정해지지 않았다
不见得 bújiàn·dé [부]꼭 그렇지는 않다
不利于 búlì yú 이롭지 않다
不慎 búshèn [형]부주의하다
不适 búshì [형]불편하다
不算 bú suàn ①…한 편은 아니다 ②계산하지 않다
不像话 búxiànghuà [형]말이 안 되다
不屑 búxiè [동]…할 가치가 없다고 여기다
不懈 búxiè [형]게으르지 않다
不亚于 búyàyú [동]…에 뒤지지 않다
不亦乐乎 búyìlèhū 대단히 기쁘다
不翼而飞 búyì'érfēi 빠른 속도로 퍼지다
不用说 búyòngshuō 말할 것도 없다
不正之风 búzhèngzhīfēng 올바르지 못한 기풍
补给 bǔjǐ [동]보급하다 [명]보급품
补救 bǔjiù [동]①구제하다 ②보완하다
捕捉 bǔzhuō [동]포착하다

哺育 bǔyù [동]양육하다
不耻下问 bùchǐ-xiàwèn 자기보다 못한 사람에게 모르는 것을 묻는 일을 부끄러워하지 아니하다
不辞而别 bùcí'érbié 말없이 떠나다
不得而知 bùdé'érzhī 알 수가 없다
不得已 bùdéyǐ [형]부득이 하다
不妨 bùfáng [부]괜찮다
不服 bùfú [동]불복하다
不服气 bù fúqì 마음으로 인정하지 않다
不假思索 bùjiǎ-sīsuǒ 생각할 필요가 없다
不解 bùjiě [동]이해 못 하다
不经意 bùjīngyì [동]조심하지 않다
不景气 bùjǐngqì [형]불경기의
不堪 bùkān [동]참을 수 없다 [형]몹시 나쁘다
不可避免 bùkě-bìmiǎn 피할 수 없다
不可思议 bùkě-sīyì 불가사의하다
不肯 bù kěn …하려고 하지 않다
不理 bù lǐ 상대하지 않다
不了了之 bùliǎo-liǎozhī 흐지부지되다
不难 bù nán 어렵지 않다
不平 bùpíng [형]불공평하다 [명]불공평한 일
不起眼 bùqǐyǎn 주의를 끌지 못하다
不容 bùróng [동]용납하지 않다
不如说 bùrú shuō …한 편이 낫다
不同寻常 bùtóng-xúncháng 보통과 다르다
不为人知 bùwéirénzhī 알려지지 않다
不惜 bùxī [동]아끼지 않다
不相上下 bùxiāng-shàngxià 막상막하이다
不宜 bùyí [동]적합하지 않다
不已 bùyǐ [동]그치지 않다
不以为然 bùyǐwéirán 옳다고 생각하지 않다
不由得 bùyóude [동]…하지 않을 수 없다 [부]저절로
不由自主 bùyóuzìzhǔ 제 생각대로 할 수가 없다;저절로
不予 bù yǔ …하지 않다
不约而同 bùyuē'értóng 약속이나 한 듯 일치하다
不知 bùzhī [동]모르다
不知不觉 bùzhī-bùjué 자신도 모르는 사이
不准 bù zhǔn 정확하지 않다
布局 bùjú [명]배치 [동]전반적으로 배치하다
步伐 bùfá [명]발걸음
步入 bùrù [동]들어가다
步骤 bùzhòu [명]절차
部件 bùjiàn [명]부품
部署 bùshǔ [동]배치하다
猜谜 cāi//mí 수수께끼를 풀다
猜想 cāixiǎng [동]추측하다
才华 cáihuá [명]재능
财经 cáijīng [명]재경
财力 cáilì [명]재력
财务 cáiwù [명]재무
财物 cáiwù [명]재물
财政 cáizhèng [명]재정
裁 cái [동]재단하다
裁定 cáidìng [동]심사하여 결정하다
裁决 cáijué [동]재결하다
采 cǎi [동]①고르다 ②모으다
采集 cǎijí [동]채집하다
采矿 cǎi//kuàng 채광하다
彩电 cǎidiàn [명]컬러TV
彩虹 cǎihóng [명]무지개
彩霞 cǎixiá [명]아름다운 노을
菜市场 càishìchǎng [명]채소 시장
参见 cānjiàn [동]…를 참조하다
参军 cān//jūn 입대하다
参谋 cānmóu [동]조언하다 [명]①참모 ②카운슬러
参照 cānzhào [동]참조하다
餐桌 cānzhuō [명]식탁
残 cán [동]못쓰게 만들다
残留 cánliú [동]잔류하다
残缺 cánquē [동]불완전하다
残忍 cánrěn [형]잔인하다
惭愧 cánkuì [형]부끄럽다
惨白 cǎnbái [형]창백하다

惨痛 cǎntòng [형]비통하다
惨重 cǎnzhòng [형]극심하다
灿烂 cànlàn [형]찬란하다
苍蝇 cāngying [명]파리
蚕桑 cānsāng [명]누에와 뽕나무
舱 cāng [명]객실;선실
藏匿 cángnì [동]숨다;은닉하다
藏品 cángpǐn [명]소장품
藏身 cángshēn [동]몸을 숨기다
操控 cāokòng [동]조종하다
操劳 cāoláo [동]애써 일하다
操心 cāo//xīn 걱정하다
槽 cáo [명]통;홈
草案 cǎo'àn [명]초안
草坪 cǎopíng [명]잔디밭
侧面 cèmiàn [명]측면
侧重 cèzhòng [동]치중하다
测算 cèsuàn [동]추산하다
测验 cèyàn [동]테스트하다 [명]테스트
层出不穷 céngchū-bùqióng 계속 일어나다
蹭 cèng [동]꾸물거리다
差错 chācuò [명]착오
差额 chā'é [명]차액
插手 chā//shǒu 개입하다
插图 chātú [명]삽화
插嘴 chā//zuǐ 말참견하다
茶道 chádào [명]다도
茶馆儿 cháguǎnr [명]다관;찻집
查处 cháchǔ [동]조사하여 처리하다
查明 chámíng [동]조사하여 밝히다
查找 cházhǎo [동]찾다;조사하다
察觉 chájué [동]알아차리다
察看 chákàn [동]관찰하다
诧异 chàyì [형]의아해하다
掺 chān [동]섞다
搀 chān [동]부축하다
馋 chán [형]게걸스럽다 [동]몹시 부러워하다
禅杖 chánzhàng [명]선장(승려의 지팡이)
缠 chán [동]휘감다
产 chǎn [동]생산하다
产地 chǎndì [명]생산지
产物 chǎnwù [명]산물;결과
产值 chǎnzhí [명]생산액
铲 chǎn [동](삽으로) 깎다;파다
铲子 chǎnzi [명]삽
阐述 chǎnshù [동]상세히 논술하다
颤抖 chàndǒu [동]부들부들 떨다
猖狂 chāngkuáng [형]광기를 부리다
长达 cháng dá (시간·길이가) 무려~에 달하다
长期以来 chángqī yǐlái 오랫동안
长效 chángxiào [명]장기 효과 [형]효력이 오래가다
长征 chángzhēng [명]대장정
长足 chángzú [형]장족의
常理 chánglǐ [명]상식적인 도리
常人 chángrén [명]보통 사람
常态 chángtài [명]정상 상태
常温 chángwēn [명]상온
偿还 chánghuán [동]상환하다
嫦娥 Cháng'é [명]상아(전설 속 인물)
厂家 chǎngjiā [명]제조업자;공장
敞开 chǎngkāi [동]활짝 열다
畅谈 chàngtán [동]마음껏 얘기하다
畅销 chàngxiāo [동]잘 팔리다
倡议 chàngyì [동]제안하다 [명]제안
抄袭 chāoxí [동]표절하다
钞票 chāopiào [명]지폐
超标 chāo//biāo 기준을 초과하다
超车 chāo//chē 추월하다
超前 chāoqián [형]현재 수준을 넘다 [동]앞서다
超速 chāosù [동]과속하다
朝代 cháodài [명]왕조
朝着 cháozhe (···로) 향하다
嘲弄 cháonòng [동]조롱하다
嘲笑 cháoxiào [동]비웃다

吵嘴 chǎo//zuǐ 말다툼하다
车道 chēdào [명]차도
车祸 chēhuò [명]교통 사고
车间 chējiān [명]작업장
车轮 chēlún [명]차 바퀴
车速 chēsù [명]주행 속도
车位 chēwèi [명]주차 공간
车厢 chēxiāng [명]객실
车型 chēxíng [명]차종
车轴 chēzhóu [명]차축
扯 chě [동]당기다
彻夜 chèyè [부]밤새도록
撤 chè [동]①물러나다 ②치우다
撤换 chèhuàn [동]교체하다
沉甸甸 chéndiàndiàn [형]묵직하다
沉淀 chéndiàn [동]가라앉다 [명]침전물
沉浸 chénjìn [동]빠져들다
沉闷 chénmèn [형]답답하다
沉迷 chénmí [동]깊이 빠지다
沉思 chénsī [동]깊이 생각하다
沉稳 chénwěn [형]차분하다
沉着 chénzhuó [형]침착하다
陈旧 chénjiù [형]오래되다
陈列 chénliè [동]진열하다
陈述 chénshù [동]진술하다
衬托 chèntuō [동]돋보이게 하다
趁 chèn [개](시간·기회를) 이용해서
趁机 chènjī [부]기회를 틈타서
趁早 chènzǎo [부]일찌감치
趁着 chènzhe (시간·기회를) 틈타서
称呼 chēnghu [동]…라고 부르다 [명]호칭
称作 chēngzuò …라고 부르다
成才 chéngcái [동]인재가 되다
成家 chéng//jiā (남자가) 결혼하다
成年 chéngnián [동]성인이 되다
成年 chéngnián [부]일 년 내내
成千上万 chéngqiān-shàngwàn 수천수만;(수량이) 대단히 많다
成群结队 chéngqún-jiéduì 모여서 무리를 이루다
成天 chéngtiān [부]온종일
成问题 chéngwèntí 문제가 되다
成型 chéngxíng [동]필요한 모양으로 만들다
呈现 chéngxiàn [동]나타나다
诚恳 chéngkěn [형]진실하다;간절하다
诚心诚意 chéngxīn-chéngyì 성심성의
诚意 chéngyì [명]성의
诚挚 chéngzhì [형]진심이다
承包 chéngbāo [동]청부 맡다
承载 chéngzài [동]지탱하다
城墙 chéngqiáng [명]성벽
乘人之危 chéngrénzhīwēi 남의 위급한 상황을 틈타다
盛 chéng [동]①수용하다 ②담다
惩处 chéngchǔ [동]처벌하다
惩罚 chéngfá [동]징벌하다 [명]징벌
澄清 chéngqīng [동]평정하다 [형]맑고 깨끗하다
橙汁 chéngzhī [명]오렌지 주스
逞能 chěng//néng 뽐내다
逞强 chěng//qiáng 잘난 체하다
秤 chèng [명]저울
吃不上 chībushàng [동](가난하거나 시간이 맞지 않아) 먹을 수 없다
吃喝玩乐 chī-hē-wán-lè 먹고 마시고 놀며 즐기다
吃苦 chī//kǔ 고생하다
吃亏 chī//kuī 손해보다
痴呆 chīdāi [형]멍청하다
痴迷 chīmí [동]푹 빠지다
痴心 chīxīn [명]매료된 마음
池塘 chítáng [명]연못
驰名 chímíng [동]명성을 널리 알리다
迟迟 chíchí [부]매우 느리게
迟疑 chíyí [형]망설이다
迟早 chízǎo [부]조만간
持 chí [동]소지하다

持久 chíjiǔ [형]오래가다
持之以恒 chízhī-yǐhéng 끈기 있게 계속하다
尺度 chǐdù [명]척도
耻辱 chǐrǔ [명]치욕
耻笑 chǐxiào [동]비웃다
赤字 chìzì [명]적자
翅膀 chìbǎng [명]날개
冲刺 chōngcì [동]전력을 다하다
冲浪 chōnglàng [동]서핑하다
冲洗 chōngxǐ [동]씻어내다
冲撞 chōngzhuàng [동]충돌하다
充 chōng [동]가득 넣다
充当 chōngdāng [동]맡다
充沛 chōngpèi [형]왕성하다
充实 chōngshí [형]충실하다 [동]풍부하게 하다
重播 chóngbō [동]재방송하다
重叠 chóngdié [동]중첩되다
重返 chóngfǎn [동]되돌아오다
重合 chónghé [동]다시 합치다
重申 chóngshēn [동]거듭 설명하다
重现 chóngxiàn [동]다시 나타나다
崇高 chónggāo [형]숭고하다
崇尚 chóngshàng [동]숭상하다
宠 chǒng [동]총애하다
宠爱 chǒng'ài [동]총애하다
抽签 chōu//qiān 추첨하다;제비뽑기 하다
抽屉 chōuti [명]서랍
抽象 chōuxiàng [형]추상적이다
仇 chóu [명]원한
仇恨 chóuhèn [동]증오하다 [명]증오
仇人 chóurén [명]원수
稠 chóu [형]걸쭉하다
稠密 chóumì [형]빽빽하다
愁眉苦脸 chóuméi-kǔliǎn 오만상을 찌푸리다
筹 chóu [동]계획하다
筹办 chóubàn [동]계획하여 실시하다
筹备 chóubèi [동]기획하고 준비하다
筹措 chóucuò [동]마련하다
筹划 chóuhuà [동]계획하다
筹集 chóují [동]마련하다
筹码 chóumǎ [명]①(도박의) 칩 ②조건, 흥정거리
丑恶 chǒu'è [형]추악하다
丑陋 chǒulòu [형]추하다
丑闻 chǒuwén [명]스캔들
瞅 chǒu [동]보다
出版社 chūbǎnshè [명]출판사
出厂 chū//chǎng 공장에서 출하되다
出丑 chūchǒu 추태를 보이다
出道 chū//dào 데뷔하다
出发点 chūfādiǎn [명]출발점
出风头 chū fēngtou 자기를 내세우다
出境 chū//jìng 출국하다
出局 chū//jú 아웃되다
出具 chūjù [동]발급하다
出口成章 chūkǒu-chéngzhāng 말이 그대로 문장이 되다
出卖 chūmài [동]팔다
出毛病 chū máo·bìng 문제가 발생하다
出难题 chū nántí (남을) 난처하게 하다
出人意料 chūrényìliào 뜻밖이다
出任 chūrèn [동]직무를 담당하다
出山 chū//shān ①일을 맡다 ②직접 나서다
出身 chūshēn [동]출신이다
出示 chūshì [동]제시하다
出手 chū//shǒu ①돈을 쓰다 ②팔다
出头 chū//tóu 앞장서다
出土 chū//tǔ 출토되다
出息 chūxi [명]발전성
出血 chū//xiě 출혈하다
出演 chūyǎn [동]출연하다
出洋相 chū yángxiàng 추태를 보이다
出游 chūyóu [동]나들이 가다
出众 chūzhòng [형]출중하다
出主意 chū zhǔyi 아이디어를 내다

出资 chūzī [동]출자하다
出自 chūzì [동]…에서 나오다
出走 chūzǒu [동]나가다
初次 chūcì [명]처음
初衷 chūzhōng [명]초심
除此之外 chúcǐzhīwài 이것 이외에
除去 chúqù [동]없애다 [개]…외에도 또
除外 chúwài [동]제외하다
处方 chǔfāng [동]처방하다 [명]처방(전)
处境 chǔjìng [명]처지
处置 chǔzhì [동]처치하다
储备 chǔbèi [동]비축하다 [명]비축 물자
储蓄 chǔxù [동]저축하다 [명]저축
触动 chùdòng [동]①건드리다 ②저촉되다
触犯 chùfàn [동]범하다;어기다
触觉 chùjué [명]촉각
触摸 chùmō [동]만지다
触目惊心 chùmù-jīngxīn 보기만 해도 끔찍하다
揣 chuāi [동]품다
揣测 chuǎicè [동]추측하다
揣摩 chuǎimó [동]알아내다
踹 chuài [동]걷어차다
川流不息 chuānliú-bùxī 끊임없이 이어지다
穿过 chuānguò [동]지나다
穿小鞋 chuān xiǎoxié 괴롭히다
穿越 chuānyuè [동]넘다
穿着 chuānzhuó [명]옷차림
传承 chuánchéng [동]전승하다 [명]전통
传奇 chuánqí [명]전기
传染 chuánrǎn [동]옮다
传染病 chuánrǎnbìng [명]전염병
传人 chuánrén [명]후계자;계승자
传授 chuánshòu [동]전수하다
传闻 chuánwén [동]전하여 듣다 [명]소문
船舶 chuánbó [명]선박
船桨 chuánjiǎng [명]노
喘 chuǎn [동]헐떡거리다
喘息 chuǎnxī [동]헐떡거리다
串门 chuàn//mén 마실 다니다
创伤 chuāngshāng [명]상처
床位 chuángwèi [명]침대
创 chuàng [동]처음으로 하다
创始人 chuàngshǐrén [명]창시자
吹了 chuī le 틀어지다;실패하다
吹牛 chuī//niú 허풍치다
吹捧 chuīpěng [동]치켜세우다
垂 chuí [동]늘어지다
垂头丧气 chuítóu-sàngqì 의기소침하다
捶 chuí [동]치다
锤子 chuízi [명]망치
纯粹 chúncuì [형]순수하다
纯洁 chúnjié [형]순결하다 [동]순수하다
纯朴 chúnpǔ [형]순박하다
醇厚 chúnhòu [형]맑고 진하다
蠢 chǔn [형]어리석다
戳 chuō [동]찌르다 [명]도장
绰号 chuòhào [명]별명
瓷 cí [명]자기
瓷器 cíqì [명](도) 자기
辞 cí [동]①이별하다 ②사양하다
辞呈 cíchéng [명]사직서
辞去 cíqù 사직하다
辞退 cítuì [동]①해고하다 ②그만두다
慈善 císhàn [형]인자하고 어질다
慈祥 cíxiáng [형]자상하다
磁带 cídài [명]카세트 테이프
磁卡 cíkǎ [명]마그네틱 카드
磁盘 cípán [명]디스크
此起彼伏 cǐqǐ-bǐfú 여기저기서 끊임없이 일어나다
次日 cìrì [명]다음날
伺候 cìhou [동]돌보다
刺耳 cì'ěr [형]귀에 거슬리다
刺骨 cìgǔ [동](추위가) 뼛속까지 파고들다
刺绣 cìxiù [동]수를 놓다 [명]자수

赐 cì [동]하사하다
赐教 cìjiào [동]가르침을 내려 주다
匆匆 cōngcōng [형]매우 급하다
匆忙 cōngmáng [형]급하다
葱 cōng [명]파
从今以后 cóngjīnyǐhòu 지금부터
从来不 cóngláibù 지금껏…하지 않다
从容 cóngróng [형]침착하다
从容不迫 cóngróng-búpò 매우 침착하다
从头 cóngtóu [부]처음부터
从未 cóngwèi [부]지금까지 …하지 않다
从业 cóngyè [동]취업하다
从早到晚 cóngzǎo-dàowǎn 온종일
丛林 cónglín [명]정글
凑 còu [동]모으다
凑合 còuhe [동]한데 모으다
凑巧 còuqiǎo [형]공교롭다
粗暴 cūbào [형]거칠다
粗糙 cūcāo [형]투박하다
粗鲁 cū·lǔ [형]우악스럽다
粗略 cūlüè [형]대략적인
粗心大意 cūxīn-dàyì 조심성이 없다
促成 cùchéng [동]추진해서 성사시키다
簇拥 cùyōng [동]겹겹이 에워싸다
窜 cuàn [동]달아나다
催 cuī [동]재촉하다
催促 cuīcù [동]다그치다
催眠 cuīmián [동]잠들게 하다
摧毁 cuīhuǐ [동]파괴하다
脆弱 cuìruò [형]연약하다
翠绿 cuìlǜ [형]푸르다
存放 cúnfàng [동]맡기다
存心 cúnxīn [동]저의를 가지다 [부]일부러
存折 cúnzhé [명]예금 통장
搓 cuō [동]비비다
磋商 cuōshāng [동]협의하다
挫折 cuòzhé [동]좌절시키다 [명]실패
措手不及 cuòshǒu-bùjí 미처 손을 쓸 틈이 없다
错别字 cuòbiézì [명]오자
错觉 cuòjué [명]착각
错位 cuò//wèi 어긋나다
错综复杂 cuòzōng-fùzá 복잡하게 뒤얽혀 있다
搭乘 dāchéng [동]타다
搭建 dājiàn [동]세우다
达标 dábiāo [동]기준에 도달하다
答辩 dábiàn [동]답변하다
打岔 dǎ//chà ①말을 끊다 ②방해하다
打倒 dǎ//dǎo 타도하다;때려눕히다
打盹儿 dǎ//dǔnr 졸다
打交道 dǎ jiāodao 만나다
打搅 dǎjiǎo [동]폐를 끼치다
打捞 dǎlāo [동]건져내다
打量 dǎliang [동]①훑어보다 ②가늠하다
打猎 dǎ//liè 사냥하다
打磨 dǎmó [동]다듬다
打通 dǎ//tōng (전화가) 연결되다
打仗 dǎ//zhàng 싸우다
打招呼 dǎ zhāohu 인사를 하다
大包大揽 dàbāo-dàlǎn 모든 일을 도맡다
大笔 dàbǐ [명]①큰 붓 ②명필
大臣 dàchén [명]대신
大吃一惊 dàchī-yìjīng 몹시 놀라다
大大咧咧 dàdaliēliē [형]건성건성하다
大地 dàdì [명]대지
大队 dàduì [명]대대
大幅度 dà fúdù 대폭적으로
大公无私 dàgōng-wúsī 공평무사하다
大家庭 dàjiātíng [명]대가족
大街小巷 dàjiē-xiǎoxiàng 거리와 골목
大惊小怪 dàjīng-xiǎoguài 하찮은 일에 크게 놀라다
大局 dàjú [명]대세
大款 dàkuǎn [명]큰 부자;대부호
大面积 dà miànjī 대규모 면적
大名鼎鼎 dàmíng-dǐngdǐng 명성이 높다

大模大样 dàmú-dàyàng 거만하다
大棚 dàpéng [명]대형 천막
大片 dàpiàn [명]대작
大气 dàqì [명]대기
大厦 dàshà [명]빌딩
大数据 dàshùjù [명]빅 데이터
大肆 dàsì [부]제멋대로
大体 dàtǐ [부]대체로
大体上 dàtǐ shang 대체로
大同小异 dàtóng-xiǎoyì 대동소이하다
大腕儿 dàwànr [명]유명인;거장
大选 dàxuǎn [동]대선을 치르다
大雁 dàyàn [명]기러기
大意 dàyì [명]대의
大意 dàyi [형]부주의하다
大有可为 dàyǒu-kěwéi 가능성이 매우 많다
大宗 dàzōng [형]①대량의 ②거액의 [명]주종
歹徒 dǎitú [명]악인
逮 dǎi [동]잡다
代号 dàihào [명]①별칭 ②코드명
代理人 dàilǐrén [명]대리인
代言人 dàiyánrén [명]대변인
带队 dàiduì [동]팀을 이끌다
带路 dài//lù 안내하다
带头 dài//tóu 앞장서다
带头人 dàitóurén [명]리더
待 dài [동]①대하다 ②기다리다
怠工 dài//gōng 일을 게을리하다
怠慢 dàimàn [동]푸대접하다
逮捕 dàibǔ [동]체포하다
担 dān [동]①맡다 ②메다
担当 dāndāng [동]담당하다
担负 dānfù [동]부담하다
单边 dānbiān [형]일방적인
单薄 dānbó [형]얇다
单方面 dānfāngmiàn [명]일방
单身 dānshēn [명]독신
耽搁 dānge [동]지체하다
耽误 dānwu [동]일을 그르치다
胆怯 dǎnqiè [형]겁내다
胆子 dǎnzi [명]담력
但愿 dànyuàn [동]오직 …만을 바랄 뿐이다
担 dàn [양]짐
担子 dànzi [명]짐
诞辰 dànchén [명]탄생일
淡化 dànhuà [동]약화시키다
淡季 dànjì [명]비수기
蛋白质 dànbáizhì [명]단백질
当即 dāngjí [부]즉시
当今 dāngjīn [명]지금
当面 dāng//miàn 직접 마주 대하고;면전
当日 dāngrì [명]당일
当事人 dāngshìrén [명]당사자
当务之急 dāngwùzhījí 급선무;무엇보다 급히 처리해야 할 일
当下 dāngxià [부]바로
当心 dāngxīn [동]조심하다
当着 dāngzhe …를 마주하고
当之无愧 dāngzhīwúkuì 전혀 손색이 없다
当众 dāngzhòng [부]사람들 앞에서
当晚 dàngwǎn [명]그날 밤
当真 dàngzhēn [동]진짜로 생각하다 [부]진짜로
荡漾 dàngyàng [동]넘실거리다
档次 dàngcì [명]등급
导弹 dǎodàn [명]미사일
导航 dǎoháng [동]항해나 항공을 유도하다
导火索 dǎohuǒsuǒ [명]도화선
导师 dǎoshī [명]지도자
导向 dǎoxiàng [동]유도하다 [명]길잡이
岛屿 dǎoyǔ [명]섬;도서
捣乱 dǎo//luàn 소란을 피우다
倒卖 dǎomài [동]전매하다
倒霉 dǎo//méi 재수가 없다
倒塌 dǎotā [동]무너지다

倒下 dǎoxia 쓰러지다
到头来 dàotóulái [부]결국
到位 dào//wèi 도달하다
倒计时 dǎojìshí [동]카운트다운 하다
倒数 dàoshǔ [동]거꾸로 세다
盗 dào [동]훔치다
盗窃 dàoqiè [동]도둑질하다
悼念 dàoniàn [동]애도하다
道具 dàojù [명]도구
稻草 dàocǎo [명]볏짚
得不偿失 débùchángshī 득보다 실이 많다
得当 dédàng [형]적합하다
得力 délì [형]유능하다
得失 déshī [명]득실
得手 déshǒu [형]순조롭다
得体 détǐ [형]제격이다
得天独厚 détiāndúhòu 유리한 조건을 갖추다
得益于 déyì yú 덕을 보다
得意扬扬 déyì-yángyáng 득의양양하다
得知 dézhī [동]알게 되다
得罪 dézuì [동]미움을 사다
德 dé [명]덕;품행
灯笼 dēnglong [명]등롱
灯泡 dēngpào [명]전구
登机 dēngjī [동]비행기에 탑승하다
登陆 dēng//lù 상륙하다
蹬 dēng [동]밟다
凳子 dèngzi [명]걸상
瞪 dèng [동]째려보다;부라리다
低调 dīdiào [명]저음 [형]①온화하다 ②겸손하다
低估 dīgū [동]과소평가하다
低谷 dīgǔ [명]①밑바닥 ②(경기나 경제의) 바닥세
低价 dījià [명]저가
低迷 dīmí [형]침체하다
低碳 dītàn [형]저탄소
底下 dīxià [형]졸렬하다
堤 dī [명]제방
堤坝 dībà [명]제방
提防 dīfang [동]조심하다
笛子 dízi [명]피리
抵触 dǐchù [동]저촉되다
抵挡 dǐdǎng [동]막다
抵消 dǐxiāo [동]상쇄하다
抵押 dǐyā [동]저당잡히다
抵御 dǐyù [동]막다
抵制 dǐzhì [동]보이콧(boycott)하다;배척하다
底层 dǐcéng [명]저층
底线 dǐxiàn [명]마지노선
底蕴 dǐyùn [명]①내막 ②소양
底子 dǐzi [명]기초
地步 dìbù [명]지경;상황
地道 dìdào [명]지하도
地道 dìdao [형]진짜의;정통의
地段 dìduàn [명]구역
地理 dìlǐ [명]지리
地毯 dìtǎn [명]카펫
地下水 dìxiàshuǐ [명]지하수
地狱 dìyù [명]지옥
地域 dìyù [명]지역
地质 dìzhì [명]지질
弟子 dìzǐ [명]제자
帝国 dìguó [명]제국
帝国主义 dìguó zhǔyì 제국주의
递交 dìjiāo [동]제출하다
第一手 dìyīshǒu [형]가장 중요한
第一线 dìyīxiàn [명]최전선
颠倒 diāndǎo [동]뒤바뀌다
颠覆 diānfù [동]뒤집히다
巅峰 diānfēng [명]최고봉
典范 diǎnfàn [명]모범
点火 diǎn//huǒ 점화하다
点击率 diǎnjīlǜ [명]조회수
点评 diǎnpíng [동]논평하다 [명]논평
点心 diǎnxin [명]간식

点缀 diǎnzhuì [동]장식하다
点子 diǎnzi [명]아이디어
电报 diànbào [명]전보
电铃 diànlíng [명]벨
电网 diànwǎng [명]전력망
电线 diànxiàn [명]전선
电信 diànxìn [명]통신
电讯 diànxùn [명]통신
垫 diàn [동]깔다
垫底 diàn//dǐ 밑바닥에 깔다
垫子 diànzi [명]매트
淀粉 diànfěn [명]전분
惦记 diàn·jì [동]마음에 두다
奠定 diàndìng [동]다지다
殿堂 diàntáng [명]전당
刁难 diāonàn [동]괴롭히다
叼 diāo [동]입에 물다
雕 diāo [동]조각하다
雕刻 diāokè [동]조각하다 [명]조각
雕塑 diāosù [동]조각하다 [명]조각
吊销 diàoxiāo [동]회수하여 취소하다
钓鱼 diàoyú [동]낚시하다
调度 diàodù [동]배치하다 [명]배차원
掉队 diào//duì 낙오하다
掉头 diào//tóu 유턴하다
爹 diē [명]아버지
迭起 diéqǐ [동]잇달아 일어나다
叠 dié [동]포개다
丁 dīng [명]성년 남자
叮嘱 dīngzhǔ [동]신신당부하다
盯 dīng [동]주시하다
钉子 dīngzi [명]못
顶多 dǐngduō [부]기껏해야
顶级 dǐngjí [형]최고 수준의
顶尖 dǐngjiān [명]최상위;톱 [형]최고 수준의
订单 dìngdān [명]주문서
订购 dìnggòu 주문하다
订婚 dìng//hūn 약혼하다
订立 dìnglì 맺다
钉 dìng [동]못을 박다
定金 dìngjīn [명]계약금
定居 dìng//jū 정착하다
定论 dìnglùn [명]정론
定为 dìngwéi (…로)정하다
定向 dìngxiàng [동]방향을 정하다
定心丸 dìngxīnwán [명]진정제
定义 dìngyì [명]정의
定做 dìngzuò [동]주문 제작하다
丢掉 diūdiào [동]잃어버리다
丢脸 diū//liǎn 체면을 잃다
丢弃 diūqì [동]버리다
丢人 diū//rén 체면을 잃다
丢失 diūshī [동]잃어버리다
东奔西走 dōngbēn-xīzǒu 동분서주하다
东道主 dōngdàozhǔ [명]주최측
东张西望 dōngzhāng-xīwàng 두리번거리다
董事 dǒngshì [명]이사
董事会 dǒngshìhuì [명]이사회
董事长 dǒngshìzhǎng [명]대표이사
懂事 dǒng//shì 철들다
动不动 dòngbudòng [부]걸핏하면
动荡 dòngdàng [동]동요하다 [형]불안한
动感 dònggǎn [명]생동감
动工 dòng//gōng 착공하다
动静 dòngjing [명]기척
动脉 dòngmài [명]동맥
动身 dòng//shēn 출발하다
动弹 dòngtan [동]움직이다
动听 dòngtīng [형]듣기 좋다
动向 dòngxiàng [명]동향
动用 dòngyòng [동]사용하다
冻结 dòngjié [동]동결하다
栋 dòng [양](집을 세는 단위) 채
栋梁 dòngliáng [명]대들보

兜 dōu [동]담다
兜儿 dōur [명]주머니
兜售 dōushòu [동]행상하다
抖 dǒu [동]벌벌 떨다
陡 dǒu [형]가파르다
斗 dòu [동]싸우다
斗志 dòuzhì [명]투지
豆浆 dòujiāng [명]콩국
豆子 dòuzi [명]콩
逗 dòu [동]놀리다 [형]재미있다
都会 dūhuì [명]도시
督促 dūcù [동]독촉하다
独 dú [부]오직
独唱 dúchàng [동]독창하다
独家 dújiā [명]독점
独立自主 dúlì-zìzhǔ 자주 독립하다
独身 dúshēn [동]독신
独一无二 dúyī-wú'èr 유일무이하다
堵塞 dǔsè [동]막히다
杜绝 dùjué [동]근절하다
妒忌 dùjì [동]질투하다
度(知名度) dù(zhīmíngdù) [접미]정도(인지도)
度假 dùjià [동]휴가를 보내다
渡过 dùguò 건너다
端正 duānzhèng [형]단정하다 [동]단정하게 하다
短缺 duǎnquē [동]부족하다
短暂 duǎnzàn [형](시간이) 짧다
段落 duànluò [명]단락
断定 duàndìng [동]단정하다
断断续续 duànduànxùxù [형]끊어졌다 이어졌다 하다
断裂 duànliè [동]끊어져 갈라지다
堆砌 duīqì [동]쌓다
队形 duìxíng [명]대형
对白 duìbái [명]대사
对策 duìcè [명]대책
对称 duìchèn [형]대칭의
对得起 duìdeqǐ [동]떳떳하다
对联 duìlián [명]대련
对弈 duìyì [동]대국하다
对照 duìzhào [동]대조하다
对峙 duìzhì [동]대치하다
对准 duìzhǔn 정조준하다
兑换 duìhuàn [동]현금으로 바꾸다
兑现 duìxiàn [동]①현금화하다 ②약속을 지키다
敦促 dūncù [동]독촉하다
敦厚 dūnhòu [형]돈후하다;돈독하다
炖 dùn [동]푹 삶다
顿时 dùnshí [부]즉시
多边 duōbiān [형]다자의
多功能 duōgōngnéng [형]다기능의
多亏 duōkuī [동]덕분이다
多劳多得 duōláo-duōdé 많이 일하면 보수를 많이 받는다
多年来 duō niánlái 여러 해 동안
多心 duō//xīn 괜한 걱정을 하다
多余 duōyú [동]필요 없다 [형]남는
多元 duōyuán [형]다원적인
哆嗦 duōsuō [동]벌벌 떨다
夺冠 duó//guàn 우승하다
夺魁 duó//kuí 우승을 차지하다
躲避 duǒbì [동]피하다
躲藏 duǒcáng [동]숨다
舵手 duòshǒu [명]조타수
堕落 duòluò [동]타락하다
讹诈 ézhà [동]속여서 빼앗다
俄语 Éyǔ [명]러시아어
鹅 é [명]거위
额外 éwài [형]별도의
厄运 èyùn [명]액운
恶 è [형]나쁘다
恶化 èhuà [동]악화되다
恶劣 èliè [형]열악하다
恶性 èxìng [형]악성의

恶意 èyì [명]악의
遏制 èzhì [동]억제하다
鳄鱼 èyú [명]악어
恩赐 ēncì [동]은혜를 베풀다
恩惠 ēnhuì [명]은혜
恩情 ēnqíng [명]은정
恩怨 ēnyuàn [명]원한
而已 éryǐ [조]…뿐(이다)
耳光 ěrguāng [명]따귀
耳目一新 ěrmù-yìxīn 모든 것이 다 새롭다
耳熟能详 ěrshú-néngxiáng 매우 익숙하다
耳闻目睹 ěrwén-mùdǔ 직접 귀로 듣고 눈으로 보다
二手车 èrshǒuchē [명]중고차
二氧化碳 èryǎnghuàtàn [명]이산화탄소
发布会 fābùhuì [명]발표회
发财 fā//cái 부자가 되다
发愁 fā//chóu 걱정하다
发电机 fādiànjī [명]발전기
发抖 fādǒu [동]덜덜 떨다
发愤图强 fāfèn-túqiáng 강해지려고 분발하다
发光 fā//guāng 광채를 내다
发火 fā//huǒ ①발화하다 ②화를 내다
发酵 fā//jiào 발효시키다
发掘 fājué [동]발굴하다
发愣 fā//lèng 멍해지다
发脾气 fā píqi 화를 내다
发起人 fāqǐrén [명]발기인
发热 fā//rè 열이 나다
发誓 fā//shì 맹세하다
发泄 fāxiè [동]털어 놓다;해소하다
发扬 fāyáng [동]발양하다;발휘하다
发扬光大 fāyáng-guāngdà 더욱더 발전시키다
发育 fāyù [동]발육하다
发源地 fāyuándì [명]발원지
发作 fāzuò [동]발작하다
阀门 fámén [명]밸브
发型 fàxíng [명]헤어스타일
帆 fān [명]돛
帆船 fānchuán [명]요트
翻番 fān//fān 배로 늘다
翻来覆去 fānlái-fùqù 엎치락뒤치락하다
翻天覆地 fāntiān-fùdì 큰 변화가 일어나다
凡 fán [부]무릇
烦闷 fánmèn [형]고민스럽다
烦恼 fánnǎo [형]걱정스럽다
烦躁 fánzào [형]초조하다
繁华 fánhuá [형]번화하다
繁忙 fánmáng [형]눈코 뜰 새 없다
繁体字 fántǐzì [명]번체자
繁重 fánzhòng [형]많고 무겁다
反驳 fǎnbó [동]반박하다
反差 fǎnchā [명]대비
反常 fǎncháng [형]비정상이다
反倒 fǎndào [부]오히려
反感 fǎngǎn [형]불만스럽다 [명]반감
反过来 fǎn·guò·lái 거꾸로
反击 fǎnjī [동]반격하다
反馈 fǎnkuì [동]피드백하다
反面 fǎnmiàn [명]이면 [형]부정적인
反思 fǎnsī [동]반성하다
反弹 fǎntán [동]원상태로 돌아오다
反省 fǎnxǐng [동]반성하다
返还 fǎnhuán [동]반환하다
犯愁 fàn//chóu 걱정하다
饭碗 fànwǎn [명]밥그릇;생계의 수단
泛滥 fànlàn [동]범람하다
范畴 fànchóu [명]범주;범위
贩卖 fànmài [동]구입하여 팔다
方方面面 fāngfāng miànmiàn [명]각 방면
方向盘 fāngxiàngpán [명]핸들
方言 fāngyán [명]방언
防盗 fángdào [동]도난을 방지하다
防盗门 fángdàomén [명]방범용 철문

防护 fánghù [동]방어하고 지키다
防火墙 fánghuǒqiáng [명]방화벽
防卫 fángwèi [동]방위하다
防汛 fángxùn [동]장마철의 홍수를 예방하다
防疫 fángyì [동]방역하다
防御 fángyù [동]방어하다
妨碍 fáng'ài [동]방해하다;저해하다
妨害 fánghài [동]방해하다;지장을 주다
房地产 fángdìchǎn [명]부동산
仿 fǎng [동]①모방하다 ②닮다
仿制 fǎngzhì [동]모조하다
访谈 fǎngtán [동]탐방하다;방문 취재하다
纺织 fǎngzhī [동]방직하다
放过 fàngguò ①(기회•시기•대상 따위를) 잃다; 놓치다 ②용서하다;한번 봐주다
放水 fàng//shuǐ 물을 빼다
放肆 fàngsì [형]방자하다;무례하게 굴다
放映 fàngyìng [동]상영하다
放置 fàngzhì [동]방치하다;그대로 버려두다
放纵 fàngzòng [동]방임하다;방종하다
飞速 fēisù [부]나는 듯이;신속하게
飞往 fēiwǎng 비행기로 …로 가다
飞翔 fēixiáng [동]비상하다
飞跃 fēiyuè [동]비약하다
非 (非金属) fēi(fēijīnshǔ) [접두]비(비금속)
非得 fēiděi [부]…하지 않으면 안 된다
非法 fēifǎ [형]불법적인
非凡 fēifán [형]비범하다
绯闻 fēiwén [명]스캔들
肥料 féiliào [명]비료
肥胖 féipàng [형]뚱뚱하다
肥沃 féiwò [형]비옥하다
肥皂 féizào [명]비누
诽谤 fěibàng [동]비방하다
废 fèi [형]쓸모 없는 [동]폐기하다
废除 fèichú [동]폐지하다
废话 fèihuà [명]쓸데없는 말
废品 fèipǐn [명]폐품
废寝忘食 fèiqǐn-wàngshí 침식을 잊다
废物 fèiwù [명]폐물
废墟 fèixū [명]폐허
沸沸扬扬 fèifèiyángyáng [형]떠들썩하다
沸腾 fèiténg [동]들끓다
费劲 fèi//jìn 힘이 들다
分辨 fēnbiàn [동]분별하다
分寸 fēncun [명](일이나 말의) 분별;분수
分担 fēndān [동]분담하다
分割 fēngē [동]분할하다
分红 fēn//hóng (기업에서) 이익을 분배하다
分化 fēnhuà [동]분화하다;분열하다
分泌 fēnmì [동]분비하다
分明 fēnmíng [형]분명하다 [부]분명히
分歧 fēnqí [명](의견의) 불일치 [형]엇갈리다
分赃 fēn//zāng 훔친 물건이나 돈을 나누다
分支 fēnzhī [명]갈라져 나온 부분
芬芳 fēnfāng [형]향기롭다 [명]향기
吩咐 fēn·fù [동]분부하다;명령하다
氛围 fēnwéi [명]분위기
坟 fén [명]묘
坟墓 fénmù [명]무덤
焚烧 fénshāo [동]불태우다
粉 fěn [명]가루
粉丝 fěnsī [명]녹말로 만든 당면
粉碎 fěnsuì [형]산산조각 나다 [동]분쇄하다
分量 fèn·liàng [명]분량;무게
分外 fènwài [부]유달리;특별히
份额 fèn'é [명]배당;몫
奋力 fènlì [부]모든 힘을 다 내어;분발하여
奋勇 fènyǒng [동]용기를 내다
粪 fèn [명]대변
粪便 fènbiàn [명]대소변
丰富多彩 fēngfù-duōcǎi 풍부하고 다채롭다
丰厚 fēnghòu [형]①두텁다 ②푸짐하다;융숭하다
丰满 fēngmǎn [형]풍만하다

丰盛 fēngshèng [형]성대하다
丰硕 fēngshuò [형](과일이) 크고 많다
风波 fēngbō [명]풍파
风采 fēngcǎi [명]풍모;풍채
风餐露宿 fēngcān-lùsù 풍찬노숙하다
风范 fēngfàn [명]풍모와 재능
风风雨雨 fēngfēngyǔyǔ [명]시련
风和日丽 fēnghé-rìlì 바람은 부드럽고 날씨는 화창하다
风浪 fēnglàng [명]풍랑
风力 fēnglì [명]풍력
风流 fēngliú [형]공적이 있고 예문(藝文)에 통달하다;풍류스럽다
风貌 fēngmào [명]풍격과 면모
风气 fēngqì [명]풍조;기풍
风情 fēngqíng [명]풍향·풍력의 상황
风趣 fēngqù [명](말·문장의) 재미;해학
风沙 fēngshā [명]바람에 날리는 모래
风尚 fēngshàng [명]풍격;풍습
风水 fēng·shuǐ [명]풍수
风味 fēngwèi [명]맛;풍미
风雨 fēngyǔ [명]①바람과 비 ②혹독한 시련
风云 fēngyún [명]①바람과 구름 ②복잡하게 급변하는 정세
风筝 fēngzheng [명]연
封顶 fēngdǐng [동]지붕을 덮다;상한선을 규정하다
封建 fēngjiàn [명]봉건(제도) [형]봉건적이다
封面 fēngmiàn [명]표지
封锁 fēngsuǒ [동]봉쇄하다
疯子 fēngzi [명]미치광이
峰回路转 fēnghuí-lùzhuǎn 봉우리가 굴곡을 이루어 산길이 구불구불하다
蜂蜜 fēngmì [명]벌꿀
逢 féng [동]만나다;마주치다
缝 féng [동]꿰매다
缝合 fénghé [동]봉합하다
讽刺 fěngcì [동]풍자하다
凤凰 fènghuáng [명]봉황
缝 fèng [명]틈;이은 부분
否决 fǒujué [동](의안 따위를) 부결하다
孵化 fūhuà [동]부화하다
敷 fū [동]바르다;칠하다
扶持 fúchí [동]부축하다
服饰 fúshì [명]복식;의복과 장신구
服务器 fúwùqì [명]서버
服用 fúyòng [동](약을) 먹다
俘获 fúhuò [동]포로를 잡거나 전리품을 노획하다
俘虏 fúlǔ [명]포로
浮力 fúlì [명]부력
浮现 fúxiàn [동](지난 일이) 떠오르다
浮躁 fúzào [형]경솔하다;경박하다
辐射 fúshè [동]방사하다;복사하다
福气 fúqì [명]복;행운
抚摸 fǔmō [동]어루만지다
抚恤 fǔxù [동]무휼하다;보상하다
抚养 fǔyǎng [동]부양하다
抚养费 fǔyǎngfèi [명]양육비
斧子 fǔzi [명]도끼
俯首 fǔshǒu [동]머리를 숙이다
辅导 fǔdǎo [동](학습·훈련 등을) 도우며 지도하다
腐败 fǔbài [형]썩다;부패하다
腐化 fǔhuà [동]부패하다;타락하다
腐烂 fǔlàn [동]부식하다 [형]진부하다
腐蚀 fǔshí [동]부식하다
腐朽 fǔxiǔ [형]썩다;케케묵다
付费 fùfèi [동]비용을 지불하다
付款 fùkuǎn [동]돈을 지불하다
负面 fùmiàn [형]부정적인 면의
负有 fùyǒu (책임 따위를) 지고 있다
附 fù [동]①덧붙이다 ②접근하다
附带 fùdài [동]덧붙이다 [형]부수적인
附和 fùhè [동]남의 언행을 따라하다
附加 fùjiā [동]부가하다;추가하다
附属 fùshǔ [동]부속하다;예속되다 [형]부속의

赴 fù [동](…로) 가다;향하다
复查 fùchá [동]재검사하다
复发 fùfā [동]재발하다
复合 fùhé [동]복합하다
复活 fùhuó [동]부활하다
复兴 fùxīng [동]부흥하다
复原 fù//yuán 복원하다
副作用 fùzuòyòng [명]부작용
赋予 fùyǔ [동]부여하다
富含 fùhán [동]다량 함유하다
富豪 fùháo [명]부호
富强 fùqiáng [형]부강하다
富翁 fùwēng [명]부옹
富裕 fùyù [형]부유하다
富足 fùzú [형]풍족하다
腹部 fùbù [명]복부
腹泻 fùxiè [동]설사하다
覆盖 fùgài [동]가리다;덮다
该 (代) gāi [대]이;그
改版 gǎi//bǎn 개정(하다)
改编 gǎibiān [동]개편하다
改动 gǎidòng [동]바꾸다;변동하다
改革开放 gǎigé kāifàng 개혁 개방 정책
改良 gǎiliáng [동]개량하다;개선하다
改名 gǎimíng [동]개명하다
改日 gǎirì [부]다른 날
改为 gǎiwéi …로 바뀌다;…로 변하다
改邪归正 gǎixié-guīzhèng 잘못을 고치고 바른길로 돌아오다
钙 gài [명]칼슘
盖子 gàizi [명]물건의 뚜껑
概况 gàikuàng [명]개황
概率 gàilǜ [명]확률
概论 gàilùn [명]개론
干戈 gāngē [명]방패와 창;무기 또는 전쟁
干旱 gānhàn [형]가물다
干燥 gānzào [형]건조하다
甘心 gānxīn [동]달가워하다;기꺼이 원하다
肝脏 gānzàng [명]간장
尴尬 gāngà [형]난처하다
赶赴 gǎnfù [동]급히 달려가다
赶往 gǎnwǎng 서둘러 가다
敢情 gǎnqing [부]알고 보니;뜻밖에도
感 (责任感) gǎn (zérèngǎn) [접미]감(책임감)
感触 gǎnchù [명]감촉;감명
感恩 gǎnchù 은혜에 감사하다
感激 gǎnjī [동]감격하다
感慨 gǎnkǎi [동]감개하다
感染 gǎnkǎi [동]①전염되다 ②감동시키다
感染力 gǎnrǎnlì [명]감화력
感叹 gǎntàn [동]감탄하다
感性 gǎnxìng [형]감성적인
干部 gànbù [명]간부;관리자
干事 gànshi [명]간사;사무 담당자
刚毅 gāngyì [형]의지가 굳다
纲领 gānglǐng [명]강령;지도 원칙
纲要 gāngyào [명]중요한 강령
钢 gāng [명]강철
缸 gāng [명]항아리
港 gǎng [명]항구
杠铃 gànglíng [명]바벨
高昂 gāo'áng [동]높이 들다;의기양양하다 [형]①엄청 비싸다 ②(목소리가) 높아지다
高傲 gāo'ào [형]거만하다
高超 gāochāo [형]고상하다;우수하다
高低 gāodī [명]높이;우열
高调 gāodiào [명]매우 높은 곡조;(실행하기 어려운)탁상공론
高额 gāo'é [형]고액의
高尔夫球 gāo'ěrfūqiú [명]골프;골프 공
高峰期 gāofēngqī [명]절정기;러시아워
高贵 gāoguì [형]고상하다;고귀하다
高空 gāokōng [명]고공;높은 곳
高龄 gāolíng [명]고령 [형]나이가 비교적 많은

高明 gāomíng [형](학문·견해·기술·기능이)빼어나다
高山 gāoshān [명]높은 산
高效 gāoxiào [형]높은 능률
高新技术 gāoxīn-jìshù 하이테크;첨단 기술
高血压 gāoxuèyā [명]고혈압
高压 gāoyā [명]높은 압력
高雅 gāoyǎ [형]고상하고 우아하다
高涨 gāozhǎng [동](물가 · 수치 따위가)뛰어오르다 [형]드높다
搞鬼 gǎo//guǐ 꿍꿍이를 꾸미다
搞笑 gǎoxiào [동]웃기다
告 gào [동]①알리다 ②고발하다
告辞 gàocí [동](주인에게) 작별을 고하다
告诫 gàojiè [동]훈계하다;경고를 주다
告示 gàoshi [명]포고;게시
告知 gàozhī [동]알리다;알려 주다
告状 gào//zhuàng 고소하다;기소하다
戈壁 gēbì [명]사막
胳膊 gēbo [명]팔
鸽子 gēzi [명]비둘기
搁 gē [동]①놓다 ②(조미료 따위를) 넣다
搁浅 gē//qiǎn ①(배가)좌초하다 ②결렬되다
搁置 gēzhì [동]놓다;보류해 두다
割 gē [동]자르다;베다
歌剧 gējù [명]오페라
歌颂 gēsòng [동]찬양하다
歌舞 gēwǔ [명]노래와 춤
歌咏 gēyǒng [동]노래하다;합창하다
革命 gémìng [동]혁명하다 [형]혁명적이다
格 gé [명]격자;규격
格格不入 gégé-bùrù 전혀 어울리지 않다
格局 géjú [명]①(글의) 짜임새와 격식 ②(건물의) 구조와 장식
格式 géshi [명]양식;서식
隔阂 géhé [명]간격;장벽
隔离 gélí [동]분리하다;격리하다
个案 gè'àn [명]개별적이거나 특수한 안건
个头儿 gètóur [명]①(물건의) 크기 ②키 몸집
各奔前程 gèbènqiánchéng 각기 제 갈 길을 가다
各式各样 gèshì-gèyàng 각양각색
根基 gēnjī [명]기초
根深蒂固 gēnshēn-dìgù 깊이 뿌리 박혀 있다
根源 gēnyuán [명]근원
根治 gēnzhì [동]근절하다;뿌리째 없애다
跟不上 gēn bu shàng 따라 갈 수 없다
跟上 gēnshang 뒤따르다
跟踪 gēnzōng [동]미행하다
更改 gēnggǎi [동]변경
更衣室 gēngyīshì [명]탈의실
耕地 gēngdì [명]토지를 갈다
耿直 gěngzhí [형]바르고 곧다
工地 gōngdì [명](작업 · 공사) 현장
工会 gōnghuì [명]노동조합
工科 gōngkē [명]공과
工商界 gōngshāngjiè [명]상공업계
工序 gōngxù [명]제조공정
工整 gōngzhěng [형]정연하다;반듯하다
工作量 gōngzuòliàng [명]작업량
弓 gōng [명]활
公安局 gōng'ānjú [명]공안국
公车 gōngchē [명]관용차
公道 gōngdào [형]바른 도리
公费 gōngfèi [명]공비;국비
公共场所 gōnggòng chǎngsuǒ 공공장소
公关 gōngguān [명]공공관계
公函 gōnghán [명]동급 기관이나 서로 예속되지 않는 기관 사이에 왕래되는 공문
公积金 gōngjījīn [명]공동 적립금
公开信 gōngkāixìn [명]공개장
公款 gōngkuǎn [명]공금
公立 gōnglì [형]공립의
公墓 gōngmù [명]공동묘지
公仆 gōngpú [명]공복

公顷 gōngqǐng [양]헥타르
公然 gōngrán [부]공공연히
公示 gōngshì [동]공시하다
公事 gōngshì [명]공무
公务 gōngwù [명]공무
公益 gōngyì [명]공익
公益性 gōngyìxìng [명]공익성
公用 gōngyòng [동]공용하다
公寓 gōngyù [명]아파트
公约 gōngyuē [명]공약
公证 gōngzhèng [동]공증하다
公职 gōngzhí [명]공직
功 gōng [명]①공로;공훈 ②성과;효과
功臣 gōngchén [명]공신
功底 gōngdǐ [명]기초
功劳 gōng·láo [명]공로
功力 gōnglì [명]기술과 힘
功率 gōnglǜ [명]공률
功效 gōngxiào [명]효능
攻 gōng [동]①공격하다 ②(남의 잘못에 대해) 비난하다
攻读 gōngdú [동]열심히 공부하다;연마하다
攻关 gōngguān [동]①요소를 공격하다 ②난관을 돌파하려고 하다
供 gōng [동](제물을) 바치다
供不应求 gōnbúyìngqiú 공급이 수요를 따르지 못하다
供暖 gōngnuǎn [동]난방하다
供求 gōngqiú [명]공급과 수요
宫殿 gōngdiàn [명]궁전
宫廷 gōngtíng [명]궁궐
恭维 gōng·wei [동]아첨하다
恭喜 gōngxǐ [동]축하하다
拱 gǒng [동]①두 손을 맞잡아 가슴까지 올려 절하다 ②두 손으로 물건을 안다
共鸣 gòngmíng [동]공명하다;공감하다
共识 gòngshí [명]공통의 인식
共同体 gòngtóngtǐ [명]공동체
共性 gòngxìng [명]공통성
供奉 gòngfèng [동]공양하다 [명]궁중의 예인
勾 gōu [동]①(선을 그어) 지우다 ②윤곽을 그리다
勾画 gōuhuà [동](윤곽을) 간단히 묘사하다
勾结 gōujié [동]결탁하다;공모하다
钩 gōu [동]걸다;낚다
钩子 gōuzi [명]갈고리(모양의 물건)
构思 gòusī [동]구상하다
构想 gòuxiǎng [동]구상하다 [명]생각;계획
购 gòu [동]사다;구입하다
够呛 gòuqiàng [형]힘겹다;견딜 수 없다
估算 gūsuàn [동]추산하다
沽名钓誉 gūmíng-diàoyù 온갖 수단을 부려 명예를 추구하다
孤单 gūdān [형]외롭다;고독하다
孤立 gūlì [형]고립되어 있다 [동]고립하다
孤零零 gūlínglíng [형]외롭다;적적하다
孤陋寡闻 gūlòu-guǎwén 학문이 얕고 견문이 좁다
辜负 gūfù [동](호의·기대·도움 따위를) 헛되게 하다;저버리다
古董 gǔdǒng [명]골동품
古怪 gǔguài [형]기괴하다
古迹 gǔjì [명]고적
古今中外 gǔjīn-zhōngwài 고금동서;모든 시대 모든 지역
古朴 gǔpǔ [형]예스럽고 소박하다;수수하면서 고풍스럽다
古人 gǔrén [명]옛 사람
股份 gǔfèn [명]주식
股民 gǔmín [명]주식 투자자
股市 gǔshì [명]주식 시장
骨干 gǔgàn [명]①골간 ②전체 중에서 주요 역할을 하는 사람 또는 사물
骨气 gǔqì [명](강직하고 굽히지 않는) 기개
骨折 gǔzhé [동]골절되다
鼓动 gǔdòng [동]선동하다

鼓舞 gǔwǔ [동]고무하다;북돋우다 [형]흥분하다
固然 gùrán [접]물론 …지만
固执 gùzhí [형]완고하다
故 gù [부]고의로 [접]그러므로
顾不得 gùbu·dé 주의를 기울일 여유가 없다
顾不上 gùbushàng 돌볼 틈이 없다
顾及 gùjí [동]보살핌이 구석구석까지 미치다
顾虑 gùlǜ [명]고려;근심 [동]고려하다;염려하다
顾全大局 gùquán-dàjú 대국을 돌보다
雇 gù [동]①고용하다 ②세내다;빌리다
雇佣 gùyōng [동]고용하다
雇员 gùyuán [명]임시직 직원
雇主 gùzhǔ [명]고용주
瓜分 guāfēn [동]분할 또는 분배하다
瓜子 guāzǐ [명]수박씨·해바라기씨·호박씨 등을 통틀어 일컫는 말
刮风 guā fēng 바람이 불다
寡妇 guǎfu [명]과부
挂钩 guàgōu [명]연결기;갈고리
挂号 guà//hào 신청하다;접수시키다
挂念 guàniàn [동]근심하다;염려하다
挂失 guà//shī 분실 신고를 하다
乖 guāi [형]얌전하다;말을 잘 듣다
乖巧 guāiqiǎo [형]영리하다
拐弯 guāiqiǎo 방향을 바꾸다
拐杖 guǎizhàng [명]지팡이
怪不得 guàibude [부]과연 [동]탓할 수 없다
怪物 guàiwu [명]괴물
怪异 guàiyì [형]괴이하다
关掉 guāndiào 꺼버리다;잠가 버리다
关节 guānjié [명]①관절 ②중요한 부분;중요한 시기
关税 guānshuì [명]관세
关头 guāntóu [명]일의 중요한 시기;전환점
关照 guānzhào [동]돌보다
观测 guāncè [동]관측하다
观感 guāngǎn [명]보고 느낀 점
观摩 guānmó [동]서로 보고 배우다
观赏 guānshǎng [동]감상하다
观望 guānwàng [동]관망하다
官兵 guānbīng [명]관리와 병사
官吏 guānlì [명]관리
官僚 guānliáo [명]관료
官僚主义 guānliáo zhǔyì 관료주의
官员 guānyuán [명]관원
棺材 guāncai [명]관
管家 guǎnjiā [명]집사
管教 guǎnjiào [동]단속 교육하다 [명]교육원
管理费 guǎnlǐfèi [명]관리비
管辖 guǎnxiá [동]관할하다
管用 guǎn//yòng 유효하다;쓸모가 있다
管子 guǎnzi [명]파이프
贯彻 guànchè [동]철저히 실행하다
贯穿 guànchuān [동]관통하다
贯通 guàntōng [동](학술·사상 따위의 방면을) 전부 철저히 이해하다;관통하다
惯 guàn [동]습관이 되다
惯例 guànlì [명]관례
惯性 guànxìng [명]관성
灌 guàn [동]물을 대다;(액체를) 부어 넣다
灌溉 guàngài [동]관개하다
灌输 guànshū [동]①물을 대다 ②(지식 따위를) 주입하다
罐 guàn [명]항아리;단지
罐头 guàntou [명]깡통;통조림
光彩 guāngcǎi [명]광채;명예 [형]영광스럽다
光碟 guāngdié [명]시디(CD)
光顾 guānggù [동](손님을 맞을 때 쓰는 말로) 찾아주시다
光滑 guānghuá [형]매끄럽다;반들반들하다
光环 guānghuán [명]빛나는
光缆 guānglǎn [명]광 케이블
光芒 guāngmáng [명]빛
光明磊落 guāngmíng-lěiluò 정정당당하다
光泽 guāngzé [명]광택;윤기

广义 guǎngyì [명]광의;넓은 의미
归根到底 guīgēn-dàodǐ 근본으로 돌아가다
归还 guīhuán [동]되돌려 주다
归结 guījié [동]매듭짓다;귀결하다
归来 guīlái [동](다른 곳에서 원래의 곳으로) 돌아오다
归纳 guīnà [동]귀납하다
归属 guīshǔ [동]귀속하다
归宿 guīsù [명]귀결점
龟 guī [명]거북
规格 guīgé [명]규격
规矩 guīju [명]규율 [형](행위가) 단정하다
闺女 guīnü [명]①처녀 ②딸
瑰宝 guībǎo [명]진귀한 보물
轨迹 guǐjì [명]궤적
柜台 guìtái [명]계산대
贵宾 guìbīn [명]귀빈
贵重 guìzhòng [형]귀중하다
贵族 guìzú [명]귀족
桂花 guìhuā [명]물푸레나무의 꽃
滚动 gǔndòng [동]굴러가다
棍 gùn [명]막대기
棍子 gùnzi [명]막대기;몽둥이
国宝 guóbǎo [명]국보
国防 guófáng [명]국방
国画 guóhuà [명]국화
国徽 guóhuī [명]국장
国情 guóqíng [명]국정
国土 guótǔ [명]국토
国学 guóxué [명]나라 고유의 학문
国有 guóyǒu [명]국유
果断 guǒduàn [형]결단력이 있다
果园 guǒyuán [명]과수원
果真 guǒzhēn [부]과연 [접]만약 정말이라면
裹 guǒ [동]휘감다
过半 guòbàn [동]절반을 넘다
过不去 guòbuqù [동]지나갈 수 없다;넘어갈 수 없다
过错 guòcuò [명]과실;잘못
过道 guòdào [명]복도
过关 guò//guān 관문을 넘다
过奖 guòjiǎng [동]지나치게 칭찬하다
过节 guò//jié 명절을 쇠다
过境 guò//jìng 국경을 넘다
过滤 guòlǜ [동]여과하다
过期 guò//yìng 기일이 지나다
过日子 guò rìzi 날을 보내다;생활하다
过剩 guòshèng [동]과잉 되다
过失 guòshī [명]과실
过头 guò//tou 살맛;생활의 보람
过往 guòwǎng [동]오고 가다 [명]지난 날
过意不去 guòyìbúqù 미안해하다
过瘾 guò//yǐn 만족하다[시키다]
过硬 guò//yìng 혹독한 시련을 견디어 내다
过早 guòzǎo 너무 이르다
海岸 hǎi'àn [명]해안
海拔 hǎibá [명]해발
海滨 hǎibīn [명]해변
海盗 hǎidào [명]해적
海量 hǎiliàng [명]넓은 주량
海绵 hǎimián [명]스펀지
海面 hǎimiàn [명]해면
海内外 hǎinèiwài 국내외
海滩 hǎitān [명]해변의 모래사장
海峡 hǎixiá [명]해협
海啸 hǎixiào [명]해일
海域 hǎiyù [명]해역
海运 hǎiyùn [동]해운
海藻 hǎizǎo [명]해초
骇人听闻 hàiréntīngwén 듣는 사람으로 하여금 깜짝 놀라게 하다
害虫 hàichóng [명]해충
害臊 hài//sào 수줍어하다
害羞 hài//xiū 부끄러워하다

酣畅 hānchàng [형]①기분이 좋다 ②호방하다; 분방하다
酣睡 hānshuì [동]숙면하다
含糊 hánhu [형]모호하다
含蓄 hánxù [동]함축하다 [형]함축적이다
函授 hánshòu [동]통신으로 가르치다
涵盖· hángài [동]포함하다
涵义 hányì [명]내포된 뜻·내용·개념
罕见 hǎnjiàn [형]보기 드물다
汗水 hànshuǐ [명]땀
旱 hàn [형]가물다
旱灾 hànzāi [명]가뭄으로 말미암은 재해
捍卫 hànwèi [동]지키다
焊 hàn [동]땜질하다;용접하다
行家 hángjia [명]전문가;숙련가
行列 hángliè [명]행렬
行情 hángqíng [명]시세
航海 hánghǎi [동]항해하다
航天 hángtiān [동]우주 비행하다
航天员 hángtiānyuán [명]우주 비행사
航行 hángxíng [동]항행하다
航运 hángyùn [명]해상 운송
毫不 háobù 전혀 …하지 않다
毫不犹豫 háo bù yóuyù 전혀 주저하지 않다
毫无 háo wú 조금도(전혀)…이 없다
豪华 háohuá [형](생활이) 호화롭다
好比 hǎobǐ [동]흡사 …과 같다
好歹 hǎodǎi [명]좋은 것과 나쁜 것 [부]어쨌든
好感 hǎogǎn [명]호감
好坏 hǎohuài [명]좋고 나쁨;잘잘못
好家伙 hǎojiāhuo [감]그것 참!(감탄·놀람·칭찬 등을 나타낼 때 내는 소리)
好评 hǎopíng [명]호평
好说 hǎoshuō [동]①천만에요 ②상의할 수 있다
好笑 hǎoxiào [형]우습다;가소롭다
好心 hǎoxīn [명]선의;호의
好心人 hǎoxīnrén [명]선량한 사람
好意 hǎoyì [명]호의
好在 hǎozài [부]다행히도
号称 hàochēng [동]…라고 불리다
好客 hàokè [형]손님 접대를 좋아하다
好奇心 hàoqíxīn [명]호기심
耗 hào [동]소모하다;낭비하다
耗费 hàofèi [동]낭비하다;소비하다
耗时 hàoshí [동]…동안의 시간을 걸치다
浩劫 hàojié [명]큰 재난
呵护 hēhù [동]보살피다
禾苗 hémiáo [명]볏모;싹
合唱 héchàng [동]합창하다
合乎 héhū [동]…에 맞다;…에 합치하다
合伙 héhuǒ [동]한패가 되다;동업하다
合计 héjì [동]타산하다;따져보다
合情合理 héqíng-hélǐ 정리에(경우에) 맞다
合影 hé//yǐng ①함께 사진을 찍다 ②단체사진
合资 hézī [동]공동 출자하다
合作社 hézuòshè [명]합작사;협동조합
何必 hébì [부]구태여(하필)…할 필요가 있는가
何处 hé chù 어디;어느 곳
何苦 hékǔ [부]무엇이 안타까워서 굳이 …하려 하는가
何况 hékuàng [접]하물며;더군다나
何时 héshí 언제
和蔼 hé'ǎi [형]상냥하다;부드럽다
和解 héjiě [동]화해하다
和睦 hémù [형]화목하다
和平共处 hépíng gòngchǔ 평화 공존(하다)
和气 héqi [형](태도가)온화하다 [명]화목한 감정
和尚 héshang [명]승려
河流 héliú [명]강의 흐름
河畔 hépàn [명]강변
荷花 héhuā [명]연꽃
核 hé [명]①과실의 씨 ②사물의 핵심
核电站 hédiànzhàn [명]원자력 발전소
核对 héduì [동]대조 확인하다

核能 hénéng [명]원자력;핵에너지
核实 héshí [동]실태를 조사·확인하다
核桃 hétao [명]호두나무;호두
核武器 héwǔqì [명]핵무기
贺电 hèdiàn [명]축하 전보;축전
贺信 hèxìn [명]축하 편지
喝彩 hè//cǎi 갈채하다
赫然 hèrán [형]버럭;발끈(몹시 화내는 모양)
鹤立鸡群 hèlìjīqún 군계일학
黑白 hēibái [명]흑백
黑客 hēikè [명]해커
黑马 hēimǎ [명]다크 호스
黑手 hēishǒu [명]검은 마수
黑心 hēixīn [형]흑심 [명]마음이 음흉하다
嘿 hēi [감]어이;여보(시오)
痕迹 hénjì [명]흔적
恨不得 hènbude [동]…못하는 것이 한스럽다;간절히 …하고 싶다
哼 hēng [동]①신음하다 ②흥얼거리다
横七竖八 héngqī-shùbā 어수선하게 흩어져 있는 모양
横向 héngxiàng [형]수평적;평행의
横 hèng [형]난폭하다;뜻밖의
轰 hōng [동]천둥 치다 [의]쾅;쿵
轰动 hōngdòng [동]뒤흔들다;진동시키다
轰炸 hōngzhà [동]폭격하다
哄 hōng [의]왁자지껄;와글와글
哄堂大笑 hōngtáng-dàxiào 장내가 온통 웃음바다를 이루다
烘干 hōnggān [동]불에 말리다
烘托 hōngtuō [동]묵이나 엷은 색으로 윤곽을 바림해서 형체를 두드러지게 하다
弘扬 hóngyáng [동](사업·전통 등을) 더욱 확대·발전시키다
红灯 hóngdēng [명]붉은 등;빨간 신호등
红火 hóng·huo [형]성대하다;번창하다
红扑扑 hóngpūpū [형]얼굴에 홍조를 띤 모양
红润 hóngrùn [형]볼그스름하다
红薯 hóngshǔ [명]고구마
红眼 hóngyǎn [동]부러워하다;질투하다
宏观 hóngguān [형]거시적인
宏伟 hóngwěi [형](사업·규모·임무·계획 따위가) 위대하다
洪亮 hóngliàng [형](소리가) 크고 낭랑하다
哄 hǒng [동](말로) 속이다;달래다
哄 hòng [동]떠들어대다;소란을 피우다 농담을 하다
喉咙 hóu·lóng [명]목구멍
吼 hǒu [동]울부짖다;고함치다
后备 hòubèi [형]예비의;비축한 [명]예비 인력 비축 물자
后备箱 hòubèixiāng [명]트렁크
后代 hòudài [명]후대;후손
后盾 hòudùn [명]후원;뒷받침
后顾之忧 hòugùzhīyōu 뒷걱정
后期 hòuqī [명]후기
后勤 hòuqín [명]후방 근무
后人 hòurén [명]자손
后台 hòutái [명]①무대 뒤 ②배후
后退 hòutuì [동]후퇴하다
后续 hòuxù [형]후속의
后遗症 hòuyízhèng [명]후유증
后裔 hòuyì [명]후예
后者 hòuzhě [명]후자
厚道 hòudao [형]너그럽다;친절하다
厚度 hòudù [명]두께
候选人 hòuxuǎnrén [명]입후보자
呼风唤雨 hūfēng-huànyǔ 비바람을 부르다
呼唤 hūhuàn [동]부르다;외치다
呼救 hūjiù [동](큰소리로) 도움을 청하다
呼声 hūshēng [명]고함 소리
呼应 hūyìng [동]호응(하다)
呼吁 hūyù [동](원조·지지·동정 따위를) 구하다
忽高忽低 hūgāo-hūdī 높으락낮으락
忽悠 hūyou [동]펄럭이다;흔들거리다

胡闹 húnào [동]터무니없이 굴다
胡说 húshuō [동]터무니없는 말을 하다 [명]허튼 소리
胡思乱想 húsī-luànxiǎng 터무니없는 생각을 하다
湖泊 húpō [명]호수
糊 hú [동]대충 얼버무리다
糊涂 hútu [형]어리석다
互补 hùbǔ [동]서로 보충하다
互访 hùfǎng [동]상호 방문하다
互信 hùxìn [동]서로 믿다
互助 hùzhù [동]서로 돕다
护理 hùlǐ [동]돌보다;보호 관리하다
花瓣 huābàn [명]꽃잎
花卉 huāhuì [명]화훼;화초
花纹 huāwén [명]장식용의 도안이나 무늬
花样 huāyàng [명]①무늬 ②속임수
划算 huásuàn [동](마음속으로) 계산하다 [형]수지타산이 맞다
华丽 huálì [형]화려하다
华侨 huáqiáo [명]화교
华裔 huáyì [명]①중국과 그 인접국 ②외국에서 태어나 그 나라의 국적을 취득한 화교의 자녀
哗变 huábiàn [동](군대가) 반란을 일으키다
哗然 huárán [형]떠들썩하다
滑冰 huábīng [동]스케이트를 타다
滑稽 huá·jī [형]익살맞다
滑梯 huátī [명]미끄럼대
滑雪 huáxuě [동]스키를 타다
化肥 huàféi [명]화학 비료
化身 huàshēn [명](추상적 관념·사람·사물의) 상징;화신
化纤 huàxiān [명]화학 섬유
化险为夷 huàxiǎnwéiyí 위험한 상태를 평온하게 하다
化验 huàyàn [동]화학 실험
化妆 huà//zhuāng 화장하다
划时代 huàshídài [형]새 시대를 여는
画册 huàcè [명]화집
画龙点睛 huàlóng-diǎnjīng 화룡점정
画蛇添足 huàshé-tiānzú 뱀을 그리는데 다리를 그려 넣다;쓸데없는 짓을 하다
画展 huàzhǎn [명]그림 전시회
话费 huàfèi [명]통화 요금
话筒 huàtǒng [명](전화기의) 송수화기
话语 huàyǔ [명]말;언사
怀抱 huáibào [동]품에 안다 [명]품
怀旧 huáijiù [동]옛날을 회고하다
怀里 huáili 품(속)
怀孕 huái//yùn 임신하다
怀着 huáizhe 가지다
槐树 huáishù [명]회화나무
坏事 huàishì [명]나쁜 일
欢呼 huānhū [동]환호하다
欢聚 huānjù [동]즐겁게 모이다
欢快 huānkuài [형]유쾌하다
欢声笑语 huānshēng-xiàoyǔ 즐거운 노랫소리와 웃음소리
还款 huán kuǎn 돈을 갚다
还原 huán//yuán 원상회복하다;복원하다
环球 huánqiú [동]지구를 일주하다
环绕 huánrào [동]둘러싸다
缓 huǎn [동](시기를) 미루다;늦추다
缓和 huǎnhé [동](분위기·정세·상황 따위가) 완화되다 [형](분위기·정세·상황 따위가) 느긋하다
缓缓 huǎnhuǎn [부]서서히
缓慢 huǎnmàn [형]완만하다;더디다
幻觉 huànjué [명]환각
幻影 huànyǐng [명]환영
换成 huànchéng …으로 바꾸다
换取 huànqǔ [동]바꾸어 가지다
换位 huànwèi [동]①지위나 직을 바꾸다 ②위치를 바꾸다
换言之 huànyánzhī 바꿔 말하면
唤起 huànqǐ [동]불러일으키다

患 huàn [동](병이) 들다;걸리다
患病 huànbìng [동]병에 걸리다
患有 huànyǒu …을 앓고 있다;…에 걸리다
焕发 huànfā [동]환하게 빛나다
荒 huāng [동]게을리하다;등한히 하다
荒诞 huāngdàn [형]황당하다;터무니없다
荒凉 huāngliáng [형]황량하다
荒谬 huāngmiù [형]터무니없다
慌乱 huāngmiù [형]황당하고 혼란하다
慌张 huāng·zhāng [형]당황하다
皇宫 huánggōng [명]황궁
皇后 huánghòu [명]황후
皇上 huáng·shang [명]황제
皇室 huángshì [명]황실
黄昏 huánghūn [명]황혼;해질 무렵
恍然大悟 huǎngrán-dàwù 문득 모든 것을 깨치다
晃 huǎng [동](번개같이) 스쳐 지나가다
谎话 huǎnghuà [명]거짓말
谎言 huǎngyán [명]거짓말
晃 huàng [동]흔들다
晃荡 huàngdang [동]흔들리다
灰 huī [명]재;먼지 [형]회색의
灰尘 huīchén [명]먼지
灰心 huī//xīn 낙담하다
挥 huī [동]휘두르다
辉煌 huīhuáng [형]휘황찬란하다
回归 huíguī [동]회귀하다
回扣 huíkòu [명]수수료;커미션
回馈 huíkuì [동]피드백
回落 huíluò [동]올라갔다 도로 떨어지다
回升 huíshēng [동]내렸다가 다시 오르다
回首 huíshǒu [동]머리를 돌리다;돌이켜 보다
回味 huíwèi [명](음식을 먹고 난 뒤의) 뒷맛 [동]곱씹다
回想 huíxiǎng [동]회상하다
回忆录 huíyìlù [명]회고록
悔恨 huǐhèn [동]뼈저리게 뉘우치다
毁坏 huǐhuài [동]부수다;훼손하다
毁灭 huǐmiè [동]괴멸하다
汇合 huìhé [동](물 줄기가) 모이다
汇集 huìjí [동]모이다;집중하다
汇聚 huìjí [동]한데 모이다;모여들다
会场 huìchǎng [명]회의장
会面 huì//miàn 만나다
会晤 huìwù [동]만나다;회견하다
会意 huìyì [동]깨닫다;(다른 사람의 의중을) 이해하다
会诊 huì//zhěn ①대진하다;합동 진단하다 ②해결하기 어려운 문제를 공동으로 연구하여 해결하다
绘声绘色 huìshēng-huìsè (묘사나 서술이) 생생하다
贿赂 huìlù [동]뇌물을 주다 [명]뇌물
昏迷 hūnmí [동]까무러치다;혼수상태에 빠지다
婚纱 hūnshā [명]신부 드레스
婚姻 hūnyīn [명]혼인;결혼
浑身 húnshēn [명]온몸;전신
魂 hún [명]혼;정신
混凝土 hùnníngtǔ [명]콘크리트
混淆 hùnxiáo [동]뒤섞이다;헛갈리다
混浊 hùnzhuó [형]혼탁하다
豁 hùnzhuó [동]째지다;터지다
豁出去 huō//chuqu 어떤 희생을 치르더라도 하다
活该 huógāi [동](…한 것은) 당연하다;그래 싸다
活期 huóqī [형]당좌의;예금자가 예금을 수시로 인출할 수 있는
活儿 huór [명]일거리
火暴 huǒbào [형]성급하다;불같다
火锅 huǒguō [명]신선로;중국식 샤브샤브
火候 huǒhou [명]불의 세기와 시간
火花 huǒhuā [명]불꽃
火炬 huǒjù [명]횃불
火辣辣 huǒlàlà [형]몹시 뜨겁다
火热 huǒrè [형]불같이 뜨겁다
火山 huǒshān [명]화산
火速 huǒsù [부]황급히

火焰 huǒyàn [명]불꽃;화염
火药 huǒyào [명]화약
伙食 huǒ·shí [명]식사
或多或少 huòduō-huòshǎo 많든 적든
货币 huòbì [명]화폐
货车 huòchē [명]화물차
货物 huòwù [명]화물
货运 huòyùn [명]화물 운송
获胜 huòshèng [동]승리하다;이기다
获悉 huòxī [동]정보를 얻다
祸害 huòhai [명]재난;화근 [동]해치다
霍乱 huòluàn [명]콜레라
豁达 huòdá [형]확 트이다;(성격이) 활달하다
几率 jīlǜ [명]확률
讥笑 jīxiào [동]비웃다;조롱하다
饥饿 jī'è [형]배가 고프다
机舱 jīcāng [명]기관실
机动 jīdòng [형]기계로 움직이는
机灵 jīling [형]영리하다
机密 jīmì [형]기밀의 [명]기밀
机智 jīzhì [형]기지가 넘치다
肌肤 jīfū [명]근육과 피부
积 jī [동]쌓다;축적하다
积淀 jīdiàn [동](사상·문화 등이) 누적되다 [명]축적된 경험
积蓄 jīxù [동]저축하다 [명]저축
基本功 jīběngōng [명]기초적 지식과 기술
基层 jīcéng [명]기층;(조직의) 말단
基因 jīyīn [명]유전자
基于 jīyú [개]…에 근거하다
基准 jīzhǔn [명]기준
畸形 jīxíng [형]기형적인
激发 jīfā [동]불러일으키다
激光 jīguāng [명]레이저
激化 jīhuà [동]격화되다;격화시키다
激活 jīhuó [동]활성화
激励 jīlì [동]격려하다
激起 jīqǐ [동](자극이나 충격을 주어) 불러일으키다
激素 jīsù [명]호르몬
及 jí [접]및;와
及其 jí qí 그에 따르는
及早 jízǎo [부]빨리;일찍
吉普 jípǔ [명]지프차
吉他 jítā [명]기타
吉祥物 jíxiángwù [명]마스코트
级别 jíbié [명]등급;순위
极度 jídù [부]극도로
极力 jílì [부]있는 힘을 다 하여
极少数 jí shǎoshù 극소수
极为 jíwéi [부]극히;매우
极限 jíxiàn [명]극한
即 jí [부]바로;곧
即便 jíbiàn [접]설사 …하더라도
即可 jíkě [동]…하면 곧 …할 수 있다
急剧 jíjù [형]급격하다
急迫 jípò [형]급박하다
急性 jíxìng [형]급성의
急需 jíxū [동]급히 필요로 하다
急于 jíyú [동]급히 서둘러 …을 하려고 하다
急诊 jízhěn [동]급진하다 [명]급진
急转弯 jízhuǎnwān 급히 방향을 바꾸다
棘手 jíshǒu [형](처리하기) 곤란하다
集会 jíhuì [명]집회 [동]집회하다
集结 jíjié [동]집결하다
集邮 jí//yóu 우표를 수집하다
集装箱 jízhuāngxiāng [명]컨테이너
集资 jízī [동]자금을 모으다
嫉妒 jídù [동]질투하다
挤压 jǐyā [동]누르다;압출하다
脊梁 jǐ·liáng [명]등;척추
计 jì [명]계량기 [동]계산하다
计策 jìcè [명]계책
计较 jìjiào [동]계산하여 비교하다
计时 jìshí [동]시간을 계산하다

记号 jìhao [명]기호;표시
记忆犹新 jìyì-yóuxīn 기억이 생생하다
纪录片 jìlùpiàn [명]다큐멘터리 영화
纪念碑 jìniànbēi [명]기념비
纪念馆 jìniànguǎn [명]기념관
纪念日 jìniànrì [명]기념일
纪实 jìshí [동]실제의 상황을 기록하다 [명]실제 사전의 기록
技艺 jìyì [명]기예
忌 jì [동]①시기하다 ②두려워하다
忌讳 jì·huì [동]①기피하다 ②금하다
忌口 jì//kǒu 음식을 가리다
剂 jì [명]약제 [양]제(탕약을 셀 때 쓰는 단위)
迹象 jìxiàng [명]흔적
继 jì [동]계속하다
继而 jì'ér [접]계속하여
继父 jìfù [명]계부
继母 jìmǔ [명]계모
祭 jì [동]제사 지내다
祭奠 jìdiàn [동]제사 지내 추모하다
祭祀 jìsì [동]제사 지내다
寄托 jìtuō [동]위탁하다
寂静 jìjìng [형]고요하다
寂寞 jìmò [형]쓸쓸하다
加紧 jiājǐn [동]다그치다;강화하다
加剧 jiājù [동]격화하다;심해지다
加深 jiāshēn [동]깊게 하다;심화하다
加重 jiāzhòng [동]가중하다;무겁게 하다
佳节 jiājié [명]①좋은 계절 ②명절
家伙 jiāhuo [명]놈;녀석
家家户户 jiājiāhùhù [명]가가호호;집집마다
家教 jiājiào [명]가정교육
家境 jiājìng [명]가정 형편
家禽 jiāqín [명]가금
家用 jiāyòng [명]가정의 비용 [형]가정용의
家喻户晓 jiāyù-hùxiǎo 집집마다 알다
家政 jiāzhèng [명]가사의 관리
家族 jiāzú [명]가족;동족
嘉年华 jiāniánhuá [명]카니발
假定 jiǎdìng [동]가정하다
假冒 jiǎmào [동]가장하다;사칭하다
假设 jiǎshè [동]꾸며 내다
假使 jiǎshǐ [접]만약
假装 jiǎzhuāng [동]가장하다
价位 jiàwèi [명]가격대
价值观 jiàzhíguān [명]가치관
驾 jià [동]①(소나 말에) 수레를 메우다 ②운전하다
驾车 jiàchē 차를 몰다
驾驭 jiàyù [동]①(거마 따위를) 몰다 ②지배하다
架势 jiàshi [명]①모양;자세 ②형세;정세
架子 jiàzi [명]틀;조직
嫁 jià [동]시집가다
嫁妆 jiàzhuang [명]시집갈 때 가지고 가는 물품
尖端 jiānduān [명]첨단 [형]첨단의;최신의
尖锐 jiānruì [형]뾰족하고 날카롭다
奸诈 jiānzhà [형]간사하다
歼灭 jiānmiè [동]섬멸하다;몰살하다
坚持不懈 jiānchí-búxiè 조금도 느슨하게 하지 않고 끝까지 견지해 나가다
坚韧 jiānrèn [형]강인하다
坚实 jiānshí [형]견실하다
坚守 jiānshǒu [동]굳게 지키다
坚信 jiānxìn [동]굳게 믿다
坚硬 jiānyìng [형]굳다;단단하다
肩膀 jiānbǎng [명]어깨
肩负 jiānfù [동]짊어지다
艰巨 jiānjù [형]어렵고도 방대하다;대단히 어렵고 힘들다
艰苦奋斗 jiānkǔ-fèndòu 고난과 시련을 이겨내면서 있는 힘을 다하여 싸우다
艰险 jiānxiǎn [형](입장·처지가) 곤란하고 위험하다
艰辛 jiānxīn [형]힘들고 고생스럽다
监察 jiānchá [동]감찰하다

监管 jiānguǎn [동]감시 관리하다
监护 jiānhù [동]감독 보호하다
监控 jiānkòng [동]감시하고 제어하다
监视 jiānshì [동]감시하다
监狱 jiānyù [명]감옥
兼 jiān [동]겸하다;동시에 하다
兼顾 jiāngù [동]고루 돌보다
兼任 jiānrèn [동]겸임하다
兼容 jiānróng [동]동시에 여러 가지를 용납하다
兼职 jiānzhí [명]겸직
煎 jiān [동](기름에) 지지다
拣 jiǎn [동]①고르다;선택하다 ②줍다
检察 jiǎnchá [동]점검하여 고찰하다
检讨 jiǎntǎo [동]검토하다
减免 jiǎnmiǎn [동]감면하다
减弱 jiǎnruò [동]약해지다
减速 jiǎn//sù 감속하다
减压 jiǎnyā [동]감압하다
简称 jiǎnchēng [동]약칭하다 [명]약칭
简短 jiǎnduǎn [형]간결하다
简化 jiǎnhuà [동]간략화하다
简洁 jiǎnjié [형]간결하다
简陋 jiǎnlòu [형]초라하다
简体字 jiǎntǐzì [명]간체자;간화자
简要 jiǎnyào [형]간단명료하다
简易 jiǎnyì [형]간단하고 쉬운
见解 jiànjiě [명]견해
见钱眼开 jiànqián-yǎnkāi 돈을 보면 눈이 크게 뜨이다
见仁见智 jiànrén-jiànzhì 어진 이는 어진 점을 보고 지혜로운 자는 지혜로운 점을 보다
见识 jiànshi [동]견문을 넓히다 [명]식견
见外 jiànwài [형]서먹서먹하게 대하다
见效 jiànxiào [동]효력이 나타나다
见义勇为 jiànyì-yǒngwéi 정의를 보고 용감하게 뛰어들다
见证 jiànzhèng [동]증거를 댈 수 있는 [명]①증인 ②증명서
间谍 jiàndié [명]스파이
间断 jiànduàn [동]중단되다
间隔 jiàngé [동]간격을 두다 [명]간격
间隙 jiànxì [명]①틈 ②기회
建交 jiàn//jiāo 외교 관계를 맺다
建树 jiànshù [동]수립하다 [명]공적
建筑师 jiànzhùshī [명]건축사
建筑物 jiànzhùwù [명]건축물
贱 jiàn [형]①(값이) 싸다 ②(지위·신분 따위가) 낮다
健美 jiànměi [명]건강미 [형]건강하고 아름답다
健壮 jiànzhuàng [형]건장하다
溅 jiàn [동](물방울·흙탕물 따위가) 튀다
鉴别 jiànbié [동]감별하다
鉴赏 jiànshǎng [동]감상하다
鉴于 jiànyú [개]…에 비추어 보아
姜 jiāng [명]생강
僵 jiāng [형]딱딱하다;뻣뻣하다
僵化 jiānghuà [동]경직되다
僵局 jiāngjú [명]교착된 국면
讲解 jiǎngjiě [동]설명하다;해설하다
讲述 jiǎngshù [동]진술하다
讲学 jiǎng//xué 학문을 강의하다
奖杯 jiǎngbēi [명]우승컵
奖牌 jiǎngpái [명]①상패 ②메달
奖品 jiǎngpǐn [명]상품
奖项 jiǎngxiàng [명]상의 종목
降临 jiànglín [동]강림하다
交叉 jiāochā [동]교차하다
交锋 jiāo//fēng 교전하다;맞붙다
交付 jiāofù [동]①교부하다 ②건네주다
交集 jiāojí [동]동시에 나타나다
交接 jiāojiē [동]인수인계 하다;교체하다
交界 jiāojiè [동]경계선이 맞닿다
交纳 jiāonà [동]납부하다
交情 jiāoqing [명]친분;우정

交涉 jiāoshè [동]①관련하다 ②교섭하다
交谈 jiāotán [동]이야기를 나누다
交替 jiāotì [동]교체하다;교대하다
交头接耳 jiāotóu-jiē'ěr 귀에 입을 대고 소곤거리다
交响乐 jiāoxiǎngyuè [명]교향악
郊外 jiāowài [명]교외
郊游 jiāoyóu [동]교외로 소풍 가다
浇 jiāo [동]뿌리다;끼얹다
娇惯 jiāoguàn [동]응석받이로 키우다
娇气 jiāo·qì [형]여리다;허약하다
胶囊 jiāonáng [명]캡슐
胶片 jiāopiàn [명]필름
焦 jiāo [형]눋다;타다
焦急 jiāojí [형]초조하다
焦距 jiāojù [명]초점 거리
焦虑 jiāolǜ [형]걱정스럽다
焦躁 jiāozào [형]초조하다
礁石 jiāoshí [명]암초
嚼 jiáo [동]①씹다 ②음미하다
角落 jiǎoluò [명]구석
狡猾 jiǎohuá [형]교활하다
绞 jiǎo [동]①비틀다 ②죄어 짜다
矫正 jiǎozhèng [동]교정하다
搅 jiǎo [동]①휘젓다 ②뒤섞다
搅拌 jiǎobàn [동]휘저어 섞다;반죽하다
缴 jiǎo [동]납부하다;바치다
缴费 jiǎofèi [동]비용을 납부하다
缴纳 jiǎonà [동]납부하다;납입하다
叫板 jiào//bǎn ①중국 전통극에서 마지막 대사를 길게 뽑아 다음 곡조로 넘어가게 하는 대목 ②트집을 잡아 싸움을 걸다
叫好 jiào//hǎo 갈채를 보내다
轿车 jiàochē [명]①말이나 노새가 끄는 휘장을 두른 이륜(二輪) 마차 ②승용차
较劲 jiào//jìn 온 힘을 내다
较量 jiàoliàng [동]①겨루다 ②비교하다
教科书 jiàokēshū [명]교과서
教条 jiàotiáo [명]교조 [형]독단적
教养 jiàoyǎng [동]가르쳐 키우다 [명]교양
阶层 jiēcéng [명]계층
阶级 jiējí [명]계급
阶梯 jiētī [명]계단과 사다리
皆 jiē [부]모두;전부
结 jiē [동](열매가) 열리다
结果 jiē//guǒ 열매를 맺다
接班 jiē//bān 근무를 교대하다
接班人 jiēbānrén [명]후계자
接二连三 jiē'èr-liánsān 연이어;연속적으로
接轨 jiē//guǐ ①레일을 접속하다 ②연결하다
接济 jiējì [동]①원조하다 ②보급하다
接见 jiējiàn [동]접견하다
接力 jiēlì [동]릴레이 하다
接纳 jiēnà [동]받아들이다
接手 jiēshǒu [동]일을 인수하다
接送 jiēsòng [동]맞이하고 보내다
接替 jiētì [동]대신하다
接听 jiētīng [동](전화를) 받다
接通 jiētōng [동]연결되다;통하다
揭发 jiēfā [동]들추어내다;폭로하다
揭露 jiēlù [동]폭로하다;까발리다
揭示 jiēshì [동]①게시하다 ②드러내어 보이다
揭晓 jiēxiǎo [동]발표하다;공표하다
节俭 jiéjiǎn [형]검소하다
节气 jié·qi [명]절기
节水 jiéshuǐ [동]물을 절약하다
节衣缩食 jiéyī-suōshí 입고 먹는 것을 아끼다
劫 jié [동]①강탈하다 ②급습하다
劫持 jiéchí [동]협박하다;납치하다
洁净 jiéjìng [형]①깨끗하다 ②순결하다
结冰 jiébīng [동]결빙하다
结晶 jiéjīng [명]①결정 ②크리스털
结局 jiéjú [명]결말
结识 jiéshí [동]사귀다
结尾 jiéwěi [동]끝맺다 [명]결말

截 jié [동](긴 것을 일정한 길이로) 자르다 [양]마디
截然不同 jiérán-bùtóng 완전히 다르다
竭尽全力 jiéjìn-quánlì 모든 힘을 다 기울이다
竭力 jiélì [부]온 힘을 다하여
解答 jiědá [동]해답하다;대답하다
解读 jiědú [동]해독하다
解雇 jiěgù [동]해고하다
解救 jiějiù [동]구출하다
解剖 jiěpōu [동]해부하다
解散 jiěsàn [동]해산하다
解体 jiětǐ [동]해체하다
解脱 jiětuō [동]①해탈하다 ②벗어나다
解围 jiě//wéi 포위를 헤치다
解析 jiěxī [동]해석하다;분석하다
介入 jièrù [동]개입하다
介意 jiè//yì 개의하다
介于 jièyú [동]…의 사이에 있다
戒备 jièbèi [동]경비하다;경계하다
戒烟 jiè yān 담배를 끊다
戒指 jièzhi [명]반지
届时 jièshí [부]때가 되어
界定 jièdìng [동](이론상으로) 사물 혹은 개념의 한계나 범주를 확정하다
界限 jièxiàn [명]①한계 ②끝
界线 jièxiàn [명]경계선
借口 jièkǒu [동]구실로 삼다 [명]구실;핑계
借条 jiètiáo [명]차용 증서
借用 jièyòng [동]차용하다;빌려 쓰다
借助 jièzhù [동](다른 사람 또는 사물의) 도움을 빌다
金属 jīnshǔ [명]금속
金子 jīnzi [명]금
金字塔 jīnzìtǎ [명]피라미드
津津有味 jīnjīn-yǒuwèi ①흥미진진하다 ②아주 맛있다
津贴 jīntiē [명]수당
筋 jīn [명]근육, 힘줄
禁不住 jīnbuzhù [동]견딜 수 없다
仅次于 jǐncì yú 버금가다
尽 jǐn [동]①될 수 있는 대로 …하다 ②…의 한도(범위) 내에서 하다 [부]줄곧;내내
尽早 jǐnzǎo [부]되도록;일찍
紧凑 jǐncòu [형](체제 따위가)치밀하다
紧接着 jǐnjiēzhe 세제곱미터
紧迫 jǐnpò [형]긴박하다
紧缺 jǐnquē [형]빠듯하다
紧缩 jǐnsuō [동]긴축하다
锦旗 jǐnqí [명]우승기
谨慎 jǐnshèn [형]신중하다
尽情 jìnqíng [부]실컷, 마음껏
尽头 jìntóu [명]막바지
进场 jìnchǎng [동]입장하다
进程 jìnchéng [명](사건·행위의) 경과
进出 jìnchū [동]출입하다
进出口 jìn-chūkǒu 수출입
进度 jìndù [명]진도
进而 jìn'ér [접]더 나아가
进修 jìnxiū [동]연수하다(업무의 수준 향상을 위하여 일정 기간 전문 지식에 관한 강습을 받는 것을 가리킴)
近年来 jìnniánlái 최근 몇 년간
劲头 jìntóu [명]①힘 ②열의
晋升 jìnshēng [동]①승급하다 ②승진하다
浸泡 jìnpào [동](물 속에) 담그다
禁忌 jìnjì [명]금기 [동]꺼리다
禁区 jìnqū [명]금지구역
茎 jīng [명](식물의) 줄기
经 jīng [동]①거치다 ②경과하다
经度 jīngdù [명]경도
经久不息 jīngjiǔ-bùxī 오랫동안 멈추지 않고 지속하다
经贸 jīngmào [명]경제무역
经商 jīng//shāng 장사하다
经受 jīngshòu [동]①(시련 따위를) 겪다 ②견디다
荆棘 jīngjí [명]①가시나무 ②난관

惊 jīng [동]놀라다
惊诧 jīngchà [형]놀랍고 의아하다
惊慌 jīnghuāng [형]놀라 당황하다
惊慌失措 jīnghuāng-shīcuò 놀라고 당황하여 어쩔 줄을 모르다
惊奇 jīngqí [형]놀랍고도 이상하다
惊叹 jīngtàn [동]경탄하다
惊天动地 jīngtiān-dòngdì 온 세상을 깜짝 놀라게 하다
惊险 jīngxiǎn [형]아슬아슬하다
惊心动魄 jīngxīn-dòngpò ①마음을 놀라게 하고 넋을 뒤흔들다 ②조마조마하다
惊醒 jīngxǐng [동]깜짝 놀라서 깨다
惊讶 jīngyà [형]놀랍고 의아하다
晶莹 jīngyíng [형]투명하게 반짝이다
兢兢业业 jīngjīngyèyè [형]근면성실하다
精打细算 jīngdǎ-xìsuàn 면밀하게 계산하다
精华 jīnghuá [명]정화
精简 jīngjiǎn [동]간소화하다
精练 jīngliàn [형]간결하다
精妙 jīngmiào [형]정교하고 아름답다
精明 jīngmíng [형]총명하다
精疲力竭 jīngpí-lìjié 기진맥진하다
精确 jīngquè [형]매우 정확하다
精神病 jīngshénbìng [명]정신병
精髓 jīngsuǐ [명]정수;진수
精通 jīngtōng [동]정통하다
精细 jīngxì [형]정교하다
精心 jīngxīn [형]공들이다
精益求精 jīngyìqiújīng 훌륭한데도 더 훌륭하게 하려 하다
精英 jīngyīng [명]뛰어난 사람
精致 jīngzhì [형]정교하다
颈部 jǐngbù [명]목 부분
景观 jǐngguān [명]경관
景区 jǐngqū [명]관광 지구
警车 jǐngchē [명]경찰차
警官 jǐngguān [명]경(찰) 관
警惕 jǐngtì [동]경계하다
警钟 jǐngzhōng [명]경종(주로 비유의 뜻으로 쓰임)
净化 jìnghuà [동]정화하다
竞技 jìngjì [동](체육) 경기
竞相 jìngxiāng [부]앞을 다투어
竞选 jìngxuǎn [동]경선하다
竟 jìng [부]마침내
竟敢 jìnggǎn [동]감히 …하다
敬 jìng [동]공경하다
敬爱 jìng'ài [동]경애하다
敬而远之 jìng'éryuǎnzhī 존경하되 가까이하지는 않다
敬酒 jìngjiǔ [동]술을 권하다
敬礼 jìng//lǐ 경례하다
敬佩 jìngpèi [동]경탄하다
敬请 jìngqǐng [동]공경히 부탁하다
敬业 jìngyè [동]맡은 일에 최선을 다하다
敬意 jìngyì [명]경의
敬重 jìngzhòng [동]존경하다;존중하다
静止 jìngzhǐ [동]정지하다
境地 jìngdì [명]①경지 ②처지
境界 jìngjiè [명]경계
境内 jìngnèi [명]경내
境外 jìngwài [명]경외
境遇 jìngyù [명]경우
窘迫 jiǒngpò [형]곤궁하다
纠缠 jiūchán [동]뒤엉키다
揪 jiū [동](꼭) 붙잡다
久违 jiǔwéi [동]오랜만입니다
久仰 jiǔyǎng [동]존함은 오래 전부터 들었습니다(처음 만났을 때의 인사)
酒精 jiǔjīng [명]알코올
酒楼 jiǔlóu [명]주점
救护车 jiùhùchē [명]구급차
救济 jiùjì [동]구제하다
救治 jiùzhì [동]응급 처치하다

就餐 jiùcān [동]밥을 먹다
就地 jiùdì [부]그 자리에서;현장에서
就读 jiùdú [동]①(학교에서) 공부하다 ②학교에 다니다
就近 jiùjìn [부]가까운 곳에
就任 jiùrèn [동]취임하다
就医 jiù//yī 의사에게 보이다
就诊 jiù//zhěn 진찰 받다
就职 jiù//zhí (정식으로) 취임하다(비교적 높은 직위를 가리킴)
就座 jiù//zuò 자리에 앉다
舅舅 jiùjiu [명]외삼촌
拘留 jūliú [동]구류하다;구치하다
拘束 jūshù [동]구속하다 [형]어색하다
居高临下 jūgāo-línxià 높은 곳에서 굽어보다
居民楼 jūmínlóu [명]아파트;거주 단지
鞠躬 jū//gōng 허리를 굽혀 인사하다
局部 júbù [명]국부
局势 júshì [명](정치·군사 등의) 정세;국면
局限 júxiàn [동]국한하다
菊花 júhuā [명]국화
橘子 júzi [명]귤
沮丧 jǔsàng [형]기가 꺾이다
举报 jǔbào [동]고발하다;신고하다
举措 jǔcuò [명]조치
举例 jǔ//lì 예를 들다
举世闻名 jǔshì-wénmíng 세상에 널리 이름나다
举世无双 jǔshì-wúshuāng 세상에 둘도 없다
举世瞩目 jǔshì-zhǔmù 전 세계가 주목하다
举一反三 jǔyī-fǎnsān 하나를 보고 열을 안다
举止 jǔzhǐ [명]거동
举重 jǔzhòng [명]역도
巨额 jù'é [형]거액의
巨人 jùrén [명]거인
巨头 jùtóu [명]거물
巨星 jùxīng [명]①거성 ②위대한 인물
巨型 jùxíng [형]초대형의
剧烈 jùliè [형]격렬하다
剧目 jùmù [명]연극 제목
剧情 jùqíng [명]('剧中情节'의 준말) 극의 줄거리
剧团 jùtuán [명]극단
剧院 jùyuàn [명]극장
剧组 jùzǔ [명]연극·영화의 제작진
据此 jùcǐ [동]이에 따르다
据悉 jùxī [동]아는 바에 의하면 …라고 한다
距 jù [동](공간 또는 시간상으로) 떨어지다
锯 jù [명]톱 [동]톱질하다
聚集 jùjí [동]모으다;모이다
聚精会神 jùjīng-huìshén 정신을 집중하다
捐献 juānxiàn [동]기부하다
卷入 juǎnrù [동]말려들다
卷子 juànzi [명]시험 답안
圈 juàn [명](가축의) 우리 [동]가두다
决议 juéyì [명]결의
诀别 juébié [동]결별하다(주로 다시 만나기 어려운 경우에 쓰임)
诀窍 juéqiào [명]비결
角逐 juézhú [동]각축하다
觉醒 juéxǐng [동]각성하다
绝技 juéjì [명]특기;묘기
绝缘 juéyuán [동]인연을 끊다
绝招 juézhāo [명]뛰어난 재주;묘책
倔强 juéjiàng [형]고집이 세다
崛起 juéqǐ [동]①(봉우리 따위가) 우뚝 솟다 ②궐기하다
爵士 juéshì [명]재즈
倔 juè [형]퉁명스럽다
军官 jūnguān [명]장교
均衡 jūnhéng [형]고르다;균형이 잡히다
均匀 jūnyún [형]균등하다
君子 jūnzǐ [명]군자
俊 jùn [형](용모·풍채가) 뛰어나다
俏俊 jùnqiào [형](용모가) 빼어나다
骏马 jùnmǎ [명]좋은 말

竣工 jùngōng [동]준공하다
卡车 kǎchē [명]트럭
卡片 kǎpiàn [명]카드
卡通 kǎtōng [명]만화
开办 kāibàn [동]설립하다
开采 kāicǎi [동]채굴하다
开场 kāi//chǎng (연극 따위의) 막이 오르다
开场白 kāichǎngbái [명](연극 따위의) 개막사
开除 kāichú [동]①제명하다 ②해고하다
开动 kāidòng [동](기계를) 가동하다;움직이다
开发区 kāifāqū [명]경제 기술 개발 구역(经济技术开发区)의 약칭. 개발구역
开发商 kāifāshāng [명](부동산·게임·소프트웨어 등의) 개발자; 개발사
开工 kāi//gōng ①착공하다 ②일을 시작하다
开垦 kāikěn [동]개간하다
开口 kāi//kǒu 입을 열다
开阔 kāikuò [형]넓다 [동]넓히다
开朗 kāilǎng [형]①(장소가) 탁 트이고 밝다 ②(생각·성격 등이) 명랑하다
开辟 kāipì [동]①개척하다 ②창립하다
开启 kāiqǐ [동]열다
开枪 kāiqiāng 총을 쏘다
开天辟地 kāitiān-pìdì 천지개벽;유사(有史) 이래
开拓 kāituò [동]개척하다;개간하다
开销 kāi•xiāo [동](비용을) 지출하다 [명]비용
开张 kāi//zhāng 개점하다;개업하다
开支 kāizhī [명]지출;비용
凯歌 kǎigē [명]개선가
楷模 kǎimó [명]모범
刊登 kāndēng [동](신문·잡지 따위에) 게재하다
刊物 kānwù [명]간행물
看护 kānhù [동]간호하다 [명](옛말) 간호사
勘探 kāntàn [동]탐사하다
堪称 kānchēng [동]…라고 할 만하다
侃大山 kǎn dàshān 잡담하다
砍 kǎn [동]①(도끼 등으로) 찍다 ②줄이다
看得出 kàndechū [동]보고 알 수 있다
看热闹 kàn rènao 구경하다
看似 kànsì [동]보기에 마치
看台 kàntái [명]관람석
看样子 kàn yàng·zi 보아하니 …같다
看中 kàn//zhòng (보고)마음에 들다
看重 kànzhòng [동]중시하다
慷慨 kāngkǎi [형]①기개가 있다 ②아낌없다
扛 káng [동]①어깨에 메다 ②(책임·임무를) 맡다
抗衡 kànghéng [동]필적하다;맞서다
抗拒 kàngjù [동]항거하다
抗生素 kàngshēngsù [명]항생 물질
抗争 kàngzhēng [동]항쟁하다
考量 kǎo·liáng [동]고려하다
烤 kǎo [동](불에) 굽다
靠拢 kàolǒng [동]가까이 다가서다
苛刻 kēkè [형](조건·요구 등이) 지나치다
科幻 kēhuàn [명]공상 과학;SF
科目 kēmù [명]과목
科普 kēpǔ [명]과학 보급
磕 kē [동]①(단단한 곳에) 부딪치다 ②툭툭 치다
壳 ké [명]단단한 껍질;껍데기
咳嗽 késou [동]기침하다
可悲 kěbēi [형]슬프다;가엾다
可不是 kěbú·shì [부]그렇고말고
可乘之机 kěchéngzhījī 틈탈 기회
可耻 kěchǐ [형]수치스럽다
可歌可泣 kěgē-kěqì 감격적이고 눈물겹다
可观 kěguān [형]①볼만하다 ②대단하다
可贵 kěguì [형](진) 귀하다
可口 kěkǒu [형]①맛있다 ②입에 맞다
可谓 kěwèi [동]…라고 말할 수 있다
可恶 kěwù [형]얄밉다;괘씸하다
可想而知 kěxiǎng'érzhī 미루어 알 수 있다
可笑 kěxiào [형]우습다
可信 kěxìn [형]믿을 만하다
可行 kěxíng [형]실행할 만하다

可疑 kěyí [형]의심스럽다
克隆 kèlóng [동]복제하다
克制 kèzhì [동](감정 따위를) 자제하다
刻苦 kèkǔ [형]①고생을 참아내다 ②검소하다
刻意 kèyì [부]온갖 정성을 다해
刻舟求剑 kèzhōu-qiújiàn 각주구검. 융통성이 없어 상황에 대처하지 못하다
客房 kèfáng [명]객실
客机 kèjī [명]여객기
客流 kèliú [명](일정한 시각에 일정한 곳으로 가는) 승객들의 흐름
客运 kèyùn [명]여객 운수 업무
恳求 kěnqiú [동]간청하다
啃 kěn [동]①갉아먹다 ②몰두하다
坑 kēng [동]함정에 빠뜨리다 [명]구덩이
空荡荡 kōngdàngdàng [형]텅 비다
空难 kōngnàn [명]항공 사고
空前 kōngqián [동]전례 없는
空想 kōngxiǎng [동]공상하다 [명]공상
空虚 kōngxū [형]공허하다
恐怖 kǒngbù [형]공포스럽다
恐吓 kǒnghè [동]위협하다
恐慌 kǒnghuāng [형](급변한 사태에) 두렵다;당황하다
恐惧 kǒngjù [형]무섭다;두렵다
恐龙 kǒnglóng [명]공룡
空白 kòngbái [명]공백
空地 kòngdì [명]공터
空隙 kòngxì [명]틈
控告 kònggào [동]고소하다
抠 kōu [동]파다 [형]인색하다
口碑 kǒubēi [명]평판
口才 kǒucái [명]말재주
口吃 kǒuchī [동]말을 더듬거리다
口感 kǒugǎn [명]입맛
口径 kǒujìng [명]①구경 ②규격
口令 kǒulìng [명]구령
口气 kǒu·qì [명]말투
口腔 kǒuqiāng [명]구강
口哨 kǒushào [명]휘파람
口水 kǒushuǐ [명]침
口头 kǒutóu [명]구두 [형]구두로 하는
口味 kǒuwèi [명]①맛 ②기호
口香糖 kǒuxiāngtáng [명]껌
口音 kǒuyīn [명]말투
口罩 kǒuzhào [명]마스크
口子 kǒuzi [명]부부나 남편
扣除 kòuchú [동]제하다
扣留 kòuliú [동]억류하다
扣人心弦 kòurénxīnxián 심금을 울리다
扣押 kòuyā [동]구금하다
枯燥 kūzào [형]바싹 마르다
哭泣 kūqì [동]흐느끼다
哭笑不得 kūxiào-bùdé 울 수도 웃을 수도 없다
窟窿 kūlong [명]①구멍 ②허점
苦力 kǔlì [명]중노동. 쿨리(cooly,중노동에 종사하는 중국이나 인도의 하층 노동자)
苦练 kǔliàn 꾸준히 연습하다
苦难 kǔnàn [명]고난
苦恼 kǔnǎo [형]괴롭다
苦笑 kǔxiào [동]쓴웃음을 짓다
苦心 kǔxīn [명]고심 [부]심혈을 기울여
酷似 kùsì [동]몹시 닮다
夸 kuā [동]①과장하다 ②칭찬하다
夸大 kuādà [동]과장하다
夸奖 kuājiǎng [동]칭찬하다
夸夸其谈 kuākuā-qítán 호언장담하다
夸耀 kuāyào [동]과시하다
夸张 kuāzhāng [형]과장되다 [명]과장법
垮 kuǎ [동]붕괴하다
挎 kuà [동]①팔에 걸다 ②어깨에 메다
跨国 kuàguó [동]국경을 초월하다
跨越 kuàyuè [동](지역이나 시기를) 뛰어넘다
快捷 kuàijié [형]재빠르다

宽敞 kuānchang [형]넓다
宽泛 kuānfàn [형](의미가) 광범하다
宽厚 kuānhòu [형]넓고 두텁다
宽容 kuānróng [동]관용하다
宽恕 kuānshù [동]너그러이 용서하다
宽松 kuān·sōng [형]여유가 있다
款式 kuǎnshì [명]스타일
款项 kuǎnxiàng [명]비용(주로 기관·단체 등에서 취급하는 비교적 큰 금액의 돈을 말함)
筐 kuāng [명]광주리
狂欢 kuánghuān [동]미친 듯이 기뻐하다
狂欢节 kuánghuānjié [명]페스티벌(festival)
狂热 kuángrè [형]열광적이다
旷课 kuàng//kè 무단결석하다
况且 kuàngqiě [접]하물며
矿藏 kuàngcáng [명]지하자원
框 kuàng [명]틀 [동]제한하다
框架 kuàngjià [명](건축에서) 골조
亏本 kuī//běn 본전을 까먹다
亏损 kuīsǔn [동]적자나다
昆虫 kūnchóng [명]곤충
捆 kǔn [동]묶다 [양]묶음
困惑 kùnhuò [형]곤혹스럽다 [동]곤혹하게 하다
困境 kùnjìng [명]곤경
扩 kuò [동]넓히다
扩建 kuòjiàn [동]증축하다
扩散 kuòsàn [동]확산하다
扩张 kuòzhāng [동]확장하다
括弧 kuòhú [명]괄호
阔绰 kuòchuò [형]사치스럽다
拉动 lādòng [동]적극적으로 이끌다
拉拢 lā·lǒng [동]관계를 맺다
拉锁 lāsuǒ [명]지퍼
啦啦队 lālāduì [명]응원단
喇叭 lǎba [명]나팔
腊月 làyuè [명]섣달(음력 12월)
蜡 là [명]밀랍
蜡烛 làzhú [명]양초
辣椒 làjiāo [명]고추
来宾 láibīn [명]내빈
来电 láidiàn [동]①전화가 오다 ②전기가 들어오다 [명]수신 전화
来访 láifǎng [동]내방하다
来回 láihuí [부]왔다 갔다 [명]왕복
来历 láilì [명]유래
来临 láilín [동]이르다;다가오다
来龙去脉 láilóng-qùmài 전후 사정
来年 láinián [명]내년
来源于 láiyuán yú …에서 기원하다
拦 lán [동]막다
栏 lán [명]난간
栏杆 lángān [명]난간
蓝图 lántú [명]건설 계획;청사진
揽 lǎn [동]끌어안다
缆车 lǎnchē [명]케이블카
懒得 lǎnde [동]…할 마음이 내키지 않다
懒惰 lǎnduò [형]나태하다
滥用 lànyòng [동]남용하다
狼 láng [명]이리
狼狈 lángbèi [형]낭패하다
朗诵 lǎngsòng [동]낭송하다
浪 làng [명]물결;파도
捞 lāo [동]①(액체 속에서) 건지다 ②(부정한 수단으로) 얻다
劳动力 láodònglì [명]노동력
劳累 láolèi [형]지치다
劳务 láowù [명]①노무 ②서비스
牢固 láogù [형]견고하다;확고하다
牢记 láojì [동]명심하다
牢牢 láoláo 뚜렷이
唠叨 láodao [동]되풀이하여 말하다
老伴儿 lǎobànr [명]임자(노부부가 다른 한 쪽의 배우자를 가리키는 말)
老大 lǎodà [명]큰형 [부]대단히

老汉 lǎohàn [명]노인
老化 lǎohuà [동]노화하다
老人家 lǎorenjia [명]①자기(타인)의 아버지 ②어르신
老实说 lǎoshishuō 솔직히 말하면
老远 lǎo yuǎn 매우 멀다
老字号 lǎozìhào [명]역사가 깊고 전통이 있는 상호(상점)
姥姥 lǎolao [명]외할머니
姥爷 lǎoye [명]외할아버지
涝 lào [형](비에 농작물이) 침수되다
乐意 lèyì [동](…하는 것을) 즐겁게 여기다 [형]만족하다
乐园 lèyuán [명]낙원
勒 lēi [동]①조르다 ②절약하다
雷同 léitóng [형](같지 말아야 할 것이) 비슷하다
累积 lěijī [동]누적하다
累计 lěijì [동]누계하다
类别 lèibié [명]분류
棱角 léngjiǎo [명]모서리
冷淡 lěngdàn [형]쓸쓸하다 [동]냉대하다
冷冻 lěngdòng [동]냉동하다
冷酷 lěngkù [형]냉혹하다
冷酷无情 lěngkù-wúqíng 무자비하다;인정사정없다
冷落 lěngluò [형]쓸쓸하다 [동]냉대하다
冷门 lěngmén [명]①뜻밖의 결과 ②비인기 분야
冷漠 lěngmò [형]냉담하다
冷笑 lěngxiào [동]냉소하다
冷战 lěngzhàn [명]냉전
愣 lèng [동]멍해지다 [형]경솔하다
离谱儿 lí//pǔr 실제와 다르다
离奇 líqí [형]색다르다
离职 lí//zhí 직무를 떠나다
黎明 límíng [명]여명
礼服 lǐfú [명]예복
礼品 lǐpǐn [명]선물
礼仪 lǐyí [명]예의
里程碑 lǐchéngbēi [명]이정표
理睬 lǐcǎi [동]아랑곳하다
理会 lǐhuì [동]이해하다
理科 lǐkē [명]이과
理念 lǐniàn [명]이념
理事 lǐshì [명]이사 [동]일을 처리하다
理所当然 lǐsuǒdāngrán 도리로 보아 당연하다
理性 lǐxìng [형]이성적이다 [명]이성
理直气壮 lǐzhí-qìzhuàng 이유가 충분하여 하는 말이 당당하다
力不从心 lìbùcóngxīn 할 마음은 있으나 힘이 따르지 못하다
力度 lìdù [명]힘
力求 lìqiú [동]힘써 노력하다
力所能及 lìsuǒnéngjí 힘이 닿는 데까지
力争 lìzhēng [동](목표에 도달하기 위하여) 매우 노력하다
历程 lìchéng [명](역사적) 과정
历届 lìjiè [형](집회·행사 따위의) 역대의
历经 lìjīng [동]두루 경험하다
历来 lìlái [부]예로부터
历时 lìshí [동]시간이 경과하다 [형]통시적인
立方 lìfāng [명]부피의 단위(m^3, 立方米의 약칭) [양]세제곱미터
立方米 lìfāngmǐ [양]미터법에 의한 부피의 단위; 세제곱미터(m^3)
立功 lì//gōng 공을 세우다
立交桥 lìjiāoqiáo [명]입체 교차교
立体 lìtǐ [형]입체적인
立足 lìzú [동]①발붙이다 ②근거하다
励志 lìzhì [동]스스로 분발하다
利害 lìhài [명]이익과 손해
利率 lìlǜ [명]이율
利索 lìsuo [형](말·일처리가) 깔끔하다
粒 lì [양]알;톨
连滚带爬 liángǔn-dàipá ①구르고 기면서 ②

허둥지둥
连绵 liánmián [동]끊임없이 이어지다
连任 liánrèn [동]연임하다
连锁 liánsuǒ [형]연쇄적이다
连锁店 liánsuǒdiàn [명]체인점
连夜 liányè [부]연일 밤
怜惜 liánxī [동]동정하여 아끼다
帘子 liánzi [명]커튼
莲子 liánzǐ [명]연밥
联邦 liánbāng [명]연방
联欢 liánhuān [동]함께 모여 즐기다
联网 lián//wǎng 네트워킹하다
廉价 liánjià [형]헐값이다
廉洁 liánjié [형]청렴결백하다
廉正 liánzhèng [형]청렴하고 바르다
廉政 liánzhèng [동]청렴하게 정치하다
脸颊 liǎnjiá [명]볼
炼 liàn [동]정제하다;정련하다
恋恋不舍 liànliàn-bùshě 아쉬움에 헤어지지 못하다
良 liáng [형]①훌륭하다 ②선량하다
良心 liángxīn [명]양심
良性 liángxìng [형]양성의
凉爽 liángshuǎng [형]시원하고 상쾌하다
两口子 liǎngkǒuzi [명]부부 두 사람
两栖 liǎngqī [동]①땅에서도 물에서도 살다 ②양용하다
亮点 liàngdiǎn [명]빼어난 점;포인트
亮丽 liànglì [형]밝고 아름답다
亮相 liàng//xiàng ①태도를 나타내다 ②모습을 드러내다
谅解 liàngjiě [동]양해하다
辽阔 liáokuò [형]아득히 멀고 광활하다
疗法 liáofǎ [명]치료법
疗效 liáoxiào [명]치료 효과
寥寥无几 liáoliáo-wújǐ 아주 적다
潦草 liáocǎo [형]①(글씨가) 조잡하다 ②(일을 하는데) 허술하다
了结 liǎojié [동]결말이 나다
了却 liǎoquè [동]해결하다
料到 liàodào 생각이 미치다
料理 liàolǐ [동]①처리하다 ②요리하다 [명]요리
咧嘴 liě//zuǐ (옆으로 찢어지듯이) 입을 벌리다
列举 lièjǔ [동]열거하다
劣势 lièshì [명]열세
劣质 lièzhì [형]질이 낮은
烈士 lièshì [명]열사
猎犬 lièquǎn [명]사냥개
猎人 lièrén [명]사냥꾼
裂缝 lièfèng [명]균열
裂痕 lièhén [명](사물의) 균열
拎 līn [동]손에 들다
邻国 línguó [명]이웃 나라
临 lín [동]임하다 [개]…하기 전에
临床 línchuáng [동]임상하다
临街 línjiē [동]거리에 면하다
临近 línjìn [동](시간·거리상) 근접하다
淋 lín [동]①(비나 물에) 맞다 ②뿌리다
灵 líng [형]효력이 있다
灵感 línggǎn [명]영감
灵魂 línghún [명]영혼
灵机一动 língjī-yídòng ①기지를 발휘하다 ②영감이 떠오르다
灵敏 língmǐn [형]예민하다
灵巧 língqiǎo [형]①민첩하다 ②솜씨가 좋다
灵通 língtōng [형](소식이) 빠르다
凌晨 língchén [명]이른 새벽
零花钱 línghuāqián [명]용돈
零件 língjiàn [명]부품
零钱 língqián [명]잔돈
零售 língshòu [동]낱개로 팔다
领队 lǐngduì [동]대열·군대를 인솔하다 [명]팀의 주장
领会 lǐnghuì [동]깨닫다

领军 lǐngjūn [동]군대를 지휘하다
领略 lǐnglüè [동](체험·관찰·시험 등을 통해 감성적으로) 이해하다
领事 lǐngshì [명]영사
领事馆 lǐngshìguǎn [명]영사관
领土 lǐngtǔ [명]영토
领悟 lǐngwù [동]깨닫다; 이해하다
领养 lǐngyǎng [동](양자·양녀를) 입양하다
领域 lǐngyù [명]영역;분야
溜 liū [동]미끄러지다
溜达 liūda [동]어슬렁거리다
浏览 liúlǎn [동]대충 훑어보다
浏览器 liúlǎnqì [명]웹 브라우저
留恋 liúliàn [동]차마 떠나지 못하다
留念 liúniàn [동](이별할 때 선물을 주어) 기념으로 남겨 두다
留神 liú//shén 조심하다;경계하다
留心 liú//xīn 주의하다
留意 liú//yì 주의하다
流畅 liúchàng [형](문장·목소리 따위가) 유창하다
流程 liúchéng [명]흐름, 공정
流浪 liúlàng [동]유랑하다
流泪 liúlèi [동]눈물을 흘리다
流量 liúliàng [명]유량
流露 liúlù [동](의사•감정을) 무의식중에 나타내다
流氓 liúmáng [명]건달
流入 liúrù 유입하다
流失 liúshī [동]유실되다
流水 liúshuǐ [명]흐르는 물
流淌 liútǎng [동](액체가) 흐르다
流向 liúxiàng [명]물흐름의 방향
流血 liúxuè [동]피가 흐르다
流域 liúyù [명]유역
流转 liúzhuǎn [동]①유통하다 ②널리 전파하여 알려지다
柳树 liǔshù [명]버드나무
遛 liù [동]거닐다
龙舟 lóngzhōu [명]단오절에 용머리를 뱃머리에 장식하고 경주하는 배
聋 lóng [형]귀가 어둡다
聋人 lóngrén [명]청각 장애인
笼子 lóngzi [명]새장
隆重 lóngzhòng [형]성대하다
垄断 lǒngduàn [동]①농단하다 ②독점하다
笼统 lǒngtǒng [형]두루뭉술하다
笼罩 lǒngzhào [동]덮어씌우다;뒤덮다
搂 lōu [동]껴안다
露面 lòu//miàn 나타나다
芦花 lúhuā [명]갈대꽃
炉灶 lúzào [명]부뚜막
炉子 lúzi [명]아궁이·화로·난로·용광르 따위의 총칭
卤味 lǔwèi [명]오향(五香) 을 넣은 소금물이나 간장을 사용하여 삶은 음식
鲁莽 lǔmǎng [형]경솔하다
录制 lùzhì [동]녹음(녹화) 제작하다
鹿 lù [명]①사슴 ②성(姓)
路程 lùchéng [명]노정
路灯 lùdēng [명]가로등
路段 lùduàn [명]철도나 도로의 구간
路况 lùkuàng [명]도로 사정
路面 lùmiàn [명]노면
路人 lùrén [명]행인
路途 lùtú [명]도로
路子 lùzi [명]①연줄 ②길
露天 lùtiān [명]노천 [형]위에 가림막이 없는
旅程 lǚchéng [명]여정
旅途 lǚtú [명]여정;여행길
铝 lǚ [명]알루미늄
屡 lǚ [부]자주;여러 번
屡次 lǚcì [부]자주;여러 번
缕 lǚ [양]줄기
履行 lǚxíng [동]이행하다
率（成功率） lǜ [접미]-율(성공률)

绿灯 lǜdēng [명](교통 신호의) 녹색등
绿地 lǜdì [명]녹지
孪生 luánshēng [형]쌍둥이
卵 luǎn [명]알
乱七八糟 luànqībāzāo 엉망진창이다
掠夺 lüèduó [동]약탈하다
略 lüè [동]생략하다 [형]간단하다
略微 lüèwēi [부]조금;약간
抡 lūn [동](힘껏) 휘두르다
伦理 lúnlǐ [명]윤리
轮换 lúnhuàn [동]①교대하다 ②돌아가다
轮廓 lúnkuò [명]윤곽
轮流 lúnliú [동]①교대로 하다 ②순번대로 하다
轮胎 lúntāi [명]타이어
论述 lùnshù [동]논술하다
论坛 lùntán [명]논단
论证 lùnzhèng [동]논증하다
罗 luó [명]①새 그물 ②체 [동](새를) 그물을 쳐서 잡다
萝卜 luóbo [명]무
螺丝 luósī [명]나사못
裸 luǒ [동]발가벗다;드러내다
裸露 luǒlù [동]발가벗다;(알몸을) 드러내다
络绎不绝 luòyì-bùjué 왕래가 잦아 끊이지 않다
落差 luòchā [명](물의) 낙차
落地 luò//dì (물체가) 땅에 떨어지다
落下 luòxià 떨어지다
麻 má [명]삼;마
麻 má [형]까칠까칠하다
麻痹 mábì [동]마비되다
麻将 májiàng [명]마장;마작
麻辣 málà [형]맵고 얼얼한
麻木 mámù [형](반응이) 둔하다
麻醉 mázuì [동]마취하다
马后炮 mǎhòupào [명]뒷북치다
马虎 mǎhu [형]소홀하다
马力 mǎlì [양]마력
马桶 mǎtǒng [명]변기
马戏 mǎxì [명]곡예
码 mǎ [동]쌓아 올리다
码 mǎ [양](일의) 종류
埋藏 máicáng [동]묻다;매장하다
埋伏 máifú [동]매복하다
埋没 máimò [동]매몰하다
买不起 mǎibuqǐ (돈이 없어서·너무 비싸서) 살 수 없다
迈 mài [동]내딛다
迈进 màijìn [동]매진하다
卖弄 màinong [동]뽐내다
脉搏 màibó [명]맥박
脉络 màiluò [명]맥락
埋怨 mányuàn [동]불평하다
蛮 mán [부]매우
瞒 mán [동]감추다;숨기다
满怀 mǎnhuái [동](원한·기쁨 따위가) 가슴에 꽉 차다
蔓延 mànyán [동]만연하다
漫 màn [동](물이) 넘치다
漫游 mànyóu [동]자유롭게 유람하다
慢慢来 mànmànlái 천천히 하세요
慢性 mànxìng [형]만성의
忙活 máng·huo [동]분주하게 일하다
忙碌 mánglù [형]바쁘다
忙乱 mángluàn [형]바빠서 두서가 없다
盲目 mángmù [형]맹목적(인)
茫然 mángrán [형]①막연하다 ②실의에 빠진 모양
矛头 máotóu [명]창끝
茅台（酒） Máotái [명]마오타이(술)
茂密 màomì [형]빽빽이 무성하다
茂盛 màoshèng [형]우거지다;무성하다
冒充 màochōng [동]사칭하다
冒犯 màofàn [동]무례한 짓을 하다
冒昧 màomèi [형]주제넘다;외람되다

冒险 mào//xiǎn 모험하다
没劲 méijìn [형]무미건조하다
没说的 méishuōde 나무랄 것이 없다
没完没了 méiwán-méiliǎo 한도 끝도 없다
没意思 méiyìsi 재미없다
没辙 méi//zhé 방법이 없다
没准儿 méi//zhǔnr 확실하지 않다
玫瑰 méigui [명]장미
枚 méi [양]매(주로 형체가 작고 동글납작한 물건을 세는 양사로 '个'와 용법이 비슷함)
眉开眼笑 méikāi-yǎnxiào 싱글벙글하다
眉毛 méimao [명]눈썹
煤矿 méikuàng [명]탄광
煤炭 méitàn [명]석탄
每当 měidāng [개]…할 때마다
每逢 měiféng [동]…할 때마다
美德 měidé [명]미덕
美观 měiguān [형](장식·외관 따위가) 보기 좋다
美化 měihuà [동]미화하다
美景 měijǐng [명]아름다운 풍경
美满 měimǎn [형]아름답고 원만하다
美妙 měimiào [형]미묘하다
美人 měirén [명]미인
美味 měiwèi [명]맛있는 음식
美中不足 měizhōng-bùzú 옥에도 티가 있다
美滋滋 měizīzī [형]흐뭇해하다
魅力 mèilì [명]매력
闷 mēn [형](기압이 낮거나 공기가 통하지 않아) 답답하다 [동]공기를 통하지 않게 하다
门当户对 méndāng-hùduì (혼인 관계에 있어서) 남녀 두 집안이 엇비슷하다
门槛 ménkǎn [명]문턱
门铃 ménlíng [명]초인종
门路 ménlu [명]①비결 ②연줄
闷 mèn [형]마음이 편치 않다
萌发 méngfā [동]싹이 트다
萌芽 méngyá [동]싹트다 [명]새싹
盟友 méngyǒu [명]①맹약을 맺은 벗 ②동맹국
朦胧 ménglóng [형]모호하다
猛烈 měngliè [형]맹렬하다
猛然 měngrán [부]갑자기;돌연히
梦幻 mènghuàn [명]몽환
弥补 míbǔ [동](결점·결손 따위를) 메우다
弥漫 mímàn [동](연기나 안개가) 자욱하다
迷惑 mí·huò [형]판단력이 흐리다 [동]미혹하다
迷惑不解 míhuò-bùjiě 아리송하게 되어 이해하지 못하다
迷恋 míliàn [동]미련을 두다
迷路 mí//lù 길을 잃다
迷失 míshī [동](길·방향·물건을) 잃다
谜 mí [명]수수께끼
谜底 mídǐ [명]수수께끼의 답
谜团 mítuán [명]종잡을 수 없는 일
谜语 míyǔ [명]수수께끼
秘方 mìfāng [명]비방
秘诀 mìjué [명]비결
密不可分 mìbùkěfēn 매우 밀접하여 뗄 수 없다
密度 mìdù [명]밀도
密封 mìfēng [동]밀봉하다
密集 mìjí [동]밀집하다 [형]밀집해 있다
密 mì [형]①빽빽하다 ②밀접하다
蜜蜂 mìfēng [명]꿀벌
蜜月 mìyuè [명]밀월;허니문
棉花 mián·huā [명]목화
免 miǎn [동]면제하다
免不了 miǎnbuliǎo [동]피할 수 없다
免除 miǎnchú [동]면하다
免疫 miǎnyì [동]면역하다
免职 miǎn//zhí 면직하다
勉强 miǎnqiǎng [형]마지못하다 [동]강요하다
缅怀 miǎnhuái [동]회고하다
面部 miànbù [명]얼굴
面粉 miànfěn [명]밀가루
面红耳赤 miànhóng-ěrchì (흥분하거나 부끄러

워) 얼굴이 귀밑까지 빨개지다
面面俱到 miànmiàn-jùdào 각 방면을 빈틈없이 돌보다
面目全非 miànmù-quánfēi (주로 좋지 않은 의미로) 모습이 전혀 달라지다
苗 miáo [명]모종
苗条 miáotiao [형](여성의 몸매가) 날씬하다
苗头 miáotou [명]조짐
描绘 miáohuì [동]묘사하다
瞄准 miáo//zhǔn 조준하다
渺小 miǎoxiǎo [형]매우 작다
庙 miào [명]절
庙会 miàohuì [명]잿날 또는 일정한 날에 절 안이나 절 부근에 임시로 설치하던 (시)장
灭绝 mièjué [동]멸절하다
灭亡 mièwáng [동]멸망하다
民办 mínbàn [형]민영의
民俗 mínsú [명]민속
民用 mínyòng [형]민간의
民众 mínzhòng [명]민중
敏捷 mǐnjié [형]민첩하다
敏锐 mǐnruì [형]예리하다
名副其实 míngfùqíshí 명실상부하다
名贵 míngguì [형]유명하고 진귀하다
名利 mínglì [명]명예와 이익
名气 míngqi [명](긍정·칭찬) 명성
名声 míngshēng [명]명성(좋은 경우, 나쁜 경우 다 쓰임)
名言 míngyán [명]명언
名著 míngzhù [명]명저
明朗 mínglǎng [형]명랑하다
明媚 míngmèi 맑고 아름답다
明智 míngzhì [형]현명하다
铭记 míngjì [동]명심하다
命 mìng [동]명령하다
命名 mìng//míng 명명하다
命题 mìng//tí 제목을 내다
摸索 mō·suǒ [동]모색하다
模拟 mónǐ [동]모방하다
磨合 móhé [동]①길들이다 ②적응하다
磨难 mónàn [명]고난
磨损 mósǔn [동]마모되다
蘑菇 mógu [명]버섯
魔鬼 móguǐ [명]마귀
魔术 móshù [명]마술
抹 mǒ [동]①칠하다 ②닦다
末日 mòrì [명]말일
没落 mòluò [동]몰락하다
陌生 mòshēng [형]생소하다;낯설다
莫非 mòfēi [부]설마 …란 말인가?(추측 혹은 반문을 나타냄)
莫过于 mòguòyú [동]…보다 더한 것은 없다
莫名其妙 mòmíngqímiào 영문을 모르다
漠然 mòrán [형]개의치 않는 모양
墨 mò [명]먹
默读 mòdú [동]묵독하다
默默无闻 mòmò-wúwén 이름이 세상에 알려지지 않다
默契 mòqì [형]호흡이 잘 맞다 [명]묵계
谋害 móuhài [동]모해하다
谋求 móuqiú [동]모색하다
谋生 móushēng [동]생계를 도모하다
牡丹 mǔdan [명]모란;목단
亩 mǔ [양]①묘 ②(중국식) 토지 면적의 단위
木板 mùbǎn [명]나무판
木材 mùcái [명]목재
木匠 mù·jiàng [명]목수
木偶 mù'ǒu [명]나무 인형
目不转睛 mùbùzhuǎnjīng 눈 한번 깜빡하지 않고 보다
目瞪口呆 mùdèng-kǒudāi 아연실색하다
目的地 mùdìdì [명]목적지
目睹 mùdǔ [동]목도하다
目录 mùlù [명]목록

目中无人 mùzhōng-wúrén 안하무인
沐浴露 mùyùlù [명]바디 클렌져
牧场 mùchǎng [명]목장
牧民 mùmín [명]목축민
募捐 mù//juān 기부금을 거두다
墓碑 mùbēi [명]묘비
墓地 mùdì 묘지
幕 mù [명]막
幕后 mùhòu [명]①장막 뒤 ②배후
穆斯林 mùsīlín [명]무슬림
拿手 náshǒu [형](어떤 기술에 아주) 뛰어나다
哪知道 nǎ zhīdào 어떻게 알겠는가
呐喊 nàhǎn [동]외치다
纳闷儿 nà//mènr 답답하다
纳入 nàrù [동]들어서다
纳税 nà//shuì 납세하다
纳税人 nàshuìrén [명]납세자
乃 nǎi [부]겨우
乃至 nǎizhì [접]더 나아가서
耐 nài [동]참다
耐人寻味 nàirénxúnwèi 의미심장하다
耐性 nàixìng [명]끈기
南瓜 nán·guā [명]호박
难处 nánchù [명]곤란;고충
难得一见 nándé yí jiàn 보기 어렵다
难点 nándiǎn [명]난점
难怪 nánguài [부]어쩐지 [동]당연하다
难关 nánguān [명]난관
难堪 nánkān [동]견디기 어렵다 [형]난처하다
难说 nánshuō [동]말하기 어렵다
难为情 nánwéiqíng [형]①부끄럽다 ②난처하다
难以想象 nányǐ-xiǎngxiàng 상상하기도 어렵다;상상도 못할 일이다
难以置信 nányǐ-zhìxìn 믿기 어렵다
挠 náo [동]①가볍게 긁다 ②방해하다
恼羞成怒 nǎoxiū-chéngnù 부끄럽고 분한 나머지 성을 내다.
脑海 nǎohǎi [명]머리;생각
脑筋 nǎojīn [명]①머리 ②사상
闹事 nào//shì 사고를 일으키다
闹着玩儿 nàozhewánr 장난하다
内存 nèicún [명]RAM(메모리)
内阁 nèigé [명]내각
内涵 nèihán [명]내포
内行 nèiháng [형]노련하다
内幕 nèimù [명]내막
内向 nèixiàng [형]내향하다
内需 nèixū [명]내수
嫩 nèn [형]부드럽다
能耗 nénghào [명]에너지 소모
能耐 néngnai [명]능력 [형]인내하다
能人 néngrén [명]재능있는 사람
能源 néngyuán [명]에너지 원
尼龙 nílóng [명]나일론
泥潭 nítán [명]늪;진흙탕
泥土 nítǔ [명]①흙 ②진흙
拟 nǐ [동]기초하다
拟定 nǐdìng [동]추측하여 단정하다
逆 nì [동]거스르다
匿名 nìmíng [동]이름을 숨기다
年画 niánhuà [명]세화. 설날 실내에 붙이는 그림
年迈 niánmài [형]연로하다
年限 niánxiàn [명]연한
年薪 niánxīn [명]연봉
年夜饭 niányèfàn [명]섣달 그믐 만찬(음력 12월 31일 저녁에 온 식구가 모여서 함께 먹는 음식
年终 niánzhōng [명]연말
黏 nián [형]찐득찐득하다;점성이 있다
念念不忘 niànniàn-búwàng 늘 생각하며 잊지 않다
念书 niàn//shū ①책을 읽다 ②공부하다
念头 niàntou [명]생각(의견)에 대해서 별로 정리되지 않은 막연한 생각
娘 niáng [명]어머니

酿造 niàngzào [동](술·식초·간장 따위를) 양조하다
鸟巢 niǎocháo [명]새 둥지
尿 niào [동]소변을 보다 [명]소변
捏 niē [동]손가락으로 집다
拧 níng [동]①(빨래 따위를) 짜다 ②꼬집다
凝固 nínggù [동]응고하다
凝聚 níngjù [동]응집하다
拧 nǐng [동]비틀다
宁可 nìngkě [부]차라리 ~할 바에야
宁愿 nìngyuàn [부]차라리;오히려
扭曲 niǔqū [동]왜곡하다
扭头 niǔ//tóu ①머리를 돌리다 ②돌아서다
扭转 niǔzhuǎn [동]①(몸 따위를) 돌리다 ②시정하다
纽带 niǔdài [명]유대;연결체
纽扣 niǔkòu [명]단추
农场 nóngchǎng [명]농장
农历 nónglì [명]음력
农民工 nóngmíngōng [명]농민(건축) 노동자
农作物 nóngzuòwù [명]농작물
浓厚 nónghòu [형]농후하다
浓缩 nóngsuō [동]농축하다
浓郁 nóngyù [형](향기가) 짙다;그윽하다
浓重 nóngzhòng [형](연기·냄새·색채 등이) 농후하다;짙다
弄虚作假 nòngxū-zuòjiǎ 그럴듯하게 꾸미다
奴隶 núlì [명]노예
女婿 nǚxu [명]사위
暖烘烘 nuǎnhōnghōng [형]따뜻하다
虐待 nüèdài [동]학대하다
挪 nuó [동]옮기다
诺言 nuòyán [명]승낙의 말;언약
哦 ò [감]아! 오! (납득·이해·동의 따위를 나타냄)
殴打 ōudǎ [동]구타하다
呕吐 ǒutù [동]구토하다
趴 pā [동]엎드리다
拍板 pāi//bǎn 박자를 맞추다
拍卖 pāimài [동]경매하다
拍戏 pāi//xì (극 또는 희곡을) 영화로 촬영하다
排斥 páichì [동]배격하다
排放 páifàng [동]차례로 놓다
排练 páiliàn [동]리허설을 하다
徘徊 páihuái [동]배회하다
牌照 páizhào [명]옛날의 영업 허가증
派别 pàibié [명]파벌
派遣 pàiqiǎn [동]파견하다
攀 pān [동](무엇을 잡고) 기어오르다
攀升 pānshēng [동](은행 이자나 가격이) 오르다
盘 pán [동]빙빙 돌다;둘둘 감다
盘算 pánsuan [동]①계산하다 ②궁리하다
判处 pànchǔ [동]판결을 내리다
判定 pàndìng [동]판정하다
判决 pànjué [동]판결하다
盼 pàn [동]바라다
叛逆 pànnì [동]반역하다 [명]반역자
庞大 pángdà [형]방대하다
旁观 pángguān [동]방관하다
抛 pāo [동]던지다
抛开 pāokāi 던져 버리다
抛弃 pāoqì [동]①내버리다 ②포기하다
刨 páo [동]파다
跑车 pǎochē [명]열차 승무원이 기차에서 일하다
跑道 pǎodào [명]활주로;트랙
跑龙套 pǎo lóngtào 단역을 맡다
泡沫 pàomò [명]거품
胚胎 pēitāi [명](수태 후 얼마 안 된) 태아
陪伴 péibàn [동]동반하다
陪葬 péizàng [동]순장하다
赔钱 péi//qián 밑지다
佩服 pèi·fú [동]탄복하다
配件 pèijiàn [명]부품
配偶 pèi'ǒu [명]배우자
配送 pèisòng [동]물품을 수하인에게 보내다

配音 pèi//yīn 더빙하다
喷泉 pēnquán [명]분천
抨击 pēngjī [동]비난하다
烹调 pēngtiáo [동]요리하다
蓬勃 péngbó [형]왕성한 모양
鹏程万里 péngchéng-wànlǐ 전도가 양양하다
膨胀 péngzhàng [동]팽창하다
捧 pěng [동]①받들다 ②치켜세우다
捧场 pěng//chǎng ①무대의 배우에게 박수갈채를 보내다 ②치켜세우다
碰钉子 pèng dīngzi 퇴짜를 당하다
碰巧 pèngqiǎo [부]공교롭게
碰上 pèngshang 부딪히다
碰撞 pèngzhuàng [동]충돌하다
批发 pīfā [동]도매하다
批判 pīpàn [동]비판하다
披露 pīlù [동]드러내다
劈 pī [동]쪼개다
皮带 pídài [명]가죽 밴드
疲惫 píbèi [형]지치다
疲惫不堪 píbèi-bùkān 지칠 대로 지치다
疲倦 píjuàn [형]피곤하다
疲劳 píláo [형]피로하다
脾 pí [명]비장
匹配 pǐpèi [동]결혼하다
媲美 pìměi [동]필적하다
僻静 pìjìng [형]으슥하다
譬如 pìrú [동]예를 들다
譬如说 pìrú shuō 예를 들면
片子 piānzi [명]영화
偏差 piānchā [명]편차
偏方 piānfāng [명]①외진 곳 ②민간 요법 상의 약방
偏见 piānjiàn [명]편견
偏僻 piānpì [형]외지다
偏偏 piānpiān [부]하필이면
偏向 piānxiàng [동]두둔하다 [명]두둔
偏远 piānyuǎn [형]외지다
篇幅 piān·fú [명]지면
片段 piànduàn [명]①토막 ②단락
骗人 piàn rén 남을 속이다
漂 piāo [동]①뜨다 ②유랑하다
飘 piāo [동]흩날리다 [형]경박하다;성실하지 않다
票房 piàofáng [명]매표소
撇 piě [동]던지다 [명]한자의 필획인 '丿'(삐침)
拼搏 pīnbó [동]필사적으로 싸우다
拼命 pīn//mìng 악착같이
贫富 pínfù 빈부
贫穷 pínqióng [형]가난하다
频率 pínlǜ [명]주파수
频频 pínpín [부]빈빈히
品尝 pǐncháng [동]시식하다
品德 pǐndé [명]품성
品位 pǐnwèi [명]품위
品行 pǐnxíng [명]품행
聘 pìn [동]초빙하다
聘任 pìnrèn [동]초빙하여 임명하다
聘用 pìnyòng [동]임용하다
乒乓球 pīngpāngqiú [명]탁구공
平常心 píngchángxīn [명]평상심
平淡 píngdàn [형]평범하다
平和 pínghé [형]①(성격이나 언행이) 온화하다 ②평온하다 [동](분쟁 등이) 멈추다.
平价 píngjià [동]물가의 상승을 안정시키다 [명]적정하게 매긴 값
平面 píngmiàn [명]평면
平民 píngmín [명]평민
平日 píngrì [명]평일
平息 píngxī [동]평온해지다
评定 píngdìng [동]평정하다
评论员 pínglùnyuán [명]논설위원
评判 píngpàn [동]판정하다
评审 píngshěn [동]평가하다
评委 píngwěi [명]심사 위원

凭借 píngjiè [동]에 의하다
凭着 píngzhe …에 의거하여
凭证 píngzhèng [명]증빙
瓶颈 píngjǐng [명]병목
萍水相逢 píngshuǐ-xiāngféng 우연히 만나다
泼冷水 pō lěngshuǐ 찬물을 끼얹다
颇 pō [부]자못;꽤
迫不及待 pòbùjídài 지체할 수 없다
迫害 pòhài [동]박해하다
迫使 pòshǐ [동]강요하다
破案 pò//àn 형사 사건을 해결하다
破除 pòchú [동]타파하다
破解 pòjiě [동]잘 말하여 이해시키다
破旧 pòjiù [형]낡다
破裂 pòliè [동]파열되다
破灭 pòmiè [동]파멸하다
破碎 pòsuì [동]자잘하게 부서지다
魄力 pòlì [명]박력
扑克 pūkè [명]포커
扑面而来 pūmiàn-érlái 얼굴을 향해 달려들다
铺路 pū//lù 도로를 포장하다
菩萨 pú··sà [명]보살
朴实 pǔshí [형]소박하다
朴素 pǔsù [형]소박하다
普通人 pǔtōngrén 보통 사람
谱 pǔ [동]작곡하다 [명]계보;표
瀑布 pùbù [명]폭포
七嘴八舌 qīzuǐ-bāshé 이러쿵저러쿵 말하다
沏 qī [동]우리다
凄凉 qīliáng [형]처량하다
期盼 qīpàn [동]기대하다
欺骗 qīpiàn [동]속이다
欺诈 qīzhà [동]속여먹다
漆 qī [명]옻칠 [동]칠하다
齐心协力 qíxīn-xiélì 한마음으로 협력하다
其后 qíhòu [명]그 후
其间 qíjiān [명]그 사이
奇花异草 qíhuā-yìcǎo 진기한 꽃과 기이한 풀
奇迹 qíjì [명]기적
奇特 qítè [형]기묘하다
歧视 qíshì [동]경시하다
祈祷 qídǎo [동]기도하다
棋 qí [명]바둑
棋子 qízǐ [명]바둑알
旗袍 qípáo [명]치파오
旗帜 qízhì [명]깃발
乞丐 qǐgài [명]거지
乞求 qǐqiú [동]애걸하다
乞讨 qǐtǎo [동]구걸하다
岂有此理 qǐyǒucǐlǐ 어찌 이럴 수가 있는가?
启迪 qǐdí [동]깨우치다
启蒙 qǐméng [동]계몽하다
启示 qǐshì [동]계시하다 [명]계시
起步 qǐbù [동]①앞으로 나아가다 ②착수하다
起草 qǐ//cǎo 초안을 잡다
起程 qǐchéng [동]출발하다
起初 qǐchū [명]최초;처음
起伏 qǐfú [동]기복하다
起劲 qǐjìn [형]흥이 나다
起跑线 qǐpǎoxiàn [명]출발선
起源 qǐyuán [동]기원하다 [명]기원
气愤 qìfèn [형]화나다
气管 qìguǎn [명]기관
气馁 qìněi [형]기가 죽다
气派 qìpài [명]기개 [형](기풍이) 호방하다
气泡 qìpào [명]기포
气魄 qìpò [명]기백
气势 qìshì [명]기세
气味 qìwèi [명]냄새
气息 qìxī [명]호흡
气质 qìzhì [명]기질
迄今 qìjīn [동]지금까지 이르다
迄今为止 qìjīn-wéizhǐ 지금까지
契机 qìjī [명]계기

契约 qìyuē [명]계약
器材 qìcái [명]기자재
器械 qìxiè [명]기구
掐 qiā [동]①꼬집다 ②꺾다
卡 qiǎ [동]끼다;꽂다
卡子 qiǎzi [명]물건을 끼는 도구;집게
洽谈 qiàtán [동]상담하다;교섭하다
恰到好处 qiàdào-hǎochù 꼭 알맞다
恰恰相反 qiàqiàxiāngfǎn 정반대이다
恰巧 qiàqiǎo [부]공교롭게도
恰如其分 qiàrú-qífèn 꼭 적당하다
千变万化 qiānbiàn-wànhuà 천변만화하다
千方百计 qiānfāng-bǎijì 온갖 계책을 다 쓰다
千家万户 qiānjiā-wànhù 가가호호
千军万马 qiānjūn-wànmǎ 천군만마
千钧一发 qiānjūn-yífà 매우 위험하다
迁 qiān [동]옮기다
迁就 qiānjiù [동]①옮겨가다 ②끌려가다
迁移 qiānyí [동]①이사하다 ②시세가 변하다
牵扯 qiānchě [동]연관되다
牵挂 qiānguà [동]걱정하다
牵涉 qiānshè [동]관련되다
牵头 qiān//tóu 앞장서다
牵制 qiānzhì [동]견제하다
铅 qiān [명]납
谦逊 qiānxùn [형]겸손하다
签 qiān [명]서명
签署 qiānshǔ [동]서명하다
前辈 qiánbèi [명]선배
前不久 qiánbùjiǔ [명]얼마 전
前赴后继 qiánfù-hòujì 앞으로 나아가고 뒤로 물러서지 않다
前期 qiánqī [명]전기
前任 qiánrèn [명]전임자
前所未有 qiánsuǒwèiyǒu 전대미문
前台 qiántái [명]①무대 ②무대의 앞 부분
前无古人 qiánwúgǔrén 전무후무하다
前夕 qiánxī [명]전야
前线 qiánxiàn [명]전선
前沿 qiányán [명]최전방
前仰后合 qiányǎng-hòuhé 뒤로 벌렁 나자빠지다
前者 qiánzhě [명]전자
虔诚 qiánchéng [형]경건하고 정성스럽다
钱财 qiáncái [명]재물
钳子 qiánzi [명]집게
潜能 qiánnéng [명]잠재력
潜水 qiánshuǐ [동]잠수하다.
潜艇 qiántǐng [명]잠수함
潜移默化 qiányí-mòhuà 모르는 사이에 감화하다
潜在 qiánzài [형]잠재적
谴责 qiǎnzé [동]비난하다
欠缺 qiànquē [동]부족하다 [명]부족
欠条 qiàntiáo [명]차용증
歉意 qiànyì [명]유감스러운 마음
呛 qiāng ①사레가 들리다 ②내뿜다
枪毙 qiāngbì [동]총살하다
腔 qiāng [명]말씨;말
强加 qiángjiā [동]강요하다
强劲 qiángjìng [형]강하다
强项 qiángxiàng [명]강점
强行 qiángxíng [부]강제로
强硬 qiángyìng [형]강경하다
强占 qiángzhàn [동]무력으로 점령하다
强制 qiángzhì [동]강압하다
抢夺 qiǎngduó [동]강탈하다
抢劫 qiǎngjié [동]약탈하다
抢眼 qiǎngyǎn [형]눈길을 끌다
敲边鼓 qiāo biāngǔ 맞장구를 치다
敲诈 qiāozhà [동]갈취하다
乔装 qiáozhuāng [동]변장하다
瞧不起 qiáobuqǐ [동]업신여기다
巧合 qiǎohé [형]우연히 일치하다
窍门 qiàomén [명]요령
翘 qiào [동]①들다 ②치켜들다

撬 qiào [동]억지로 비틀어 열다
切除 qiēchú [동]자르다
切断 qiēduàn 절단하다
切割 qiēgē [동]자르다
且 qiě [부]잠시
且 qiě [접]게다가
切身 qièshēn [형]절실하다;자신과 밀접한 관계가 있다
窃取 qièqǔ [동]절취하다
钦佩 qīnpèi [동]탄복하다
侵害 qīnhài [동]침해하다
侵略 qīnlüè [동]침략하다
侵权 qīnquán [동]권리를 침해하다
侵占 qīnzhàn [동]침탈하여 차지하다
亲和力 qīnhélì [명]친화력
亲近 qīnjìn [형]친근하다 [동]친밀하게 사귀다
亲朋好友 qīnpéng-hǎoyǒu 친지와 친구
亲戚 qīnqi [명]친척
亲情 qīnqíng [명]혈육 간의 정
亲热 qīnrè [형]친밀하다 [동]친하게 지내다
亲身 qīnshēn [형]몸소
亲生 qīnshēng [형]자기가 낳은
亲手 qīnshǒu [부]스스로
亲友 qīnyǒu [명]①친척과 친구 ②친한 벗
勤工俭学 qíngōng-jiǎnxué 고학하다
勤快 qínkuai [형]부지런하다
勤劳 qínláo [형]부지런히 일하다
寝室 qǐnshì [명]침실
青春期 qīngchūnqī [명]사춘기
青蛙 qīngwā [명]개구리
轻而易举 qīng'éryìjǔ 매우 수월하다
轻蔑 qīngmiè [동]경멸하다
轻微 qīngwēi [형]경미하다
轻型 qīngxíng [형]소형
倾家荡产 qīngjiā-dàngchǎn 집안 재산을 모두 탕진하였다
倾诉 qīngsù [동]다 털어놓다
倾听 qīngtīng [동]경청하다
倾销 qīngxiāo [동]덤핑하다;투매하다
倾斜 qīngxié [동]①경사지다 ②편향되다
清除 qīngchú [동]철저히 제거하다
清脆 qīngcuì [형]낭랑하다;맑고 깨끗하다
清单 qīngdān [명]명세서
清淡 qīngdàn [형]담백하다.
清静 qīngjìng [형]고요하다
清凉 qīngliáng [형]시원하다
清明 qīngmíng [형]맑고 깨끗하다
清晰 qīngxī [형]뚜렷하다
清新 qīngxīn [형]맑고 새롭다
清真寺 qīngzhēnsì [명]이슬람 사원
情 qíng [명]①감정 ②정분이나 체면
情报 qíngbào [명]정보
情不自禁 qíngbúzìjīn 감정을 억누를 수 없다
情调 qíngdiào [명]정서;분위기
情怀 qínghuái [명]기분;감흥
情结 qíngjié [명]콤플렉스;잠재의식
情侣 qínglǚ [명]연인
情人 qíngrén [명]애인;연인
情谊 qíngyì [명]우정
情愿 qíngyuàn [동]진심으로 원하다 [부]차라리
请柬 qǐngjiǎn [명]초청장;청첩장
请帖 qǐngtiě [명]초대장;초청장
庆典 qìngdiǎn [명]축전;축하 의식
庆贺 qìnghè [동]축하하다
庆幸 qìngxìng [동]경사스럽다
丘陵 qiūlíng [명]구릉
囚犯 qiúfàn [명]죄수
求婚 qiú//hūn 청혼하다
求救 qiújiù [동]구원을 요청하다
求学 qiúxué [동]학문을 탐구하다
求医 qiúyī [동]의사를 찾아가 진찰 받다
求证 qiúzhèng [동]증거를 찾다
求助 qiúzhù [동]도움을 청하다
曲线 qūxiàn [명]곡선

曲折 qūzhé [형]①꼬불꼬불하다 ②복잡하다
驱动 qūdòng [동]끌다;구동하다
驱逐 qūzhú [동]몰아내다
屈服 qūfú [동]굴복하다
趋于 qūyú [동]…으로 향하다
曲 qǔ [명]①가곡 ②악보
取代 qǔdài [동]대체하다
取缔 qǔdì [동]취소하다
取而代之 qǔ'érdàizhī 대신하다
取经 qǔ//jīng ①불교도가 인도에 가서 불경을 구해오다 ②남의 경험을 배워오다
取决于 qǔjué yú 달려 있다
取暖 qǔnuǎn [동]따뜻하게 하다;온기를 받다
取胜 qǔshèng [동]승리하다
取笑 qǔxiào [동]비웃다
娶 qǔ [동]장가들다;아내를 얻다
去除 qùchú [동]제거하다
去处 qùchù [명]①행선지 ②장소
去向 qùxiàng [명]행방
趣味 qùwèi [명]흥미;취미
圈套 quāntào [명]올가미;계략
圈子 quānzi [명]①원 ②테두리
权衡 quánhéng [동]무게를 달다;가늠하다
权威 quánwēi [명]권위자
权益 quányì [명]권익
全长 quáncháng [명]전장;전체 길이
全程 quánchéng [명]전체의 노정;전 코스
全方位 quánfāngwèi [명]전방위
全局 quánjú [명]전체의 국면;대세
全力以赴 quánlìyǐfù 전력투구하다
全能 quánnéng [형]만능의
全文 quánwén [명]전문
全心全意 quánxīn-quányì 전심전력으로
拳 quán [명]주먹 [동]구부리다
拳头 quán·tóu [명]주먹
劝告 quàngào [동]권고하다 [명]권고
劝说 quànshuō [동]설득하다
劝阻 quànzǔ [동]말리다
缺口 quēkǒu [명]①파손되어 이지러진 부분 ②돌파구
缺失 quēshī [명]결함;결점 [동]모자라다
缺席 quē//xí ①결석하다 ②결석
确切 quèqiè [형]확실하며 적절하다
确信 quèxìn [동]확신하다.
确凿 quèzáo [형]확실하다
确诊 quèzhěn [동]진단하다;확정 진단하다
燃放 ránfàng [동]불꽃을 쏘아 올리다
燃气 ránqì [명]가스
燃油 rányóu [명]연료유;연유
嚷 rǎng [동]큰 소리로 외치다
让步 ràng//bù 양보하다
饶 ráo [동]①용서하다 ②더하다
饶恕 ráoshù [동]용서하다
扰乱 rǎoluàn [동]어지럽히다
绕行 ràoxíng [동]돌아가다
惹 rě [동]①(어떤 결과를) 일으키다 ②(말이나 행동이) 상대방의 기분을 건드리다
热潮 rècháo [명]열기;붐
热带 rèdài [명]열대
热气 rèqì [명]열기
热气球 rèqìqiú [명]열기구
热腾腾 rèténgténg [형]뜨끈뜨끈한 모양
热衷 rèzhōng [동]열중하다
人次 réncì [양]연인원
人道 réndào [명]사람으로서 지켜야 할 도리;인도 [형]인도적이다
人格 réngé [명]인격
人工智能 réngōng-zhìnéng 인공지능
人均 rénjūn [동]1인당 평균으로 계산하다
人品 rénpǐn [명]인품
人气 rénqì [명]①인간미 ②인기
人情 rénqíng [명]인정
人身 rénshēn [명]인신
人事 rénshì [명]인사

人手 rénshǒu [명]일손
人体 réntǐ [명]인체
人为 rénwéi [형]인위적
人文 rénwén [명]인문
人行道 rénxíngdào [명]인도
人性 rénxìng [명]인간성
人选 rénxuǎn [명]인선;선출된 사람
人缘儿 rényuánr [명]①남과의 관계 ②인기
人造 rénzào [형]인조의
人质 rénzhì [명]인질
仁慈 réncí [형]인자하다
忍饥挨饿 rěnjī-ái'è 배고픔을 참다
忍耐 rěnnài [동]인내하다
忍心 rěn//xīn 냉정하게 …하다;박정하다
认错 rèn//cuò 잘못을 시인하다
认证 rènzhèng [동]인증하다
认知 rènzhī [동]인지하다
任命 rènmìng [동]임명하다
任期 rènqī [명]임기
任人宰割 rènrén-zǎigē 다른 사람이 마음대로 할 수 있게 내버려 두다
任意 rènyì [부]제멋대로;임의대로
任职 rèn//zhí 직무를 맡다
韧性 rènxìng [명]①인성 ②근성
日程 rìchéng [명]일정
日复一日 rìfùyírì 나날이
日后 rìhòu [명]금후;장래
日前 rìqián [명]일전;며칠 전
日趋 rìqū [부]나날이
日新月异 rìxīn-yuèyì 나날이 새로워지다
日益 rìyì [부]나날이
荣获 rónghuò [동]영예롭게도 …을 획득하다
荣幸 róngxìng [형]영광스럽다
荣誉 róngyù [명]영예;명예
容光焕发 róngguāng-huànfā 얼굴이 환하다
容量 róngliàng [명]용량
容纳 róngnà [동]수용하다
容忍 róngrěn [동]용인하다
容许 róngxǔ [동]허용하다
容颜 róngyán [명]용모;얼굴
溶解 róngjiě [동]용해하다
融 róng [동]①녹다 ②융합하다
融化 rónghuà [동]녹다;융해되다
融洽 róngqià [형]사이가 좋다;조화롭다
冗长 rǒngcháng [형]지루하다
柔和 róuhé [형]부드럽다
柔软 róuruǎn [형]유연하다
揉 róu [동]비비다
如果说 rúguǒ shuō 가령 …이라고 한다면
如实 rúshí [부]여실히
如意 rú//yì 뜻대로 되다
如愿以偿 rúyuànyǐcháng 소원을 이루다
如醉如痴 rúzuì-rúchī 취한 듯 홀린 듯하다
儒家 Rújiā [명]유가
儒学 rúxué [명]유학
入场 rù//chǎng 입장하다
入场券 rùchǎngquàn [명]입장권
入境 rù//jìng 입국하다
入侵 rùqīn [동]침입하다
入手 rùshǒu [동]착수하다
入选 rùxuǎn [동]당선되다
软弱 ruǎnruò [형]나약하다
软实力 ruǎnshílì [명]소프트 파워
瑞雪 ruìxuě [명]상서로운 눈;서설
润 rùn [형]촉촉하다 [동]촉촉하게 하다
若干 ruògān [대]약간;어느 정도
弱点 ruòdiǎn [명]약점
弱势 ruòshì [명]약세
撒 sā [동]뿌리다
撒谎 sā//huǎng 거짓말을 하다
赛车 sàichē [명]레이싱카
赛跑 sàipǎo [동]달리기 경주
三番五次 sānfān-wǔcì 여러 번
三角 sānjiǎo [명]삼각형 [형]삼각형의

三维 sānwéi [형]3차원
散布 sànbù [동]흩뿌리다
散发 sànfā [동]흩뿌리다
桑拿 sāngná [명]사우나
嗓子 sǎngzi [명]목청
丧生 sàng//shēng 목숨을 잃다
骚乱 sāoluàn [동]소동이 일어나 혼란해지다;소란하다
骚扰 sāorǎo [동]①교란하다 ②폐를 끼치다
扫除 sǎochú [동]①청소하다 ②쓸어버리다
扫描 sǎomiáo [동]스캐닝
扫墓 sǎo//mù 성묘를 하다
扫兴 sǎo//xìng 흥이 깨지다
嫂子 sǎozi [명]형수
僧人 sēngrén [명]승려
杀害 shāhài [동]살해하다
杀手 shāshǒu [명]킬러
沙龙 shālóng [명]살롱
沙滩 shātān [명]백사장
纱 shā [명]면사
刹车 shāchē [명]브레이크를 걸다
砂糖 shātáng [명]설탕
鲨鱼 shāyú [명]상어
傻瓜 shǎguā [명]바보
筛 shāi [동]체질하다;체로 치다
筛选 shāixuǎn [동]선별하다
晒太阳 shàitàiyáng 햇볕을 쬐다
山川 shānchuān [명]산천
山顶 shāndǐng [명]산꼭대기
山冈 shāngāng [명]낮은 산;언덕
山岭 shānlǐng [명]산봉우리
山路 shānlù [명]산길
山寨 shānzhài [명]산채
删 shān [동]삭제하다
删除 shānchú [동]삭제하다
煽动 shāndòng [동]선동하다
闪烁 shǎnshuò [동]깜박깜박하다
善 shàn [형]선량하다
善意 shànyì [명]선의
擅长 shàncháng [동]능하다
擅自 shànzì [부]독단적으로;제멋대로
膳食 shànshí [명]식사;음식
赡养 shànyǎng [동]부양하다
伤残 shāngcán [동]불구가 되다;장애를 입다
伤感 shānggǎn [형]서글프다
伤痕 shānghén [명]흉터
伤脑筋 shāng nǎojīn 골머리를 앓다
伤势 shāngshì [명]부상 상태
商贩 shāngfàn [명]상인
商贾 shānggǔ [명]상인;장수
商讨 shāngtǎo [동]의논하다
上报 shàngbào [동]상부에 보고하다
上场 shàng//chǎng 등장하다
上方 shàngfāng [명]위쪽
上岗 shàng//gǎng 보초를 서다
上火 shàng//huǒ 성내다
上空 shàngkōng [명]상공
上流 shàngliú [명]상류
上期 shàng qī 전기
上任 shàng//rèn 부임하다
上述 shàngshù [형]위에서 열거한
上司 shàngsi [명]상사
上诉 shàngsù [동]고소하다
上调 shàngtiáo [동]상향 조정하다
上头 shàngtou [명]①윗선 ②상급
上限 shàngxiàn [명]상한선
上旬 shàngxún [명]초순
上瘾 shàng//yǐn 버릇이 되다;중독되다
上映 shàngyìng [동]상영하다
上游 shàngyóu [명]상류
尚 shàng [부]①아직 ②또한 [접]여전히
尚未 shàngwèi [부]아직 …하지 않다
捎 shāo [동]①인편에 보내다 ②덧붙여 묶다
烧毁 shāohuǐ [동]불태우다

烧烤 shāokǎo [명]불에 굽다
稍后 shāohòu [부]잠시 후
稍候 shāohòu [동]잠시 기다리다
稍稍 shāoshāo [부]조금
少不了 shǎobuliǎo [동]①없어서는 안 된다 ②하지 않을 수 없다
少见 shǎojiàn [동]격조하다;오랫동안 만나지 못하다 [형]보기 드물다
少量 shǎoliàng [형]소량의
少有 shǎoyǒu 드물다
少林寺 Shàolín Sì [명]소림사
少女 shàonǚ [명]소녀
奢侈 shēchǐ [형]사치하다
奢望 shēwàng [동]과분하게 바라다 [명]과욕
设 shè [동]차리다;배치하다
设定 shèdìng [동]설정하다
设法 shèfǎ [동]방법을 강구하다
社会主义 shèhuì zhǔyì 사회주의
社交 shèjiāo [명]사교
社论 shèlùn [명]사설
社团 shètuán [명]동아리
涉嫌 shèxián [동]혐의
摄氏度 shèshìdù [양]섭씨(온도)
谁知道 shéi zhīdào 누가 알겠는가
申办 shēnbàn [동]유치하다
申报 shēnbào [동]신고하다
申领 shēnlǐng [동]신청하여 수령하다
伸手 shēn//shǒu 손을 내밀다
伸缩 shēnsuō [동]신축하다
伸张 shēnzhāng [동]①넓히다 ②발휘하다
身不由己 shēnbùyóujǐ 몸이 자기 마음대로 되지 않다;어쩔 수 없이
身价 shēnjià [명]몸값
身躯 shēnqū [명]몸집
身心 shēnxīn [명]심신
身影 shēnyǐng [명]그림자
身子 shēnzi [명]몸
绅士 shēnshì [명]신사
深奥 shēn'ào [형]심오하다
深切 shēnqiè [형]①따뜻하고 친절하다 ②깊다
深情 shēnqíng [명]두터운 정 [형]정답다
深入人心 shēnrù-rénxīn 사람들의 마음에 깊이 파고들다
深受 shēnshòu [동]깊이 받다
深思 shēnsī [동]깊이 생각하다
深信 shēnxìn [동]굳게 믿다
深夜 shēnyè [명]늦은 밤
深远 shēnyuǎn [형]①심원하다 ②광범위하다
神气 shén·qì [명]①표정 ②의기 [형]생기가 있다
神圣 shénshèng [형]신성하다
神态 shéntài [명]표정과 태도
神仙 shén·xiān [명]신선
审 shěn [동]심사하다
审定 shěndìng [동]심사하여 결정하다
审核 shěnhé [동]심사하여 결정하다;심의하다
审美 shěnměi [동]예술미를 감별하다;심미하다
审判 shěnpàn [동]심판하다
审批 shěnpī [동]심사하여 비준하다
审视 shěnshì [동]자세히 살펴보다
肾 shèn [명]신장
甚至于 shènzhìyú [부]심지어
渗 shèn [동]배다
渗透 shèntòu [동]스며들다
慎重 shènzhòng [형]신중하다
升温 shēngwēn [동]촉진시키다;강화시키다
生机 shēngjī [명]생기
生理 shēnglǐ [명]생리
生命线 shēngmìngxiàn [명]생명선
生怕 shēngpà [동]몹시 두렵다
生平 shēngpíng [명]생애
生前 shēngqián [명]생전
生死 shēngsǐ [명]삶과 죽음 [형]생사를 함께하는
生态 shēngtài [명]생태
生物 shēngwù [명]생물

生效 shēng//xiào 효력이 발생하다
生涯 shēngyá [명]생애
生硬 shēngyìng [형]①서투르다 ②부드럽지 못하다
生育 shēngyù [동]출산하다
声称 shēngchēng [동]공언하다;주장하다
声望 shēngwàng [명]성망;명망
声誉 shēngyù [명]명예
牲畜 shēngchù [명]가축
绳子 shéngzi [명]밧줄
省略 shěnglüè [동]생략하다
省事 shěng//shì 일을 덜다
圣贤 shèngxián [명]성현
胜出 shèngchū [동]승리하다
胜任 shèngrèn [동]능히 감당하다
盛大 shèngdà [형]성대하다
盛会 shènghuì [명]성대한 모임
盛开 shèngkāi [동]활짝 피다
盛气凌人 shèngqì-língrén 거만하여 남을 깔보다
剩余 shèngyú [동]남다
尸体 shītǐ [명]시체
失传 shīchuán [동]실전되다
失控 shīkòng [동]통제 불능
失利 shī//lì 실패하다
失恋 shī//liàn 실연
失灵 shīlíng [동]먹통이 되다
失落 shīluò [동]잃어버리다 [형]망연자실하다
失眠 shī//mián 잠을 이루지 못하다
失明 shī//míng 실명하다
失效 shī//xiào 효력을 잃다
失业率 shīyèlǜ [명]실업률
失踪 shī//zōng 실종되다
师范 shīfàn [명]사범
师长 shīzhǎng [명]사단장
师资 shīzī [명]교사
狮子 shīzi [명]사자
施工 shī//gōng 시공하다
施加 shījiā [동]가하다
施行 shīxíng [동]실행하다
施压 shīyā [동]압력을 가하다
湿度 shīdù [명]습도
湿润 shīrùn [형]촉촉하다
十字路口 shízì lùkǒu 사거리
时不时 shíbùshí [부]시도 때도 없이
时段 shíduàn [명]시간대
时隔 shí gé 간격을 두다
时好时坏 shíhǎo-shíhuài 좋았다 나빴다 하다
时间表 shíjiānbiǎo [명]시간표
时空 shíkōng [명]시공
时髦 shímáo [형]①최신식이다 ②유행하다
时尚 shíshàng [형]트랜드
时速 shísù [명]시속
识别 shíbié [동]식별하다
实地 shídì [부]①실지 ②평지
实话 shíhuà [명]참말;실화
实话实说 shíhuà-shíshuō 사실대로 말하다
实况 shíkuàng [명]실태
实事求是 shíshì-qiúshì 있는 그대로의 사실에 토대하여 진리를 탐구하다
实体 shítǐ [명]실체
实物 shíwù [명]실물
实质 shízhì [명]실질
食宿 shísù [명]숙식
食用 shíyòng [동]식용
史无前例 shǐwúqiánlì 역사상 유례가 없다
使唤 shǐhuan [동]부리다;심부름시키다
使命 shǐmìng [명]사명
使者 shǐzhě [명]사도
士气 shìqì [명]사기;전투의지
示威 shìwēi [동]시위하다
示意 shìyì [동]의사를 표시하다
世代 shìdài [명]대대로
世故 shìgu [형](일 처리나 대인관계가) 원활하다
世界级 shìjiè jí 세계적

世袭 shìxí [동]세습하다
市场经济 shìchǎngjīngjì 시장경제
势必 shìbì [부]필연적으로
势不可当 shìbùkědāng 당해 낼 수 없는 형세
势头 shìtou [명]형세
事迹 shìjì [명]사적
事态 shìtài [명]사태
事务 shìwù [명]사무
事务所 shìwùsuǒ [명]사무소
事项 shìxiàng [명]사항
事宜 shìyí [명]일
侍候 shìhòu [동]시중들다
试探 shìtan [동]떠보다
试行 shìxíng [동]시행하다
试用 shìyòng [동]시험적으로 사용하다
试用期 shìyòngqī [명]수습기간
视察 shìchá [동]시찰하다
视角 shìjiǎo [명]①시각 ②앵글
视觉 shìjué [명]시각
视力 shìlì [명]시력
视线 shìxiàn [명]시선
视野 shìyě [명]시야
柿子 shìzi [명]감
是非 shìfēi [명]시비
适度 shìdù [형]적당하다
适量 shìliàng [형]적당량
适时 shìshí [형]시의적절하다
适宜 shìyí [형]적합하다
逝世 shìshì [동]서거하다;세상을 뜨다
释放 shìfàng [동]놓아주다
嗜好 shìhào [명]기호
收复 shōufù [동]수복하다
收据 shōujù [명]영수증
收敛 shōuliǎn [동]①삼가다 ②신중하게 하다
收留 shōuliú [동]거두어들이다
收买 shōumǎi [동]매수하다
收视率 shōushìlǜ [명]시청률
收缩 shōusuō [동]수축
收支 shōuzhī [명]수지
手臂 shǒubì [명]팔뚝
手册 shǒucè [명]수첩
手动 shǒudòng [형]수동의
手脚 shǒujiǎo [명]손발
手帕 shǒupà [명]손수건
手枪 shǒuqiāng [명]권총
手势 shǒushì [명]손짓
手术室 shǒushùshì [명]수술실
手头 shǒutóu [명]수중
手腕 shǒuwàn [명]수완
手艺 shǒuyì [명]솜씨
手掌 shǒuzhǎng [명]손바닥
守候 shǒuhòu [동]①기다리다 ②돌보다
守护 shǒuhù [동]수호하다
守株待兔 shǒuzhū-dàitù 나무 그루터기를 지키며 토끼를 기다리다;요행만을 바라다
首创 shǒuchuàng [동]창시하다
首府 shǒufǔ [명]수도
首批 shǒupī 첫 번째
首饰 shǒu·shì [명]장신구
首要 shǒuyào [형]제일 중요하다
寿命 shòumìng [명]수명
受过 shòu//guò 과오를 입다
受害 shòu//hài 피해를 입다
受害人 shòuhàirén [명]피해자
受贿 shòu//huì 뇌물을 받다
受惊 shòu//jīng 놀라다
受苦 shòu//kǔ 고생하다
受理 shòulǐ [동]접수하다
受骗 shòu//piàn 속다
受益 shòuyì [동]이익을 보다
授权 shòuquán [동]권한을 부여하다
授予 shòuyǔ [동]수여하다
售价 shòujià [명]판매가격
售票 shòupiào [동]표를 팔다

书橱 shūchú [명]책장
书籍 shūjí [명]책
书记 shūjì [명]서기
书面 shūmiàn [형]서면
书写 shūxiě [동]글을 쓰다
抒情 shūqíng [동]서정적이다
枢纽 shūniǔ [명]①요점 ②제왕
梳 shū [동]빗다
梳理 shūlǐ [동]빗질하다
梳子 shūzi [명]빗
舒畅 shūchàng [형]상쾌하다;시원하다
疏导 shūdǎo [동]소통시키다
疏忽 shūhu [동]소홀하다
疏散 shūsàn [형]드문드문하다 [동]분산시키다
疏通 shūtōng [동]①잘 통하게 하다 ②손을 써서 해결하다
输家 shūjiā [명]진 사람
输送 shūsòng [동]수송하다
输血 shū//xuè 수혈하다
输液 shū//yè 링거를 맞다
赎 shú [동]속죄하다
暑期 shǔqī [명]여름 방학[휴가]기간
属性 shǔxìng [명]속성
曙光 shǔguāng [명]서광
束缚 shùfù [동]속박하다
树立 shùlì [동]수립하다
树木 shùmù [명]나무
树梢 shùshāo [명]나뭇가지 끝
树荫 shùyīn [명]나무그늘
树枝 shùzhī [명]나뭇가지
竖 shù [동]세우다;곧게 세우다 [형]수직의
数额 shù'é [명]액수
数据库 shùjùkù [명]데이터베이스
刷新 shuāxīn [동]새롭게 하다
耍 shuǎ [동]놀리다
耍赖 shuǎlài [동]①생떼를 쓰다 ②짓궂은 짓을 하다
衰减 shuāijiǎn [동]감퇴하다
衰竭 shuāijié [동]쇠약해지다
衰老 shuāilǎo [형]노쇠하다
衰弱 shuāiruò [형]쇠약해지다
衰退 shuāituì [동]쇠퇴하다
摔跤 shuāi//jiāo 씨름
甩 shuǎi [동]①휘두르다 ②뿌리치다
率 shuài [동]통솔하다
拴 shuān [동]매다
涮 shuàn [동]①헹구다 ②데쳐 먹다
双胞胎 shuāngbāotāi [명]쌍둥이
双边 shuāngbiān [형]쌍방
双重 shuāngchóng [형]이중
双向 shuāngxiàng [형]양방향
双赢 shuāngyíng [동]윈윈하다
霜 shuāng [명]서리
爽快 shuǎngkuai [형]시원시원하다
水槽 shuǐcáo [명]수조
水稻 shuǐdào [명]벼
水管 shuǐguǎn [명]수도관
水壶 shuǐhú [명]주전자
水货 shuǐhuò [명]밀수품
水晶 shuǐjīng [명]수정
水利 shuǐlì [명]수리
水灵灵 shuǐlínglíng [형]싱싱하다
水龙头 shuǐlóngtóu [명]수도꼭지
水落石出 shuluò-shíchū 진상이 밝혀지다
水面 shuǐmiàn [명]수면
水手 shuǐshǒu [명]선원
水温 shuǐwēn [명]수온
水域 shuǐyù [명]수역
水源 shuǐyuán [명]수원
水涨船高 shuǐzhǎng-chuángāo 물이 불어나면 배도 높아진다
水准 shuǐzhǔn [명]수준
税收 shuìshōu [명]세수
税务 shuìwù [명]세무
睡袋 shuìdài [명]침낭

顺便 shùnbiàn [부]하는 김에
顺差 shùnchā [명]흑자
顺畅 shùnchàng [형]원활하다
顺从 shùncóng [동]순종하다
顺理成章 shùnlǐ-chéngzhāng 이치에 맞으면 저절로 되기 마련이다
顺路 shùnlù [형]①길이 가깝다 ②가기 편하다 [부]겸사겸사;하는 김에
顺其自然 shùnqízìrán 자연에 순응하다
顺势 shùnshì [부]형세를 따르다
顺手 shùnshǒu [형]순조롭다 [부]겸사겸사
顺心 shùn//xīn 뜻대로 되다
顺应 shùnyìng [동]순응하다
顺着 shùnzhe 따라가다
瞬间 shùnjiān [명]순간
说白了 shuōbáile 까놓고 말하다
说不上 shuōbushàng [동]말할 수 없다
说到底 shuōdàodǐ 끝까지 말하다
说道 shuōdao [동]논하다 [명]사정;이유
说干就干 shuō gànjiù gàn 한다고 했으면 바로 한다
说谎 shuō//huǎng 거짓말하다
说老实话 shuō lǎoshi huà 솔직히 말하다
说起来 shuō·qǐ·lái 말해 보면
说情 shuō//qíng 사정하다
说闲话 shuō xiánhuà ①뒷공론하다 ②한담하다
说真的 shuō zhēnde 사실대로 말하다
硕果 shuòguǒ [명]①큰 과실 ②큰 업적
司法 sīfǎ [동]사법
司空见惯 sīkōng-jiànguàn 흔히 볼 수 있다
司令 sīlìng [명]사령관
丝 sī [명]명주실
丝绸 sīchóu [명]실크
丝毫 sīháo [형]①추호 ②극히 적은 수량
私房钱 sī·fángqián [명]쌈짓돈
私家车 sījiāchē [명]자가용
私立 sīlì [동]개인이 설립하다 [형]사립의
私事 sīshì [명]①사사로운 일 ②개인의 일
私下 sīxià [명]비공식 [부]암암리에
私营 sīyíng [형]개인이 경영하다
私有 sīyǒu [동]개인이 소유하다
私自 sīzì [부]몰래
思路 sīlù [명]①생각의 갈피 ②사고의 방향
思念 sīniàn [동]그리워하다
思前想后 sīqián-xiǎnghòu 심사숙고하다
思索 sīsuǒ [동]깊이 생각하다;사색하다
撕 sī [동]찢다
死心 sǐ//xīn 체념하다
死心塌地 sǐxīn-tādì 죽을 때까지;한 치의 의심도 없이
四合院 sìhéyuàn [명]사합원
四季 sìjì [명]사계절
四面八方 sìmiàn-bāfāng 사통팔달
寺庙 sìmiào [명]절;사원
似曾相识 sìcéng-xiāngshí 예전에 한 번 만난 적이 있는 것 같다
似是而非 sìshì-érfēi 비슷한 것 같으면서도 다르다
伺机 sìjī [동]기회를 엿보다
饲料 sìliào [명]사료
饲养 sìyǎng [동]사육하다
松绑 sōng//bǎng 포승을 풀어주다
松弛 sōngchí [형]느슨하다
耸立 sǒnglì [동]우뚝 솟다
送别 sòng//bié 배웅하다;송별하다
搜查 sōuchá [동]수사하다;수색하다
搜集 sōují [동]수집하다
搜救 sōujiù [동]수색 구조하다
搜寻 sōuxún [동]수소문하다
艘 sōu [양]척
苏醒 sūxǐng [동]소생하다
酥 sū [형]바삭바삭하다
俗 sú [형]통속적이다
俗话 súhuà [명]속어;속담
俗话说 súhuà shuō 속담에서 말하길

俗语 súyǔ [명]속담
诉苦 sù//kǔ 괴로움을 하소연하다
诉说 sùshuō [동]하소연하다
诉讼 sùsòng [동]소송하다
素 sù [형]소박하다 [명]흰색;본색
素不相识 sùbùxiāngshí 전혀 모르는 사이다
素材 sùcái [명]소재
素描 sùmiáo [명]소묘;데생
素食 sùshí [명]채식
素养 sùyǎng [명]소양
塑造 sùzào [동]빚어서 만들다
蒜 suàn [명]마늘
算计 suàn·ji [동]계산하다
算盘 suàn·pán [명]주판
算账 suàn//zhàng 계산하다;결판을 내다
虽说 suīshuō [접]비록 ~이라도
随处可见 suíchù kě jiàn 도처에서 볼 수 있다
随大溜 suí dàliù 대세에 순응하다
随机 suíjī [형]무작위의;임의의
随即 suíjí [부]즉시;곧
随身 suíshēn [형]몸에 지니다
随时随地 suíshí-suídì 언제 어디서나
随心所欲 suíxīnsuǒyù 자기 뜻대로 하다
遂心 suì//xīn 뜻대로 되다
隧道 suìdào [명]터널
损 sǔn [동]손해를 끼치다;손상을 주다
损坏 sǔnhuài [동]파손시키다
损人利己 sǔnrén-lìjǐ 남에게 손해를 끼치고 자신의 이익만을 도모하다
损伤 sǔnshāng [동]손상되다
缩 suō [동]줄어들다;움츠리다
缩水 suō//shuǐ 수축되다
缩影 suōyǐng [명]그림자
所属 suǒshǔ [형]소속의
所谓 suǒwèi [형]소위 ~라는 것은;이른바
所作所为 suǒzuò-suǒwéi 하는 일;모든 행동
索赔 suǒpéi [동]배상을 요구하다
索取 suǒqǔ [동]받아 내려 독촉하다
索性 suǒxìng [부]차라리;마음껏
锁定 suǒdìng [동]잠그다
他人 tārén [대]타인
塌 tā [동]무너지다
踏上 tàshang 밟다;올라서다
胎 tāi [명]태아 [양](임신이나 출산의 차수) 째
胎儿 tāi'ér [명]태아
台球 táiqiú [명]당구
太极 tàijí [명]태극
太极拳 tàijíquán [명]태극권
太平 tàipíng [형]평안하다
泰斗 tàidǒu [명]권위자;제1인자
贪 tān [동]탐내다
贪婪 tānlán [형]탐욕스럽다
贪玩儿 tānwánr [동]노는 것을 지나치게 좋아하다
贪污 tānwū [동]횡령하다
摊 tān [동]늘어놓다 [명]노점 [양]웅덩이
瘫 tān [동]움직이지 못하다
瘫痪 tānhuàn [동]마비되다
坛 tán [명]단;제단
谈不上 tán bu shàng 말할 나위가 못되다
谈到 tándào 언급하다
谈论 tánlùn [동]논의하다;담론하다
谈起 tánqǐ 언급하다
弹性 tánxìng [명]탄력성
痰 tán [명]가래
坦白 tǎnbái [형]솔직하다 [동]털어놓다
坦诚 tǎnchéng [형]솔직하고 성실하다
坦克 tǎnkè [명]탱크
坦然 tǎnrán [형]마음에 거리낄 것이 없다
坦率 tǎnshuài [형]솔직하다
毯子 tǎnzi [명]담요
炭 tàn [명]숯;석탄
探 tàn [동]찾다;정찰하다
探测 tàncè [동]탐측하다
探亲 tàn//qīn 친척을 방문하다

探求 tànqiú [동]탐구하다
探望 tànwàng [동]살피다;문안하다
探险 tàn//xiǎn 탐험하다
碳 tàn [명]탄소
汤圆 tāngyuán [명]탕위안
堂 táng [양]교시;세트
糖果 tángguǒ [명]사탕
糖尿病 tángniàobìng [명]당뇨병
倘若 tǎngruò [접]만약 ~한다면
淌 tǎng [동]흘러내리다
烫 tàng [동]데다 [형]뜨겁다
掏钱 tāo qián 돈을 꺼내다
滔滔不绝 tāotāo-bùjué 끊임없이 흐르다
逃避 táobì [동]도피하다
逃生 táoshēng [동]목숨을 건지다
逃亡 táowáng [동]도망가다
陶瓷 táocí [명]도자기
陶冶 táoyě [동]연마하다
陶醉 táozuì [동]도취되다
淘 táo [동]뒤져서 사다
淘气 táo//qì 장난이 심하다
淘汰 táotài [동]도태되다
讨 tǎo [동]정벌하다;요구하다
讨好 tǎo//hǎo 비위를 맞추다
讨价还价 tǎojià-huánjià 토론하다 가격 흥정을 하다
讨人喜欢 tǎorénxǐhuan 남에게 귀여움을 받다
特产 tèchǎn [명]특산물
特长 tècháng [명]장기
特例 tèlì [명]특례
特权 tèquán [명]특권
特邀 tèyāo [동]특별히 초청하다
特制 tèzhì [동]특별 제작하다
特质 tèzhì [명]특질
腾 téng [동]오르다;도약하다
藤椅 téngyǐ [명]등나무 의자
剔除 tīchú [동]제거하다
梯子 tīzi [명]사다리
提拔 tíbá [동]발탁하다
提炼 tíliàn [동]제련하다
提名 tí//míng 추천하다;지명하다
提速 tí//sù 속도를 높이다
提心吊胆 tíxīn-diàodǎn 마음이 조마조마하다
提议 tíyì [동]제안하다 [명]제안
提早 tízǎo [동]앞당기다
体谅 tǐliàng [동]양해하다;이해하다
体面 tǐmiàn [명]체면 [형]떳떳하다
体能 tǐnéng [명]체능
体贴 tǐtiē [동]자상하게 돌보다
体温 tǐwēn [명]체온
体系 tǐxì [명]체계
体制 tǐzhì [명]체제
体质 tǐzhì [명]체질
剃 tì 깎다;밀다
替换 tìhuàn [동]대체하다
替身 tìshēn [명]대역
天长地久 tiāncháng-dìjiǔ 하늘과 땅처럼 영원하다
天地 tiāndì [명]천지
天鹅 tiān'é [명]백조
天分 tiānfèn [명]선천적인 재능
天赋 tiānfù [동]타고나다 [명]타고난 것
天经地义 tiānjīng-dìyì 불변의 진리
天平 tiānpíng [명]저울
天桥 tiānqiáo [명]육교
天生 tiānshēng [형]선천적으로
天使 tiānshǐ [명]천사
天线 tiānxiàn [명]안테나
天性 tiānxìng [명]천성
天主教 Tiānzhǔjiào [명]천주교
添加 tiānjiā [동]첨가하다
甜美 tiánměi [형]달콤하다
甜蜜 tiánmì [형]달콤하다
甜头 tiántou [명]단맛

填补 tiánbǔ [동]메우다
填充 tiánchōng [동]채우다
填写 tiánxiě [동]기입하다
舔 tiǎn [동]핥다
挑剔 tiāoti [동]트집 잡다
条款 tiáokuǎn [명]조항
条例 tiáolì [명]조례
条约 tiáoyuē [명]조약
调侃 tiáokǎn [동]조롱하다
调控 tiáokòng [동]조정하다
调料 tiáoliào [명]조미료
调试 tiáoshì [동]성능 시험하다
挑起 tiǎoqǐ 도발하다;일으키다
挑衅 tiǎoxìn [동]도발하다
跳槽 tiào//cáo 이직하다
跳动 tiàodòng [동]활동하다
跳伞 tiào//sǎn 낙하산
跳跃 tiàoyuè [동]도약하다
贴近 tiējìn [동]가까이 가다 [형]가깝다
贴切 tiēqiè [형]알맞다
帖子 tiězi [명]쪽지
听从 tīngcóng [동]따르다;복종하다
听话 tīng//huà 말을 듣다;순종하다
停泊 tíngbó [동]정박하다
停车位 tíngchēwèi [명]주차 공간
停电 tíngdiàn [동]정전되다
停顿 tíngdùn [동]잠시 쉬다
停放 tíngfàng [동]주차하다
停业 tíng//yè 휴업하다
通畅 tōngchàng [형]원활하다
通车 tōng//chē 개통하다
通风 tōngfēng 통풍시키다
通告 tōnggào [동]알리다 [명]공고문
通缉 tōngjī [동]지명 수배하다
通顺 tōngshùn [형]매끄럽다
通俗 tōngsú [형]통속적이다
通通 tōngtōng [부]모두;전부
通往 tōngwǎng (~으로) 통하다
通宵 tōngxiāo [명]밤새;철야
通行证 tōngxíngzhèng [명]통행증
同伴 tóngbàn [명]동반자;짝
同步 tóngbù [동]보조를 맞추다
同等 tóngděng [형]동등하다
同感 tónggǎn [명]동감
同伙 tónghuǒ [동]패거리에 들다 [명]패거리
同类 tónglèi [형]같은 종류에 속하다 [명]같은 무리
同盟 tóngméng [동]동맹을 맺다 [명]동맹
同年 tóngnián [명]같은 해
同人 tóngrén [명]같은 사람
同志 tóngzhì [명]동지
同舟共济 tóngzhōu-gòngjì 어려움 속에서 일심 단결하다
铜 tóng [명]구리
统筹 tǒngchóu [동]전면적인 계획을 세우다
统统 tǒngtǒng [부]모두;전부
统治 tǒngzhì [동]통치하다
捅 tǒng [동]찌르다
桶 tǒng [명]통
筒 tǒng [명]통
痛(副) tòng [부]호되게;매섭게
痛心 tòngxīn [형]가슴 아파하다
偷看 tōukàn 몰래 보다
偷窥 tōukuī [동]몰래 훔쳐보다
偷懒 tōu//lǎn 게으름 피우다
头部 tóubù [명]머리 부분
头顶 tóudǐng [명]머리 꼭대기
头号 tóuhào [형]첫째
头条 tóutiáo [명]첫 번째;톱뉴스
头头是道 tóutóu-shìdào 말이나 행동이 사리에 들어맞다
头衔 tóuxián [명]직함
头晕 tóuyūn [동]어지럽다
投奔 tóubèn [동]의탁하다
投稿 tóu//gǎo 투고하다

投机 tóujī [형]의기투합 [동]의기투합하다
投射 tóushè [동]투사하다
投身 tóushēn [동]뛰어들다
投降 tóuxiáng [동]투항하다
透彻 tòuchè [형]투철하다;밝고 확실하다
透过 tòuguò [동]투과하다;통과하다
透气 tòu//qì (공기 따위가) 통하다;숨을 내쉬다
透支 tòuzhī [동]가불하다
凸 tū [형]볼록하다;두드러지다
凸显 tūxiǎn [동]부각시키다
秃 tū [형]머리가 벗어지다
突发 tūfā [동]돌발하다
突击 tūjī [동]돌격하다
突破口 tūpòkǒu [명]돌파구
突如其来 tūrú-qílái 갑자기 닥쳐오다
图表 túbiǎo [명]도표
图像 túxiàng [명]영상
图形 túxíng [명]도형
图纸 túzhǐ [명]설계도
徒步 túbù [부]도보로
涂 tú [동]바르다
屠杀 túshā [동]도살하다
土匪 tǔfěi [명]토비
土壤 tǔrǎng [명]토양
土生土长 tǔshēng-tǔzhǎng 토박이
团伙 tuánhuǒ [명]범죄 조직
团聚 tuánjù [동]한자리에 모이다
团员 tuányuán [명]단원
团圆 tuányuán [동]한데 모이다
推测 tuīcè [동]추측하다
推辞 tuīcí [동]거절하다;사양하다
推断 tuīduàn [동]추정하다
推翻 tuī//fān 전복되다
推荐 tuījiàn [동]추천하다
推理 tuīlǐ [동]추리하다
推敲 tuīqiāo [동]퇴고하다
推算 tuīsuàn [동]추산하다
推卸 tuīxiè [동]전가하다
推选 tuīxuǎn [동]추천하여 선발하다
推移 tuīyí [동]추이;변화
颓废 tuífèi [형]무너져 쓰지 못하게 되다
退回 tuìhuí [동]되돌리다
退却 tuìquè [동]퇴각하다
退让 tuìràng [동]양보하다;사양하다
退缩 tuìsuō [동]위축되다;움추러들다
退休金 tuìxiūjīn [명]퇴직금
退学 tuì//xué 퇴학당하다
退役 tuì//yì 퇴역하다
屯 tún [명]추측하다
托付 tuōfù [동]위탁하다
拖累 tuōlěi [동]관련하다
拖欠 tuōqiàn [동]빚을 끌며 갚지 않다
拖延 tuōyán [동]끌다;늦추다
脱节 tuō//jié 탈구하다;연관성을 잃다
脱口而出 tuōkǒu'érchū 입에서 나오는 대로 말하다
脱落 tuōluò [동]떨어지다;벗겨지다
脱身 tuō//shēn 벗어나다
脱颖而出 tuōyǐng'érchū 두각을 드러내다
驮 tuó [동]등에 지우다
妥 tuǒ [형]타당하다
妥当 tuǒ·dàng [형]알맞다
妥善 tuǒshàn [형]알맞다
妥协 tuǒxié [동]타협하다
拓宽 tuòkuān [동]확장하다
拓展 tuòzhǎn [동]확장하다
唾液 tuòyè [명]타액
挖掘 wājué [동]발굴하다
挖苦 wāku [동]헐뜯다
瓦 wǎ [명]기와
歪 wāi [형]삐뚤어지다
歪曲 wāiqū [동]왜곡하다
外表 wàibiǎo [명]표면
外公 wàigōng [명]외할아버지

外行 wàiháng [형]문외한 [명]문외한이다
外号 wàihào [명]별명
外籍 wàijí [명]외국 국적
外贸 wàimào [명]대외무역
外貌 wàimào [명]외모
外婆 wàipó [명]외할머니
外企 wàiqǐ [명]외국기업
外星人 wàixīngrén [명]외계인
外形 wàixíng [명]외형
外援 wàiyuán [명]외국의 원조;외국 초빙 선수
丸 wán [명]작고 둥근 물건 [양]알
完备 wánbèi [형]완비되어 있다
完毕 wánbì [동]끝내다
完蛋 wán//dàn 끝났다
完好 wánhǎo [형]온전하다
玩耍 wánshuǎ [동]놀다;장난하다
玩意儿 wányìr [명]장난감;놀이
顽固 wángù [형]완고하다
挽 wǎn [동]잡아당기다;걷어 올리다
挽回 wǎnhuí [동]만회하다
挽救 wǎnjiù [동]구해내다;구제하다
晚间 wǎnjiān [명]저녁;밤
晚年 wǎnnián [명]노년
晚期 wǎnqī [명]말기
惋惜 wǎnxī [형]애석하다
万分 wànfēn [부]극히;대단히
万古长青 wàngǔ-chángqīng 영원토록 변하지 않다
万能 wànnéng [형]만능이다
万万 wànwàn [부]결코;절대로
万无一失 wànwú-yìshī 만에 하나의 실수도 없다
汪洋 wāngyáng [형]바다가 넓고 큰 모양
亡羊补牢 wángyáng-bǔláo 소 잃고 외양간 고친다
王国 wángguó [명]왕국
王牌 wángpái [명]킹 카드;가장 강력한 수단
网点 wǎngdiǎn [명]점포망;판매망
网民 wǎngmín [명]네티즌
往常 wǎngcháng [명]평소
往返 wǎngfǎn [동]왕복하다
往日 wǎngrì [명]지난날;예전
往事 wǎngshì [명]지난 일
妄想 wàngxiǎng [동]망상하다 [명]망상
忘不了 wàng bu liǎo 잊을 수 없다
忘掉 wàng//diào 잊어버리다
旺 wàng [형]왕성하다
旺季 wàngjì [명]성수기
旺盛 wàngshèng [형]완성하다
望 wàng [동]바라보다
望远镜 wàngyuǎnjìng [명]망원경
危及 wēijí [동]위험이 미치다
危急 wēijí [형]위급하다
威风 wēifēng [명]위풍 [형]위엄이 있다
威力 wēilì [명]위력
威慑 wēishè [동]위협하다
威信 wēixìn [명]위신
微不足道 wēibùzúdào 하찮아서 말할 가치도 없다
微观 wēiguān [형]미시적
微妙 wēimiào [형]미묘하다
微弱 wēiruò [형]미약하다
微型 wēixíng [형]소형의
为人 wéirén [동]남과 잘 어울리다 [명]됨됨이
违背 wéibèi [동]위배하다
违约 wéi//yuē 위약하다
违章 wéi//zhāng 법규를 위반하다
围墙 wéiqiáng [명]둘러싼 담
唯 wéi [부]다만;단지
唯独 wéidú [부]유독
伪造 wěizào [동]위조하다
伪装 wěizhuāng [동]위장하다 [명]위장
尾气 wěiqì [명]배기가스
尾声 wěishēng [명]사건의 종결 단계
纬度 wěidù [명]위도
委屈 wěiqu [형]억울하다 [동]억울하게 하다

委婉 wěiwǎn [형]완곡하다
委员 wěiyuán [명]위원
委员会 wěiyuánhuì [명]위원회
萎缩 wěisuō [동]위축되다
卫视 wèishì [명]위성 TV
未 wèi [부]아직 ~하지 않다
未成年人 wèichéngniánrén [명]미성년
未经 wèijīng [동]경유하지 못하다;아직 ~하지 못하다
未免 wèimiǎn [부]~을 면할 수 없다
未知数 wèizhīshù [명]미지수
位子 wèizi [명]자리;좌석
味精 wèijīng [명]조미료
畏惧 wèijù [동]무서워하고 두려워하다
畏缩 wèisuō [동]위축되다
胃口 wèikǒu [명]①위 ②식욕
喂养 wèiyǎng [동]①(아이를) 양육하다 ②(동물을) 사육하다
慰劳 wèiláo [동]위문하다
温度计 wēndùjì [명]온도계
温泉 wēnquán [명]온천
温柔 wēnróu [형]온유하다
温室 wēnshì [명]온실
温习 wēnxí [동]복습하다
温馨 wēnxīn [형]온화하고 향기롭다
瘟疫 wēnyì [명]급성 전염병
文 wén [명]문자;글자
文具 wénjù [명]문구
文科 wénkē [명]문과
文盲 wénmáng [명]문맹
文凭 wénpíng [명]①사령장 ②졸업장
文人 wénrén [명]문인
文物 wénwù [명]문물
文献 wénxiàn [명]문헌
文雅 wényǎ [형]점잖다
闻名 wénmíng [동]명성을 듣다
蚊帐 wénzhàng [명]모기장
蚊子 wénzi [명]모기
吻 wěn [명]입술 [동]입맞춤하다
吻合 wěnhé [형]들어맞다
紊乱 wěnluàn [형]문란하다
稳固 wěngù [형]튼튼하다 [동]견고하게 하다
稳健 wěnjiàn [형]믿음직하다
稳妥 wěntuǒ [형]타당하다
稳重 wěnzhòng [형]침착하고 중후하다
问卷 wènjuàn [명]설문조사
问世 wènshì [동]세상에 나오다
窝 wō [명]둥지
卧 wò [동]눕다
污秽 wūhuì [형]더럽다 [명]더러운 것
巫婆 wūpó [명]무녀
呜咽 wūyè [동]오열하다
屋顶 wūdǐng [명]지붕
无比 wúbǐ [동]비할 바 없다
无不 wúbù [부]…하지 않는 것이 없다
无偿 wúcháng [형]무상
无敌 wúdí [동]무적이다
无恶不作 wú'è-búzuò 갖은 못된 짓을 다하다
无非 wúfēi [부]단지 …에 지나지 않다
无辜 wúgū [형]무고하다 [명]무고한 사람
无故 wúgù [부]이유 없이
无关紧要 wúguān-jǐnyào 중요하지 않다
无话可说 wúhuà-kěshuō 할 말이 없다
无济于事 wújìyúshì 아무 쓸모없다
无家可归 wújiā-kěguī 돌아갈 집이 없다
无精打采 wújīng-dǎcǎi 의기소침하다
无可奉告 wúkěfènggào 알릴 만한 것이 없다
无可厚非 wúkěhòufēi 크게 비난할 것이 없다
无可奈何 wúkěnàihé 어찌 할 도리가 없다
无理 wúlǐ [동]비합리적이다
无力 wúlì [동]무력하다
无论如何 wúlùn-rúhé 어찌 되었든 관계없이
无能 wúnéng [형]무능하다
无能为力 wúnéngwéilì 무능해서 아무 일도 못하다

无情 wúqíng [형]무정하다
无情无义 wúqíng-wúyì 무정하다
无穷 wúqióng [동]무궁하다
无私 wúsī [형]사심이 없다
无所事事 wúsuǒshìshì 아무 일도 하지 않다
无所作为 wúsuǒzuòwéi 적극적으로 하는 바가 없다
无条件 wútiáojiàn [동]무조건
无微不至 wúwēi-búzhì 미세한 것까지 이르지 않음이 없다
无线 wúxiàn [형]무선
无线电 wúxiàndiàn [명]무선 전신
无形 wúxíng [형]무형의
无形中 wúxíngzhōng [부]모르는 사이에
无须 wúxū [부]…할 필요가 없다
无意 wúyì [동]…할 마음이 내키지 않다 [부]무의식중에
无忧无虑 wúyōu-wúlǜ 아무런 근심 걱정도 없다.
无缘 wúyuán [동]인연이 없다 [부]…할 길이 없다
无知 wúzhī [형]무지하다
无足轻重 wúzú-qīngzhòng 문제 삼을 만한 것이 못되다
五花八门 wǔhuā-bāmén 형형색색
五星级 wǔxīngjí [형]특급
武力 wǔlì [명]무력
武装 wǔzhuāng [명]무장 [동]무장하다
侮辱 wǔrǔ [동]모욕하다
捂 wǔ [동]가리다
舞厅 wǔtīng [명]무도장
勿 wù [부]하지 마라
务必 wùbì [부]반드시
务实 wùshí [형]구체적 사업 수행에 힘쓰다
物流 wùliú [명]물류
物体 wùtǐ [명]물체
物证 wùzhèng [명]물증
物资 wùzī [명]물자
误差 wùchā [명]오차
误导 wùdǎo [동]오도하다
误区 wùqū [명]잘못된 영역[부분]
雾 wù [명]안개
吸纳 xīnà [동]흡입하다
吸取 xīqǔ [동]흡수하다
昔日 xīrì [명]이전
息息相关 xīxī-xiāngguān 관계가 매우 밀접하다
稀 xī [형]드물다
稀罕 xīhan [형]희한하다 [동]소중히 하다
稀奇 xīqí [형]진기하다
稀少 xīshǎo [형]희소하다
锡 xī [명]주석
熙熙攘攘 xīxī-rǎngrǎng [형]왕래가 빈번하고 번화하다
熄火 xī//huǒ 불이 꺼지다
膝盖 xīgài [명]무릎
嬉笑 xīxiào [동]장난하며 웃다
习俗 xísú [명]풍속
席 xí [명]자리의 총칭
席位 xíwèi [명]좌석
袭击 xíjī [동]습격하다
媳妇 xífu [명]며느리
洗涤剂 xǐdíjì [명]세제
洗礼 xǐlǐ [명]세례
喜出望外 xǐchūwàngwài 뜻밖의 기쁜 일을 만나 기뻐 어쩔 줄 모르다
喜好 xǐhào [동]좋아하다 [명]기호
喜酒 xǐjiǔ [명]결혼 축하주
喜怒哀乐 xǐ-nù-āi-lè 희로애락
喜庆 xǐqìng [형]경사스럽다 [명]경사
喜事 xǐshì [명]기쁜 일
喜糖 xǐtáng [명]결혼사탕(약혼식이나 결혼식 때에 사람들에게 나누어 주는 사탕)
喜洋洋 xǐyángyáng [형]몹시 기쁜 모양
喜悦 xǐyuè [형]기쁨
细腻 xìnì [형]곱고 보드랍다
细微 xìwēi [형]미세하다

细心 xìxīn [형]세심하다
虾 xiā [명]새우
瞎 xiā [동]눈이 멀다 [부]되는대로
侠义 xiáyì [형]의협심이 강하다
峡谷 xiágǔ [명]협곡
狭隘 xiá'ài [형]좁고 한정되다
狭小 xiáxiǎo [형]좁고 작다
狭窄 xiázhǎi [형]비좁다
下场 xiàchǎng [명]결말
下跌 xiàdiē [동]하락하다
下岗 xià//gǎng 퇴근하다
下功夫 xià gōngfu 애쓰다
下海 xià//hǎi 바다에 나가다
下级 xiàjí [명]하급
下决心 xià juéxīn 결심하다
下令 xià//lìng 명령을 하달하다
下落 xiàluò [명] 행방
下期 xià qī 다음 번
下棋 xià//qí 장기를 두다
下山 xià//shān 하산하다
下手 xià//shǒu 착수하다
下属 xiàshǔ [명]부하
下台 xià//tái 물러나다
下调 xiàtiáo [동]하향조정하다
下乡 xià//xiāng 시골에 가다
下旬 xiàxún [명]하순
下一代 xià yí dài 다음 세대
下意识 xiàyì·shí [명]잠재의식 [부]무심히
下游 xiàyóu [명]하류
下坠 xiàzhuì [동]추락하다
吓唬 xiàhu [동]깜짝 놀라게 하다
吓人 xià//rén 사람을 놀라게 하다
夏令营 xiàlìngyíng [명]하기 훈련 캠프
仙鹤 xiānhè [명]두루미
仙女 xiānnǚ [명]선녀
先例 xiānlì [명]선례
先天 xiāntiān [명]선천
纤维 xiānwéi [명]섬유
掀 xiān [동]높이 쳐들다
掀起 xiānqǐ [동]들어 올리다
鲜活 xiānhuó [형]선명하고 윤기 있다
鲜美 xiānměi [형]맛이 대단히 좋다
鲜血 xiānxuè [명]선혈
弦 xián [명]활시위
衔接 xiánjiē [동]맞물리다
嫌弃 xiánqì [동]싫어하다
嫌疑 xiányí [명]의심
显而易见 xiǎn'éryìjiàn 똑똑히 보이다
显赫 xiǎnhè [형]찬란하다
显示器 xiǎnshìqì [명]모니터
显现 xiǎnxiàn [동]나타나다
显眼 xiǎnyǎn [형]눈에 띄다
现成 xiànchéng [형]마침 그 자리에 있는
现任 xiànrèn [동]현재 …를 담당하고 있다 [형]현직의
现行 xiànxíng [형]현행의
限 xiàn [동]범위를 정하다
限定 xiàndìng [동]한정하다
限度 xiàndù [명]한도
限于 xiànyú [동]한정되다
线条 xiàntiáo [명]선
宪法 xiànfǎ [명]헌법
陷 xiàn [동]빠지다
陷阱 xiànjǐng [명]함정
馅儿 xiànr [명]만두 등의 소
羡慕 xiànmù [동]부러워하다
献血 xiànxiě [동]헌혈하다
腺 xiàn [명]샘
乡亲 xiāngqīn [명]동향사람
乡下 xiāngxia [명]시골
相伴 xiāngbàn [동]동반하다
相比之下 xiāngbǐ zhī xià 그것과 비교하면
相差 xiāngchà [동]서로 차이가 나다
相传 xiāngchuán [동]…라고 전해지다

相当于 xiāngdāngyú [동]…와 같다
相对 xiāngduì [동]서로 대립이 되다 [형]상대적이다
相对而言 xiāngduì-éryán 상대적으로
相辅相成 xiāngfǔ-xiāngchéng 서로 보완하고 도와서 일을 완성하다
相继 xiāngjì [부]이어서
相连 xiānglián [동]연결되다
相识 xiāngshí [동]서로 알다
相提并论 xiāngtí-bìnglùn (성질이 다른 것을) 한데 섞어 논하다
相通 xiāngtōng [동]서로 통하다
相依为命 xiāngyī-wéimìng 서로 굳게 의지하며 살아가다
相遇 xiāngyù [동]만나다
相约 xiāngyuē [동]약속하다
香料 xiāngliào [명]향료
香水 xiāngshuǐ [명]향수
香味 xiāngwèi [명]향
香烟 xiāngyān [명]향불 연기
香油 xiāngyóu [명]향기로운 기름
镶 xiāng [동]끼워 넣다
镶嵌 xiāngqiàn [동]끼워 넣다
详尽 xiángjìn [형]상세하고 빠짐없다
祥和 xiánghé [형]상서롭고 화목하다
享 xiǎng [동]누리다
享有 xiǎngyǒu [동]향유하다
响亮 xiǎngliàng [형]높고 크다
响起 xiǎngqǐ 울려퍼지다
响应 xiǎngyìng [동]호응하다
想方设法 xiǎngfāng-shèfǎ 온갖 방법을 생각하다
向来 xiànglái [부]본래부터
向往 xiàngwǎng [동]동경하다
向着 xiàngzhe [동]향하다
项链 xiàngliàn [명]목걸이
像 xiàng [명]형상
像样 xiàng//yàng 어떤 수준에 도달하다
橡胶 xiàngjiāo [명]고무
橡皮 xiàngpí [명]고무
削 xiāo [동]껍질을 벗기다
消 xiāo [동]사라지다
消沉 xiāochén [형]의기소침하다
消遣 xiāoqiǎn [동]한가한 시간을 보내다
萧条 xiāotiáo [형]적막하다
销 xiāo [동]녹이다
销毁 xiāohuǐ [동]소각하다
销量 xiāoliàng [명]판매량
潇洒 xiāosǎ [형]소탈하다
小丑 xiǎochǒu [명]어릿광대
小贩 xiǎofàn [명]소상인
小看 xiǎokàn [동]얕보다
小康 xiǎokāng [형]먹고 살 만하다
小路 xiǎolù [명]좁은 길
小品 xiǎopǐn [명]간단한 잡문
小气 xiǎoqi [형]인색하다
小区 xiǎoqū [명](거주) 단지
小曲 xiǎoqǔ [명]민간 노랫가락;속곡
小人 xiǎorén [명]소인
小提琴 xiǎotíqín [명]바이올린
小溪 xiǎoxī [명]시내
小心翼翼 xiǎoxīn-yìyì 엄숙하고 경건하다
小卒 xiǎozú [명]졸병
孝敬 xiàojìng [동]웃어른을 잘 섬기고 공경하다
孝顺 xiào·shùn [동]효도하다
肖像 xiàoxiàng [명]사진;초상
效仿 xiàofǎng [동]모방하다
效力 xiàolì [명]효력
效益 xiàoyì [명]효과와 이익
效应 xiàoyìng [명]효과와 반응
协定 xiédìng [명]협정 [동]협정하다
协同 xiétóng [동]협동하다
协作 xiézuò [동]협업하다
邪 xié [형]바르지 못하다
邪恶 xié'è [형]사악하다

挟持 xiéchí [동]협박하다
携带 xiédài [동]휴대하다
携手 xiéshǒu [동]손을 잡다
写照 xiězhào [동]인물의 형상을 그리다 [명]모습
泄 xiè [동]배출하다
泄漏 xièlòu [동]새다
泄露 xièlòu [동]누설하다
泄密 xiè//mì 비밀이 새다
泄气 xiè//qì 화풀이하다
泻 xiè [동]쏟아지다
卸 xiè [동]짐을 내리다
心爱 xīn'ài [형]소중한
心安理得 xīn'ān-lǐdé 도리에 어긋나지 않아 마음이 편안하다
心病 xīnbìng [명]울화병
心肠 xīncháng [명]마음씨
心得 xīndé [명]깨달은 점;느낀 점
心慌 xīn//huāng 당황하다
心急如焚 xīnjí-rúfén 속에 불이 나듯이 초조하다
心里话 xīnlǐhuà [명]마음속의 말
心灵手巧 xīnlíng-shǒuqiǎo 영리한데다 손재주도 있다
心目 xīnmù [명]심중
心声 xīnshēng [명]마음의 소리
心事 xīnshì [명]걱정거리
心思 xīnsi [명]생각
心酸 xīn//suān 마음이 쓰리다
心想事成 xīnxiǎng-shìchéng 뜻하는 일이 성사되다
心胸 xīnxiōng [명]도량
心血 xīnxuè [명]심혈
心眼儿 xīnyǎnr [명]내심
心意 xīnyì [명]마음
芯片 xīnpiàn [명](전자) 칩
辛勤 xīnqín [형]부지런하다
辛酸 xīnsuān [형]슬프고 괴롭다
欣慰 xīnwèi [형]기쁘고 안심되다
欣喜 xīnxǐ [형]기뻐하다
欣欣向荣 xīnxīn-xiàngróng 초목이 무성하다
新潮 xīncháo [명]최신유행 [형]유행의
新陈代谢 xīnchén-dàixiè 신진대사
新房 xīnfáng [명]새집
新款 xīnkuǎn [명]새로운 스타일
新奇 xīnqí [형]신기하다
新生 xīnshēng [형]갓 태어난 [명]새 생명
新式 xīnshì [형]신식의
新手 xīnshǒu [명]신참
新颖 xīnyǐng [형]참신하다
信贷 xìndài [명]신용
信件 xìnjiàn [명]우편물
信赖 xìnlài [동]신뢰하다
信誉 xìnyù [명]신용과 명예
兴奋剂 xīngfènjì [명]흥분제
兴建 xīngjiàn [동]건설하다
兴起 xīngqǐ [동]일어나다;흥기하다
星座 xīngzuò [명]별자리
猩猩 xīngxing [명]성성이;오랑우탄
腥 xīng [형]비린내나다
刑法 xíngfǎ [명]형법
行使 xíngshǐ [동](권리를) 행사하다
行政 xíngzhèng [명]행정
行走 xíngzǒu [동]걷다
形形色色 xíngxíngsèsè [형]형형색색의
形影不离 xíngyǐng-bùlí 그림자처럼 따라다니다
醒来 xǐnglai 잠이 깨다
醒目 xǐngmù [형]이목을 끌다
醒悟 xǐngwù [동]깨닫다
兴高采烈 xìnggāo-cǎiliè 매우 흥겹다
兴致 xìngzhì [명]흥미
幸存 xìngcún [동]요행히 살아남다
幸好 xìnghǎo [부]다행히
幸亏 xìngkuī [부]다행히
幸免 xìngmiǎn [동]다행히 면하다
性价比 xìngjiàbǐ [명]가성비

性命 xìngmìng [명]목숨
性情 xìngqíng [명]성정
姓氏 xìngshì [명]성씨
凶残 xiōngcán [형]흉악하고 잔인하다
凶恶 xiōng'è [형]흉악하다
凶狠 xiōnghěn [형]흉악하다
凶猛 xiōngměng [형]흉맹하다
汹涌 xiōngyǒng [동](물이) 세차게 위로 치솟다
胸膛 xiōngtáng [명]가슴
胸有成竹 xiōngyǒuchéngzhú 일을 하기 전에 이미 전반적인 고려가 되어 있다
雄厚 xiónghòu [형]풍부하다
休克 xiūkè [동]쇼크를 일으키다
休眠 xiūmián [동]휴면
休想 xiūxiǎng [동]생각하지 마라
休养 xiūyǎng [동]휴양하다
修补 xiūbǔ [동]손질하다
修长 xiūcháng [형]길다
修订 xiūdìng [동]수정하다
修路 xiū//lù 길을 닦다
修正 xiūzhèng [동]수정하다
羞愧 xiūkuì [형]부끄러워하다
秀丽 xiùlì [형]수려하다
秀美 xiùměi [형]뛰어나게 아름답다
袖手旁观 xiùshǒu-pángguān 수수방관하다
绣 xiù [동]수놓다
锈 xiù [명]녹 [동]녹슬다
嗅觉 xiùjué [명]후각
须 xū [동]반드시
虚 xū [형]비어 있다 [부]헛되이
虚构 xūgòu [동]꾸며 대다
虚幻 xūhuàn [형]가공의
虚假 xūjiǎ [형]허위의
虚拟 xūnǐ [동]가정하다 [형]가상적인
虚弱 xūruò [형]허약하다
虚伪 xūwěi [형]허위의
需 xū [동]필요로 하다
徐徐 xúxú [형]천천히
许 xǔ [동]약속하다 [부]아마도
许可证 xǔkězhèng [명]허가증
旭日 xùrì [명]막 솟아오른 태양
序 xù [명]순서
序幕 xùmù [명]서막
叙述 xùshù [동]서술
酗酒 xùjiǔ [동]주정하다
续 xù [동]이어지다
絮叨 xùdao [형]말이 많다
宣称 xuānchēng [동]발표하다
宣读 xuāndú [동]대중 앞에서 낭독하다
宣告 xuāngào [동]선고하다
宣誓 xuān//shì 선서하다
宣泄 xuānxiè [동]물길을 트다
宣言 xuānyán [명]선언
宣扬 xuānyáng [동]널리 알리다
喧哗 xuānhuá [동]떠들다 [형]떠들썩하다
喧闹 xuānnào [형]왁자하다
玄 xuán [형]검다
玄机 xuánjī [명]현묘한 이치
悬挂 xuánguà [동]걸다
悬念 xuánniàn [명]궁금증;서스펜스
悬殊 xuánshū [형]동떨어진
悬崖 xuányá [명]낭떠러지
旋律 xuánlǜ [명]선율
旋涡 xuánwō [명]소용돌이
选民 xuǎnmín [명]선거 유권자
选项 xuǎnxiàng [명]보기
选用 xuǎnyòng [동]선용하다
炫耀 xuànyào [동]비치다
削弱 xuēruò [동]약화시키다
靴子 xuēzi [명]장화
穴位 xuéwèi [명]혈
学历 xuélì [명]학력
学士 xuéshì [명]학자
学说 xuéshuō [명]학설

学堂 xuétáng [명]학당
学业 xuéyè [명]학업
学艺 xuéyì [동]기예를 배우다
学子 xuézǐ [명]학생
雪山 xuěshān [명]설산
雪上加霜 xuěshàng-jiāshuāng 눈 위에 서리가 내리다
血脉 xuèmài [명]혈관
血栓 xuèshuān [명]혈전
血压 xuèyā [명]혈압
血缘 xuèyuán [명]혈연
勋章 xūnzhāng [명]훈장
熏 xūn [동]그을다
熏陶 xūntáo [동]영향을 끼치다
寻 xún [동]탐구하다
寻常 xúncháng [형]평범하다
寻觅 xúnmì [동]찾다
巡逻 xúnluó [동]순찰하다
循序渐进 xúnxù-jiànjìn 점차적으로 심화시키다
训 xùn [동]타이르다
驯 xùn [동]다루다
逊色 xùnsè [명]손색 [형]뒤떨어지다
丫头 yātou [명]시녀
压倒 yādǎo 압도하다
压缩 yāsuō [동]압축하다
压抑 yāyì [동]억압하다
压制 yāzhì [동]억압하다
押 yā [동]저당 잡히다
鸦雀无声 yāquè-wúshēng 쥐 죽은 듯 조용하다
牙齿 yáchǐ [명]치아
牙膏 yágāo [명]치약
芽 yá [명]①싹 ②발단
哑 yǎ [형]①말을 하지 못하다 ②목이 쉬다
咽喉 yānhóu [명]인후;목구멍
烟囱 yāncōng [명]굴뚝
烟火 yānhuǒ [명]연기와 불;불꽃놀이
淹 yān [동](큰물에) 잠기다
延 yán [동]미루다
延缓 yánhuǎn [동]늦추다
延误 yánwù [동]지연하다
严谨 yánjǐn [형]엄밀하다
严禁 yánjìn [동]엄격하게 금지하다
严峻 yánjùn [형]①준엄하다 ②심각하다
严密 yánmì [형]치밀하다 [동]엄밀하게 하다
言辞 yáncí [명]언사;말
言论 yánlùn [명]언론
言行 yánxíng [명]언행
岩石 yánshí [명]암석
炎热 yánrè [형]무덥다
炎症 yánzhèng [명]염증
沿岸 yán'àn [명]연안
沿途 yántú [명]길가 [부]길을 따라
沿线 yánxiàn [명]인근 지역
研讨 yántǎo [동]연구 토론하다
阎王 Yánwang [명]①염라(대왕) ②포악한 사람
衍生 yǎnshēng [동]파생하다
掩盖 yǎngài [동]감추다
掩护 yǎnhù [동]엄호하다
掩饰 yǎnshì [동]감추다
眼红 yǎnhóng [형]①샘이 나다 ②눈에 핏발이 서다
眼界 yǎnjiè [명]①시야 ②식견
眼色 yǎnsè [명]눈치
眼神 yǎnshén [명]눈빛
眼下 yǎnxià [명]목하;지금
演变 yǎnbiàn [동]변화 발전하다
演播室 yǎnbōshì [명]스튜디오(studio)
演技 yǎnjì [명]연기
演练 yǎnliàn [동]연습하다
演示 yǎnshì [동]시연하다
演说 yǎnshuō [동]연설하다 [명]연설
演习 yǎnxí [동]훈련하다
演戏 yǎn//xì 공연하다
演艺圈 yǎnyìquān [명]연예계

演绎 yǎnyì [명]연역 [동]전개하다
厌烦 yànfán [동]귀찮아 하다
厌倦 yànjuàn [동]싫증나다
咽 yàn [동]삼키다
艳丽 yànlì [형]곱고 아름답다
验 yàn [동]검사하다
验收 yànshōu [동]검수하다
验证 yànzhèng [동]검증하다
焰火 yànhuǒ [명]불꽃
燕子 yànzi [명]제비
秧歌 yānggē [명]앙가(중국 북방의 농촌 지역에서 널리 유행하는 민간 가무의 일종)
扬 yáng [동]높이 들다
阳性 yángxìng [명]양성
杨树 yángshù [명]백양나무
洋溢 yángyì [동]흘러 넘치다
养活 yǎnghuo [동]부양하다
养老金 yǎnglǎojīn [명](양로) 연금
养老院 yǎnglǎoyuàn [명]양로원
养生 yǎngshēng [동]양생하다
养殖 yǎngzhí [동]양식하다
氧 yǎng [명]산소
痒 yǎng [형]간지럽다
样本 yàngběn [명]견본
样品 yàngpǐn [명]견본(품)
妖怪 yāoguài [명]요괴
邀 yāo [동]초대하다
窑 yáo [명]가마
谣言 yáoyán [명](헛) 소문
摇摆 yáobǎi [동]흔들리다
摇滚 yáogǔn [명]로큰롤(rock'n'roll)
摇晃 yáo·huàng [동]흔들리다
摇篮 yáolán [명]요람
摇摇欲坠 yáoyáo-yùzhuì 흔들흔들 곧 떨어질 것 같은 모양;아주 위급하다
遥控 yáokòng [동]원격 조정하다
遥远 yáoyuǎn [형]아득히 멀다
药材 yàocái [명]약재
药方 yàofāng [명]처방(전)
要不 yàobù [접]그렇지 않으면
要不是 yàobúshì [접]…아니라면
要点 yàodiǎn [명]요점
要害 yàohài [명]급소
要紧 yàojǐn [형]긴요하다
要领 yàolǐng [명]요령
要命 yào//mìng ①죽이다 ②너무 심하다
要强 yàoqiáng [형]승부욕이 강하다
钥匙 yàoshi [명]열쇠
耀眼 yàoyǎn [형]눈부시다
椰子 yēzi [명]야자수
也就是说 yějiùshìshuō 바꾸어 말하자면 …이다;즉
野餐 yěcān [동]야외에서 식사하다;소풍 가다
野炊 yěchuī [동]야외에서 취사하다
野蛮 yěmán [형]야만적이다
野兽 yěshòu [명]야수
野外 yěwài [명]야외
野心 yěxīn [명]야심
野营 yěyíng [동]야영하다
业 (服务业) yè (fúwùyè) [접미]…업;직종(서비스업)
业绩 yèjì [명]업적
夜班 yèbān [명]야근
夜市 yèshì [명]야시장
夜晚 yèwǎn [명]밤중;야간
夜校 yèxiào [명]야간 학교
夜以继日 yèyǐjìrì 밤낮없이 계속하다
夜总会 yèzǒnghuì [명]나이트 클럽
液晶 yèjīng [명]액정
液体 yètǐ [명]액체
一把手 yìbǎshǒu 일인자;일원
一线 yíxiàn [명](제) 일선
一一 yīyī [부]일일이
伊斯兰教 Yīsīlánjiào [명]이슬람교

衣食住行 yī-shí-zhù-xíng 의식주와 교통(생활의 기본 요소)
医务 yīwù [명]의료 업무
依 yī [동]①의지하다 ②따르다 [개]…에 따라
依托 yītuō [동]의지하다
依依不舍 yīyī-bùshě 차마 떠나지 못하다
一不小心 yí bù xiǎoxīn 실수로;조심하지 않아서
一刹那 yíchànà [명]찰나
一大早 yídàzǎo [명]이른 아침
一动不动 yídòng-búdòng 꼼짝하지 않다
一度 yídù [부]한때
一概 yígài [부]전부
一概而论 yígài'érlùn 일률적으로 논하다
一个劲儿 yígejìnr [부]끊임없이
一晃 yìhuǎng [동]눈앞을 휙 스쳐 가다
一技之长 yíjìzhīcháng 장기;뛰어난 재주
一面 yímiàn [명]일면;한 방면 [부]…하면서 또 한편으로 …하다
一目了然 yímù-liǎorán 일목요연하다
一事无成 yíshì-wúchéng 아무것도 이룬 것이 없다
一瞬间 yíshùnjiān [명]순식간
一味 yíwèi [부]줄곧
一系列 yíxìliè [형]일련의
一阵 yízhèn 한바탕;한 번
仪表 yíbiǎo [명]용모
怡然自得 yírán-zìdé 즐거워하고 만족해하다
姨 yí [명]이모
移交 yíjiāo [동]넘겨주다
移植 yízhí [동]이식하다
遗留 yíliú [동]남기다
遗弃 yíqì [동]내버리다
遗体 yítǐ [명]시신
遗忘 yíwàng [동]잊다
遗物 yíwù [명]유물
遗愿 yíyuàn [명]유지;고인의 뜻
遗址 yízhǐ [명]유적
遗嘱 yízhǔ [명]유언
疑点 yídiǎn [명]의문점
疑惑 yíhuò [동]의심하다
疑虑 yílǜ [동]염려하다
以 yǐ [개]…(으) 로써 [접]…하여
以免 yǐmiǎn [접]…하지 않도록
以身作则 yǐshēn-zuòzé 솔선수범하다
以至于 yǐzhìyú [접]…에 이르기까지
以致 yǐzhì [접]…을 초래하다
矣 yǐ [조]①…었다(진술 어기) ②…구나(감탄 어기)
倚 yǐ [동]기대다
一长一短 yì chángyì duǎn 일면의 장점과 다른 일면의 단점을 이르는 말
一成不变 yìchéng-búbiàn 고정불변하다
一筹莫展 yìchóu-mòzhǎn 속수무책이다
一帆风顺 yìfān-fēngshùn 일이 순조롭게 진행되다
一干二净 yìgān-èrjìng 남김없이
一鼓作气 yìgǔ-zuòqì 단숨에 해치우다
一锅粥 yìguōzhōu [명]뒤죽박죽
一回事 yìhuíshì [명]①같은 일 ②중요한 일
一家人 yìjiārén [명]한 가족
一经 yìjīng [부]일단(한 번) …하면
一举 yìjǔ [명]일거;한 번의 행동 [부]단번에
一举一动 yìjǔ-yídòng 일거수일투족
一卡通 yìkǎtōng [명]통합 카드
一揽子 yìlǎnzi [형]일괄의
一连 yìlián [부]연이어
一连串 yìliánchuàn [형]계속되는
一毛不拔 yìmáo-bùbá 인색하기 그지없다
一年到头 yìnián-dàotóu 일년 내내
一旁 yìpáng [명]한쪽
一如既往 yìrú-jìwǎng 예전과 다름없다
一声不吭 yìshēng-bùkēng 한 마디도 말하지 않다
一手 yìshǒu [명]한수 [부]혼자서
一塌糊涂 yìtāhútú 엉망진창이 되다

一体 yìtǐ [명]일체
一天到晚 yìtiān-dàowǎn 하루 종일
一头 yìtóu [부]한편으로는 [명]한쪽
一无所有 yìwúsuǒyǒu 아무것도 없다
一无所知 yìwúsuǒzhī 아무것도 모르다
一心 yìxīn [부]한마음으로
一心一意 yìxīn-yíyì 온 마음으로 다하여
一言不发 yìyán-bùfā 한 마디 말도 하지 않다
一言一行 yìyán-yìxíng 일언일행;말과 행동 하나하나
一眼 yìyǎn 한눈
一应俱全 yìyīng-jùquán 모든 것이 두루 갖추어져 있다
一早 yìzǎo [명]이른 아침
义工 yìgōng [명]①자원봉사활동 ②자원봉사자
议 yì [동]논의하다
议程 yìchéng [명]의정
议会 yìhuì [명]의회
议员 yìyuán [명]의원
屹立 yìlì [동]꿋꿋하게 서 있다
亦 yì [부]또한
异口同声 yìkǒu-tóngshēng 이구동성으로 말하다
异想天开 yìxiǎng-tiānkāi 기상천외하다
异性 yìxìng [형]이성의 [명]이성
异议 yìyì [명]이의;다른 의견
抑扬顿挫 yìyáng-dùncuò 고저장단;다채롭고 리듬감 있다
抑郁 yìyù [형]우울하다
抑郁症 yìyùzhèng [명]우울증
抑制 yìzhì [동]억제하다
译 yì [동]번역하다
易拉罐 yìlāguàn [명](원터치) 캔
疫苗 yìmiáo [명]백신
益处 yìchù [명]이점
意料 yìliào [동]예상하다
意料之外 yìliào zhī wài 생각지도 못한
意图 yìtú [명]의도
意向 yìxiàng [명]의향
溢 yì [동]넘치다
毅力 yìlì [명]의지
毅然 yìrán [부]의연히
因人而异 yīnrén'éryì 사람에 따라 다르다
阴暗 yīn'àn [형]어둡다
阴性 yīnxìng [명]음성
音响 yīnxiǎng [명]음향
殷勤 yīnqín [형]은근하다
银幕 yínmù [명]은막;스크린(screen)
引发 yǐnfā [동]야기하다
引经据典 yǐnjīng-jùdiǎn 경전을 인용하다
引领 yǐnlǐng [동]이끌다
引擎 yǐnqíng [명]엔진(engine)
引人入胜 yǐnrén-rùshèng 사람을 매료시키다
引人注目 yǐnrén-zhùmù 사람들의 이목을 끌다
引入 yǐnrù [동]끌어들이다
引用 yǐnyòng [동]인용하다
引诱 yǐnyòu [동]유인하다
饮水 yǐn shuǐ ①식수 ②물을 마시다
饮用水 yǐnyòngshuǐ [명]식수
隐蔽 yǐnbì [동]은폐하다 [형]은폐된
隐患 yǐnhuàn [명]내재된 문제
隐瞒 yǐnmán [동]감추다
隐情 yǐnqíng [명]속사정
隐身 yǐnshēn [동]은신하다
隐形 yǐnxíng [형]모습을 감추다;투명한
隐性 yǐnxìng [형]음성의
隐约 yǐnyuē [형]어렴풋하다
瘾 yǐn [명]①인 ②중독
印刷术 yìnshuāshù [명]인쇄술
印章 yìnzhāng [명]인장;도장
印证 yìnzhèng [동]입증하다 [명]증거
应有尽有 yīngyǒu-jìnyǒu 없는 것이 없다
英镑 yīngbàng [명](영국의 화폐단위) 파운드
英俊 yīngjùn [형]①재능이 출중하다 ②잘생기다
婴儿 yīng'ér [명]갓난아이

鹰 yīng [명]매
迎 yíng [동]맞이하다
迎合 yínghé [동]①영합하다 ②비위를 맞추다
荧光 yíngguāng [명]형광
盈利 yínglì [동]이윤을 얻다 [명]이익
营救 yíngjiù [동]구제하다
营造 yíngzào [동]만들다
赢家 yíngjiā [명]승자
影像 yǐngxiàng [명]영상
应酬 yìngchou [동]접대하다 [명]접대
应付 yìngfu [동]대응하다
应聘 yìngpìn [동]지원하다
应邀 yìngyāo [동]초대에 응하다
映 yìng [동]비치다
硬币 yìngbì [명]동전
硬朗 yìnglang [형](노인이) 정정하다
硬盘 yìngpán [명]하드 디스크
拥护 yōnghù [동]옹호하다
拥挤 yōngjǐ [동]한데 몰리다 [형]붐비다
庸俗 yōngsú [형]저속하다
永不 yǒng bù 영원히…않다
永恒 yǒnghéng [형]영원하다
永久 yǒngjiǔ [형]영구하다
勇往直前 yǒngwǎng-zhíqián 용감하게 앞으로 나아가다
勇于 yǒngyú [동]용감하게 하다
涌 yǒng [동]솟구치다
涌入 yǒngrù [동]몰려들다
涌现 yǒngxiàn [동]①한꺼번에 나타나다 ②솟아 나다
踊跃 yǒngyuè [동]껑충껑충 뛰다 [형]적극적이다
用餐 yòng//cān 식사하다
用功 yònggōng [형]열심히 하다
用力 yòng//lì 힘을 쓰다
用人 yòng//rén 사람을 쓰다
用意 yòngyì [명]의도
优 yōu [형]우수하다
优化 yōuhuà [동]최적화하다
优雅 yōuyǎ [형]우아하다
优异 yōuyì [형]특출 나다
优越 yōuyuè [형]우월하다
忧愁 yōuchóu [형]우울하다
忧虑 yōulǜ [동]걱정하다
忧郁 yōuyù [형]우울하다
悠久 yōujiǔ [형]영구하다
悠闲 yōuxián [형]한가롭다
尤为 yóuwéi [부]특히
由此看来 yóucǐ-kànlái 이것으로 미루어 보아
由此可见 yóucǐ-kějiàn 이로부터…을 알 수 있다
由来 yóulái [명]①유래 ②원인
由衷 yóuzhōng [동]진심에서 우러나오다
邮编 yóubiān [명]우편 번호
邮政 yóuzhèng [명]우정;우편 행정
犹如 yóurú [동]마치…와 같다
犹豫不决 yóuyù-bùjué 우유부단하다
油画 yóuhuà [명]유화
游船 yóuchuán [명]유람선
游览 yóulǎn [동]유람하다
友情 yǒuqíng [명]우정
友人 yǒurén [명]벗
友善 yǒushàn [형]호의적이다
有待 yǒudài [동]기다리다
有的放矢 yǒudì-fàngshǐ ①과녁에 대고 활을 쏘다 ②목표가 명확하다
有机 yǒujī [형]유기적이다
有口无心 yǒukǒu-wúxīn 입은 거칠지만 악의는 없다;무심코 말하다
有两下子 yǒu liǎngxiàzi 꽤 솜씨가 있다
有声有色 yǒushēng-yǒusè 생동감 있다
有所 yǒusuǒ [동]다소…하다
有所不同 yǒusuǒ bù tóng 조금 다르다
有望 yǒuwàng [동]가망이 있다
有效期 yǒuxiàoqī [명]유효 기간
有幸 yǒuxìng [형]행운이다

有序 yǒuxù [형]순서가 있다;질서 정연하다
有益 yǒuyì [형]유익하다
有意 yǒuyì [동]…할 마음이 있다 [부]고의로
有朝一日 yǒuzhāo-yírì 언젠가는
有助于 yǒuzhùyú [동]도움이 되다
幼稚 yòuzhì [형]유치하다
诱饵 yòu'ěr [명]미끼
诱发 yòufā [동]유발하다
诱惑 yòuhuò [동]유혹하다 [명]유혹
诱人 yòurén [형]매력적이다
余 yú [동]남기다 [수](이외의 수량) …여;…남짓
余地 yúdì [명]여지
余额 yú'é [명]잔액
渔船 yúchuán [명]어선
渔民 yúmín [명]어민
逾期 yú//qī 기한을 넘기다
愚蠢 yúchǔn [형]어리석다
愚公移山 yúgōng-yíshān 우공이산;하자고 마음만 먹으면 못 해낼 일이 없다
舆论 yúlùn [명]여론
与此同时 yǔcǐ-tóngshí 이와 동시에;아울러
与否 yǔ fǒu 여부
与其 yǔqí [접]…하기 보다는
与日俱增 yǔrì-jùzēng 나날이 증가하다
与时俱进 yǔshí-jùjìn 시대와 더불어 발전하다
与众不同 yǔzhòng-bùtóng 남다르다
予以 yǔyǐ [동]…을 주다
宇宙 yǔzhòu [명]우주
语气 yǔqì [명]어기;말투
浴室 yùshì [명]욕실
预定 yùdìng [동]예정하다
预感 yùgǎn [동]예감하다 [명]예감
预告 yùgào [동]예고하다 [명]예고
预见 yùjiàn [동]예견하다 [명]예견
预料 yùliào [동]예상하다 [명]예상
预赛 yùsài [동]예선전을 하다 [명]예선 경기
预示 yùshì [동]예시하다
预售 yùshòu [동]예매하다
预算 yùsuàn [명]예산
预先 yùxiān [부]사전에
预言 yùyán [동]예언하다 [명]예언
预兆 yùzhào [명]징조 [동]징조를 보이다
欲望 yùwàng [명]욕망
遇难 yù//nàn 조난을 당하다
遇上 yùshang 마주치다
遇险 yù//xiǎn 위험에 부닥치다
寓言 yùyán [명]우화
寓意 yùyì [명]우의;내포된 의미
愈合 yùhé [동]아물다
愈来愈 yù láiyù 점점 더…하다
愈演愈烈 yùyǎn-yùliè 점점 더 심각해지다
冤 yuān [명]누명 [형]억울하다
冤枉 yuānwang [동]누명을 씌우다 [형]억울하다
渊源 yuānyuán [명]연원
元老 yuánlǎo [명]원로
元首 yuánshǒu [명]국가원수
元宵节 Yuánxiāo Jié [명]원소절;정월대보름
原本 yuánběn [부]원래
原材料 yuáncáiliào [명]원재료
原创 yuánchuàng [동]창시하다
原地 yuándì [명]원래 장소
原型 yuánxíng [명]원형
原汁原味 yuánzhī-yuánwèi 오리지널의;그대로의 맛
原装 yuánzhuāng [형]원산지 생산의;정품의
圆形 yuánxíng [명]원형
缘分 yuán·fèn [명]인연
源泉 yuánquán [명]원천
源头 yuántóu [명]근원
源于 yuányú …에서 발원하다
源源不断 yuányuán-búduàn 끊임없이 이어가다
远程 yuǎnchéng [형]원거리의
远见 yuǎnjiàn [명]선견;통찰력
远近闻名 yuǎnjìn-wénmíng 널리 알려져 있다

怨恨 yuànhèn [동]원망하다 [명]원한
怨气 yuànqì [명]원한
怨言 yuànyán [명]불평
院士 yuànshì [명]원사;아카데미 회원
曰 yuē [동]말하다
约定俗成 yuēdìng-súchéng 사회적으로 약속되다
月初 yuèchū [명]월초
月票 yuèpiào [명]월정기권
乐器 yuèqì [명]악기
岳父 yuèfù [명]장인
岳母 yuèmǔ [명]장모
阅历 yuèlì [동]겪다 [명]경험
悦耳 yuè'ěr [형]듣기 좋다
越发 yuèfā [부]더욱
越过 yuè//guò 넘다
晕倒 yūndǎo 졸도하다
陨石 yǔnshí [명]운석
孕妇 yùnfù [명]임산부
孕育 yùnyù [동]①낳아 기르다 ②잉태하다
运河 yùnhé [명]운하
运送 yùnsòng [동]운송하다
运营 yùnyíng [동]운영하다
运转 yùnzhuǎn [동]①돌다 ②운행하다
酝酿 yùnniàng [동]①미리 준비하다 ②내포하다
韵味 yùnwèi [명]운치
蕴藏 yùncáng [동]간직하다
蕴涵 yùnhán [동]포함하다;내포하다
杂技 zájì [명]곡예;서커스
杂交 zájiāo [동]교잡하다;교배하다
杂乱无章 záluàn-wúzhāng 난잡하여 조리가 없다
砸 zá [동]①깨뜨리다 ②실패하다
栽 zāi [동]심다
栽培 zāipéi [동]①심어 가꾸다 ②양성하다
宰 zǎi [동]①주관하다 ②가축을 도살하다
再度 zàidù [부]재차;또다시
再现 zàixiàn [동]재현하다
在线 zàixiàn [동]①생산 중이다 ②온라인 상태이다
在意 zài//yì 마음에 두다;개의하다
在职 zàizhí [동]재직하다
载体 zàitǐ [명]①운반체 ②매개체
攒 zǎn [동]쌓다;축적하다
暂 zàn [부]①잠시 ②임시로
赞不绝口 zànbùjuékǒu 칭찬이 입에서 그치지 않다
赞美 zànměi [동]찬미하다
赞叹 zàntàn [동]감탄하다;찬양하다
赞叹不已 zàntàn-bùyǐ 찬탄을 금치 못하다
赞同 zàntóng [동]찬성하다
赞许 zànxǔ [동]①칭찬하다 ②지지하다
赞扬 zànyáng [동]찬양하다
葬 zàng [동](시체를) 매장하다
葬礼 zànglǐ [명]장례
遭殃 zāo//yāng 재난을 만나다
凿 záo [동](끌 또는 정으로) 구멍을 파다
早年 zǎonián [명]①오래 전 ②젊은 시절
早日 zǎorì [부]하루 빨리 [명]예전
枣 zǎo [명]대추
造福 zàofú [동]행복을 가져오다
造假 zàojiǎ [동]가짜 상품을 만들다
造价 zàojià [명]건설비
造就 zàojiù [동]육성하다 [명]①조예 ②성취
造纸术 zàozhǐshù [명]제지술
噪声 zàoshēng [명]소음;잡음
噪音 zàoyīn [명]①비악음 ②소음
则 zé [접]①오히려 ②그러나
则 zé [양]조항
责备 zébèi [동]탓하다;책망하다
责怪 zéguài [동]책망하다;원망하다
贼 zéi [명]도둑
增收 zēngshōu [동]증수하다
增添 zēngtiān [동]더하다;늘리다

扎根 zhā//gēn (식물이) 뿌리를 내리다
渣子 zhāzi [명]찌꺼기
闸 zhá [명]①수문 ②댐;둑
炸 zhá [동]기름에 튀기다
眨眼 zhǎ//yǎn 눈을 깜박거리다
诈骗 zhàpiàn [동]편취하다
榨 zhà [동](기름·즙 따위를)짜다
窄 zhǎi [형]좁다
债务 zhàiwù [명]채무
占卜 zhānbǔ [동]점치다
沾 zhān [동]①젖다 ②묻다
沾光 zhān//guāng 덕을 보다
粘 zhān [동]①붙다 ②붙이다
瞻仰 zhānyǎng [동]①쳐다보다 ②우러러보다
斩 zhǎn [동]베다;자르다
斩草除根 zhǎncǎo-chúgēn ①풀을 베고 뿌리를 뽑다 ②화근을 철저히 없애 버리다
盏 zhǎn [양]개 (등 따위를 세는 단위)
展出 zhǎnchū [동]전시하다
展览会 zhǎnlǎnhuì [명]전시회
展望 zhǎnwàng [동](먼 곳이나 미래를) 전망하다
崭新 zhǎnxīn [형]참신하다
占用 zhànyòng [동](남의 것을) 점용하다
站立 zhànlì [동]서다
绽放 zhànfàng [동](꽃이) 피다
蘸 zhàn [동](액체, 가루, 풀 따위에) 찍다
张灯结彩 zhāngdēng-jiécǎi 초롱을 달고 오색 천으로 장식하다
张贴 zhāngtiē [동](광고, 표어 따위를) 붙이다
张扬 zhāngyáng [동]떠벌리다
长辈 zhǎngbèi [명]연장자
长相 zhǎngxiàng [명]용모
掌管 zhǎngguǎn [동]관리하다
帐篷 zhàngpeng [명]천막;텐트
帐子 zhàngzi [명]①휘장 ②모기장
账单 zhàngdān [명]계산서
账号 zhànghào [명]계좌 번호
胀 zhàng [동]팽창하다
招标 zhāo//biāo 입찰 공고를 하다
招待 zhāodài [동]접대하다
招待会 zhāodàihuì [명]연회;환영회
招揽 zhāolǎn [동](손님을) 끌어 모으다
招募 zhāomù [동](사람을) 모집하다
招牌 zhāopai [명]간판
招收 zhāoshōu [동]모집하다
招数 zhāoshù [명]①바둑, 장기의 행마법 ②수단
朝气蓬勃 zhāoqì-péngbó 생기가 넘쳐흐르다
朝三暮四 zhāosān-mùsì 조삼모사
朝夕相处 zhāoxī-xiāngchǔ 늘 함께 지내다
着迷 zháo//mí …에 몰두하다
沼泽 zhǎozé [명]늪;소택
召集 zhàojí [동]불러모으다
兆头 zhàotou [명]징후;징조
照办 zhào//bàn 그대로 처리하다
照常 zhàocháng [동]평상시와 같다 [부]평소대로
照例 zhàolì [부]관례에 따르다
照料 zhàoliào [동]돌보다;보살피다
照明 zhàomíng [동]밝게 비추다
罩 zhào [동]덮다;씌우다 [명]덮개
肇事 zhàoshì [동]일을 저지르다
折腾 zhēteng [동]①잠자리에서 뒤치락거리다 ②되풀이하다
遮 zhē [동]가리다;보이지 않게 막다
遮盖 zhēgài [동]①덮다 ②가리다
折叠 zhédié [동]접다;개다
折合 zhéhé [동]①환산하다 ②맞먹다
折扣 zhékòu [명]할인
折磨 zhé·mó [동]고통스럽게 하다
折射 zhéshè [동]굴절하다
这会儿 zhèhuìr [대]이때;이 시간
这样一来 zhèyàng-yìlái 이렇다면
针锋相对 zhēnfēng-xiāngduì 바늘끝과 바늘끝이 마주 대하다;날카롭게 맞서다
针灸 zhēnjiǔ [명]침구;침질과 뜸질

侦察 zhēnchá [동]정찰하다
珍藏 zhēncáng [동]소중히 보존하다 [명]소장하고 있는 진귀한 물건
珍视 zhēnshì [동]귀중히 여기다
珍重 zhēnzhòng [동]진기하게 여기고 소중히 하다
真假 zhēnjiǎ [명]진짜와 가짜
真空 zhēnkōng [명]진공
真情 zhēnqíng [명]①실상;실정 ②진심
真是的 zhēnshide 진짜!;참나!
真心 zhēnxīn [명]진심
真挚 zhēnzhì [형]진지하다;진실하다
诊所 zhěnsuǒ [명]진료소
枕头 zhěntou [명]베개
阵容 zhènróng [명]진용;진을 친 모양새
阵营 zhènyíng [명]진영
振奋 zhènfèn [형]씩씩하다 [동]진작시키다
振兴 zhènxīng [동]진흥하다
振作 zhènzuò [형]씩씩하다 [동]분발하다
震 zhèn [동]진동하다;울리다
震动 zhèndòng [동]진동하다;울리다
震撼 zhènhàn [동]뒤흔들다
镇定 zhèndìng [형]침착하다 [동]진정시키다
争吵 zhēngchǎo [동]말다툼하다
争端 zhēngduān [명]싸움의 발단
争分夺秒 zhēngfēn-duómiǎo 1분 1초를 다투다
争光 zhēng//guāng 영광, 영예를 쟁취하다
争气 zhēng//qì 지지 않으려고 애쓰다
争先恐后 zhēngxiān-kǒnghòu 늦을세라 앞을 다투다;뒤질세라 앞을 다투다
争执 zhēngzhí [동]고집을 부리며 양보하지 않다
征 zhēng [동]먼 길을 가다
征集 zhēngjí [동](광고나 구두 형식으로) 모집하다
征收 zhēngshōu [동]징수하다
挣扎 zhēngzhá [동]힘써 버티다
症结 zhēngjié [명](일의) 문제점
睁 zhēng [동]눈을 뜨다
蒸 zhēng [동]①증발하다 ②찌다
拯救 zhěngjiù [동]구하다
整合 zhěnghé [동]조정을 거쳐 다시 조합되다
整洁 zhěngjié [형]단정하고 깨끗하다
整数 zhěngshù [명]정수
正面 zhèngmiàn [명]정면 [형]긍정적인 면
正能量 zhèngnéngliàng [명]긍정에너지
正视 zhèngshì [동]똑바로 보다
正直 zhèngzhí [형]정직하다
正宗 zhèngzōng [명]정통파 [형]정통의
证人 zhèng·rén [명]증인
郑重 zhèngzhòng [형]정중하다;엄숙하다
之 zhī [대]그;이
之 zhī [조]…의
之所以 zhīsuǒyǐ [접]…의 이유
支票 zhīpiào [명]수표
支柱 zhīzhù [명]지주
汁 zhī [명]즙
芝麻 zhīma [명]참깨
芝士 zhīshì [명]치즈
知己 zhījǐ [형]서로 친근하다 [명]절친한 친구
知觉 zhījué [명]지각
知识分子 zhīshifènzǐ 지식분자
知足 zhīzú [형]분수를 지키어 만족할 줄을 알다
肢体 zhītǐ [명]①사지 ②신체
脂肪 zhīfáng [명]지방
执法 zhífǎ [동]법을 집행하다
执意 zhíyì [부]자신의 견해를 고집하다
执照 zhízhào [명]면허증
执着 zhízhuó [형]집착하다
直奔 zhíbèn [동]곧장 달려가다
直达 zhídá [동]직통하다
直观 zhíguān [형]직관하다
直径 zhíjìng [명]직경
直觉 zhíjué [명]직감
直视 zhíshì [동]직시하다
直至 zhízhì [동]…에 이르다
值钱 zhíqián [형]값어치가 있다

职权 zhíquán [명]직권
职业病 zhíyèbìng [명]직업병
职员 zhíyuán [명]직원
止步 zhǐ//bù 걸음을 멈추다
止咳 zhǐké 기침을 멎게 하다
止血 zhǐxuè [동]지혈하다
旨在 zhǐzài [동]…를 목적으로 하다
指点 zhǐdiǎn [동]지시하다
指教 zhǐjiào [동]지도하다;가르치다
指令 zhǐlìng [명]지령;명령
指南 zhǐnán [명]지침
指南针 zhǐnánzhēn [명]나침반
指手画脚 zhǐshǒu-huàjiǎo (흥이 나서) 손짓 몸짓하면서 말하다
指望 zhǐ·wàng [동]기대하다 [명]기대;희망
指向 zhǐxiàng [동]지향하다 [명]가리키는 방향
指引 zhǐyǐn [동]①지도하다 ②인도하다
至此 zhìcǐ [동]여기에 이르다
至关重要 zhìguān-zhòngyào 매우 중요하다
志气 zhì·qì [명]패기
制 zhì [동]제조하다
制裁 zhìcái [동]제재하다
制服 zhìfú [명]제복
制品 zhìpǐn [명]제품
制止 zhìzhǐ [동]제지하다;저지하다
质地 zhìdì [명]품질;재질
质朴 zhìpǔ [형]질박하다
质问 zhìwèn [동]책문하다
质疑 zhìyí [동]질의하다
治学 zhìxué [동]학문을 하다
治愈 zhìyù 치유하다
致 zhì [동]주다;보내다
致辞 zhì//cí 축사를 하다
致富 zhìfù [동]부자가 되다
致敬 zhìjìng [동]경의를 표하다
致力于 zhìlìyú …에 힘쓰다
致命 zhìmìng [동]죽을 정도에 이르다
致使 zhìshǐ [동]초래하다 [접]…하게 만들다
秩序 zhìxù [명]질서
窒息 zhìxī [동]질식하다
智商 zhìshāng [명]지능 지수
滞后 zhìhòu [동]①정체하다 ②낙후하다
滞留 zhìliú [동]체류하다
置 zhì [동]놓다
中国画 zhōngguóhuà [명]중국화
中立 zhōnglì [동]중립하다
中途 zhōngtú [명]중도;도중
中型 zhōngxíng [형]중형
中性 zhōngxìng [명]중성 [형]중성적이다
中旬 zhōngxún [명]중순
中庸 zhōngyōng [명]중용 [형]평범하다
中止 zhōngzhǐ [동]중지하다
忠诚 zhōngchéng [형]충성스럽다
忠实 zhōngshí [형]충실하다;진실하다
忠于 zhōngyú [동]…에 충실하다
忠贞 zhōngzhēn [형]충정하다;충성스럽고 절의가 있다
终结 zhōngjié [동]종결하다
终究 zhōngjiū [부]결국
终生 zhōngshēng [명]일생
衷心 zhōngxīn [형]충심의;마음에서 우러나오는
肿瘤 zhǒngliú [명]종양
种族 zhǒngzú [명]종족
仲裁 zhòngcái [동]중재하다
众人 zhòngrén [명]많은 사람
众所周知 zhòngsuǒzhōuzhī 모든 사람이 다 알고 있다
众志成城 zhòngzhì-chéngchéng 많은 사람이 합심하여 협력하면 성을 이룬다
重创 zhòngchuāng [동]중상을 입히다
重量级 zhòngliàngjí [형]중량급이다
重任 zhòngrèn [명]중책
重伤 zhòngshāng [명]중상
重心 zhòngxīn [명]중심;무게 중심

重型 zhòngxíng [형]대형의
重中之重 zhòngzhōngzhīzhòng 가장 중요한 것
周边 zhōubiān [명]주변
周到 zhōudào [형]세심하다
周密 zhōumì [형]주도면밀하다
周旋 zhōuxuán [동]주위를 돌다
昼夜 zhòuyè [명]주야;밤낮
皱 zhòu [동]찡그리다 [명]주름
骤然 zhòurán [부]갑자기
朱红 zhūhóng [형]주홍색의
株 zhū [양]그루
诸多 zhūduō [형]수많은
诸如此类 zhūrú-cǐlèi 대개 이런 것들과 같다
竹竿 zhúgān [명]대나무 장대
逐年 zhúnián [부]해마다
主 zhǔ [명]①소유주 ②당사자 ③임금 ④(이슬람교, 기독교의) 주
主编 zhǔbiān [명]편집장 [동]편집을 주관하다
主妇 zhǔfù [명]주부
主力 zhǔlì [명]주력
主权 zhǔquán [명]주권
主人公 zhǔréngōng [명]주인공
主食 zhǔshí [명]주식
主题歌 zhǔtígē [명]주제가
主演 zhǔyǎn [동]주연하다 [명]주연
主页 zhǔyè [명]메인 홈페이지
主义 zhǔyì [명]주의;사상이나 학설 따위의 일정한 입장·주장
主宰 zhǔzǎi [동]주재하다 [명]주재자;지배자
拄 zhǔ [동](지팡이 따위로) 몸을 지탱하다
嘱咐 zhǔ·fù [동]분부하다
瞩目 zhǔmù [동]눈여겨보다
助威 zhù//wēi 응원하다
住处 zhùchù [명]주소
住户 zhùhù [명]주민
住宿 zhùsù [동]숙박하다
住址 zhùzhǐ [명]주소
贮藏 zhùcáng [동]저장하다
注 zhù [명]①판돈 ②주석 [동]쏟다;주입하다
注定 zhùdìng [동]운명으로 정해져 있다
注入 zhùrù 주입하다
铸造 zhùzào [동]건립하다
筑 zhù [동]건설하다
爪子 zhuǎ·zi [명]짐승의 발
拽 zhuài [동]힘껏 던지다
专长 zhuāncháng [명]특기
专程 zhuānchéng [부]특별히
专柜 zhuānguì [명]전문 판매대
专栏 zhuānlán [명]칼럼
专卖店 zhuānmàidiàn [명]전문 매장
专人 zhuānrén [명]①전담자 ②특파원
专职 zhuānzhí [명]전임
专制 zhuānzhì [동]전제 정치를 하다
专注 zhuānzhù [형]집중하다;전념하다
专著 zhuānzhù [명]전문 저서
砖 zhuān [명]벽돌
转播 zhuǎnbō [동]중계방송하다
转达 zhuǎndá [동]전달하다
转机 zhuǎnjī [명]전기;변화의 기미
转交 zhuǎnjiāo [동]물건을 전달하다
转型 zhuǎnxíng [동]제품의 사이즈와 종류를 바꾸다
转学 zhuǎn//xué 전학하다
转眼 zhuǎnyǎn [동]눈을 돌리다
转载 zhuǎnzǎi [동]짐을 옮겨 싣다
转折 zhuǎnzhé [동]바뀌다;전환하다
转折点 zhuǎnzhédiǎn [명]전환점
传 zhuàn [명]전;전기
传记 zhuànjì [명]전기
转悠 zhuànyou [동]맴돌다;어슬렁거리다
撰写 zhuànxiě [동](문장을) 쓰다;짓다
庄稼 zhuāngjia [명]농작물
庄严 zhuāngyán [형]장엄하다;엄숙하다
庄园 zhuāngyuán [명]장원

桩 zhuāng [명]말뚝 [양]건;가지
装扮 zhuāngbàn [동]치장하다
壮 zhuàng [형]튼튼하다 [동]기력이나 담력을 키우다
壮大 zhuàngdà [동]강대해지다 [형]강대하다
壮胆 zhuàng//dǎn 용기를 내다
壮丽 zhuànglì [형]웅장하고 아름답다
壮实 zhuàngshi [형](몸이) 튼튼하다
状元 zhuàngyuan [명]장원;제일인자
撞击 zhuàngjī [동]부딪치다
幢 zhuàng [양]동;채
追悼会 zhuīdàohuì [명]추모회
追赶 zhuīgǎn [동]쫓아가다
追溯 zhuīsù [동]거슬러 올라가다
追随 zhuīsuí [동]뒤쫓아 따르다
追尾 zhuī//wěi 뒤를 밟다
追问 zhuīwèn [동]캐묻다
追逐 zhuīzhú [동]서로 세력을 다투다;쫓다
追踪 zhuīzōng [동]추적하다
坠 zhuì [동]낙하하다 [명]매달린 물건
准许 zhǔnxǔ [동]허가하다
准则 zhǔnzé [명]준칙;규범
拙劣 zhuōliè [형]졸렬하다
捉迷藏 zhuōmícáng 숨바꼭질하다
灼热 zhuórè [형]몹시 뜨겁다
卓越 zhuóyuè [형]탁월하다
酌情 zhuóqíng [동](사정·상황·상태·조건 따위를) 참작하다
着力 zhuólì [동]힘을 쓰다
着落 zhuóluò [명]간 곳;행방
着实 zhuóshí [부]확실히;참으로
着手 zhuóshǒu [동]①시작하다 ②손을 대다
着想 zhuóxiǎng [동]생각이 미치다
着眼 zhuóyǎn [동](어떤 일에 대해) 착안하다
着眼于 zhuóyǎnyú …에 착안하다
着重 zhuózhòng [동]힘을 주다;강조하다
姿势 zīshì [명]자세;모양
姿态 zītài [명]자태;모습
兹 zī [대]이;이것
资本主义 zīběn zhǔyì 자본주의
资历 zīlì [명]자격과 경력
资深 zīshēn [형]경력과 자격이 풍부하다
资讯 zīxùn [명]정보
滋润 zīrùn [형]젖어 있다 [동]촉촉하게 하다
滋味 zīwèi [명]①맛 ②기분
子弟 zǐdì [명]아들딸
子孙 zǐsūn [명]자손
自卑 zìbēi [형]스스로 낮추다
自称 zìchēng [동]스스로 일컫다
自发 zìfā [형]자발적인
自费 zìfèi [명]자기 부담;자비
自负 zìfù [형]잘난 체하다 [동]스스로 책임지다
自理 zìlǐ [동]스스로 처리하다
自力更生 zìlì-gēngshēng 자력갱생하다
自立 zìlì [동]자립하다
自强不息 zìqiáng-bùxī 스스로 노력하여 게을리하지 않는다
自然而然 zìrán'érrán 자연히;저절로
自然界 zìránjiè [명]자연계
自如 zìrú [형]자유자재하다
自始至终 zìshǐ-zhìzhōng 처음부터 끝까지
自私 zìsī [형]이기적이다
自私自利 zìsī-zìlì 자기의 이익만을 생각하다
自卫 zìwèi [동]스스로 지키다
自相矛盾 zìxiāng-máodùn (언행이) 앞뒤가 서로 맞지 아니하고 모순되다
自信心 zìxìnxīn [명]자신감
自行 zìxíng [부]스스로;저절로
自以为是 zìyǐwéishì 스스로 옳다고 여기다
自由自在 zìyóu-zìzài 자유자재하다
自责 zìzé [동]자책하다
自助 zìzhù [동]스스로 돕다
自尊 zìzūn [동]자존하다;자기의 품위를 지키다
自尊心 zìzūnxīn [명]자존심

字迹 zìjì [명]필적
字幕 zìmù [명]자막
字体 zìtǐ [명]글자체
字眼 zìyǎn [명](문장 내의) 글자;어휘
宗 zōng [양]건;개 (주로 비교적 큰 사건에 쓰임)
宗旨 zōngzhǐ [명]종지;주지
综上所述 zōngshàng-suǒshù 앞서 말한 내용을 종합하다
总的来说 zǒngde láishuō 전체적으로 말하면
总额 zǒng'é [명]총액
总而言之 zǒng'éryánzhī 총괄적으로 말하면
总计 zǒngjì [동]총계하다;합계하다
纵观 zòngguān [동]①총체적으로 관찰하다 ②역사적으로 보다
纵横交错 zònghéng-jiāocuò 종횡으로 얽혀 있다
纵然 zòngrán [접]설사 …하더라도
纵容 zòngróng [동]방임하다;용인하다
纵深 zòngshēn [명]①종심 ②더 높은 경지
粽子 zòngzi [명]쫑즈(연잎찹쌀밥)
走过场 zǒu guòchǎng 배우가 무대에 등장했다가 빨리 사라지다
走后门 zǒu hòumén 뒷거래를 하다
走近 zǒujìn 다가오다
走廊 zǒuláng [명]복도
走投无路 zǒutóu-wúlù 갈 곳이 없다
走弯路 zǒu wānlù (길을) 돌아가다
奏效 zòu//xiào 주효하다;효과가 나타나다
揍 zòu [동](남을) 때리다
租赁 zūlìn [동](토지나 집 따위를) 빌려 쓰다
足迹 zújì [명]족적
足智多谋 zúzhì-duōmóu 지혜가 풍부하고 계략이 많다
阻挡 zǔdǎng [동]저지하다;가로막다
阻拦 zǔlán [동]저지하다;억제하다
阻力 zǔlì [명]저항;항력
阻挠 zǔnáo [동]저지하다;방해하다
组建 zǔjiàn [동]조직하다;편성하다
组装 zǔzhuāng [동]조립하다
祖传 zǔchuán [동]조상 대대로 전해지다
祖籍 zǔjí [명]본적;원적
祖先 zǔxiān [명]선조;조상
祖宗 zǔzong [명]선조;조상
钻空子 zuān kòngzi ①기회를 타다 ②약점을 노리다
钻研 zuānyán [동]깊이 연구하다
钻石 zuànshí [명]다이아몬드
嘴唇 zuǐchún [명]입술
罪犯 zuìfàn [명]범인
罪魁祸首 zuìkuí-huòshǒu ①원흉 ②근본원인
尊贵 zūnguì [형]존귀하다
尊严 zūnyán [명]존엄
遵循 zūnxún [동]따르다
遵照 zūnzhào [동](공문·서신을) 따르다
琢磨 zhuómó [동]①(옥이나 돌을) 갈다 ②(학문이나 덕행 따위를) 닦다
左顾右盼 zuǒgù-yòupàn 이리저리 두리번거리다
佐料 zuǒliào [명]양념;조미료
作弊 zuò//bì 속임수를 쓰다;부정행위를 하다
作对 zuò//duì 맞서다
作风 zuòfēng [명]①기풍 ②태도
作客 zuò//kè 객지에 머물다
作物 zuòwù [명]농작물
坐落 zuòluò [동]건물이 …에 자리 잡다
座谈 zuòtán [동]좌담하다
座右铭 zuòyòumíng [명]좌우명
做生意 zuò shēngyi 사업을 하다
做证 zuòzhèng 증명하다

부록

1. 규범성 어법등급요강

2. 용어 대조표

3. 음절표

4. 한자표

5. 한자쓰기표

01 규범성 어법등급요강

A.1 1급 어법 포인트

A.1.1 품사

A.1.1.1 명사

[一 01] 방위명사: 上, 下, 里, 外, 前, 左, 右, 东, 南, 西, 北; 上边, 下边, 里边, 外边, 前边, 后边, 左边, 右边, 东边, 南边, 西边, 北边

桌子上	树下	房间里	门外	楼前	门后
책상 위	나무 아래	방안	문밖	건물 앞	문 뒤
桌子上边	书包里边	饭店的前边			
책상 위쪽	책가방 속	식당 앞쪽			
图书馆的北边	东边的车站	南边的房子			
도서관 북쪽	동쪽 정류장	남쪽 집			

书在桌子上。

책은 책상 위에 있다.

手机在书包里。

핸드폰은 책가방 속에 있다.

房间里没有人。

방에는 사람이 없다.

他去东边的车站。

그는 동쪽 정류장에 간다.

A.1.1.2 동사

[一 02] 능원동사: 会, 能

我不会说中文。

나는 중국어를 못한다.

明天你能来吗?

내일 너는 올 수 있니?

[一 03] 능원동사: 想, 要

我想学中文。

나는 중국어를 배우고 싶다.

他要去书店。

그는 서점에 가려고 한다.

A.1.1.3 대사

[一 04] 의문대사: 多, 多少, 几, 哪, 哪儿, 哪里, 哪些, 什么, 谁, 怎么

他多大?

그는 몇 살이니?

你们班有多少个学生?

너희 반에는 학생이 몇 명이니?

现在几点?

지금 몇 시니?

你喜欢哪个电影?

너는 어떤 영화를 좋아하니?

你们去哪儿?

너희들 어디 가니?

车站在哪里?

정류장은 어디에 있니?

你们班有哪些国家的学生?

너희 반에는 어느 나라의 학생들이 있니?

你买什么?

너는 무엇을 사니?

谁是老师?

누가 선생님이시니?

你怎么去医院?

너는 병원에 어떻게 가니?

[一 05] 인칭대사: 我, 你, 您, 他, 她, 我们, 你们, 他们, 她们

你好, 我要两个本子。

안녕하세요, 공책 두 권 주세요.

您好!

안녕하세요!

他想喝水。

그는 물을 마시고 싶어 한다.

她很高。

그녀는 키가 크다.

我们去书店, 你们去哪儿?

우리는 서점에 가는데, 너희는 어디 가니?

他们是学生。

그들은 학생이다.

她们是我的同学。

그녀들은 나의 반 친구들이다.

[一 06] 지시대사: 这, 那, 这儿, 那儿, 这里, 那里, 这些, 那些, 别的, 有的

这是谁的手机?

이것은 누구의 핸드폰이니?

她喜欢那个书包。

그녀는 그 책가방을 좋아한다.

这儿很好。

여기 좋다.

我去那儿学习。

나는 거기에 가서 공부를 한다.

你坐这里, 弟弟坐那里。

너는 여기 앉고, 남동생은 거기 앉는다.

这些书很新。

이 책들은 새 것들이다.

那些东西都很贵。

그 물건들은 모두 매우 비싸다.

你还要别的东西吗?

너는 또 다른 것이 필요하니?

有的同学在休息, 有的同学在看书。

어떤 학우는 쉬고 있고, 어떤 학우는 책을 보고 있다.

A.1.1.4 수사

[一 07] 一, 二/两, 三, 四, 五, 六, 七, 八, 九, 零; 十, 百, 半

五	十五	一百一十五	
5	15	115	
六	二百六(十)	二百零六	
6	260	206	
十二	二十	二百	两百
12	20	200	200
两个人	两本书		
두 사람	책 두 권		
八点半	半个小时		
8시 반	30분 동안		

A.1.1.5 양사

[一 08] 명량사: 杯, 本, 个, 家, 间, 口, 块, 页

两杯牛奶	三本书	四个学生	五家商店	六间房子	三口人
우유 두 잔	책 세 권	학생 네 명	상점 다섯 곳	집 여섯 채	세 식구
七块面包					
빵 일곱 조각					

A.1.1.6 부사

[一 09] 정도부사: 非常, 很, 太, 真, 最

我非常喜欢这本书。

나는 이 책을 매우 좋아한다.

那个本子很好看。
그 공책은 아주 예쁘다.
这里太冷了。
여기는 너무 춥다.
你的房间真干净！
너의 방은 정말 깨끗하구나!
我最喜欢打球。
나는 구기 운동하는 것을 가장 좋아한다.

[一 10] 범위, 협력부사: 都1, 一块儿, 一起

同学们都很认真。
학우들은 모두 아주 성실하다.
我们常一块儿玩儿。
우리는 자주 함께 논다.
明天他们一起去图书馆。
내일 그들은 함께 도서관에 간다.

[一 11] 시간부사: 马上, 先, 有时, 在, 正, 正在

医生马上来。
의사가 곧 온다.
老师, 我先说吧。
선생님, 제가 먼저 말하겠습니다.
他有时晚上上课。
그는 가끔 저녁에 수업을 한다.
我在看电视呢。
나는 텔레비전을 보고 있다.
你等一下儿, 他正吃饭呢。
잠시만 기다려, 그는 마침 밥을 먹고 있는 중이야.
他们正在唱歌。
그들은 한창 노래를 부르고 있다.

[一 12] 빈도, 중복부사: 常, 常常, 再1

他常去饭店吃饭。

그는 자주 식당에 가서 밥을 먹는다.

她常常不吃早饭。

그녀는 종종 아침을 먹지 않는다.

今天的电影太好看了, 我们明天再去看吧。

오늘 영화가 아주 재미있었어, 내일 다시 보러 가자.

[一 13] 연관부사: 还1, 也

他要去上海, 还要去北京。

그는 상하이도 가려고 하고, 베이징도 가려고 한다.

他是学生, 我也是学生。

그는 학생이고, 나도 학생이다.

[一 14] 부정부사: 别, 不, 没, 没有

你别进来。

너는 들어오지 마라.

今天不热。

오늘은 덥지 않다.

他昨天没上课。

그는 어제 수업을 하지 않았다.

我今天没有吃早饭。

나는 오늘 아침을 먹지 않았다.

A.1.1.7 개사

A.1.1.7.1 시간, 장소를 끌어냄

[一 15] 从1

我们从星期一到星期五工作。

우리는 월요일부터 금요일까지 일한다.

你从哪儿来？
너는 어디에서 왔니?

[一 16] 在

哥哥在北京学中文。
형은 베이징에서 중국어를 배운다.
他在手机上看电影。
그는 핸드폰으로 영화를 본다.

A.1.1.7.2 대상을 끌어냄

[一 17] 跟1, 和1

他跟老师请假了。
그는 선생님께 휴가를 신청했다.
我没和姐姐一起去中国。
나는 누나와 함께 중국에 가지 않았다.

[一 18] 比

哥哥比弟弟高。
형이 동생보다 크다.
这个房间比那个房间大。
이 방이 저 방보다 크다.

A.1.1.8 접속사

[一 19] 단어 또는 구를 연결: 跟2, 还是, 和2

爸爸跟妈妈都不在家。
아빠랑 엄마 모두 집에 계시지 않는다.
你喝茶还是喝水？
너는 차를 마실래, 물을 마실래?
我和弟弟都学习中文。
나와 남동생은 모두 중국어를 공부한다.

A.1.1.9 조사

[一 20] 구조조사: 的1, 地

你的衣服很好看。

네 옷이 아주 예쁘구나.

他高兴地说："我明天回家。"

"나는 내일 집에 간다."라고 말했다.

[一 21] 동태조사: 了1

他买了一本书。/他没买书。

그는 책 한 권을 샀다. /그는 책을 사지 않았다.

我写了两个汉字。/我没写汉字。

나는 두 개의 한자를 썼다. /나는 한자를 쓰지 않았다.

[一 22] 어기조사: 吧1, 了2, 吗, 呢

我们走吧。

우리 가자.

我累了。

나는 지쳤다.

她是医生吗？

그녀는 의사이니?

他是哪国人呢？

그는 어느 나라 사람이니?

我在看书呢。

나는 책을 보고 있다.

A.1.2 구

A.1.2.1 구조유형

[一 23] 수량구

一个	两杯	三本	四包	五块
한 개	두 잔	세 권	네 봉지	다섯 조각

A.1.3 문장성분

A.1.3.1 주어

[一 24] 주어를 담당하는 명사(구), 대사(구)

衣服很好看。

옷이 아주 예쁘다.

他在看电视。

그는 텔레비전을 보고 있다.

这个房间很干净。

이 방은 아주 깨끗하다.

A.1.3.2 서술어

[一 25] 서술어를 담당하는 동사(구), 형용사(구)

他病了。

그는 병이 났다.

我们学中文。

우리는 중국어를 배운다.

今天不冷。

오늘은 춥지 않다.

这个菜很好吃。

이 요리는 아주 맛있다.

A.1.3.3 빈어

[一 26] 빈어를 담당하는 명사(구), 대사(구)

他吃面包。

그는 빵을 먹는다.

妈妈来看我了。

엄마가 나를 보러 왔다.

她买了一个手机。

그녀는 핸드폰 한 대를 샀다.

A.1.3.4 한정어

[一 27] 한정어를 담당하는 명사성 어구, 형용사성 어구, 수량구

他在看中文书。

그는 중국어 책을 보고 있다.

新书包很好看。

새 책가방이 아주 예쁘다.

我喜欢干净的房间。

나는 깨끗한 방을 좋아한다.

她看了两本书。

그녀는 책 두 권을 읽었다.

A.1.3.5 상황어

[一 28] 상황어를 담당하는 부사, 형용사；상황어를 담당하는 시간, 장소를 나타내는 어구

他不吃包子。

그는 찐빵(소가 든 만두)을 먹지 않는다.

这个房间非常干净。

이 방은 매우 깨끗하다.

你认真写！

너 열심히 써라!

他十点睡觉。

그는 10시에 잔다.

我们下午去吧。

우리 오후에 가자.

她在网上买了两本书。

그녀는 인터넷에서 책 두 권을 샀다.

哥哥从北京回来了。

형이 베이징에서 돌아왔다.

A.1.4 문장의 유형

A.1.4.1 문형

A.1.4.1.1 단문

[一 29] 주어서술어문1: 동사서술어문

我买一个面包。

나는 빵 한 개를 산다.

他不去医院。

그는 병원에 가지 않는다.

[一 30] 주어서술어문2: 형용사서술어문

房间很干净。

방이 아주 깨끗하다.

这个学生最认真。

이 학생이 가장 성실하다.

[一 31] 비주어서술어문

下雨了。

비가 오기 시작했다.

车！

차다!

※ 복문('A.1.4.4 복문' 참고)

A.1.4.2 문장유형(화용구조문)

[一 32] 평서문

妈妈做晚饭。

엄마가 저녁밥을 한다.

我不喜欢看电视。

나는 텔레비전 보는 것을 좋아하지 않는다.

[一 33] 의문문

(1) 판단의문문

他是老师吗？

그가 선생님이시니?

那儿现在热吗？

거기는 지금 덥니?

(2) 의문사의문문

谁跟你一起去书店？

누가 너와 함께 서점에 가니?

你想买什么？

너는 무엇을 사고 싶니?

(3) 선택의문문

你爸爸是老师还是医生？

네 아버지는 선생님이시니, 아니면 의사시니?

你们坐火车去还是坐飞机去？

너희는 기차를 타고 가니, 아니면 비행기를 타고 가니?

(4) 정반의문문

你喝不喝牛奶？

너는 우유를 마시니 안 마시니?

你吃没吃早饭？

너는 아침을 먹었니 안 먹었니?

你吃早饭了没有？

너는 아침을 먹었니 안 먹었니?

今天冷不冷？

오늘은 춥니 안 춥니?

这个房间干净不干净？

이 방은 깨끗하니 안 깨끗하니?

[一 34] 청원문

请进！

들어오세요!

别说了！
그만 말해라!

[一 35] 감탄문

今天太热了！
오늘 너무 덥구나!
这水果真好吃！
이 과일은 진짜 맛있구나!

A.1.4.3 특수문형

[一 36] '是'자문

(1) 부류 또는 대등을 나타냄

他是我的老师。
그는 나의 선생님이시다.
这是他的书。
이것은 그의 책이다.

(2) 설명 또는 특징을 나타냄

花是白的。
꽃은 흰색이다.
衣服是干净的。
옷은 깨끗하다.

(3) 존재를 나타냄

车站东边是一个学校。
정류장 동쪽은 학교이다.
教学楼西边不是图书馆。
강의동 서쪽은 도서관이 아니다.

[一 37] '有'자문1

(1) 소유를 나타냄

我有很多书。
나는 많은 책을 가지고 있다.

他没有哥哥。
그는 형이 없다.
一个星期有七天。
일주일은 7일이다.

(2) 존재를 나타냄

房间里有两张桌子。
방에는 책상 두 개가 있다.
房间里没有桌子。
방에 책상이 없다.

[一 38] 비교문1

(1) A比B + 형용사

我朋友比我高。
내 친구가 나보다 크다.
这个手机比那个贵。
이 핸드폰은 저것보다 비싸다.

(2) A没有B + 형용사

昨天没有今天热。
어제는 오늘만큼 덥지 않다.
这个书包没有那个好看。
이 책가방은 저것만큼 예쁘지 않다.

A.1.4.4 복문

[一 39] 병렬복문

(1) 연관어구를 사용하지 않음

我喜欢看电视, 弟弟喜欢打球。
나는 텔레비전 보는 것을 좋아하고, 남동생은 공 치는 것을 좋아한다.
他有一个哥哥, 没有姐姐。
그는 형이 한 명 있고, 누나는 없다.

(2) 연관어구를 사용：一边……, 一边……；……, 也……

他一边走路, 一边唱歌。

그는 걸으면서 노래를 부른다.

哥哥一边看电视, 一边吃东西。

형은 텔레비전을 보면서 음식을 먹는다.

我喜欢唱歌, 弟弟也喜欢唱歌。

나는 노래 부르기를 좋아하고, 남동생도 노래 부르기를 좋아한다.

这个房间很大, 也很干净。

이 방은 크기도 하고 깨끗하기도 하다.

A.1.5 동작의 태(상)

[一 40] 변화태: 동태조사'了2'를 사용하여 나타냄

她病了。/她没病。

그녀는 병이 났다. /그녀는 병이 나지 않았다.

雨小了。/雨没小。

비가 잦아들었다. /비가 잦아들지 않았다.

他吃早饭了。/他没吃早饭。

그는 아침을 먹었다. /그는 아침을 먹지 않았다.

[一 41] 완료태: 동태조사'了1'을 사용하여 나타냄

他买了两个面包。/他没买面包。

그는 빵 두 개를 샀다. /그는 빵을 사지 않았다.

我喝了很多水。/我没喝水。

나는 물을 많이 마셨다. /나는 물을 마시지 않았다.

[一 42] 진행태

(1) ……在/正在 + 동사

孩子在睡觉, 你别说话。

아이가 자고 있으니, 말하지 마라.

外边正在下雨。

밖에 지금 비가 오고 있다.

(2) ……在/正/正在 + 동사…… + 呢

你等一下儿, 他在打电话呢。

잠시만 기다려, 그가 통화 중이야.

老师进来的时候, 我正听歌呢。

선생님이 들어오실 때, 나는 한창 노래를 듣고 있었다.

同学们正在考试呢。

학우들은 한창 시험을 보고 있다.

(3) ……呢

我没看电视, 看书呢。

나는 텔레비전을 보지 않고 책을 보고 있어.

甲 : 你在做什么?

갑: 너는 무엇을 하고 있니?

乙 : 我洗衣服呢。

을: 나는 옷을 빨고 있어.

A.1.6 특수표현법

A.1.6.1 수 표시법

[一 43] 금액 표시법

九块三(毛) (9.30위안)

十五块六毛三(分) (15.63위안)

二十五块零八(分) (25.08위안)

一百五十(元)　一百五十(块) (150위안)

一百零五(元)　一百零五(块) (105위안)

A.1.6.2 시간 표시법

[一 44] 시간 표시법

(1) 년, 월, 일, 요일 표시법

2020年12月25日

2020년 12월 25일

七月七号
7월 7일

星期一	星期二	星期三	星期四	星期五	星期六	星期日/星期天
월요일	화요일	수요일	목요일	금요일	토요일	일요일

(2) 시각 표시법

两点(2:00)
两点二十五(分) (2:25)
三点零五(分) (3:05)
五点半(5:30)
差两分八点(7:58)

A.1.7 질문하는 방법

[一 45] '吗'를 사용한 질문

他是老师吗?
그는 선생님이시니?
这包子好吃吗?
이 찐빵은 맛있니?

[一 46] '多, 多少, 几, 哪, 哪儿, 哪里, 哪些, 什么, 谁, 怎么'를 사용한 질문

你哥哥多大?
네 형은 몇 살이니?
车上有多少个人?
차에 몇 사람이 있니?
你家有几口人?
네 가족은 몇 식구이니?
她是哪国人?
그녀는 어느 나라 사람이니?
我们在哪儿见面?
우리는 어디에서 만나?

你去哪里了?
너는 어디에 갔었니?
你看了哪些书?
너는 어떤 책을 읽었니?
你星期天做什么?
너는 일요일에 무엇을 하니?
谁要喝茶?
누가 차를 마실 거니?
这个字怎么读?
이 글자는 어떻게 읽니?

[一 47] '还是'를 사용한 질문

她妈妈是老师还是医生?
그녀의 어머니는 선생님이시니, 아니면 의사시니?
你喝水还是喝牛奶?
너는 물을 마실래, 아니면 우유를 마실래?

[一 48] 긍부정 의문 형식을 사용한 질문

这本书贵不贵?
이 책은 비싸니 안 비싸니?
电影好看不好看?
영화는 재미있니 재미없니?
你吃不吃包子?
너는 찐빵을 먹니 안 먹니?
他去没去图书馆?
그는 도서관을 갔었니 안 갔었니?
他回家了没有?
그는 집에 돌아간 게 아닌가요?
你饿了没有?
너는 배가 고팠던 게 아니니?

A.2 2급 어법 포인트

A.2.1 품사

A.2.1.1 동사

[二 01] 능원동사: 可能, 可以

(1) 他可能出去了。

그는 아마 나갔을 것이다.

我今天不可能写完这么多作业。

나는 오늘 이렇게 많은 숙제를 다 할 수 없다.

(2) 老师, 我可以进来吗?

선생님, 제가 들어가도 되나요?

这儿不可以停车。

여기는 주차할 수 없다.

[二 02] 능원동사: 该, 应该

你该吃药了。

너는 약을 먹어야 한다.

你们应该去检查一下儿身体。

너희는 신체 검사를 하러 가야 한다.

[二 03] 능원동사: 愿意

她很愿意帮助同学。

그녀는 학우를 매우 돕고 싶어 한다.

我不愿意去外地工作。

나는 타지에 가서 일하길 원치 않는다.

[二 04] 동사중첩: AA, A一A, A了A, ABAB

我能用用你的手机吗?

내가 네 핸드폰을 좀 쓸 수 있니?

你想一想这个字的意思。

너는 이 글자의 뜻을 생각 좀 해 봐라.

他看了看我, 没说话。

그는 잠시 나를 쳐다보고는 아무 말도 하지 않았다.

请介绍介绍你的朋友。

당신 친구를 좀 소개해 주세요.

A.2.1.2 대사

[二 05] 의문대사: 多久, 为什么, 怎么样, 怎样

昨天的作业, 你写了多久?

어제 숙제는, 얼마나 오래 했니?

你为什么不去上课?

너는 왜 수업에 가지 않니?

爸爸的身体怎么样?

아버지 건강은 어떠시니?

这个字怎样写?

이 글자는 어떻게 쓰니?

[二 06] 인칭대사: 别人, 大家, 它, 它们, 咱, 咱们, 自己

我想听听别人的意见。

나는 다른 사람의 의견을 좀 듣고 싶다.

大家一起唱歌吧。

모두 함께 노래합시다.

那个书包很好看, 我喜欢它的颜色。

저 책가방은 아주 예쁜데, 나는 그것의 색상을 좋아한다.

我家有猫有狗, 它们都是我的朋友。

우리 집에는 고양이도 있고 개도 있는데, 그것들 모두 나의 친구이다.

咱一起走吧。

우리 함께 가자.

明天咱们去动物园, 怎么样?

내일 우리 동물원에 가는 거, 어때?

你一定要相信自己。
너는 반드시 자신을 믿어야 한다.
自己的事自己做。
자신의 일은 자신이 한다.

[二 07] 지시대사: 那么, 那样, 这么, 这样

你女朋友有她那么漂亮吗?
네 여자친구는 그녀만큼 예쁘니?
筷子不能那样拿。
젓가락은 그렇게 쥐면 안 돼.
他哥哥有你这么高。
그의 형은 너만큼 크다..
这个汉字这样写。
이 한자는 이렇게 쓴다.

A.2.1.3 형용사

[二 08] 형용사중첩: AA, AABB

那个女孩儿高高的个子, 大大的眼睛, 非常漂亮。
그 여자아이는 키도 아주 크고, 눈도 매우 커서 대단히 예쁘다.
这个房间干干净净的。
이 방은 아주 깨끗하다.
他们都高高兴兴地回家了。
그들은 모두 즐겁게 집으로 돌아갔다.

A.2.1.4 수사

[二 09] 千, 万, 亿

一千三百五十二	三千五(百)	三千零五十	三千零五
1,352	3,500	3,050	3,005
两万一千四百六十五	五万六(千)	五万零六百	五万零六
21,465	56,000	50,600	50,006

四亿五千万	四亿五千六百七十二万
450,000,000	456,720,000

※ 서수사([二 72] '서수 표시법' 참고)

A.2.1.5 양사

[二 10] 명량사: 层, 封, 件, 条, 位

两层楼	一封信	一件衣服	一条河	一位老师
2층 건물	편지 한 통	옷 한 벌	한 줄기 강	선생님 한 분

[二 11] 동량사: 遍, 次, 场, 回, 下

看两遍	去一次	哭一场	来两回	打一下儿
두 번 보다	한 번 가다	한바탕 울다	두 번 오다	한 번 치다

[二 12] 시량사: 分钟, 年, 天, 周

十分钟	两年	五天	三周
10분 동안	2년 동안	5일 동안	3주 동안

A.2.1.6 부사

[二 13] 정도부사: 多, 多么, 好, 更, 十分, 特别, 挺, 有(一)点儿

这孩子多可爱啊！

이 아이는 얼마나 귀여운가!

那些花多么漂亮啊！

그 꽃들은 얼마나 아름다운가!

这个教室好大啊！

이 교실은 정말 크구나!

他很高, 他弟弟更高。

그는 키가 큰데, 남동생은 훨씬 크다.

这包子十分好吃。

이 찐빵은 대단히 맛있다.

王老师的儿子特别可爱。

왕 선생님의 아들은 정말 귀엽다.

那儿挺安静的。
거기는 아주 조용하다.
今天天气有(一)点儿热。
오늘 날씨는 조금 덥다.

[二 14] 범위, 협력부사: 全, 一共, 只
同学们全来了。
학우들이 전부 왔다.
我们班一共有二十人。
우리 반은 모두 20명이다.
卡里只有二百块钱。
카드에는 200위안만 남았다.

[二 15] 시간부사: 刚, 刚刚, 还2, 忽然, 一直, 已经
我刚从学校回到家。
나는 방금 학교에서 집으로 돌아왔다.
白老师刚刚从国外回来。
바이 선생님은 막 외국에서 돌아왔다.
外边还在下雨呢。
밖에는 아직 비가 오고 있다.
街上的灯忽然都亮了。
거리의 등이 갑자기 모두 켜졌다.
她一直在说话。
그녀는 줄곧 말하고 있다.
校长已经下班了。
교장은 이미 퇴근했다.

[二 16] 빈도, 중복부사: 重新, 经常, 老, 老是, 又
这篇作文我要重新写一遍。

이 작문은 내가 다시 한번 쓰려고 한다.
我经常看见他在图书馆学习。
나는 그가 도서관에서 공부하는 것을 자주 본다.
这个汉字有点儿难, 我老写错。
이 한자는 조금 어려워서 나는 늘 잘못 쓴다.
这个月北京老是下雨。
이번 달에 베이징은 늘 비가 온다.
我们队又进了一个球。
우리 팀이 또 한 골을 넣었다.

[二 17] 연관부사: 就1

如果明天天气好, 我就去爬山。
내일 날씨가 좋으면 나는 등산하려고 한다.
你有时间的话, 我们就一起出去走走吧。
시간이 있으면 우리 함께 나가서 좀 걷자.

[二 18] 방식부사: 故意

说话的时候, 他故意提高声音, 这样大家都能听见。
말할 때 그는 모두가 들을 수 있게 일부러 목소리를 높였다.
我不是故意弄坏电脑的。
나는 일부러 컴퓨터를 망가뜨린 것이 아니다.

[二 19] 양태부사: 必须, 差不多, 好像, 一定, 也许

要取得好成绩, 大家必须努力学习。
좋은 성적을 얻으려면 모두 반드시 열심히 공부해야 한다.
机票差不多要两千块钱。
비행기표는 거의 2,000위안이 필요하다.
今天好像要下雨。
오늘 비가 올 것 같다.
你到北京后, 一定要去看看王老师。
너는 베이징에 도착하면 반드시 왕 선생님을 찾아가 보거라.

我今年也许会去中国学习中文。
나는 올해 아마도 중국에 가서 중국어를 공부할 것이다.

[二 20] 어기부사: 才1, 都2, 就2, 正好
我今天八点才起床。
나는 오늘 8시에 겨우 일어났다.
她一百块钱才买了两本书。
그녀는 100위안으로 겨우 책 두 권을 샀다.
都十二点了, 我们该睡觉了。
벌써 12시야, 우리 자야 해.
班长七点半就到教室了。
반장은 7시 반이면 교실에 도착한다.
他一遍就听懂了这个很长的句子。
그는 한 번 만에 이 긴 문장을 알아들었다.
今年我的生日正好是星期天。
올해 내 생일은 마침 일요일이다.

A.2.1.7 개사
A.2.1.7.1 시간을 끌어냄
[二 21] 当
当他进来的时候, 我们正在看电视。
그가 들어올 때, 우리는 마침 텔레비전을 보고 있었다.
当爸爸回来的时候, 妈妈已经做好晚饭了。
아버지가 돌아오셨을 때, 엄마는 이미 저녁 준비를 다 하셨다.

A.2.1.7.2 방향, 경로를 끌어냄
[二 22] 往
你往左走, 就能看见洗手间。
왼쪽으로 가면 화장실이 나옵니다.
你往前走一百米就到了。
앞으로 100미터 가면 도착합니다.

[二 23] 向1

你向西边看, 看见西山了吗?
서쪽을 보세요. 시산이 보이죠?
他向图书馆走去了。
그는 도서관 쪽으로 갔습니다.

[二 24] 从2

你从这儿走, 五分钟就到书店了。
여기서부터 5분 정도 가면 서점에 도착합니다.
这路公交车从我们学校门口过。
이 버스는 우리 학교 정문을 지나간다.

A.2.1.7.3 대상을 끌어냄

[二 25] 对

她对顾客非常热情。
그녀는 고객에게 매우 친절하다.
这件事你对他说了吗?
당신은 이 일을 그에게 말했습니까?

[二 26] 给

我晚上要给女朋友打电话。
나는 저녁에 여자친구에게 전화할 것이다.
她后天过生日, 我们给她送什么礼物呢?
모레는 그녀의 생일인데, 우리가 어떤 선물을 줄까?

[二 27] 离

这儿离车站有点儿远。
이곳은 정류장에서 조금 멀다.
现在离放假有一个星期的时间。
이제 방학까지 일주일 남았다.

A.2.1.7.4 목적, 원인을 끌어냄

[二 28] 为1

为大家的健康干杯!

모두의 건강을 위해 건배!

我们都为你的好成绩高兴。

우리는 너의 좋은 성적으로 인해 모두 기쁘다.

A.2.1.8 접속사

[二 29] 단어 또는 구를 연결: 或, 或者

星期天我想去看电影或听音乐会。

일요일에 나는 영화를 보거나 음악회에 가고 싶다.

我下午去打球或者去爬山。

나는 오후에 공을 치거나 등산하러 간다.

[二 30] 절 또는 문장을 연결: 不过, 但, 但是, 而且, 那, 如果, 虽然, 只要

现在已经是冬天了, 但北京还不太冷。

지금 벌써 겨울인데 베이징은 아직 그다지 춥지 않다.

你不去, 那我就一个人去。

네가 안 가면 나 혼자 가겠다.

('不过、但是、而且、如果、虽然、只要'에 대한 예문은 복문 부분을 참고)

A.2.1.9 조사

[二 31] 구조조사: 得

他走得有点儿快。

그는 걸음이 조금 빠르다.

她篮球打得很不错。

그녀는 농구를 아주 잘 한다.

[二 32] 동태조사: 过

我去过一次中国。/我没去过中国。

나는 중국에 한 번 가 봤다. /나는 중국에 가 본 적이 없다.
他学过一点儿中文。/他没学过中文。
그는 중국어를 조금 배워봤다. /그는 중국어를 배워 본 적이 없다.

[二 33] 동태조사: 着

门关着。/门没关着。
문은 닫혀 있다. /문은 닫혀 있지 않다.
电视开着呢。/电视没开着。
텔레비전은 켜져 있다. /텔레비전은 켜져 있지 않다.
他穿着一件黑大衣。
그는 검은색 외투를 입고 있다.
孩子们在教室里高兴地唱着歌。
아이들은 교실에서 즐겁게 노래 부르고 있다.

[二 34] 어기조사: 啊1, 吧2, 的2

今天真冷啊!
오늘 정말 춥구나!
您是老师吧?
당신은 선생님이시죠?
我是昨天来的。
저는 어제 왔습니다.

[二 35] 기타조사: 的话, 等

你要来的话, 就给我打个电话, 我去接你。
당신이 오시면 저에게 전화 주세요. 제가 마중 가겠습니다.
我去超市买了很多东西, 有酒、水果、牛奶等。
나는 슈퍼마켓에 가서 술, 과일, 우유 등 많은 물건을 샀다.

A.2.1.10 감탄사

[二 36] 喂

喂, 是王老师吗?

아, 왕 선생님이세요?

喂, 您找哪位?

여보세요, 누구를 찾으세요?

A.2.2 구

A.2.2.1 구조유형

[二 37] 기본구조 유형

(1) 연합구

北京上海	我和他	又大又干净	去不去
베이징과 상하이	나와 그	크고 깨끗한	가거나 말거나

(2) 수식구

新衣服	学校的图书馆	认真学习	特别开心
새 옷	학교 도서관	열심히 공부하다	정말 신나다

(3) 동빈구

买东西	吃水果	学习中文	进教室
물건을 사다	과일을 먹다	중국어를 공부하다	교실로 들어가다

(4) 동보구

听清楚	走来	说得很高兴	听两遍
분명하게 듣다	걸어오다	기쁘게 말하다	두 번 듣다

(5) 주어서술어구

我休息	他出国	教室很大	学习认真
나는 쉰다	그는 출국한다	교실은 크다	공부를 열심히 한다

[二 38] 기타구조 유형1

(1) '的'자 구

我的	黑色的	新的	吃的	他买的
나의	검은색의	새것의	먹는(것)	그가 산

(2) 연속서술어구

去买东西	哭着说	坐飞机去北京
물건을 사러 가다	울면서 말하다	비행기를 타고 베이징에 가다

去图书馆借书

도서관에 가서 책을 빌리다

A.2.2.2 기능유형

[二 39] 명사성구

新书	我的衣服	中文水平	一条河	两本	这件
새 책	나의 옷	중국어 수준	한 줄기 강	두 권	이 (사건)/이 (옷)

[二 40] 동사성구

买水果	写完	拿出来	常常休息	可以去
과일을 사다	다 쓰다	꺼내다	종종 쉬다	갈 수 있다

[二 41] 형용사성구

很舒服	非常高兴	大一点儿	又漂亮又可爱
아주 편안하다	매우 기쁘다	좀 크다	예쁘고 귀엽다

A.2.2.3 고정구

A.2.2.3.1 기타

[二 42] 不一会儿

今天的作业我不一会儿就做完了。

오늘 숙제는 내가 순식간에 다했다.

我们走到车站, 不一会儿, 公交车就来了。

우리가 정류장까지 걸어가자 얼마 안 있어 버스가 왔다.

[二 43] 什么的

考试前多做点儿练习什么的。

시험 전에 연습 같은 것 등을 많이 해야 한다.

我去超市买了一些水果、面包什么的。

나는 슈퍼마켓에 가서 과일, 빵 같은 것 등을 샀다.

[二 44] 越来越

天气越来越热了。

날씨가 점점 더워진다.

我越来越喜欢学习中文。

나는 점점 중국어 공부가 좋아진다.

A.2.3 고정형식

[二 45] 还是……吧 ~하는 편이 낫다

打车太贵了, 你还是坐地铁吧。

택시는 너무 비싸니, 당신은 지하철을 타는 편이 낫겠어요.

外边下雨了, 我们还是在房间看电视吧。

밖에 비가 오니, 우리는 방에서 텔레비전을 보는 게 낫겠어요.

[二 46] 又……又…… ~하기도 하고 ~하기도 하다

这个饭馆的菜又好吃又便宜。

이 식당의 음식은 맛있기도 하고 싸기도 하다.

这球鞋又贵又不好看。

이 운동화는 비싸기도 하고 예쁘지도 않다.

[二 47] (在)……以前/以后/前/后 (在)……이전/이후/전/후

在来中国以前, 我只学过一点儿中文。

중국에 오기 전에, 나는 중국어를 조금밖에 배우지 못했다.

吃完午饭以后, 我常常会睡一会儿。

점심을 먹은 후에, 나는 자주 잠깐씩 잠을 잔다.

你运动前应该活动一下儿身体。

당신은 운동 전에 반드시 몸을 좀 움직여야 한다.

我明天下课后就去你那儿。

나는 내일 수업이 끝난 후에 바로 너에게 갈 것이다.

A.2.4 문장성분

A.2.4.1 서술어

[二 48] 명사, 대사, 수사 혹은 수량구, 명사성구 서술어

今天晴天。

오늘은 맑은 날이다.

明天星期五。

내일은 금요일이다.

这儿怎么样?

여기는 어때요?

他四十, 女儿十六。

그는 40세이고 딸은 16살이다.

这本中文书二十五块。

이 중국어 책은 25위안이다.

我北京人, 今年二十五岁。

저는 베이징 사람이고, 올해 25살입니다.

她高个子, 黄头发, 很漂亮。

그녀는 키가 크고, 노랑머리에 예쁩니다.

A.2.4.2 보어

[二 49] 결과보어1: 동사 + 错/懂/干净/好/会/清楚/完

写错	看懂	洗干净	做好	学会	听清楚
잘못 쓰다	이해하다	깨끗이 씻다	잘 하다	배워서 할 줄 알다	분명하게 듣다

吃完

다 먹다

你写错了两个汉字。

당신은 두 글자를 잘못 썼다.

这个句子我没看懂。

이 문장은 내가 이해하지 못했다.

衣服我洗干净了。

옷은 내가 깨끗이 빨았다.

这道题你学会了没有?
이 문제는 당신이 배웠나요?
这道题我没学会。
이 문제는 내가 배우지 않았다.
你听清楚老师的话了吗?
선생님의 말을 분명하게 들었나요?
老师的话我听清楚了。
선생님의 말은 분명하게 들립니다.

[二 50] 방향보어1: 단순방향보어의 방향 의미 용법

(1) 동사 + 来/去

你看, 他向这边走来了。
보세요, 그가 이쪽으로 걸어와요.
甲: 这件礼物怎么给他?
갑: 이 선물은 어떻게 그에게 줄까요?
乙: 你给他带去吧。
을: 당신이 그에게 갖다주세요.
我明天带一个相机来。
나는 내일 사진기를 가져올 겁니다.
他昨天带来了一个相机。
그는 어제 사진기를 가져왔어요.
甲: 你的词典呢?
갑: 당신의 사전은요?
乙: 不好意思, 我没拿来。
을: 죄송합니다, 안 가져왔어요.

(2) 동사 + 上/下/进/出/起/过/回/开

你爬上十九楼了没有?
당신은 19층까지 올라갔습니까?
我没爬上十九楼, 到十楼就不行了。
19층은 못 올라갔어요. 10층까지만 가고 못 갔어요.

爸爸从车上拿下电脑，放回房间。

아버지는 차에서 컴퓨터를 내려 방에 놓으셨다.

妈妈走上二楼，从包里拿出一封信。

어머니는 2층으로 올라가 가방에서 편지 한 통을 꺼내셨다.

车开进学校了，我们快过去吧。

차가 학교로 들어왔으니 우리 빨리 저쪽으로 가자.

你打开包给我看看。

당신은 가방을 열어 저에게 보여주세요.

[二 51] 상태보어1: 동사 + 得 + 형용사성 어구

她跑得很快。

그녀는 매우 빨리 달린다.

我们玩儿得很高兴。

우리는 아주 즐겁게 놀았다.

[二 52] 수량보어1: 동사 + 동량보어

我去过一次。

나는 한 번 가봤다.

我们休息一下儿。

우리 좀 쉬자.

[二 53] 수량보어2: 형용사 + 수량보어

我比弟弟大两岁。

나는 남동생보다 2살 많다.

昨天很热，今天凉快一点儿。

어제는 더웠는데 오늘은 좀 시원하다.

她的中文比我流利一些。

그녀의 중국어는 나보다 좀 더 유창하다.

A.2.5 문장의 유형

A.2.5.1 문형

[二 54] 주어서술어문3: 명사서술어문

明天<u>阴天</u>。

내일은 흐리다.

他<u>中国人</u>。

그는 중국인이다.

现在<u>八点二十分</u>。

지금은 8시 20분이다.

A.2.5.2 특수문형

[二 55] '有'자문2

(1) 평가와 도달을 나타냄

他有一米八高。

그는 (키가) 180이다.

他有三十多岁。

그는 (나이가) 30이 넘었다.

(2) 비교를 나타냄 ([二 58] '비교문2-(4)' 참고)

[二 56] 존현문1: 존재를 나타냄

(1) 장소 + 有 + 수량구 + 명사([一 37] "有'자문 1-(2)' 참고)

(2) 장소 + 동사 + 着(+수량구) + 명사

桌子上放着一本词典。

책상 위에 사전이 한 권 놓여 있다.

教室前边站着一位老师。

교실 앞에 선생님이 한 분 서 계신다.

桌子上放着书、笔和本子。

책상 위에 책, 연필, 공책이 놓여 있다.

[二 57] 연동문1: 앞 뒤 동작이 순서대로 발생함을 나타냄

他开门出去了。

그는 문을 열고 나갔다.

我们吃完饭去图书馆吧。

우리 밥 먹고 도서관에 가자.

[二 58] 비교문2

(1) A比B + 형용사 + 수량보어

姐姐比我大两岁。

언니는 나보다 두 살이 많다.

房间外边比里边凉快一些。

방 밖이 안보다 더 시원하다.

(2) A比B + 更/还 + 형용사

他的手机比我的更贵。

그의 핸드폰은 내 것보다 훨씬 비싸다.

今天比昨天还凉快。

오늘은 어제보다 더 시원하다.

(3) A不如B (+형용사)

我的中文成绩不如班长。

나의 중국어 성적은 반장만 못하다.

火车不如飞机快。

기차는 비행기만큼 빠르지 못하다.

(4) A有B (+这么/那么) + 형용사

你哥哥有你高吗?

네 오빠는 너만큼 (키가) 크니?

她家的院子有篮球场那么大。

그녀 집의 정원은 농구장만큼 크다.

[二 59] 비교문3

(1) A跟B一样/相同

我的爱好跟姐姐一样。

나의 취미는 언니와 같다.

他的想法跟我相同。
그의 생각은 나와 같다.
哥哥的手机跟我的不一样。
오빠의 핸드폰은 내 것과 다르다.
我跟她一样, 都是这个学校的学生。
나는 그녀와 마찬가지로 모두 이 학교의 학생이다.

(2) A跟B一样 + 형용사

姐姐跟妹妹一样可爱。
언니는 여동생처럼 귀엽다.
哥哥和弟弟不一样高。
형은 남동생만큼 키가 크지 않다.

[二 60] '是……的'문1: 시간, 장소, 방식, 동작자를 강조함

我是昨天到北京的。
나는 어제 베이징에 도착했다.
他是在网上买的手机。
그는 인터넷에서 핸드폰을 샀다.
我们是坐飞机来的。
우리는 비행기를 타고 왔다.
这件事是老师告诉我的。
이 일은 선생님께서 나에게 알려주신 것이다.

[二 61] 이중빈어문

(1) 주어 + 동사 + 빈어1 + 빈어2

我给妹妹一本书。
나는 여동생에게 책을 한 권 주었다.
爸爸送我一辆汽车。
아버지는 내게 차 한 대를 선물해 주셨다.

(2) 주어 + 동사 + 给 + 빈어1 + 빈어2

朋友借给我一千块钱。
친구는 내게 천 위안을 빌려주었다.

姐姐送给我一个手机。
누나는 내게 핸드폰을 주었다.

A.2.5.3 복문

[二 62] 연접복문

(1) 연관어구를 사용하지 않음

吃了晚饭, 我们出去走走。
저녁을 먹고, 우리 나가서 좀 걷자.
他回房间拿了衣服, 去教室上课了。
그는 방으로 돌아와 옷을 가지고, 교실로 가서 수업을 했다.

(2) 연관어구를 사용함: 先……, 再/然后……

你先去超市买东西, 再回家。
너는 먼저 슈퍼마켓에 가서 물건을 사서 집으로 돌아와라.
我先去吃午饭, 然后回房间休息。
나는 먼저 점심을 먹고, 방으로 돌아와 쉴 것이다.

[二 63] 점층복문

(1) 연관어구를 사용하지 않음

那个地方我去过了, 去过两次了。
나는 그곳에 가 본 적이 있는데, 두 번 가 봤다.
他弟弟会说中文, 说得很流利。
그의 남동생은 중국어를 할 줄 알 뿐만 아니라 매우 유창하다.

(2) 연관어구를 사용함: ……, 更/还……; 不但……, 而且……

昨天很冷, 今天更冷了。
어제도 추웠는데, 오늘은 더 춥다.
班长学习很好, 还经常帮助同学。
반장은 공부도 잘하고 늘 학우를 돕는다.
她不但会说中文, 而且说得很好。
그녀는 중국어를 할 수 있을 뿐만 아니라 아주 잘 한다.

[二 64] 선택복문

(1) 연관어구를 사용하지 않음

这次旅行你坐火车, 坐飞机?

당신은 이번 여행에서 기차를 탔나요, 비행기를 탔나요?

我们星期六去, 星期天去?

우리 토요일에 갈까요, 일요일에 갈까요?

(2) 연관어구를 사용함: (是)……, 还是……

你是坐火车来的, 还是坐飞机来的?

당신은 기차 타고 왔나요, 아니면 비행기 타고 왔나요?

周末你们想去打排球, 还是想去打篮球?

주말에 배구하러 가고 싶나요, 아니면 농구하러 가고 싶나요?

[二 65] 전환복문

(1) 연관어구를 사용하지 않음

这件衣服样子不错, 有点儿贵。

이 옷은 디자인은 좋은데 조금 비싸다.

这次去饭店, 我们花钱不多, 吃得很不错。

이번은 호텔에 갈 때 큰돈을 쓰지 않았지만, 먹는 건 매우 좋았다.

(2) 연관어구를 사용함: 虽然……, 但是/可是……;……, 不过……

那个公园虽然不大, 但是非常漂亮。

그 공원은 크진 않지만, 매우 예쁘다.

虽然明天可能下雨, 可是我还是想去那儿看看。

비록 내일 비가 올 수 있지만 나는 그곳에 가서 보고 싶다.

这个房间不太大, 不过住着很舒服。

이 방은 그다지 크지 않지만, 오히려 머물면 편안하다.

[二 66] 가정복문

(1) 연관어구를 사용하지 않음

明天下雨, 我们在家休息。

내일 비가 오면 우리는 집에서 쉴 것이다.

明天不下雨, 我们出去玩儿。

내일 비가 오지 않으면 우리는 나가서 놀 것이다.

(2) 연관어구를 사용함: 如果……, 就……;……的话, 就……

如果你下午有时间, 我们就一起去超市吧。

만약 당신이 오후에 시간이 있다면, 우리 함께 마트에 갑시다.

明天天气不好的话, 我就不去公园了。

내일 날씨가 좋지 않으면, 나는 공원에 가지 않겠다.

[二 67] 조건복문: 只要……, 就……

只要你认真学习, 就一定能取得好成绩。

당신이 열심히 공부하기만 하면 반드시 좋은 성적을 거둘 수 있습니다.

只要你通过这次考试, 我就送你一件礼物。

당신이 이번 시험만 통과하면 제가 선물을 하나 드릴게요.

[二 68] 인과복문

(1) 연관어구를 사용하지 않음

我今天太忙了, 午饭都没吃。

나는 오늘 너무 바빠서 점심도 못 먹었다.

那个学生病了, 没来上课。

그 학생은 아파서 수업에 못 왔다.

(2) 연관어구를 사용함: 因为……, 所以……

因为很累, 所以我今天不想做饭了。

너무 피곤해서 나는 오늘 밥을 하고 싶지 않다.

因为明天有考试, 所以我想早一点儿睡觉。

내일 시험이 있기 때문에 나는 좀 일찍 자고 싶다.

[二 69] 축약복문: 一……就……

他一起床就去洗脸。

그는 일어나면 바로 세수하러 간다.

我一喝酒就脸红。

나는 술을 마시면 바로 얼굴이 빨개진다.

A.2.6 동작의 태

[二 70] 지속태: 동사 + 着

(1) 상태의 지속을 나타냄

灯一直亮着。/灯没亮着。

등은 계속 켜져 있다. /등은 켜져 있지 않다.

电脑开着。/电脑没开着。

컴퓨터는 켜져 있다. /컴퓨터는 켜져 있지 않다.

(2) 동작의 지속을 나타냄

外边下着雪呢。/外边没下雪。

밖에는 눈이 오고 있다. /밖에는 눈이 안 온다.

他们说着、笑着, 不一会儿就到学校了。

그들은 이야기하고, 웃으며 얼마 지나지 않아 곧 학교에 도착했다.

[二 71] 경험태: 동태조사 '过'를 사용하여 나타냄

他学过中文。/他没学过中文。

그는 중국어를 배워봤다. /그는 중국어를 배운 적이 없다.

我吃过饺子。/我没吃过饺子。

나는 만두를 먹어봤다. /나는 만두를 먹어본 적이 없다.

A.2.7 특수표현법

[二 72] 서수 표시법

第一	第三	第七	二楼	三层
제1의	제3의	제7의	2층	3층
13号楼	205房间	302路公交车		
13동	205호실	302번 버스		

[二 73] 어림수 표시법1

(1) 수사 + 多 + 양사

三十多本　　五十多斤

30여 권　　50여 근

(2) 수사 + 양사 + 多

三块多　　四米多　　七斤多

3위안 이상　　4미터 이상　　7근 이상

A.2.8 강조의 방법

[二 74] '就'를 사용하여 강조를 나타냄

教学楼就在前边。

강의실 건물은 바로 앞에 있다.

你看, 这就是我们上课的教室。

여기 봐, 여기가 바로 우리가 수업하는 교실이야.

※'是……的' 강조를 나타냄 ([二 60] '是…的'문1과 [四 42] '是…的'문2를 참고)

A.2.9 질문하는 방법

[二 75] '好吗/可以吗/行吗/怎么样'을 사용한 질문

我们明天八点出发, 好吗?

우리는 내일 8시에 출발하는 게 어때요?

你明天早点儿来, 可以吗?

당신은 내일 조금 일찍 오세요. 가능한가요?

你的词典借我用用, 行吗?

당신의 사전 좀 빌릴게요. 괜찮나요?

我们今天吃面条儿, 怎么样?

우리는 오늘 국수를 먹읍시다. 어때요?

[二 76] '什么时候, 什么样, 为什么, 怎么样, 怎样'을 사용한 질문

你们什么时候见面？

너희들은 언제 만나니?

你喜欢什么样的朋友？

당신은 어떤 친구를 좋아하나요?

你为什么没去上课？

당신은 왜 수업에 가지 않았나요?

明天天气怎么样？

내일 날씨는 어떤가요?

你明天怎样去学校？

당신은 내일 어떻게 학교에 가나요?

[二 77] '呢'로 구성된 생략형 의문문 '대사/명사 + 呢?'를 사용한 질문

我去医院, 你呢？

저는 병원에 가요, 당신은요?

书在桌子上, 笔呢？

책은 책상 위에 있어요. 펜은요?

[二 78] '是不是'를 사용한 질문

你要去体育馆打球, 是不是？

당신은 체육관에 운동하러 갈 거죠, 그렇죠?

是不是你拿了我的笔？

당신이 내 펜을 가져 간거죠?

你是不是有很多中国朋友？

당신은 중국인 친구가 많죠?

[二 79] '吧'를 사용한 질문

您是经理吧？

당신은 사장님이시죠?

你以前学过中文吧？

당신은 이전에 중국어를 배워본 적이 있지요?

A.2.10 구어형식

[二 80] 该……了

十一点了, 该睡觉了。
11시가 되었으니, 자야 한다.
明天有听写, 我该复习生词了。
나는 내일 받아쓰기가 있으니, 단어 복습을 해야 한다.

[二 81] 要/快要/就要……了

要下雨了。
곧 비가 오려고 한다.
我们快要放假了。
우리는 곧 방학이다.
他们明天就要考试了。
그들은 내일이면 곧 시험이다.

A.3 3급 어법 포인트

A.3.1 형태소

A.3.1.1 접두어

[三 01] 第-, 老-, 小-

第一　第三　老二　老王　小李　小王

A.3.1.2 접미어

[三 02] -儿, -家, -们, -头, -子

面儿	空儿	画家	作家	朋友们	老师们	石头	里头	瓶子	屋子
표면	틈	화가	작가	친구들	선생님들	돌	안쪽	병	방

A.3.2 품사

A.3.2.1 동사

[三 03] 능원동사: 敢

这儿有两米高, 你敢跳下去吗?

여기는 높이가 2미터가 넘는데, 네가 감히 뛰어내릴 수 있겠어?

我不敢在河里游泳。

나는 강에서 수영할 엄두가 나지 않는다.

[三 04] 능원동사: 需要

她生病了, 需要休息。

그녀는 아파서 쉬어야 한다.

我们不需要买吃的, 家里有很多。

우리는 집에 먹을 것이 많아서 살 필요가 없다.

[三 05] 동사빈어식 이합구조: 帮助, 点头, 放假, 干杯, 见面, 结婚, 看病, 睡觉, 洗澡, 理发, 说话

他经常帮我的忙。

그는 항상 나를 도와준다.

他点了一下儿头, 表示同意。

그는 고개를 한 번 끄덕이고는, 동의를 표했다.

我想放了假就去旅行。

나는 방학하면, 바로 여행 가고 싶다.

来, 我们一起干一杯。

자, 우리 함께 건배합시다.

来中国以后, 我们只见过一次面。

중국에 온 이후, 우리는 딱 한 번 만났다.

结了婚以后, 她就不工作了。

결혼 이후, 그녀는 일을 하지 않았다.

病人看完病就去取药了。

환자는 진료가 끝난 후, 바로 약을 타러 갔다.

[三 06] 동사보어식 이합구조: 打开, 看见, 离开, 完成

你的文件我打不开, 你能再给我发一下儿吗?
당신의 문건은 열리지 않습니다. 다시 보내주실 수 있으신가요?
黑板上的字很小, 我们都看不见。
칠판의 글씨는 너무 작아서 보이지 않습니다.
放心吧, 孩子这么大, 离得开妈妈了。
안심하세요. 아이가 이렇게 컸으니 엄마와 떨어질 수 있습니다.
我们完不成这个任务。
우리는 이 임무를 완수할 수 없습니다.

A.3.2.2 대사

[三 07] 의문대사의 비의문 용법

(1) 임의지칭 용법

① 의문대사 + 都
谁都喜欢她。
누구든 그녀를 좋아한다.
我吃什么都行。
나는 뭘 먹어도 좋다.
你什么时候来都可以。
당신은 언제 오든 다 괜찮습니다.
我哪儿都没去过。
저는 어디도 가보지 못했습니다.
你想怎么去都没问题。
당신이 어떻게 가고 싶든 다 문제없습니다.
② 의문대사 + 의문대사
你们随便吃, 想吃什么吃什么。
여러분 마음껏 드세요, 먹고 싶은 대로 다 드세요.
谁想参加比赛谁就报名参加。
경기에 참여하고 싶은 사람은 신청하세요.
他们几点来就几点开始。
그들이 오면 그 시간에 시작합니다.
你怎么做, 我就怎么做。

당신이 하는 대로 제가 하겠습니다.
他们各做各的, 谁也不帮谁。
그들은 각자 맡은 일을 했고, 누구도 서로 돕지 않았다.
(2) 비한정 지칭 용법
我好像在哪儿见过你。
저는 어디서 당신을 본 것 같아요.
你们先吃点儿什么再去公园吧。
너희들 우선 뭐 좀 먹고 나서 공원에 가.
要是你一个人搬不动, 就请谁来帮一下吧。
만약 당신 혼자 옮길 수 없다면, 누구에게 도움을 청하세요.

[三 08] 지시대사: 各, 各位, 各种, 每, 任何
我们班的同学来自世界各国。
우리 반 학우들은 세계 각국에서 왔다.
各位朋友, 下午好!
여러분 좋은 오후입니다!(안녕하세요!)
这儿有各种颜色的花。
여기는 각종 색깔의 꽃이 있다.
我每个星期天都去爬山。
나는 매주 일요일 등산을 한다.
我们任何时候都要注意保护环境。
우리는 어느 때나 환경 보호에 유념해야 한다.

A.3.2.3 양사

[三 09] 명량사: 把, 行, 架, 群, 束, 双, 台, 张, 支, 只, 种

一把椅子	两行汉字	一架飞机	一群学生	两束花	
의자 하나	한자 두 줄	비행기 한 대	한 무리의 학생들	꽃 두 다발	
一双球鞋	两台电脑	一张桌子	一支笔	三只鸡	两种颜色
운동화 한 켤레	컴퓨터 두 대	책상 한 개	펜 한 자루	닭 세 마리	두 가지 색깔

[三 10] 동량사: 顿, 口, 眼

批评一顿	喝一口	看一眼
한 차례 혼나다	한 모금 마시다	한 번 보다

[三 11] 양사중첩: AA

家家	件件	条条	次次	回回	顿顿	天天	年年
집집마다	하나씩	조목마다	매번	매회	매끼	매일	매해

A.3.2.4 부사

[三 12] 정도부사: 比较, 更加, 还3, 相当

我比较喜欢游泳。

나는 수영을 좀 좋아한다.

她以前学习就很努力, 现在更加努力了。

그녀는 이전에 열심히 공부하였는데, 지금은 더욱 노력한다.

这个房间不干净, 那个房间还干净一些。

이 방은 깨끗하지 않고, 저 방은 좀 더 깨끗하다.

这个公园的景色相当漂亮。

이 공원의 풍경은 매우 아름답다.

[三 13] 범위, 협력부사: 光, 仅, 仅仅, 就3, 至少

他每天光玩儿不学习。

그는 매일 놀기만 하고 공부는 안 한다.

今天来上课的仅有五个学生。

오늘은 수업하러 고작 5명의 학생만 왔다.

这次旅行仅仅花了三千块。

이번 여행에서는 겨우 3천 위안만 썼다.

我们班就他知道这个消息。

우리 반에서는 그 사람만 이 소식을 안다.

我就拿了一支笔。

나는 펜 하나만 가져갔다.

教室里至少有五十个人。

교실에는 최소한 50명이 있다.

[三 14] 시간부사: 本来, 才2, 曾经, 从来, 赶紧, 赶快, 立刻, 连忙, 始终, 已, 早已

会议本来在星期一举行, 但是现在改时间了。
회의는 본래 월요일에 치르지만, 지금은 시간을 바꾸었다.
他才起床, 让我们等一下儿。
그는 막 일어났다고, 우리들을 잠시 기다리게 한다.
你怎么才来就要走?
너는 어떻게 이제 와놓고서 바로 가려고 하니?
我曾经学过一年中文。
나는 전에 중국어를 1년 배운 적이 있다.
他从来不喝酒。
그는 이제까지 술을 마시지 않는다.
听到这个消息, 他赶紧跑回家去了。
이 소식을 듣고 그는 서둘러 집으로 뛰어갔다.
听到有人叫他的名字, 他赶紧开门。
누군가 그의 이름을 부르는 것을 듣고, 그는 서둘러 문을 열었다.
他很不舒服, 我们要赶快送他去医院。
그는 몸이 매우 좋지 않으니, 우리들은 어서 그를 병원으로 보내야 한다.
经理来电话, 叫我立刻去她的办公室。
매니저가 전화를 해서, 나더러 속히 그녀의 사무실로 가라고 한다.
看到一位老人上车, 我连忙站起来让他坐。
노인 한 분이 차에 오르는 것을 보고, 나는 얼른 일어나서 앉으시게 했다.
她在中国留学的时候, 始终坚持每天说中文。
그녀는 중국에서 유학할 때, 처음부터 끝까지 매일 중국어로 말하기를 고수했다.
我们已做好下个月的工作计划。
우리는 이미 다음 달 작업 계획을 다 세웠다.
他早已离开北京了。
그는 일찌감치 베이징을 떠났다.

[三 15] 빈도, 중복부사: 通常, 往往, 总, 总是

李经理通常很早就到公司。

리 매니저는 통상 아주 일찍 회사에 도착한다.

为了记住一个汉字, 他往往要写很多遍。

한자 하나를 기억하기 위해서, 그는 종종 아주 여러 번 써야만 한다.

我总弄不明白什么时候用“把”字句, 常常一说就错。

나는 늘 언제 ‘把’자문을 써야 하는지 확실히 알지 못해서, 자주 말을 하기만 하면 틀린다.

他去机场总是提前两个小时出发。

그는 공항에 갈 때, 항상 2시간 일찍 출발한다.

[三 16] 연관부사: 再2 (……한 뒤)

我们做完作业再玩儿游戏。

우리는 숙제를 다한 다음 게임을 한다.

你洗了手再吃水果。

너는 손을 먼저 씻은 후에 과일을 먹어라.

[三 17] 방식부사: 互相, 尽量, 亲自, 相互

大家要互相帮助。

모두 서로 도와야 한다.

志愿者要尽量自己克服困难。

자원봉사자는 최대한 스스로 어려움을 극복해야 한다.

校长亲自联系学生实习的公司。

교장은 학생들이 실습하는 회사에 직접 연락한다.

我们要相互关心, 相互照顾。

우리는 상호 관심을 갖고, 서로 돌봐야 한다.

[三 18] 양태부사: 大概, 恐怕

他病了, 今天大概不会来上课了。

그는 병이 나서, 오늘은 아마 수업하러 오지 않을 것이다.

天这么阴, 大概要下雨。

날이 이렇게 어두우니, 아마도 비가 올 것 같다.

我头有点儿疼, 恐怕是感冒了。
나는 머리가 좀 아픈데, 아마 감기에 걸린 것 같다.
他出国恐怕已经有三年多了吧。
그가 출국한 지 아마 이미 3년이 더 됐을 거다.

[三 19] 어기부사: 白, 并1, 当然, 到底, 反正, 根本, 果然, 简直, 绝对, 难道, 其实, 千万, 确实, 只好, 终于

老师不在办公室, 我白去了。
선생님께서 교무실에 계시지 않아서, 나는 헛걸음했다.
这次考试并没有他们说的那么简单。
이번 시험은 절대 그들이 말한 것처럼 그렇게 쉽지 않다.
学生当然应该做作业。
학생은 당연히 숙제를 해야 한다.
他到底是老师还是学生?
그는 대체 선생인가 아니면 학생인가?
我不知道是谁做的, 反正不是我做的。
나는 누가 한 것인지 모르지만, 어쨌든 내가 하지는 않았다.
她根本不相信我。
그녀는 근본적으로 나를 믿지 않는다.
天气预报说要下雨, 你看果然下了。
일기예보에서 비가 올 거라 했는데, 너 좀 보렴, 아니나 다를까 내리잖아.
这纸花太漂亮了, 简直跟真花一样。
이 종이 꽃은 너무 예뻐서 그야말로 진짜 꽃 같다.
他绝对不会干这种事, 我相信他。
그는 절대로 이런 일을 하지 않을 것이다. 나는 그를 믿는다.
别人都能学会, 难道我就学不会吗?
다른 사람들은 모두 배워서 하는데, 나라고 배워서 하지 못하겠는가?
大家以为他回国了, 其实他去南方旅行了。
모두들 그가 귀국했다고 여기지만, 사실 그는 남쪽으로 여행 갔다.
你明天千万要早点儿回来。
너는 내일 아무쪼록 꼭 일찍 돌아와야 한다.

这次情况确实非常紧急。
이번 상황은 확실히 매우 긴급하다.
我生病了, 只好跟老师请假。
나는 병이 나서 할 수 없이 선생님께 결석 허락을 구했다.
他努力复习了一个月, 终于顺利地通过了所有的考试。
그는 한 달간 열심히 복습하여, 마침내 모든 시험을 순조롭게 통과했다.

A.3.2.5 개사

A.3.2.5.1 시간, 장소를 끌어냄

[三 20] 由1(……로부터)

这路公交车由北京机场出发。
이 노선 버스는 베이징공항에서 출발한다.
我们由南门进入公园。
우리들은 남문으로부터 공원으로 들어간다.

[三 21] 自从(……로부터)

自从修了公路, 这儿的交通就方便多了。
도로를 닦은 후로부터 이곳의 교통은 많이 편해졌다.
自从来到中国, 他就喜欢上了中国菜。
중국에 온 이래, 그는 중국음식을 좋아하게 되었다.

A.3.2.5.2 방향, 경로를 끌어냄

[三 22] 朝(……를 향하여)

大门朝南开。
대문은 남쪽으로 열린다.
他朝左边看了一下儿。
그는 왼쪽으로 잠시 보았다.
他朝我大喊: “小心！”
그는 나를 향해 소리 질렀다. “조심해!”

A.3.2.5.3 대상을 끌어냄

[三 23] 为2(……에게)

妈妈每天为我们做饭。

엄마는 매일 우리에게 밥을 해주신다.

他为我买了一束花。

그는 나에게 꽃 한 다발을 사주었다.

[三 24] 向2(……에게)

我们要向班长学习。

우리들은 반장에게 배워야 한다.

如果不能来上课, 你要向老师请假。

만약 수업하러 올 수 없으면, 너는 선생님에게 결석 허락을 구해야 한다.

A.3.2.5.4 목적, 원인을 끌어냄

[三 25] 由于1, 因为

由于各种原因, 大家没有接受他的意见。

각종 이유로 인해서, 모두 그의 의견을 받아들이지 않았다.

他因为这件事一直不跟我说话。

그는 이 일 때문에 줄곧 나와 말을 하지 않는다.

[三 26] 为了(……를 위하여)

妈妈为了健康坚持每天跑步。

엄마는 건강을 위해 매일 달리기를 꾸준히 하신다.

他为了新工作不断学习新知识。

그는 새로운 일을 위해 부단히 새로운 지식을 학습한다.

A.3.2.5.5 행위자, 동작 대상을 끌어냄

[三 27] 把, 被, 叫, 让

我看见你把手机放在书包里了。

나는 네가 핸드폰을 책가방 안에 넣는 것을 보았다.

裙子被我弄脏了。
치마는 나에 의해(나 때문에) 더러워졌다.
手机叫我弄坏了。
핸드폰은 나에 의해(나 때문에) 고장났다.
我的车让朋友借走了。
내 차는 친구가 빌려 갔다.

A.3.2.5.6 배제를 표시

[三 28] 除了

除了英文, 他还会说中文。
영어 이외에 그는 중국어도 할 수 있다.
除了他, 我们都是留学生。
그를 제외하고 우리는 모두 유학생이다.

A.3.2.5.7 의지, 근거를 끌어냄

[三 29] 按, 按照

房租按天或者按月计算。
방세는 날 또는 월에 따라 계산한다.
他们按照地图找到了全部东西, 顺利完成了任务。
그들은 지도에 근거하여 모든 물건을 찾아내어, 임무를 순조롭게 완수했다.

A.3.2.6 접속사

[三 30] 절 또는 문장을 연결: 并且, 不光, 不仅, 另外, 要是, 因此, 由于2, 只有

这星期我很忙, 要上课, 要准备考试, 另外, 还要参加一些学校活动。
이번 주는 내가 매우 바쁘다. 수업도 해야 하고 시험준비도 해야 하고, 이 밖에도 몇 개의 학교 활동에도 참가해야 한다.
这次晚会他们准备了很多吃的、喝的, 另外, 还准备了不少礼物。
이번 저녁 모임에 그들은 먹을 것, 마실 것을 아주 많이 준비했고, 그밖에 적지 않은 선물도 준비했다.
('并且, 不光, 不仅, 要是, 因此, 由于, 只有'에 대한 예문은 복문 부분을 참고)

A.3.2.7 의성사

[三 31] 哈哈

我还没进门就听到同学们哈哈的声音了。

내가 문에 들어서지도 않았는데 학우들이 하하 웃는 소리를 들었다.

听了他的话, 我们都哈哈地笑了起来。

그의 말을 듣고, 우리들은 모두 하하 웃기 시작했다.

A.3.3 구

A.3.3.1 구조유형

[三 32] 기타 구조유형2

(1) 개사빈어구

在房间	从前边	往左	把他	按照规定
방에서	앞에서부터	왼쪽으로	그를	규정에 따라

(2) 방위구

教室里	桌子上边	学校的东边	起床后	睡觉以前
교실 안	책상 위쪽	학교의 동쪽	일어난 후	자기 전

(3) 겸어구

请他进来	叫他上车
그에게 들어오라고 청하다	그에게 차를 타라고 하다
通知他开会	建议大家休息
그에게 회의를 열라고 통지하다	모두에게 쉬자고 건의하다

(4) 동격구

我的朋友小张	他妈妈李老师	游泳这种运动
내 친구 샤오장	그의 어머니인 리 선생님	수영 이런 종류의 운동

[三 33] 수량 중첩: 수사 + 양사 + 수사 + 양사

图书馆里放着<u>一排一排</u>的书架。

도서관에 서가가 한 줄 한 줄씩 놓여 있다.

老师让学生<u>两个两个</u>地进教室。

선생님은 학생들에게 둘씩 둘씩 교실로 들어오라고 하신다.
妈妈一遍一遍地告诉我要注意安全。
엄마는 거듭거듭 나에게 안전에 주의해야 한다고 알려주신다.
日子一天一天过去了。
날은 하루하루 지나갔다.

A.3.3.2 고정구

A.3.3.2.1 4자구

[三 34] 不A不B

不大不小	不长不短	不冷不热
크지도 않고 작지도 않다	길지도 않고 짧지도 않다	춥지도 않고 덥지도 않다
不多不少	不早不晚	
많지도 않고 적지도 않다	이르지도 않고 늦지도 않다	

A.3.3.2.2 기타

[三 35] 看起来

这些苹果看起来很好吃。
이 사과들은 보기에 아주 맛있을 듯하다.
她工作了一天, 看起来有点儿累。
그녀는 하루 종일 일해서 보기에 조금 피곤한 듯하다.

[三 36] 看上去

这件衣服看上去很不错。
이 옷은 썩 괜찮아 보인다.
那沙发看上去非常结实。
저 소파는 아주 튼튼해 보인다.

[三 37] 有的是

咱们图书馆有的是书, 你可以多看看。
우리 도서관은 책이 얼마든지 있으니, 너는 많이 볼 수 있다.

这儿水果有的是, 你多拿一点儿。
여기 과일이 얼마든지 있으니, 많이 좀 가져가거라.

A.3.4 고정형식

[三 38] 除了……(以外), ……还/也/都……

除了上课, 我还要参加各种活动。
수업하는 것을 제외하고, 나는 각종 활동에도 참가해야 한다.
除了我, 我姐姐和弟弟也会说中文。
나 이외에 나의 누나와 남동생도 중국어를 말할 수 있다.
除了北京以外, 中国的其他城市我都没去过。
베이징을 제외하면, 중국의 다른 도시는 내가 모두 가본 적이 없다.

[三 39] 从……起

从现在起, 你要努力学习了。
지금부터 너는 열심히 공부해야 한다.
从今天起, 我就用这台新电脑了。
오늘부터 나는 이 새 컴퓨터를 사용하게 되었다.

[三 40] 对……来说

对日本留学生来说, 汉字不太难。
일본 유학생에게 한자는 그다지 어렵지 않다.
对专家来说, 这个问题很容易解决。
전문가의 입장에서 말하자면, 이 문제는 아주 쉽게 해결될 수 있다.

[三 41] 一……也/都 + 不/没

他一句中文也不会说。
그는 중국어를 한 마디도 못한다.
我上午一口水也没喝, 现在渴极了。
나는 오전에 물을 한 모금도 마시지 않아서, 지금 너무나 목이 마르다.
他一个汉字都不认识。
나는 한자를 한 글자도 모른다.

这个公园我一次都没去过。
이 공원은 내가 한 번도 가본 적이 없다.

[三 42] 越…… 越……
中文越学越有意思。
중국어는 배울수록 더 재미있다.
衣服的牌子越有名, 价钱越贵。
옷의 브랜드가 유명할수록 가격도 더욱 비싸다.

A.3.5 문장 성분

A.3.5.1 주어

[三 43] 동사 또는 동사성구, 형용사 또는 형용사성구가 주어가 될 경우
哭对身体有好处。
우는 것은 몸에 좋다.
早一点儿来比较合适。
조금 일찍 오는 것이 비교적 적절하다.
紧张有什么用?
긴장한들 무슨 소용이 있니?
太冷了不好, 太热了也不好。
너무 추워도 좋지 않고, 너무 더워도 좋지 않다

A.3.5.2 빈어

[三 44] 동사 또는 동사성구, 형용사 또는 형용사성구와 주어서술어구가 빈어가 될 경우
我打算去上海。
나는 상하이에 갈 계획이다.
她喜欢安静。
그녀는 조용한 것을 좋아한다.
我感到不舒服。
나는 불편함을 느꼈다.

老师希望大家都能取得好成绩。
선생님은 모두가 좋은 성적을 얻을 수 있기를 희망한다.

A.3.5.3 한정어

[三 45] 동사 또는 동사성 구, 주어서술어구가 한정어가 될 경우

你看见那个跳舞的女孩儿了吗?
너는 춤을 추는 그 소녀를 보았니?
观看演出的观众请从右边的门进去。
공연을 볼 관객은 오른쪽 문으로 들어가십시오.
小白讲的故事很有意思。
샤오바이가 얘기한 이야기는 아주 재미있다.

A.3.5.4 보어

[三 46] 결과보어2: 동사 + 到/住/走

他终于买到火车票了。
그는 결국 기차표를 샀다.
我把球传给他, 可是他没接住。
나는 공을 그에게 패스했지만, 그는 받지 못했다.
那本书他取走了吗?
그 책은 그가 가져갔니?

[三 47] 방향보어 2

복합방향보어의 방향 의미 용법: 동사 + 出来/出去/过来/过去/回来/回去/进来/进去/起来/上来/上去/下来/下去

他从书包里拿了一本书出来。
그는 책가방에서 책 한 권을 꺼냈다.
他从书包里拿出一本书来。
그는 책가방에서 책 한 권을 꺼낸다.
他从书包里拿出来一本书。
그는 책가방에서 책 한 권을 꺼낸다.
他慢慢地走出教室去了。

그는 천천히 교실을 걸어 나갔다.
汽车开过来了, 咱们准备上车。
차가 왔네. 우리 차 탈 준비를 하자.
他在桥那边, 我们走过去吧。
그는 다리 저쪽에 있어. 우리 걸어서 건너가자.
我昨天买回来了一些水果。
나는 어제 약간의 과일을 사서 돌아왔다.
这儿离学校很近, 我们走回去吧。
여기는 학교에서 아주 가까우니, 우리 걸어서 돌아가자.
外边的桌子你搬进来了没有？
바깥의 탁자는 네가 들여온 거 아니니?
桌子我还没搬进来。
탁자는 내가 아직 들여오지 않았어.
这些书不能放在外边, 应该拿进去。
이 책들은 바깥에 두면 안 된다. 들고 들어가야 한다.
你站起来。
일어나라.
你的电脑拿上来了没有？
너의 컴퓨터는 가지고 올라왔니?
他突然跑上二楼去了。
그는 갑자기 2층으로 뛰어 올라갔다.
他从二楼走下来了。
그는 2층에서 걸어 내려왔다.
行李你帮我拿下去吧。
짐은 네가 (나를 도와) 들고 내려가다오.

[三 48] 가능보어1: 동사 + 得/不 + 동사/형용사, 동사 + 得/不 + 了

老师的话我都听得懂。
선생님의 말은 내가 모두 듣고 이해할 수 있다.
这件衣服太脏了, 洗不干净了。
이 옷은 너무 더러워서 깨끗하게 빨 수 없다.

明天的比赛你参加<u>得了</u>吗?
내일 시합에 너는 참가할 수 있니?
我病了, 明天上<u>不了</u>课。
나는 아파서 내일 수업을 할 수 없다.

[三 49] 정도보어1: 형용사/심리동사 + 得很/极了/死了
我累<u>得很</u>。
나는 매우 피곤하다.
外面冷<u>极了</u>。
바깥은 너무(극심하게) 춥다.
这个游戏孩子们喜欢<u>极了</u>。
이 게임은 아이들이 너무(극도로) 좋아한다.
他们今天忙<u>死了</u>。
그들은 오늘 너무(죽을 정도로) 바쁘다.

[三 50] 수량보어3(동사 + 동량보어): 빈어와 동량보어가 공기
我找了他<u>两次</u>。
나는 그를 두 번 찾았다.
我来过中国<u>一次</u>。
나는 중국에 한 번 왔었다.
我去过<u>两次</u>上海。
나는 상하이에 두 번 갔었다.
他读了<u>三遍</u>课文。
그는 본문을 세 번 읽었다.

[三 51] 수량보어4(동사 + 시량보어): 동작의 지속 시간을 나타냄
我学中文学了<u>两年</u>。
나는 중국어를 (배웠는데) 2년 배웠다.
我学了<u>两年</u>中文。
나는 중국어를 2년 배웠다.
我等他等了<u>半个多小时</u>。
나는 그를 30여 분 동안 기다렸다.

我等了他半个多小时。
나는 그를 (기다렸는데) 30여 분 기다렸다
他游泳游了四十分钟。
그는 40분 동안 수영을 했다.
他游了四十分钟的泳。
그는 (수영했는데) 40분 수영했다

[三 52] 수량보어5(동사 + 시량보어): 동작이 끝난 후 어떤 시각에 이르기까지의 시간 간격을 나타냄

他们来中国两个月了。
그들은 중국에 온 지 2개월 되었다.
哥哥去北京一个星期了。
형은 베이징으로 간 지 일주일 되었다.
我父母结婚二十年了。
우리 부모님은 결혼하신 지 20년 되었다.

A.3.6 문장의 유형

A.3.6.1 문형

[三 53] 주어서술어문4: 주어서술어서술어문

奶奶身体非常好。
할머니는 건강이 매우 좋으시다.
这件衣服颜色很好看。
이 옷은 색깔이 매우 예쁘다.
那本书我没看过。
저 책은 내가 본 적이 없다.
这电影我看了三遍了。
이 영화는 내가 세 번 봤다.

A.3.6.2 특수문형

[三 54] '把'자문1: 처리 표현

(1) 주어 + 把 + 빈어 + 동사 + 在/到/+处所

老师把书放在桌子上了。

선생님은 책을 탁자 위에 놓았다.

我把朋友送到车站了。

나는 친구를 정거장까지 배웅했다.

(2) 주어 + 把 + 빈어1 + 동사 (+给) + 빈어2

爸爸把新买的手机送妹妹了。

아버지는 새로 산 핸드폰을 여동생에게 주셨다.

他们把作业交给老师了。

그들은 숙제를 선생님에게 제출했다.

(3) 주어 + 把 + 빈어 + 결과보어/방향보어/상태보어

你把书架上的书放整齐。

너는 책꽂이 위의 책을 가지런히 놓아라.

他把洗好的衣服拿回来了。

그는 다 빨아 놓은 옷을 가져왔다.

孩子们把手洗得干干净净的。

아이들은 손을 깨끗하게 씻었다.

[三 55] 피동문1: 주어 + 被/叫/让 + 빈어 + 동사 + 기타성분

那个手机早被我用坏了。

그 핸드폰은 일찌감치 내가 사용해서 고장 났다.

我的词典叫弟弟弄脏了。

내 사전은 남동생에 의해 더러워졌다.

他完全让这位姑娘迷住了。

그는 이 여성에 (의해) 완전히 매혹되었다.

[三 56] 연동문2

(1) 앞 동작은 뒷 동작의 방식이다.

他笑着说: “没事儿。”
그는 웃으며 “상관없습니다.”라고 말했다.
我明天坐飞机去北京。
나는 내일 비행기를 타고 베이징으로 간다.
(2) 뒷 동작은 앞 동작의 목적이다.
他去超市买水果。
그는 과일을 사러 슈퍼마켓에 간다.
我来中国学习中文。
나는 중국어를 배우려고 중국에 왔다.

[三 57] 겸어문1

명령을 표현: 주어 + 叫/派/请/让…… + 빈어1 + 동사 + 빈어2
经理叫他介绍一下中国市场情况。
매니저는 그에게 중국 시장 상황을 소개하게 했다.
公司派我来中国学习中文。
회사는 나를 중국으로 파견하여 중국어를 배우게 했다.
我请他去我家玩儿。
나는 그에게 우리 집에 가서 놀자고 청했다.
妈妈让我早点儿回国。
어머니는 나더러 일찍 귀국하라고 하셨다.

[三 58] 비교문4

(1) A比B + 동사 + 得 + 형용사
我比他跑得快。
나는 그보다 빨리 달린다.
我说中文比妹妹说得流利。
내가 말하는 중국어가 여동생이 말하는 것보다 유창하다.
(2) A不比B + 형용사
我姐姐不比我高。
우리 누나는 나만큼 키가 크지 않다.
这个笔记本不比那个大。

이 공책은 저것보다 크지 않다.

(3) A + 동사 + 得 + 比 + B + 형용사

我跑得比他快。

나는 그보다 빨리 달린다.

姐姐中文说得比我流利。

언니는 중국어 말하는 것이 나보다 유창하다.

(4) A + 比 + B + 多/少/早/晚 + 동사 + 수량구

我比他多吃了五个饺子。

나는 그보다 만두를 5개 더 많이 먹었다.

他比我少买一个苹果。

그는 나보다 사과를 하나 덜 산다.

我比姐姐早回来十分钟。

나는 누나보다 10분 일찍 돌아왔다.

哥哥昨天比前天晚睡半个小时。

오빠/언니는 어제 그제보다 30분 늦게 잤다.

[三 59] 동사 중복: 주어 + 동사 + 빈어 + 동사 + 보어

他打篮球打得很好。

그는 농구를 아주 잘한다.

她游泳游得很快。

그녀는 아주 빠르게 헤엄을 친다.

她走路走累了。

그녀는 길을 걷다 피곤해졌다.

我看电视看了两个小时。

나는 텔레비전을 두 시간 동안 보았다.

A.3.6.3 복문

A.3.6.3.1 병렬복문

[三 60] (也)……, 也……

篮球他喜欢，排球他也喜欢。

그는 농구를 좋아하고, (그는) 배구도 좋아한다.

面条儿我也爱吃, 米饭我也爱吃。
국수도 나는 즐겨 먹고, 쌀밥도 (나는) 즐겨 먹는다.

[三 61] 一会儿……, 一会儿……
最近天气有点儿奇怪, 一会儿冷, 一会儿热。
최근 날씨가 조금 이상해서, 추웠다 더웠다 한다.
他们在晚会上一会儿唱歌, 一会儿跳舞, 玩得很开心。
그들은 저녁 모임에서 노래를 불렀다 춤을 추었다 하며, 아주 신나게 놀았다.

[三 62] 一方面……, 一方面……
我们一方面要看到他们的优点, 另一方面也要指出他们的缺点。
우리들은 한편으로 그들의 장점을 보려 하고, 다른 한편으로 그들의 단점도 지적하고자 한다.
他们在实习中一方面可以增加工作经验, 另一方面可以学习新的知识。
그들은 실습하면서, 한편으로 업무 경험을 늘리고, 다른 한편으로는 새로운 지식을 학습할 수 있다.

[三 63] 又……, 又……
晚会上大家又唱歌, 又跳舞, 高兴极了。
저녁 모임에서 모두 노래를 부르고, 춤도 추며 더할 수 없이 즐거웠다.
这件衣服样子又好看, 价格又便宜。
이 옷은 모양도 예쁘고, 가격도 싸다.

A.3.6.3.2 연접복문

[三 64] 首先……, 然后……
同学们首先读了一遍课文, 然后认真地回答了黑板上的问题。
학우들은 먼저 본문을 한 번 읽고 난 다음 칠판 위의 문제에 진지하게 대답했다.
我们首先要找到科学的练习方法, 然后坚持每天练习。
우리들은 먼저 과학적인 연습 방법을 찾은 후에 매일 꾸준히 연습해야 한다.

A.3.6.3.3 점층복문

[三 65] ……, 并且……
专家们对这个问题进行了讨论, 并且提出了解决办法。

전문가들은 이 문제에 대하여 토론을 하고, 아울러 해결책을 제시했다.
这种办法可以保存食物, 并且能保存很久。
이런 방법은 음식을 보존할 수 있고, 게다가 아주 오래 보관할 수 있다.

[三 66] 不仅/不光……, 还/而且……
那个地方我不仅去过, 还去过好几次呢。
그곳은 내가 가보았을 뿐만 아니라, 아주 여러 번 가봤다.
不光我会说中文, 而且我姐姐也会说中文。
나만 중국어를 말할 수 있는 것이 아니라, 우리 누나도 중국어를 말할 수 있다

A.3.6.3.4 선택복문

[三 67] 不是……, 就是……
他不是在办公室, 就是在实验室。
그는 사무실에 있지 않으면 실험실에 있다.
这些衣服都不合适, 不是太大, 就是太小。
이 옷들은 모두 맞지 않아서 너무 크지 않으면 너무 작다.

A.3.6.3.5 전환복문

[三 68] ……X是X, 就是/不过……
这件衣服好看是好看, 就是有点儿贵。
이 옷은 예쁘기는 예쁘지만, 조금 비싸다.
坐公交车方便是方便, 不过人太多了。
버스를 타면 편하기는 편하지만 사람이 너무 많다.

A.3.6.3.6 가정복문

[三 69] 要是……, 就……
要是不开心, 我就会大声唱歌。
기분 나쁘면, 나는 큰 소리로 노래할 거예요.
要是你明天有时间, 就跟我一起去长城吧。
내일 너 시간이 있으면 나와 같이 만리장성에 가자.

A.3.6.3.7 조건복문

[三 70] 只有……, 才……

只有认真检查, 我们才会发现问题、解决问题。

오직 진지하게 검사해야만 우리는 문제를 발견하고 해결할 수 있다.

只有多听多说, 你才能提高中文水平。

오직 많이 듣고 많이 말해야만 너는 중국어 실력을 향상시킬 수 있다.

A.3.6.3.8 인과복문

[三 71] （由于）……, 所以/因此……

由于身体不好, 所以爸爸打算提前退休。

몸이 좋지 않기 때문에 아버지는 조기퇴직하실 예정이다.

他工作很努力, 因此取得了很大的成功。

그는 매우 열심히 일했기 때문에 아주 큰 성공을 거두었다.

A.3.6.3.9 목적복문

[三 72] 为了……, ……

为了保持健康, 他每天坚持运动。

건강을 지키기 위하여 그는 매일 꾸준히 운동을 한다.

为了学好中文, 我每天都要看中国电视剧。

중국어를 잘하기 위해 나는 매일 중국 드라마를 보려고 한다.

A.3.6.3.10 축약복문

[三 73] ……了……（就）……

他下了课就去图书馆。

그는 수업을 마치면 바로 도서관에 간다.

他喝了酒就会脸红。

그는 술을 마시자마자 얼굴이 빨개진다.

A.3.7 특수표현법

[三 74] 어림수 표시법2

(1) '大概, 大约, 几'를 사용하여 어림수 표시

这个手机大概两千块。

이 핸드폰은 대략 2천 위안 정도이다.

我的中文老师大约三十岁。

나의 중국어 선생님은 대략 30세 정도이다.

我上网买了几本书。

나는 인터넷에 접속해서 책 몇 권을 샀다.

(2) 서로 인접한 수사를 연달아 사용하여 어림수 표시

三四(个)	十五六(岁)	七八十(个人)	五六百(块钱)
서너(개)	십오륙(세)	칠팔십(명)	오륙백(위안)

(3) '左右, 前后'를 사용하여 어림수 표시

三十岁左右	八点左右	春节前后	五一前后
삼십 세 전후	8시 전후	설 전후	5.1절 전후

A.3.8 강조의 방법

[三 75] '一点儿也不……(조금도 ……하지 않다)'를 사용하여 강조를 나타냄

中文一点儿也不简单。

중국어는 전혀 간단하지 않다.

这双球鞋穿着一点儿也不舒服。

이 운동화는 신으면 조금도 편하지 않다.

[三 76] 반어문을 사용하여 강조를 나타냄

반어문1: 不是……吗?/ 难道……吗?

今天不是星期天吗?

오늘은 일요일이 아닌가요?

难道你没去过长城吗？
설마 너는 만리장성에 가 본 적이 없단 말이니?

[三 77] '是'를 사용하여 강조를 나타냄

你说得对, 这位经理是很负责。
네가 한 말이 맞아. 이 매니저는 매우 책임감이 있다.
我同意, 那电影是很有意思。
동의합니다. 그 영화는 상당히 재미있습니다.

A.3.9 질문하는 방법

[三 78] 의문어조를 사용하여 의문 표시

今天是星期六？
오늘은 토요일인가?
你打算去旅行？
너는 여행갈 계획이니?

A.3.10 구어형식

[三 79] 都……了

都十一点了, 你别看电视了。
벌써 11시가 되었으니, 너는 텔레비전을 보지 마라.
都三天了, 他怎么还没回来？
벌써 사흘이 지났는데, 그는 어째서 아직도 돌아오지 않니?

[三 80] X就X(点儿)吧

慢就慢吧, 他能完成任务就很不错了。
늦으면 늦는 거지, 그가 임무를 완수할 수 있다면 매우 훌륭한 것이다.
忙就忙点儿吧, 我们过几天就能休息了。
바쁘면 좀 바쁜 대로 두세요, 우리는 며칠 지나면 쉴 수 있을 거예요.

[三 81] X什么(啊)

玩儿什么，我们赶快工作吧。

(놀기는) 뭘 놀아, 우리 서둘러 일하자.

舒服什么啊，办公室空调坏了。

뭐가 쾌적해, 사무실 에어컨이 고장 났어.

A.4 4급 어법 포인트

A.4.1 품사

A.4.1.1 동사

[四 01] 능원동사: 得(děi)

今天下课我得早点儿回家。

오늘 수업 마치면 나는 일찍 집에 가야 한다.

时间不早了，我得回家了。

시간이 늦었어. 나는 집에 가야 해.

你再忙也得好好吃饭啊！

너 아무리 바빠도 밥을 잘 챙겨 먹어야 한다!

A.4.1.2 대사

[四 02] 인칭대사: 人家

人家也是为你好啊。

다른 사람들도 너 좋으라고 그러는 거다.

人家现在有困难，咱们应该帮他。

그는 지금 어려우니까 우리가 그를 도와야 한다.

你看人家经常锻炼，身体多好。

너 좀 보렴, 내가 운동을 자주 해서 몸이 얼마나 좋은지.

A.4.1.3 양사

[四 03] 명량사: 打, 袋, 根, 卷, 棵, 批

一打啤酒	一袋米	一根头发	一卷纸
맥주 한 다스	쌀 한 포대	머리카락 한 올	두루마리 휴지 한 개(롤)
一棵树	一批学生		
나무 한 그루	학생 한 무리		

[四 04] 차용양사

(1) 명량사: 碗, 脸, 手, 屋子, 桌子

一碗汤	一脸水	一手油	一屋子人	一桌子书
국 한 그릇	얼굴에 가득한 물	한 손 가득한 기름	한 방에 가득한 사람	책상 가득한 책

(2) 동량사: 刀, 针

切两刀	打一针
두 번 썰다	주사를 한 대 놓다

A.4.1.4 부사

[四 05] 정도부사: 格外, 极, 极其

老师今天格外开心。

선생님은 오늘따라 유달리 즐거우셨다.

这些字极小，我都看不清楚。

이 글자들은 극히 작아서, 나도 분명하게 볼 수 없다.

校长是一个极其负责的人。

교장은 책임감이 엄청나게 강한 사람이다.

[四 06] 범위, 협력부사: 共

共有三十人出席会议。

모두 30명이 회의에 출석한다.

这本书共十五课。

이 책은 모두 15과이다.

[四 07] 시간부사: 按时, 即将, 急忙, 渐渐, 尽快

你要按时吃药。

너는 제때 약을 먹어야 한다.

同学们即将毕业。

학우들이 곧 졸업한다.

快上课了, 他急忙跑进教室。

곧 수업이어서 그는 급하게 교실로 뛰어 들어갔다.

春天来了, 天气渐渐暖和了。

봄이 오니 날씨가 점점 따뜻해진다.

你尽快给他回个电话。

가능한 한 빨리 그에게 전화해라.

[四 08] 빈도, 중복부사: 一再, 再三

他一再表示自己不会出席这次会议。

그는 이번 회의에 참석하지 않겠다고 거듭 밝혔다.

我再三解释, 他还是不相信。

내가 재삼 설명했지만 그는 여전히 믿지 않는다.

[四 09] 연관부사: 却

我来了, 他却没来。

나는 왔는데 그가 오히려 오지 않았다.

同学们都出去活动了, 他却坐在教室里面不动。

학우들은 모두 나가서 활동을 하는데, 그는 오히려 교실 안에 앉아 움직이지 않는다.

[四 10] 부정부사: 未必

这个消息未必可靠, 咱们再等等吧。

이 소식은 꼭 믿을 만한 것은 아니니, 우리 좀 더 기다려 보자.

别等了, 他未必会来。

기다리지 마라, 그가 반드시 오는 것은 아닐 수도 있다

[四 11] 양태부사: 几乎, 似乎

他的话我几乎都没听懂。

나는 그의 말을 거의 알아듣지 못했다.

她似乎对自己的表现很不满意。

그녀는 마치 자신의 행동에 만족하지 못한 것 같다.

[四 12] 어기부사: 的确, 反而, 还4, 竟然, 究竟

这的确是我的错。

이건 확실히 나의 잘못이다.

风不但没停, 反而越来越大。

바람은 멎기는커녕, 오히려 거세지고 있다.

他还真有办法, 问题马上就解决了。

그는 그래도 아주 능력이 좋아서, 문제가 바로 해결되었다.

这道题很简单, 同学们竟然都做错了。

이 문제는 간단하지만 의외로 학우들이 모두 틀렸다.

明天的晚会你究竟去不去?

너 도대체 내일 저녁 모임에 가니 안 가니?

A.4.1.5 개사

A.4.1.5.1 시간, 장소를 끌어냄

[四 13] 自

自1978年以来, 中国发生了很大的变化。

1978년 이래로 중국에 커다란 변화가 생겼다.

我们的航班准时自北京出发。

우리 비행기는 정시에 베이징에서 출발합니다.

A.4.1.5.2 대상을 끌어냄

[四 14] 对于

对于任何一种语言来说, 文字的出现都是十分重要的。

어떤 언어든 간에 문자의 출현은 굉장히 중요하다.

对于美术和音乐, 她很有研究。

미술과 음악에 그녀는 조예가 깊다.
对于这个问题, 我们还得认真讨论。
이 문제에 대해 우리는 또한 진지하게 토론해야 한다.

[四 15] 关于
我读了几本关于环境保护的书。
나는 환경보호에 관한 몇 권의 책을 읽었다.
关于明天的考试, 学校做了具体的规定。
내일 시험에 관해서 학교는 구체적 규정을 정했다.
这是一部关于战争的电影。
이것은 전쟁에 관한 영화다.

[四 16] 替
你别替我担心了, 我自己处理。
나 때문에 걱정하지 말아요, 내가 알아서 할게요.
取得这么好的成绩, 大家都替你感到高兴。
이런 좋은 성적을 거두게 되어 모두가 너를 위해 기뻐한다.

A.4.1.5.3 의지, 근거를 끌어냄

[四 17] 根据
学校根据学生的中文水平分班。
학교는 학생의 중국어 실력에 따라 반을 나눈다.
根据大家的意见, 我们修改了计划。
모두의 의견에 따라 우리는 계획을 수정했다.

[四 18] 作为
他作为教师代表参加了这次会议。
그는 교사 대표로 이번 회의에 참가했다.
作为学生, 你应该按时完成作业。
학생으로서 너는 반드시 제때 과제를 마쳐야 한다.

A.4.1.6 접속사

[四 19] 단어 또는 구를 연결: 并2, 以及

他们同意并支持我们的建议。

그들은 우리의 건의에 동의하고 지지한다.

小王、小李以及另外三名同学都通过了考试。

샤오왕, 샤오리 및 그 외의 세 명의 학우가 모두 시험에 통과했다.

[四 20] 절 또는 문장을 연결: 此外, 而1, 而是, 既然, 可见, 甚至, 假如, 总之

我们要认真听讲, 此外还要积极完成作业。

우리는 열심히 강의를 듣고, 이외에도 적극적으로 과제를 해야 한다.

为什么北方下雪越来越少, 而南方下雪越来越多?

왜 북쪽에는 눈이 갈수록 적게 내리고, 남쪽에는 눈이 갈수록 많아지는가?

听说重要, 读写也很重要, 总之, 这四项能力都很重要。

듣기 말하기도 중요하고, 읽기 쓰기도 중요하다. 요컨대 이 네 가지 능력이 모두 중요하다.

('而是, 既然, 可见, 甚至, 假如' 예문은 복문 부분을 참고)

A.4.1.7 조사

[四 21] 기타조사: 似的

她俩好像从来没见过似的。

그녀 둘은 마치 여태껏 만난 적이 없는 것 같다.

这里的景色像画儿似的。

이 곳의 경치는 그림 같다.

他的中文说得跟中国人似的。

그는 중국어를 중국인처럼 말한다.

A.4.1.8 감탄사

[四 22] 啊2

啊, 你怎么在这里?

아, 당신이 어떻게 여기에 있죠?

啊, 我明白了。

아, 알겠습니다.

啊！太美了！
아! 정말 아름답구나!

A.4.2 구

A.4.2.1 고정구

A.4.2.1.1 4자구

[四 23] 大A大B

你这大吃大喝的毛病对身体不好, 一定要改改。
너 이렇게 많이 먹고 마시는 버릇은 건강에 안 좋으니, 반드시 고쳐야 해.
她心情不好, 为一点儿小事就大吵大闹。
그녀는 기분이 안 좋아서 사소한 일로 야단법석을 떨었다.

[四 24] 一A一B

这是别人的东西, 我们一针一线都不能拿。
이것은 남의 물건이어서, 우리는 바늘 하나 실오라기 하나 가져갈 수 없다.
他一五一十地把情况汇报给了老师。
그는 상황을 낱낱이 선생님께 보고했다.

A.4.2.1.2 기타

[四 25] 看来

看来他是个好人。
보아하니 그는 좋은 사람인 것 같다
看来明天不会再下雨了。
보아하니 내일 비가 오지 않을 것 같다.
看来这次考试他能通过。
보아하니 그는 이번 시험에 통과할 것 같다.

[四 26] 来得及/来不及

你别着急, 时间来得及。
조급해 하지 마라, 시간은 충분하니.
现在刚六点半, 你马上去还来得及。

지금 막 6시 반이니, 네가 바로 가도 늦지 않아.
来不及了, 我们快走吧。
늦었어, 우리 빨리 가자.
时间还早, 不会来不及的。
시간이 아직 이르니 늦지 않을 거야.

[四 27] 说不定

下雨了, 说不定他今天不来了。
비가 와서 아마 그는 오늘 오지 않을 것이다.
这件事说不定就是他干的。
이 일은 그가 했을지도 모른다.
今年能不能去中国现在还说不定。
올해 중국에 갈 수 있을지 없을지 아직 단언하기 어렵다.

[四 28] 一般来说

一般来说, 选手参加了比赛是不能退出的。
일반적으로 선수가 경기에 참가하면 물러날 수 없다.
一般来说, 这么重要的场合他是不会迟到的。
일반적으로 말해서 이렇게 중요한 자리에 그는 지각하지 않을 거다.
一般来说, 跟青年人相比, 老年人的经验更丰富。
일반적으로 젊은이에 비해 노인의 경험이 더 풍부하다.

A.4.3 고정형식

[四 29] 一 + 양사 + 比 + 一 + 양사

这些球鞋一双比一双好看。
이 운동화들은 한 켤레 한 켤레가 모두 예쁘다.
他的演出一次比一次精彩。
그의 연출은 하나 하나가 다 뛰어나다.
天气一天比一天暖和。
날씨가 하루하루 따뜻해진다.

[四 30] (自)……以来

自去年以来, 我一直生活在北京。
작년부터 나는 줄곧 베이징에서 생활하고 있다.
上大学以来, 他一直坚持学习中文。
대학 입학 후부터 그는 줄곧 중국어를 꾸준히 공부하고 있다.
自有了孩子以来, 她每天都很忙。
아이가 생긴 이후로 그녀는 매일 매우 바쁘다.

[四 31] 由……组成

我们班由两位老师和二十位学生组成。
우리 반에는 두 명의 선생님과 20명의 학생이 있다.
这篇文章由三个部分组成。
이 글은 세 부분으로 구성되어 있다.
这张试卷是由十道选择题和一道写作题组成的。
이 시험지는 객관식 문제 10개와 서술형 문제 하나로 되어 있다.

[四 32] 在……方面

在这方面, 我没有什么经验。
이 방면에 있어서, 나는 아무런 경험이 없다.
在历史方面, 他知道得很多。
역사 방면에 있어서 그는 많이 알고 있다.
在修理电脑方面, 她是个专家。
컴퓨터 수리에 있어서 그녀는 전문가다.

[四 33] 在……上/下/中

在这件事情上, 最好多听听父母的意见。
이 일에 있어서 부모의 의견을 많이 듣는 것이 가장 좋다.
在他的影响下, 我喜欢上了中文。
그의 영향 아래 나는 중국어를 좋아하게 되었다.
在这篇课文中, 我们一共学了三十个生词。
이 본문에서 우리는 모두 서른 개의 단어를 배웠다.

A.4.4 문장성분

A.4.4.1 주어

[四 34] 주어서술어구가 주어인 경우

他不去也可以。

그는 안 가도 된다.

身体健康很重要。

신체건강은 매우 중요하다.

我参加中文水平考试是为了获得奖学金去中国留学。

내가 HSK에 참가하는 것은 장학금을 받고 중국으로 유학을 가기 위해서이다.

[四 35] 대상주어(受事主语)

饭都吃光了。

밥은 다 먹었다.

作业我做完了。

과제는 다 했다.

这本书我已经看过三遍了。

이 책은 내가 이미 세 번이나 읽었다.

A.4.4.2 한정어

[四 36] 다항한정어

我有一条漂亮的红围巾。

나는 예쁘고 빨간 스카프를 하나 갖고 있다.

我那两件白色长衬衫放在哪里了?

내가 흰색 긴 셔츠 두 벌을 어디에 두었지?

那位戴着眼镜的白头发高个子老人就是我们的校长。

안경을 쓴 저 백발의 키 큰 노인이 우리의 교장선생님이다.

A.4.4.3 보어

[四 37] 방향보어 3

결과의미 표현(파생용법): 동사 + 上/出/起/下

请同学们离开教室时关上窗户。
학우 여러분 교실을 나갈 때 창문을 닫으세요.
他向父母说出了自己的愿望。
그는 부모에게 자신의 소망을 말했다.
他终于想起了当时的情况。
그는 마침내 당시의 상황을 떠올렸다.
他们建立起了亲密的朋友关系。
그들은 친밀한 교우 관계를 맺었다.
请留下你的地址和手机号。
당신의 주소와 핸드폰 번호를 남겨주세요.

A.4.5 문장의 유형

A.4.5.1 특수문형

[四 38] '把'자문2: 처리 표현

(1) 주어 + 把 + 빈어 + 동사 (+一/了) + 동사

同学们再把试卷检查检查。
학우 여러분 시험지를 다시 검사해 보세요.
你把地扫扫, 我把桌子擦一擦。
너는 바닥을 좀 쓸어, 나는 테이블을 좀 닦을게.
他把冬天的衣服晒了晒, 收在箱子里。
그는 겨울 옷을 햇볕에 말려 상자에 넣었다.

(2) 주어 + 把 + 빈어 (+给) + 동사 + 了/着

他把学过的生词都忘了。
그는 배운 새 단어를 모두 잊어버렸다.
他拿不了了, 你帮他把这些东西给拿着。
그는 들 수 없으니 네가 그를 도와서 이 물건들을 들고 있어라.

你别忘了把护照带着。

여권 휴대하는 것 잊지 마라.

(3) 주어 + 把 + 빈어 + 동사 + 동량보어/시량보어

老师把他批评了一顿。

선생님은 그를 한 바탕 꾸짖었다.

他把文章读了好几遍。

그는 글을 여러 번 읽었다.

他把这个问题认真地考虑了好几天。

그는 이 문제를 며칠 동안 진지하게 고민했다.

[四 39] 피동문2: 주어 + 被 + 동사 + 기타성분

王老师被请去开会了。

왕 선생님은 회의에 초청되었다.

教室的灯早就被关上了。

교실의 불은 오래전에 꺼졌다.

那张画儿被买走了。

그 그림은 팔려 나갔다.

[四 40] 존현문2

(1) 출현을 나타냄: 장소사 + 동사 + 방향보어/결과보어 + 동태조사(了) + 수량구 + 사람/사물

前边开来一辆车。

앞에 차 한 대가 온다.

我家昨天来了几位客人, 带了不少礼物。

우리 집에 어제 손님 몇 분이 오셨는데, 많은 선물을 가지고 오셨다.

对面走来一位老人。

맞은편에서 노인 한 분이 오신다.

教室里走出来一位老师。

교실에서 선생님 한 분이 나오신다.

(2) 소실을 나타냄: 장소사 + 동사 + 결과보어 + 동태조사(了) + 수량구 + 사람/사물

我们班里转走了一个学生。

우리 반에서 한 학생이 전학 갔다.

阳台上吹跑了一条裙子。

베란다에서 치마가 날아갔다.

院子里搬走了两家人。

마당에 두 가족이 이사를 갔다.

公司调走了几名员工。

회사에서 몇 명의 직원이 전출 갔다.

[四 41] 겸어문2

(1) 애증 표현: 주어 + 칭찬/비판 + 빈어1 + 동사 + 빈어2

老师表扬他帮助同学。

선생님은 그가 다른 학우를 도운 것을 칭찬했다.

妈妈总是批评我不整理房间。

엄마는 항상 내가 방을 정리하지 않는다고 핀잔을 주신다.

(2) 명명 또는 인정 표현: 주어 + 叫/称(呼)/说/收/选 + 빈어1 + 做/为/当/是 + 빈어2

大家都称他为先生。

모두들 그를 선생이라고 부른다

老师们都说她是好学生。

선생님들은 모두 그녀가 좋은 학생이라고 말한다.

王教授收我做研究生。

왕 교수는 나를 대학원생으로 받아들였다.

同学们都选他当班长。

학우들은 모두 그를 반장으로 뽑았다.

[四 42] '是……的'문2: 화자의 생각이나 태도를 강조

这个问题是可以解决的。

이 문제는 해결할 수 있다.

这道题是很简单的。

이 문제는 매우 간단하다.

那样的事情是绝对不会发生的。

그런 일은 절대 일어나지 않을 것이다.

A.4.5.2 복문

A.4.5.2.1 병렬복문

[四 43] 不是……, 而是……

我不是不想去, 而是没时间。

나는 가기 싫은 것이 아니라 시간이 없다.

这不是我的书, 而是他的。

이것은 내 책이 아니라 그의 것이다.

这件事错的不是我, 而是他。

이 일에서 잘못한 것은 내가 아니라 그 사람이다.

[四 44] 既……, 又/也……

这件新衣服既好看, 又暖和。

이 새 옷은 예쁘기도 하고 따뜻하기도 하다.

他既会学习, 又会玩儿。

그는 공부도 할 줄 알고 놀 줄도 안다.

他既是我们的老师, 也是我们的朋友。

그는 우리의 선생님일 뿐만 아니라 우리의 친구이기도 하다.

A.4.5.2.2 연접복문

[四 45] 首先……, 其次……

首先我们要读一遍课文, 其次我们要根据课文做一个练习。

먼저 우리는 본문을 한 번 읽고, 그 다음 본문에 따라 연습을 해야 한다.

我们球队问题很多, 首先是队员不够团结, 其次是训练时间很短。

우리 팀은 문제가 많은데, 우선 팀원이 단결하지 못하고, 그 다음 훈련시간이 너무 짧다는 것이다.

评价一个学生, 首先看品质, 其次看成绩。

한 학생을 평가할 때 우선 품성을 보고, 그 다음 성적을 봐야 한다.

[四 46] ……, 于是……

风停了, 下起雨来, 于是人们纷纷打起了雨伞。

바람이 멈추고 비가 내리기 시작하자 사람들이 우산을 펴기 시작했다.

他不喜欢这个工作, 于是离开了这家公司。
그는 이 일을 좋아하지 않아서 이 회사를 떠났다.
离开会的时间还早, 于是我们去逛了逛书店。
회의까지 아직 시간이 일러서 우리는 서점을 돌아다녔다.

A.4.5.2.3 점층복문

[四 47] ……, 甚至……

他什么都不会, 甚至连最简单的汉字也写不了。
그는 아무것도 할 줄 모른다. 심지어는 가장 간단한 한자조차도 쓸 줄 모른다.
她病得很严重, 甚至要做手术。
그녀의 병이 심각해서 심지어 수술을 받아야 한다.
妈妈真的很生气, 甚至晚饭都没有吃。
어머니는 정말 화가 많이 나셔서 저녁도 안 드셨다.

A.4.5.2.4 선택복문

[四 48] 或者……, 或者……

这件事或者赶快停止, 或者重新开始。
이 일은 빨리 멈추든지 아니면 다시 시작하든지 해라.
暑假或者去上海, 或者去杭州, 反正得出去旅行。
여름방학에 상하이로 가든지 항저우로 가든지 어쨌든 여행을 떠나야 한다.
咱们三个人, 或者你去, 或者我去, 或者他去, 谁去都可以。
우리 세 사람 중 네가 가든지 내가 가든지 그가 가든지 누가 가더라도 괜찮다.

A.4.5.2.5 전환복문

[四 49] ……, 然而……

我知道中文很有用, 然而中文也太难了。
나는 중국어가 매우 유용하다는 것을 알지만, 중국어는 너무 어렵다.
他说他不喜欢这部电影, 然而我觉得很有意思。
그는 이 영화를 좋아하지 않는다고 말했지만 오히려 나는 재미있다고 느꼈다.

A.4.5.2.6 가정복문

[四 50] ……, 否则……

我要认真复习, 否则考试会不及格的。

나는 열심히 복습해야 한다. 그렇지 않으면 시험에 떨어질 것이다.

记得带卡, 否则进不了办公室。

카드를 가지고 다니지 않으면, 사무실에 못 들어간다.

上课前一定要预习好生词和课文, 否则就听不懂老师讲的。

수업 전에 단어와 본문을 잘 예습해야지, 그렇지 않으면 선생님의 말을 알아듣지 못할 것이다.

[四 51] 假如……, (就)……

假如有困难, 你一定要告诉我。

만약 어려움이 있으면 꼭 내게 말해야 한다.

假如能通过这个考试, 我就可以拿到学校的奖学金了。

만약 이번 시험에 통과하면 나는 학교 장학금을 받을 수 있을 것이다.

[四 52] 万一……, (就)……

万一我没来, 你就自己先去吧。

만일 내가 오지 않으면 네가 먼저 가라.

一定要把你们的护照带上, 万一需要, 没带就麻烦了。

반드시 여권을 가지고 있어야 해, 만일 필요한데 갖고 있지 않으면 곤란해져.

A.4.5.2.7 조건복문

[四 53] 不管……, 都/也……

不管明天是否下雨, 我都要去看他。

내일 비가 오든 안 오든 간에 나는 그를 보러 갈거야.

不管有多难, 我也会坚持学下去。

아무리 어려워도 나도 계속 공부할거야.

[四 54] 无论……, 都/也……

无论学习多么紧张, 我都坚持每天锻炼一个小时。

공부가 아무리 빠듯하더라도 나는 매일 한 시간씩 꾸준히 운동을 한다.
无论他怎么说, 也没有人相信他。
그가 어떻게 말하든지 간에 아무도 그를 믿지 않는다.

A.4.5.2.8 인과복문

[四 55] 既然……, 就……

既然这事你已经决定了, 我就不说什么了。
이 일은 네가 이미 결정한 이상, 나는 아무 말도 하지 않겠다.
既然外面下雨了, 我们就明天再去吧。
밖에 비가 온 이상, 우리는 내일 다시 가자.

[四 56] ……, 可见……

他的中文水平很高, 可见他在留学期间学习是多么努力。
그의 중국어 실력이 아주 좋은 걸 보면, 그가 유학 기간에 얼마나 열심히 공부했는지를 알 수 있다.
他在我困难的时候一直帮助我, 可见他是我多么好的朋友。
그는 내가 어려울 때마다 도와줬는데, 이를 보면 그가 얼마나 정말 좋은 내 친구인지를 알 수 있다.

A.4.5.2.9 양보복문

[四 57] 哪怕……, 也/还……

哪怕明天下雨, 足球比赛也要继续进行。
내일 비가 오더라도 축구 경기는 계속돼야 한다.
哪怕再难, 我也要坚持学下去。
비록 아무리 어렵더라도 나는 꾸준히 공부할 것이다.
哪怕机会不大, 我还是要去试一试。
비록 기회가 많지 않더라도, 나는 그래도 가서 해 볼 것이다.

A.4.5.2.10 목적복문

[四 58] ……, 好……

老师布置了听写作业, 好帮助学生练习汉字。
선생님은 학생들이 한자를 익히는 데 도움을 주기 위해 받아쓰기 숙제를 준비하셨다.

我们应该不断地引导他，好让他对自己有信心。
우리는 그가 스스로 자신감을 갖도록 끊임없이 그를 인도해야 한다.
她每天都给家里打电话，好让父母放心。
그녀는 부모님을 안심시키기 위해 매일 집에 전화한다.

A.4.5.2.11 축약복문

[四 59] 무표지

你有事你先走。
일이 있으면 먼저 가거라.
你不怕我怕。
너는 무섭지 않지만 나는 무서워.
你想去你去。
가고 싶으면 가.

[四 60] 不……也……

今天晚上我不睡觉也要把这篇作文写完。
오늘 저녁에 나는 잠을 안 자고 이 작문을 다 쓸 것이다.
他不吃饭也要帮我修电脑。
그는 밥도 먹지 않고 내 컴퓨터를 고쳐주려 한다.
他不休息也要玩儿手机游戏。
그는 쉬지도 않고 핸드폰 게임을 한다

A.4.6 특수표현법

A.4.6.1 수 표시법

[四 61] 어림수 표시법3: 수사 + 来 + 양사

十来本	五十来斤	一百来辆
열 몇 권	오십 여 근	백 여 대

[四 62] 소수, 분수, 백분율, 배수의 표시법

零点三	三分之二	百分之五十	五倍
0.3	2/3	50%	5배

这一百个汉字, 我认识三分之二。
이 백 개의 한자 중 나는 3분의 2를 안다.
这支笔的价格比原来降低了百分之五十。
이 펜의 가격은 원래보다 50% 내렸다.
三班男生人数是女生人数的三倍。
3반 남학생 수는 여학생의 3배이다.

A.4.7 강조의 방법

[四 63] 반어문을 사용하여 강조를 나타냄

반어문2: 의문대사로 구성된 반어문

他这么有名, 谁不知道他啊?
그가 이렇게 유명한데 누가 모르겠어?
他去哪儿, 我怎么会知道呢?
그가 어디로 가는지 내가 어떻게 알겠어?
作业这么多, 我哪儿有时间出去玩儿?
과제가 이렇게 많은데 내가 나가서 놀 시간이 어디 있니?

[四 64] 이중부정을 사용하여 강조를 나타냄

没有孩子不喜欢玩儿。
놀기 싫어하는 아이는 없다
这么重要的活动我不可能不参加。
이렇게 중요한 행사에 나는 참여하지 않을 수 없다.
老师不会不答应我们的请求。
선생님은 우리의 부탁을 들어주지 않을 수 없을 것이다.
我们家没有不喜欢唱歌的。
우리 집에는 노래를 좋아하지 않는 사람이 없다.

[四 65] '一 + 양사(+명사) + 也(都)/也没(不)……'를 사용하여 강조를 나타냄

我一本中文书也没看过。

나는 중국어 책을 한 권도 본 적이 없다.

我累得一步路都走不动了。

나는 피곤해서 한 걸음도 움직일 수 없다.

上海我一次也没去过。

상하이는 한 번도 가 본 적이 없다.

刚来中国时, 他一句中文也听不懂。

막 중국에 왔을 때, 그는 한 마디도 중국어를 알아듣지 못했다.

[四 66] '连……也/都……'를 사용하여 강조를 나타냄

他连这个作家的名字也没听说过。

그는 이 작가의 이름조차 들어본 적이 없다.

我连最简单的汉字都写不出来。

나는 가장 간단한 한자조차도 쓰지 못한다.

A.4.8 구어형식

[四 67] 不X白不X

今天班长请客, 咱们不吃白不吃。

오늘 반장이 산다는데 우리가 안 먹으면 우리 손해지.

这个电影是免费的, 我们为什么不去看电影? 不看白不看。

이 영화는 무료라는데, 왜 영화 보러 안 가? 안 보면 손해지.

[四 68] 동사 + 一X是一X

虽然日子过得很难, 但也不能过一天是一天。

비록 생활이 어렵지만 되는대로 살 수는 없지.

事情实在太多了, 能做一件是一件吧。

일이 정말 많아. 할 수 있는 만큼 해보자.

做一道题是一道题, 你一定能做完。

문제를 풀 수 있는 만큼 풀어봐. 너는 분명히 다 할 수 있을 거야.

[四 69] (没)有什么(好)X的

这才刚刚开始，没有什么好激动的。

이제 막 시작이라 그다지 흥분할 것이 없어.

你还是别担心了，有什么好害怕的。

걱정 마, 뭐가 무서워.

有什么好难过的，这是我们早就想到的结果。

힘들게 뭐 있어. 이건 우리가 진작에 생각한 결과야.

[四 70] X是X, Y是Y

一是一，二是二，这要分清楚。

1은 1이고, 2는 2야. 이건 분명히 구분해야 해.

他是他，我是我，意见不同很正常。

그 사람은 그 사람이고, 나는 나야. 의견이 다른 것이 정상이야.

昨天是昨天，今天是今天，你得交作业。

어제는 어제이고, 오늘은 오늘이야. 너는 숙제를 내야 해.

[四 71] X也得X, 不X也得X

这件事很重要，你做也得做，不做也得做。

이 일은 정말 중요해서 네가 하면 하는 거고 하기 싫어도 해야 해.

你吃也得吃，不吃也得吃，不能浪费粮食。

네가 먹으면 먹는 거고 먹기 싫어도 먹어야 해. 음식을 낭비하면 안 돼.

都病成这样了，医院你去也得去，不去也得去。

이미 이렇게 아프니, 병원은 네가 갈 거면 가는 거고 가기 싫어도 가야 해.

[四 72] X就是了

你别浪费时间了，直接说就是了。

시간 낭비하지 말고 바로 말하면 돼.

你不要生气，以后别跟他说话就是了。

화내지 마라. 앞으로 그와 말하지 않으면 되잖아.

[四 73] 还X呢

还名牌儿呢，我听都没听过。

명품이라는데, 나는 들어본 적도 없어.
还有名的专家呢, 这水平还没我高。
유명한 전문가라는데, 실력이 아직 나보다 높지 않아.
还著名诗人呢, 这诗写的我都看不懂。
유명한 시인이라는데 이 시는 나는 이해할 수가 없어.

[四 74] 你X你的吧

你吃你的吧, 别给我留。
너는 네 것을 먹어라, 남겨 두지 말고.
没有什么事, 你休息你的吧!
별 일 없어, 너는 쉬어!
你忙你的吧, 我跟孩子玩儿一会儿。
너는 일 봐, 나는 아이와 좀 놀게.

[四 75] 让/叫你X你就X

让你做你就做, 别多问了。
하라면 좀 해라, 너무 캐묻지 말고.
叫你吃你就吃, 其他的你别管。
먹으라면 좀 먹어. 다른 거 신경 쓰지 말고.
让你安静你就安静, 别那么多话。
조용하라면 좀 조용히 해. 그렇게 떠들지 말고.

[四 76] 说什么/怎么(着)也得X

他生病了, 我说什么也得去看看他。
그가 병이 나서, 뭐라고 하든 그를 보러 가야 해.
这么重要的活动, 你怎么也得来一下。
이렇게 중요한 행사에 너는 아무래도 좀 와야겠다.
没时间了, 说什么也得走了。
시간이 없으니, 무슨 말을 해도 가야겠다.

A.5 5급 어법 포인트

A.5.1 품사

A.5.1.1 대사

[五 01] 지시대사: 彼此, 如此

朋友之间应该彼此信任。

친구들 사이에는 서로 신뢰가 있어야 한다.

我们是多年的好朋友, 不分彼此。

우리는 오랫동안 좋은 친구라 네 것 내 것을 가리지 않는다.

十年后, 两座城市的发展状况如此不同。

10년 후, 두 도시의 발전 상황이 이렇게 다르다.

他如此认真地锻炼是为了有个健康的身体。

그가 이렇게 진지하게 단련하는 것은 건강한 신체를 갖기 위해서다.

A.5.1.2 양사

[五 02] 명량사: 册, 朵, 幅, 届, 颗, 匹, 扇

一册书	一朵花	一幅画	一届学生
책 한 권	꽃 한 송이	그림 한 점	1기 학생
一颗糖	一匹布	一扇窗户	
사탕 한 알	베 한 필	창문 한 짝	

A.5.1.3 부사

[五 03] 정도부사: 过于, 可1, 稍, 稍微, 尤其

这件事发生得过于突然了。

이 일은 굉장히 갑작스레 일어났다.

他女朋友可漂亮了!

그의 여자친구는 정말 예쁘다.

这幅画再挂得稍高一点儿。

이 그림은 조금 더 높게 걸자.

稍微坚持一下儿, 马上就结束了。
조금 더 견뎌보자, 곧 끝난다
她喜欢运动, 尤其是游泳。
그녀는 운동을 좋아하는데, 특히 수영을 좋아한다.

[五 04] 범위부사: 大都
参加划船比赛的大都是女生。
조정경기에 참가한 사람들은 대부분 여성이다.
我们班的学生大都很爱学习。
우리 반의 학생들은 대부분 공부를 좋아한다.
小孩儿大都喜欢吃甜的。
어린이는 대부분 단 것 먹기를 좋아한다.

[五 05] 시간부사: 不时, 将, 将要, 仍旧, 时常, 时刻, 依旧, 一向
我不时想起过去的事情。
나는 때때로 과거의 일을 떠올린다.
明年我们将去国外考察。
내년에 우리는 해외 현지조사를 나간다.
电视剧将要开始了。
드라마가 곧 시작된다.
二十年过去了, 他仍旧没结婚。
20년이 지났지만 그는 여전히 결혼하지 않았다.
长大以后, 我时常怀念我的故乡。
어른이 된 후, 나는 항상 내 고향을 그리워한다.
在国外, 我时刻想念着国内的亲人。
해외에서 나는 늘 국내의 가족들이 보고 싶다.
十年过去了, 他依旧住在那里。
10년이 지났지만, 그는 여전히 거기에 살고 있다.
他一向不爱说话。
그는 원래 말하기를 좋아하지 않는다.

[五 06] 빈도, 중복부사: 偶尔, 再次
他不常请假, 只是偶尔迟到一次。
그는 휴가를 잘 내지는 않는다. 단지 가끔 늦을 뿐이다.
我们决不让类似的事情再次发生。
우리는 결코 비슷한 일이 다시는 발생하지 않게 해야 한다.

[五 07] 방식부사: 偷偷
我偷偷送给他一件礼物。
나는 몰래 그에게 선물 하나를 보냈다.
她偷偷地从窗户向外看。
그녀는 슬그머니 창문으로 밖을 내다보았다.

[五 08] 어기부사: 毕竟, 不免, 差(一)点儿, 倒是, 干脆, 就4, 居然, 可2, 明明, 总算
不要怪他, 他毕竟还小。
그를 탓하지 마라. 그는 어디까지나 아직 어리잖아.
第一次参加考试, 不免有些紧张。
처음 시험을 보게 되면 어느 정도 긴장할 수밖에 없다.
我今天上学差点儿迟到。
나는 오늘 학교에 지각할 뻔 했다.
这种做法倒是怪新鲜的, 从来没见过。
이런 방법은 오히려 정말 참신해서 지금까지 본 적이 없다.
这个人不讲道理, 我们干脆不和他合作了。
이 사람은 예의가 없어서, 우리는 아예 그와 협업을 하지 않기로 했다.
别劝我, 我就要去。
말리지 마라. 나는 갈 거야.
没想到, 这件事居然是她干的。
생각지도 못했는데, 이 일은 뜻밖에도 그녀가 한 것이다.
我可记不住这么多生词。
나는 절대 이렇게 많은 단어를 기억할 수 없다.
明明是你做的, 为什么要说是别人做的？
분명히 네가 했잖아. 왜 다른 사람이 한 것처럼 말하려 하니?

这本书总算学完了。
이 책은 마침내 다 공부했다.

A.5.1.4 개사

A.5.1.4.1 시간, 장소를 끌어냄

[五 09] 随着

随着时间的推进, 我慢慢理解了他的做法。
시간이 흐름에 따라 나는 서서히 그의 행동을 이해했다.
随着冬天的到来, 房间越来越冷。
겨울이 오면서 방이 갈수록 추워졌다.

A.5.1.4.2 행위자, 대상을 끌어냄

[五 10] 将

父母将他送到中国留学。
부모는 그를 중국으로 유학 보냈다.
禁止将书带出阅览室。
책을 열람실에서 가져 나가는 것을 금지한다.

[五 11] 由2

这道题由你来回答吧。
이 문제는 네가 대답해봐.
这件事情由班长负责。
이 일은 반장이 책임진다.

A.5.1.4.3 의지, 근거를 끌어냄

[五 12] 凭

凭他的水平, 通过这次考试没有问题。
그의 수준에 의거하면, 이번 시험을 통과하는 데는 문제가 없을 것이다.
凭经验进行判断往往是不准确的。
경험에 근거하여 판단하는 것은 종종 정확하지 않다.

[五 13] 依据

要依据事实办事。

사실에 근거하여 일을 처리해야 한다.

警察依据线索抓住了坏人。

경찰은 단서를 근거로 나쁜 사람을 잡았다.

[五 14] 依照

他想依照自己喜欢的方式去生活。

그는 자신이 좋아하는 방식에 따라 생활하고 싶어 한다.

依照学校的规定, 学生要按时上课, 不能迟到。

학교 규정에 따르면, 학생은 시간에 맞춰 등교해야 하고, 지각하면 안 된다.

A.5.1.5 접속사

[五 15] 절 또는 문장을 연결: 从而, 加上, 完了, 一旦

他努力学习, 从而实现了当翻译的理想。

그는 열심히 공부하여, 통역사가 되는 꿈을 이루었다.

今天天气不太好, 加上你还有很多作业, 我们还是别去公园了吧。

오늘 날씨가 그다지 좋지 않은 데다가 넌 숙제도 많으니, 우리는 공원에 가지 않는 것이 낫겠다.

你快点儿写作业, 完了我们去公园玩儿。

빨리 숙제해라. 끝나면 우리 공원에 가서 놀자.

你要想好了, 一旦选择了就不能放弃。

잘 생각해봐, 일단 선택하면 포기할 수 없어.

A.5.1.2 조사

[五 16] 기타 조사: 也好

让他亲自在现场试一试也好。

그가 직접 현장에서 해 보도록 해도 괜찮다.

你来也好, 不来也好, 随便吧。

네가 오든지, 안 오든지, 편한 대로 해.

多学一门语言也好, 将来可以凭此找份工作。

언어 하나를 더 배우는 것도 좋아. 나중에 그 덕분에 직업을 찾을 수도 있어.

A.5.2 구

A.5.2.1 고정구

A.5.2.1.1 4자구

[五 17] A来A去

想来想去, 还是小王最合适。

이리저리 생각해봐도, 샤오왕이 가장 적합하다.

大家讨论来讨论去, 最后还是没解决。

모두들 이리저리 토론해 보았지만, 결국 해결하지 못했다.

她是一名导游, 经常在世界各地飞来飞去。

그녀는 가이드로, 항상 세계 각지를 이리저리 날아다닌다.

[五 18] A着A着

她说着说着就哭起来了。

그녀는 말하다가 결국 울기 시작했다.

我躺在床上看电视, 看着看着就睡着了。

난 침대에 누워서 텔레비전을 보다가 결국 잠들었다.

[五 19] 没A没B

一上午没吃没喝, 我要饿死了。

오전 내내 먹지도 마시지도 않아서 배고파 죽겠다.

这孩子说话没大没小的, 一点儿礼貌都没有。

이 아이는 말하는 것이 위아래가 없어서, 예의라고는 눈곱만큼도 없다.

[五 20] 说A就A

为什么人生需要有一次说走就走的旅行?

왜 인생에 한 번은 떠나고 싶을 때 떠나는 여행이 필요할까?

说干就干, 只有干才能找到办法。

한다고 했으면 해야지, 해야만 비로소 방법을 찾을 수 있어.

[五 21] 有A有B

下课了, 同学们有说有笑地走出了教室。

수업이 끝나자, 학생들은 웃고 떠들면서 교실을 나섰다.

这里的农村有山有水, 空气好, 农民们过上了好日子。

이곳의 농촌은 산도 있고 물도 있고, 공기도 좋아서, 농민들이 잘 살게 되었다.

节日的公园里有男有女, 有老有少, 十分热闹。

명절날 공원에는 남녀노소 모두 있어서, 매우 시끌벅적하다.

A.5.2.1.2 기타

[五 22] 不得了

你又考了第一名, 真是不得了!

너 또 시험에서 1등 했네, 진짜 대단해.

不得了了, 房间里进水了。

야단났다. 방에 물이 들이찼다.

完了完了, 不得了了, 电脑坏了。

망했어, 망했어, 큰일 났다고, 컴퓨터가 망가졌어.

[五 23] 不敢当

这样的奖励我真是不敢当。

난 이런 표창이 정말 황송하다.

不敢当, 我只是做了我应该做的事情。

천만에요, 저는 그저 해야 할 일을 했을 뿐이에요.

您千万别这样说, 我实在是不敢当。

절대 그런 말씀 마세요. 제가 정말 황송합니다.

[五 24] 得了

麻烦别人还不如你自己去得了。

다른 사람 번거롭게 하느니 차라리 네가 직접 가면 된다.

得了吧, 他不可能帮助别人的。

됐어. 그는 다른 사람을 도울 줄 몰라.

你可得了吧, 谁能这么想呢?

차라리 그만둬. 누가 이렇게 생각할 수 있겠니?

[五 25] 用不着

你有话可以直接说, 用不着害怕。

할 말 있으면 직접 하렴, 겁낼 필요 없어.

用不着听他的, 他什么都不懂。

그의 말은 들을 필요 없어. 그는 아무 것도 몰라.

孩子们都工作了, 您用不着担心了。

아이들은 모두 일을 했으니, 걱정하실 필요 없어요.

A.5.3 고정형식

[五 26] 从……来看

从这个角度来看, 很多问题都可以解决。

이런 각도에서 보면, 많은 문제들이 해결될 수 있다.

从他的考试成绩来看, 他平时根本没有认真学习。

그의 시험 성적으로 보면, 그는 평소에 전혀 열심히 공부하지 않았다.

从以往的经验来看, 这件事基本上没有问题。

이전의 경험으로 보아, 이 일은 기본적으로 문제가 없다.

[五 27] 到……为止

到目前为止, 他还没有出过什么错。

지금까지 그는 어떤 실수도 한 적이 없다.

我的报告到此为止, 谢谢!

제 보고는 여기까지입니다. 감사합니다!

到昨天为止, 这个项目已经完成了一半。

어제까지 이 프로젝트는 이미 반을 완성했다.

[五 28] 够……的

眼前这几件事就够他忙的了。

지금 이 몇 가지 일만으로도 그는 충분히 바쁘다.

他可真够聪明的, 竟然抓住了这个机会。

그는 정말 똑똑하구나, 뜻밖에도 이 기회를 잡다니.

这本书够难的, 他肯定看不懂。

이 책은 너무 어려워서 그는 분명 이해하지 못할 것이다.

[五 29] 拿……来说

拿成绩来说, 他绝对是第一。

성적에 관해 말하자면, 그는 무조건 1등이다.

拿这件事来说, 你没有做错什么。

이 일을 가지고 말하면, 너는 아무 것도 잘못한 것이 없다.

拿这次考试来说, 只要平时努力就能通过。

이번 시험으로 말하자면, 평소에 노력하기만 하면 통과할 수 있다.

[五 30] A的A, B的B

衣服大的大, 小的小, 没有一件合适的。

옷이 큰 것은 크고 작은 것은 작아서 하나도 맞는 것이 없다.

家里老的老, 少的少, 我们得帮帮她。

집에는 연세 많으신 분은 연세가 너무 많고, 어린 아이는 너무 어려서, 우리가 그녀를 도와야 한다.

这里的建筑高的高, 低的低, 不太整齐。

이곳의 건물은 높은 것은 엄청 높고, 낮은 것은 낮기만 해서, 그다지 잘 정돈되어 있지 않다.

[五 31] 在……看来

在我看来, 这次中文考试实在是太难了。

내가 보기에 이번 중국어 시험은 진짜 너무 어렵다.

在很多人看来, 这件事没有那么简单。

여러 사람이 보기에, 이 일은 그리 간단하지 않다.

在老师看来, 每一个学生都有自己的优点。

선생님의 관점으로 보면, 각 학생마다 모두 자신의 장점을 가지고 있다.

A.5.4 문장 성분

A.5.4.1 빈어

[五 32] 빈어의 의미 유형1

(1) 행위자빈어

家里来了<u>一位客人</u>。

집에 손님이 한 명 왔다.

门口站着一个人。
입구에 한 사람이 서 있다.
台上坐着很多领导。
무대 위에 많은 지도자들이 앉아 있다.

(2) 대상빈어

你们要认真对待这个考试。
너희는 이번 시험에 진지하게 임해야 한다.
我们要去超市采购一批食品。
우리는 슈퍼마켓에 가서 식품들을 구매하려고 한다.

A.5.4.2 상황어

[五 33] 다항상황어

他昨天在教室里认真地写完了作业。
그는 어제 교실에서 열심히 숙제를 다 했다.
她为了通过考试昨天在家复习了一整天。
그녀는 시험을 통과하기 위해 어제 집에서 하루 종일 복습했다.
我前天在路上意外地碰见了多年没见的老朋友。
나는 어제 길에서 뜻밖에 수년간 보지 못했던 옛 친구와 마주쳤다.
我们下午在教室里都非常认真地对昨天的报告进行了讨论。
우리는 오후에 교실에서 매우 진지하게 어제의 보고에 대해 토론했다.

A.5.4.3 보어

[五 34] 방향보어4

시간 의미를 나타냄(파생용법)

(1) 동작 행위의 시작을 나타냄: 동사 + 上/起来

这孩子又玩儿上游戏了。
이 아이는 또 게임을 하기 시작했다.
他大声地哭起来了。
그는 큰 소리로 울기 시작했다.
这项工作上个月就干起来了。
이 일은 지난달에 하기 시작했다.

(2) 동작 행위의 지속을 나타냄: 동사+下去/下来

别紧张, 你说下去。

긴장하지 말고, 계속 말해 보거라.

你这样坚持下去一定能成功。

네가 이렇게 계속 고수해 나가면, 반드시 성공할 수 있다.

你的中文说得不错, 我建议你继续学下去。

너는 중국어를 참 잘하니 난 네가 계속해서 배우기를 권한다.

在这三年里, 我把每天锻炼一个小时的习惯保持下来了。

최근 3년 동안, 나는 매일 1시간씩 운동하는 습관을 꾸준히 유지해 왔다.

[五 35] 가능보어2: 동사 + 得/不得

这种药吃得还是吃不得, 得听医生的。

이 약을 먹을 수 있는지 없는지는 의사의 의견을 들어야 한다.

这些东西你可拿不得, 很危险的。

이것들은 네가 들고 갈 수 없어. 매우 위험해.

这种没有原则的话可说不得。

이런 원칙 없는 말은 해서는 안 된다.

[五 36] 정도보어2

(1) 형용사/심리동사 + 得 + 不得了/慌/厉害

爸爸答应去公园, 儿子开心得不得了。

아버지가 공원에 가겠다고 하자, 아들은 매우 기뻐했다.

我只是累得慌, 休息休息就好了。

나는 못 견디게 피곤할 뿐이야. 조금 쉬면 나아질 거야.

听说要打针, 她害怕得厉害。

주사를 맞아야 한다는 말을 듣고, 그녀는 심히 두려웠다.

(2) 동사/형용사 + 坏/透 + 了

这么晚了孩子还没回家, 张老师担心坏了。

이렇게 늦었는데도 아이가 집에 돌아오지 않으니 장 선생님은 걱정이 태산이다.

这件事已经伤透了她的心, 大家不要再提起。
이 일은 이미 그녀의 마음을 심히 상하게 했으니, 모두 다시는 언급하지 마세요.
第一次被别人拒绝, 我心情坏透了。
처음으로 남에게 거절당해서, 기분이 매우 나쁘다.

[五 37] 상태보어2: 동사/형용사 + 得 + 구

(1) 동사/형용사 + 得 + 동사구

他难过得吃不下饭。
그는 괴로워서 밥을 못 먹을 정도이다.
她气得说不出话来。
그녀는 화가 나서 말을 하지 못 할 정도이다.
她伤心得哭了起来。
그녀는 슬퍼서 울기 시작했다.

(2) 동사/형용사 + 得 + 주어서술어구

我早上没吃饭, 饿得肚子疼。
나는 아침에 밥을 안 먹어서, 배가 아플 정도로 고프다.
房间里热得人头痛。
방안이 더워서 머리가 아플 지경이다.
孩子得了冠军, 父母乐得嘴都合不上了。
아이가 우승을 해서 부모는 입을 다물지 못할 정도로 기뻤다.

(3) 동사/형용사 + 得 + 고정구

第一次看到雪, 我激动得又哭又笑。
처음으로 눈을 보고서, 나는 감격해서 울다가 웃다가 했다.
女儿半夜还没回来, 妈妈在房间里急得走来走去。
딸이 밤이 깊도록 돌아오지 않아서, 엄마는 방 안을 조급하게 이리저리 왔다 갔다 했다.
明天就是儿子的婚礼, 父母高兴得跑前跑后。
내일이 바로 아들의 결혼식이어서, 부모는 기뻐서 안절부절 못한다.

A.5.5 문장의 유형

A.5.5.1 특수문형

[五 38] '有'자문3

(1) 존재, 소유를 나타냄: 주어 + 有 + 着 + 빈어

两个国家之间有着长期的友好关系。

두 나라 사이에는 오랜 기간의 우호 관계가 유지되고 있다.

他们之间有着很深的误会。

그들 사이에는 깊은 오해가 있다.

(2) 부착을 나타냄: 주어 + 동사 + 有 + 빈어

书上写有他的名字。

책에는 그의 이름이 써 있다.

这双筷子上刻有漂亮的图案。

이 젓가락에는 예쁜 도안이 새겨져 있다.

发票上列有商品的名称。

영수증에는 상품의 이름이 열거되어 있다.

[五 39] '把'자문3: 처리 표현

(1) 주어 + 把 + 빈어 + 상황어 + 동사

他总是把东西到处乱扔。

그는 항상 물건을 아무 데나 마구 버린다.

下雨了, 她赶紧把外面的东西往回收。

비가 오자, 그녀는 서둘러 바깥의 물건을 거둬들였다.

(2) 주어 + 把 + 빈어 + 一 + 동사

她把东西一放, 转身就走了。

그녀는 물건을 놓자마자 바로 몸을 돌려 떠났다.

老师把门一关, 开始上课了。

선생님은 문을 닫자마자 수업을 시작했다.

(3) 주어 + 把 + 빈어 + 동사 + 了

你怎么把这件事忘了?

너는 어째서 이 일을 잊었니?

双方把合同签了。
쌍방은 계약서에 서명했다.

(4) 주어 + 把 + 빈어1 + 동사 + 빈어2

他把身上的钱交学费了。
그는 몸에 지니고 있던 돈으로 학비를 냈다.
我父母把存款买了房。
우리 부모님은 저축한 돈으로 집을 사셨다.

[五 40] 피동문3: 의미상 피동문

蛋糕吃光了。
케이크는 다 먹었다.
衣服穿破了。
옷이 해졌다.
车票卖完了。
차표가 다 팔렸다.

[五 41] 연동문3: 전후의 동사성 어구가 서로 인과, 전환, 조건 관계인 경우

李老师生病住院了。
이 선생님은 병이 나서 입원했다.
这本书她借了没看。
이 책은 그녀가 빌리고 읽지 않았다.
她有办法解决问题。
그녀는 문제를 해결할 방법이 있다.

[五 42] 겸어문3

초래를 표현: 주어 + 叫/令/使/让 + 인칭대사 + 동사구

老师叫她早点儿回去。
선생님은 그녀에게 조금 일찍 돌아가라고 했다.
这件事令她吃不下饭。
이 일은 그녀로 하여금 밥을 못 먹게 만들었다.

他的做法使大家再也不敢相信他了。
그의 행동은 모두가 다시는 그를 믿지 못하게 했다.
明天的考试让我睡不着觉。
내일 시험은 나를 잠들 수 없게 한다.

[五 43] 비교문5

(1) 跟……相比……

跟上次考试相比, 这次没有那么难。
지난번 시험과 비교해 보았을 때, 이번에는 그렇게 어렵지 않았다.
跟别人相比, 我的想法太简单了。
다른 사람과 비교해 보면, 내 의견은 정말 간단하다.
跟语法知识相比, 我觉得语音知识更难。
어법 지식과 비교해 보면, 나는 발음 지식이 훨씬 어렵다고 생각한다.

(2) A + 형용사 + B + 수량보어

她高我五厘米。
그녀는 나보다 5센티미터 크다.
他早我十分钟。
그는 나보다 10분 이르다.
姐姐大我十岁。
언니는 나보다 10살 많다.

A.5.5.2 복문

A.5.5.2.1 선택복문

[五 44] 或是……, 或是……

这件事或是哥哥做的, 或是弟弟做的。
이 일은 형이 했거나 또는 동생이 한 것이다.
你或是参加这次考试, 或是明年再学一遍这门课。
너는 이번 시험을 보든지, 아니면 내년에 다시 한 번 이 과목을 배우든지 해라.

A.5.5.2.2 전환복문

[五 45] 尽管……, 但是/可是……

尽管这次考试很难, 但是很多人都通过了。

비록 이번 시험이 어려웠지만, 많은 사람들이 통과했다.

尽管外面在下雨, 可是他一定要去超市买东西。

비록 밖에 비가 오지만, 그는 반드시 슈퍼마켓에 가서 물건을 사야 한다.

尽管他不接受我的意见, 可是我有意见还是要向他提。

비록 그가 내 의견을 받아들이지 않는다 하더라도, 나는 의견이 있으면 여전히 그에게 제기해야 한다.

A.5.5.2.3 가정복문

[五 46] 一旦……, 就……

一旦考试不及格, 我就要延期毕业了。

일단 시험에 불합격하면, 나는 졸업을 연기할 것이다.

一旦地铁建成, 堵车的情况就可大大缓解。

일단 지하철이 건설되면, 정체 상황은 크게 완화될 것이다.

中文一旦学起来, 就再也放不下了。

중국어는 일단 배우기 시작하면, 더이상 포기할 수 없다.

[五 47] 要是……, (就)……, 否则……

要是他不去, 我也不去了, 否则我一个人去太危险了。

만약 그가 가지 않는다면, 나도 안 가겠다. 그렇지 않고 나 혼자 간다면 너무 위험하다.

要是明天下雨, 我们就不去爬山了, 否则会冻感冒的。

만일 네가 가방을 가지고 오지 않으면, 내가 하나 가져 오겠다. 그렇지 않으면 산 물건을 넣을 곳이 없다.

要是你不带包, 我就带一个, 否则买的东西没地方放。

만일 네가 가방을 가지고 오지 않으면, 내가 하나 가져오겠다. 그렇지 않으면 산 물건을 넣을 곳이 없다.

A.5.5.2.4 조건복문

[五 48] 除非……, 才……

除非你答应我, 我才和你一起去。

네가 내게 대답을 해주어야만 내가 너와 함께 갈 것이다.

除非你努力学习, 才有可能考上大学。

네가 열심히 공부해야만, 대학에 합격할 수 있다.

除非心情好, 他才会答应我们的要求。

기분이 좋아야만, 그는 우리의 요구에 응할 것이다.

[五 49] 除非……, 否则/不然……

除非坐飞机去, 否则肯定来不及了。

비행기를 타고 가지 않으면, 틀림없이 늦을 것이다.

除非你仔细检查, 不然太容易出错了。

네가 자세하게 검사하지 않으면, 문제가 생기기 쉽다.

A.5.5.2.5 인과복문

[五 50] ……, 因而……

他生病了, 因而没来上课。

그는 병이 났기 때문에, 수업에 나오지 않았다.

她按时完成了任务, 因而受到公司的奖励。

그녀는 시간에 맞춰 임무를 완성했기 때문에 회사의 표창을 받았다.

这次考试太难了, 因而很多学生都没有通过。

이번 시험은 너무 어려워서 많은 학생들이 통과하지 못했다.

A.5.5.2.6 양보복문

[五 51] 即使……, 也……

即使天气不好, 爬长城的人也不会少。

설령 날씨가 좋지 않더라도, 만리장성을 오르는 사람은 줄지 않을 것이다.

他即使生病了, 也坚持工作。

그는 병이 났어도 계속 일을 한다.

我即使睡得再晚, 早上六点也准醒。

나는 아무리 늦게 자도, 아침 6시에 꼭 깬다.

A.5.5.2.7 목적복문

[五 52] ……, 为的是……

我把车停在外面, 为的是走的时候方便。

그는 차를 밖에 세워 놓았는데, 갈 때 편하기 위해서이다.

她给你发这个信息, 为的是提醒你注意安全。

그녀가 네게 이 메시지를 보낸 것은, 안전에 유의하라고 일깨우기 위해서이다.

老师这节课什么也没讲, 为的是让我们有时间多练习口语。

선생님이 이번 시간에 어떤 강의도 하지 않으신 것은, 우리가 말하기 연습을 더 많이 하도록 하기 위해서이다.

[五 53] ……, 以便……

我们要早一点儿出门, 以便乘坐第一班公交车。

우리는 버스 첫차를 타기 위해서 좀 서둘러서 나가야 한다.

她每天步行上班, 以便锻炼身体。

그녀는 몸을 단련하기 위하여 매일 걸어서 출근한다.

把手机号留下吧, 以便跟你联系。

너랑 연락할 수 있도록 핸드폰 번호를 남겨 두거라.

A.5.5.2.8 축약복문

[五 54] 没有……就没有……

没有你的帮助就没有我的成功。

네 도움이 없었다면 나의 성공도 없었을 거야.

没有水就没有生命的存在。

물이 없다면 생명도 존재하지 않는다.

没有平时的努力就没有今天的成绩。

평소의 노력이 없었다면 오늘의 성적은 없었을 것이다.

[五 55] 再……也……

这件事再难也要坚持下去。

이 일은 아무리 어려워도 계속 해나가야 한다.

雨下得再大我也要去上班。

비가 아무리 많이 와도 나는 출근해야 한다.
这篇课文再长也要读完。
이 본문은 아무리 길어도 다 읽어야 한다.

A.5.5.2.9 다중복문

[五 56] 이중복문1: 단문 + 복문; 복문 + 단문

我决定去中国留学, 即使中文再难我也要去学。
나는 중국에 유학을 가기로 결정했다. 중국어가 아무리 어려워도 배우러 갈 것이다.
因为生病所以我没去上课, 没想到的是老师一下课就来看我了。
아파서 수업에 가지 않았는데, 선생님이 수업이 끝나자마자 나를 보러 오실 줄은 생각지도 못했다.
她一直不愿意说出真相, 虽然我不知道她的真实想法, 但我尊重她的选择。
그녀는 줄곧 진실을 말하지 않으려고 했다. 나는 비록 그녀의 진심을 알지 못하지만, 나는 그녀의 선택을 존중한다.

A.5.6 강조의 방법

[五 57] '再也不/没'를 사용하여 강조를 나타냄

从今天开始, 我再也不会出这种错了。
난 오늘부터 다시는 이런 잘못을 저지르지 않을 것이다.
他再也没跟我联系过。
그는 더 이상 내게 연락한 적이 없다.
我再也没见过她。
나는 다시는 그녀를 만난 적이 없다.

[五 58] 부사 '可'를 사용하여 강조를 나타냄

你可来了, 急死我了!
너 진짜 왔구나, 초조해 죽을 뻔했네.
你可得注意身体呀, 天天睡眠不足可不行!
건강 꼭 조심해라. 매일 잠이 부족한 건 정말 안 돼.
你可不能让大家失望!
너 모두를 실망시키면 절대 안 돼!

[五 59] '怎么都/也 + 不/没'를 사용하여 강조를 나타냄

她怎么都没想到自己会失败。
그녀는 자신이 실패하리라고는 전혀 생각하지 못했다.
他怎么也不会猜到谁要来看望他。
그는 누가 그를 보러 올지 도무지 짐작하지 못했다.
他的话我怎么都听不懂。
그의 말은 나는 도무지 알아들을 수 없다.
昨天晚上我怎么也睡不着。
어젯밤에 나는 도무지 잠을 이룰 수 없었다.

A.5.7 구어형식

[五 60] X也不是, Y也不是

他这样开玩笑, 气得我哭也不是, 笑也不是。
그가 이렇게 놀리니, 나는 화가 나서 울지도 못하고 웃지도 못했다.
一看来了这么多人, 他紧张得坐也不是, 站也不是。
사람이 이렇게 많은 것을 보고 그는 긴장해서 앉지도 서 있지도 못했다.
走也不是, 留也不是, 真不知道怎么办好。
가지도 못하고, 남지도 못하고, 정말 어떻게 해야 좋을 지 모르겠다.

[五 61] X也X不得, Y也Y不得

他腰疼起来的时候站也站不得, 坐也坐不得。
그는 허리가 아프기 시작하면 서지도, 앉지도 못한다.
孩子大了, 骂也骂不得, 打也打不得。
아이가 크면, 욕을 해서도 안 되고, 때려서도 안 된다.
这件事愁得他吃也吃不得, 睡也睡不得。
이 일로 그는 먹지도, 자지도 못할 정도로 걱정한다.

[五 62] X是它, Y也是它

好是它, 坏也是它, 你没有别的选择。
좋든 나쁘든, 넌 다른 선택이 없어.
成功是它, 失败也是它, 这个选择我绝对不后悔。

성공하든 실패하든, 이 선택에 대해 난 절대 후회하지 않아.
等一个小时是它, 等两个小时也是它, 只能坐这一班车回家了。
한 시간을 기다리든 두 시간을 기다리든 이 노선버스를 타고 집에 갈 수밖에 없었다.

[五 63] X着也是X着

明天我去超市逛逛, 反正闲着也是闲着。
나는 내일 슈퍼마켓에 가서 구경이나 할까 봐, 어차피 한가할 테니.
那些衣服她不喜欢了, 放着也是放着, 不如送人吧。
그 옷가지들은 그녀가 좋아하지 않으니, 놓아두느니 차라리 남에게 주는 것이 낫겠다.
反正等着也是等着, 我们不如休息休息吧。
어차피 기다리고 있을 테니, 우리는 좀 쉬는 것이 낫겠어.

[五 64] X归X, Y归Y

想归想, 做归做, 结果完全不一样。
생각하는 것은 생각하는 것이고, 하는 것은 하는 것이지만, 결과는 완전히 다르다.
吵归吵, 闹归闹, 大家还是好朋友。
말다툼은 말다툼이고, 소란 피우는 것은 소란 피우는 것이지만, 모두는 여전히 좋은 벗이다.
朋友归朋友, 生意归生意, 不能免费。
친구는 친구고, 장사는 장사라서 공짜는 안 된다.

[五 65] 不管怎样说

不管怎样说, 你这么做就是不对的。
어쨌든 간에, 네가 이렇게 하는 건 옳지 않아.
不管怎样说, 这事总算办成了。
여하튼 이 일은 결국 성사되었다.

[五 66] 看你X的/瞧他X的

看你说的, 我哪有那么能干?
말하는 것 좀 봐, 내가 어디 그렇게 잘났니?
甲: 他说他这次准考第一。
갑: 그는 자기가 이번 시험에서 틀림없이 1등이라 그러네.

乙: 瞧他吹的。
을: 허풍 떠는 꼴 좀 보게.

[五 67] 真有你/他/她的

真有你的！电脑你也会修？
너 참 대단하다! 컴퓨터도 고칠 줄 알아?
这么难的事情他都有办法, 真有他的！
이렇게 어려운 일에도 그는 다 방법이 있다니, 정말 대단해!

[五 68] X什么X

看什么看, 再看就迟到了！
보기는 뭘 봐, 더 보면 지각이야!
吃什么吃, 再吃就胖死了！
먹긴 뭘 먹어, 더 먹으면 엄청 살 찔 거야.

[五 69] 什么X不X(的)

什么钱不钱的, 你这话说的太客气了。
돈은 무슨, 너는 너무 겸손하게 말한다.
什么麻烦不麻烦, 我们之间不用这么客气。
귀찮기는 무슨, 우리 사이에 이렇게 예의 차릴 필요 없어.
什么合适不合适的, 衣服能穿就行。
어울리고 말고가 무슨, 옷은 입을 수 있으면 됐지.

A.5.8 문단

[五 70] 대사를 사용한 재지시

(1) 인칭대사를 사용한 재지시

这个小伙子是我们学校的英国留学生。他来中国之前, 在英国学过一点儿中文, 他觉得中文很有意思。去年公司派他来中国学习中文, 现在还想让他留在中国工作。
이 젊은이는 우리 학교의 영국 유학생이다. 그는 중국에 오기 전에 영국에서 중국어를 약간 배웠고, 중국어가 재미있다고 생각했다. 지난해에 회사에서 그를 중국으로 보내 중국어를 배우게 했는데,

지금도 여전히 그를 중국에 남겨서 일을 시키고 싶어 한다.

网络对我们的生活越来越重要。它随时告诉我们每天世界各地发生的新闻, 很多人不出门就能通过它买东西、跟朋友交流, 它让生活变得越来越方便。

인터넷은 우리 생활에 있어 점점 더 중요해지고 있다. 그것은 시시때때로 우리에게 세계 각지에서 발생한 뉴스를 알려준다. 많은 사람은 집 밖에 나가지 않고도 그것을 통해 물건을 사고, 친구와 교류를 한다. 그것은 생활을 점점 더 편리하게 바꾸어 준다.

(2) 지시대사를 사용한 재지시

中国的南方人喜欢喝一种酒。这种酒是用米做的, 味道甜甜的, 大人小孩儿都能喝。这也是北方人去南方旅行之后喜欢买的东西之一。

중국 남방지역의 사람들은 어떤 술을 즐겨마신다. 이 술은 쌀로 빚은 것으로, 맛이 달달하고, 어른 아이 가릴 것 없이 다 잘 마신다. 이것은 또한 북방지역 사람들이 남방으로 여행 갔을 때 잘 사는 물건 중의 하나이다.

我的家乡在中国的南方。那是一个小城市, 景色很漂亮, 很适合旅游。我在那儿出生、长大, 一直到十六岁才离开。那也是我最喜欢的城市。

내 고향은 중국의 남쪽에 있다. 그곳은 작은 도시인데, 풍경이 아름다워서 여행하기 적합하다. 나는 그곳에서 태어나고 자랐으며, 열여섯 살이 되어서야 그곳을 떠났다. 그곳은 또한 내가 가장 좋아하는 도시이다.

(3) 각종 대사의 혼합 사용

《现代汉语词典》一书是中国语言研究人员多年的成果, 2016年9月出版了第7版。这不仅是全世界华人学习现代汉语最重要的词典之一, 同时也被称为世界上许多国家和地区的人们研究和学习中文的"标准"。至今, 《现代汉语词典》除了中国版以外, 还拥有多个国外版。它的出版, 对促进国内外学术交流和合作起到了积极的作用。

『현대한어사전』은 중국어를 연구하는 사람들이 여러 해 동안 일구어 낸 성과로, 2016년 9월에 제7판이 출판되었다. 이것은 전세계 중국인이 현대중국어를 배우는 데에 있어 가장 중요한 사전 가운데 하나일 뿐만 아니라, 동시에 지구상의 수많은 나라와 지역의 사람들이 중국어를 연구하고 학습하는 "표준"이 된다. 이제까지 『현대한어사전』은 중국 판본 이외에 여러 종류의 해외판을 가지고 있다. 그것의 출판은 국내외 학술 교류와 협력을 촉진하는데 긍정적인 역할을 했다.

[五 71] 생략 성분을 지님

(1) 주어의 생략

(我)决定出国留学, 我不得不和父母告别, 想到以后再也没有人保护我、关心我, (我)心里有些担心。离开家乡的那一天, 亲人们都来机场送我, (我)带着他们的祝福和希望, 我登上了前往北京的航班, 开始了我的留学生活。

(나는) 외국에 나가 유학하기로 결정했다. 나는 어쩔 수 없이 부모님께 작별을 고하고 나니, 이제는 더 이상 나를 보호해주거나, 내게 관심을 주는 사람이 없을 것이라는 생각이 들어서, (나는) 마음 속에 약간의 걱정이 생겼다. 고향을 떠나던 그날, 친지들이 모두 공항에 와서 나를 배웅했고, (나는) 그분들의 축복과 희망을 가지고, 베이징을 향하는 비행기에 올랐고, 나의 유학생활이 시작되었다.

(2) 빈어의 생략

世界上任何事物都永远在运动、变化、发展, 语言也是。语言的变化, 包括语音、词汇和语法, 短时间内不容易发现(这些变化), 日子长了就表现出来了。

지구상의 모든 사물은 영원히 운동하고, 변화하고, 발전하는데, 언어도 마찬가지이다. 언어의 변화는 발음, 어휘 및 어법의 변화를 포함하는데, 단기간 내에는 (이런 변화를) 발견하기 쉽지 않고, 세월이 오래 지나면 드러나게 된다.

A.6 6급 어법 포인트

A.6.1 형태소

A.6.1.1 준접두어

[六 01] 超-, 多-, 反-, 无-, 亚-, 准-

超自然	多角度	反作用	无烟	亚健康	准妈妈
초자연	다각도	반작용	무연	준건강	예비엄마

A.6.1.2 준접미어

[六 02] -化, -式, -型, -性

现代化	美式	小型	普遍性
현대화	미국식	소형	보편성

A.6.2 품사

A.6.2.1 대사

[六 03] 지시대사: 本, 此

本市　本人　此事　此处

이 도시　본인　이 일　이곳

A.6.2.2 양사

[六 04] 명량사: 餐, 串, 滴, 副, 股, 集, 枝

一餐饭	一串葡萄	一滴水	一副球拍
밥 한 끼	포도 한 송이	물 한 방울	라켓 한 세트
一股力量	一集电视剧	一枝花	
한 줄기 힘	드라마 한 편	꽃 한 송이	

[六 05] 동량사: 番, 声, 趟

讨论一番
한 차례 토론하다
说一声
한 마디 하다
跑两趟
두 번 뛰다

A.6.2.3 부사

[六 06] 정도부사: 特, 异常

他特高兴, 因为他的设计获奖了。
그는 자기의 디자인이 상을 받았기 때문에 매우 기뻐했다.
今天天气异常寒冷。
오늘 날씨는 매우 춥다.

[六 07] 범위, 협력 부사: 尽, 净, 一齐, 一同

刚上班, 分配给我的尽是些基础工作。
막 출근해서, 나에게 할당된 일은 모두 기초 업무들이다.
这里净是垃圾, 都没地方站。
이곳은 온통 쓰레기뿐이어서, 서 있을 곳이 전혀 없다.
大家一齐动手, 清理路上的垃圾。
모두 함께 손을 써서 길 위의 쓰레기를 치운다.

这是我们一同努力的结果。
이것은 우리가 함께 노력한 결과이다.

[六 08] 시간부사: 时时, 一时, 早晚

老师时时关注着我们的学习。
선생님께서는 언제나 우리의 공부에 관심을 가지고 계신다.
我好像在哪儿见过他, 可一时又想不起来了。
나는 어디서 그를 본 것 같은데, 갑자기 생각이 나지 않았다.
他早晚会知道事情的真相。
그는 조만간 일의 진상을 알게 될 것이다.

[六 09] 연관부사: 便

他一下课便回家了。
그는 수업이 끝나자마자 바로 집에 갔다.
他一毕业便决定回国。
그는 졸업하자마자 바로 귀국하기로 결정했다.

[六 10] 방식부사: 不禁, 赶忙, 亲眼, 特地, 特意

我不禁回忆起第一次跟她见面的场景。
나는 나도 모르게 그녀와 처음으로 만났던 장면을 기억해냈다.
要迟到了, 他赶忙出门, 早饭都没吃。
지각할 것 같아서, 그는 아침도 안 먹고 급히 집을 나섰다.
这件事是我亲眼所见, 不会有假。
이 일은 내 눈으로 직접 본 것이라, 거짓이 있을 수 없다.
我都准备好了, 你不用特地跑来帮我。
나는 이미 준비가 다 됐으니, 네가 일부러 와서 날 도와줄 필요는 없어.
大卫今天第一天上班, 特意穿了双新皮鞋。
데이비드는 오늘 첫 출근이라서, 특별히 새 구두를 신었다.

[六 11] 양태부사: 仿佛

奶奶仿佛孩子似的开心地笑了。

할머니는 아이처럼 환하게 웃으셨다.

他工作起来仿佛不知道什么是累。

그는 무엇이 힘든지도 모르는 것처럼 일하기 시작했다.

[六 12] 어기부사: 才3, 刚好, 偏, 恰好

我才不要父母的钱呢, 我要自己赚钱。

나야말로 부모님의 돈을 받지 않고, 스스로 돈을 벌겠어.

我要出门找他的时候他刚好回来了。

내가 그를 찾으러 나가려 할 때 마침 그가 돌아왔다.

北方的冬天极其寒冷, 可他圣诞节偏要去那儿旅行。

북쪽의 겨울은 매우 추운데, 그는 크리스마스에 기어코 그곳으로 여행을 가려 한다.

哥哥非常粗心, 弟弟却恰好相反。

형은 매우 부주의하지만 동생은 오히려 정반대이다.

A.6.2.4 개사

A.6.2.4.1 시간, 장소를 끌어냄

[六 13] 于

他出生于1995年。

그는 1995년에 태어났다.

大熊猫主要生活于中国西南地区。

판다는 주로 중국의 서남부 지역에 산다.

A.6.2.4.2 방향, 경로를 끌어냄

[六 14] 沿(着)

他喜欢沿着湖散步。

그는 호수를 따라 산책하는 것을 좋아한다.

你沿这条路走, 一会儿就到了。

이 길을 따라 가면, 곧 도착할 것이다.

我沿着他指的路, 很快找到了他家。
나는 그가 가리킨 길을 따라서 금세 그의 집을 찾았다.

A.6.2.4.3 대상을 끌어냄

[六 15] 同1, 与1

同你一样, 我也是学生。
너와 마찬가지로, 나도 학생이다.
你要与同学搞好关系。
너는 학우들과 관계를 잘 해야 한다.

[六 16] 至于

旅行的时间已经定了, 至于费用问题, 还需要再讨论。
여행 시간은 이미 정해졌고, 비용 문제에 대해서는 토론을 더 해야 한다.
学校决定下个月举行运动会, 至于具体时间, 请待学校通知。
학교에서는 다음 달에 운동회를 개최하기로 결정했는데, 구체적인 시간은 학교의 통지를 기다려 주세요.
超市将于节日期间举行优惠活动, 至于详细情况, 可上网查查。
슈퍼마켓에서는 명절 기간에 할인 행사를 열 예정이며, 상세한 사항은 인터넷에 접속해서 찾아보세요.

A.6.2.4.4 목적, 원인를 끌어냄

[六 17] 因

因公司的业务需要, 她要去中国出差。
회사의 업무상 필요에 의해 그녀는 중국으로 출장을 가야 한다.
昨天她因病请假。
어제 그녀는 아파서 휴가를 냈다.
他因出门太晚迟到了。
그는 너무 늦게 집을 나서 지각했다.

A.6.2.4.5 배제를 표시

[六 18] 除

除他以外, 所有人都来了。

그를 제외하고, 모두 다 왔어.
除这件事以外, 其他我都能答应你。
이 일 외에 다른 것은 모두 네게 대답할 수 있어.
除这个箱子以外, 没有其他行李了。
이 상자 말고, 다른 짐은 없어.

A.6.2.4.6 의지, 근거를 끌어냄

[六 19] 据

据专家介绍, 这个信息并不准确。
전문가의 설명에 따르면, 이 정보는 결코 정확하지 않다.
据统计, 大多数家庭有一到两个子女。
통계에 의하면, 대부분의 가정이 한두 명의 자녀를 두고 있다.
据说, 他还没决定放弃。
듣자 하니, 그는 아직 포기하기로 결정하지 않았다고 한다.

A.6.2.5 접속사

[六 20] 단어 또는 구를 연결: 而2, 同2, 与2

她善良而乐观。
그녀는 착하고 낙천적이다.
我同他都是新员工。
나와 그는 모두 신입사원이다.
成与不成, 都看你的啦!
성공과 실패는 다 네게 달려 있다!

[六 21] 절 또는 문장을 연결: 不料, 可3, 若

我今天本想去操场踢足球, 不料外面下起雨来。
나는 오늘 원래 축구하러 운동장에 가려고 했는데, 뜻밖에도 밖에 비가 내리기 시작했다.
我们约定一起去长城玩儿, 可他忘记了。
우리는 만리장성에 같이 놀러 가기로 약속했지만, 그는 잊어버렸다.
若这个时间你不方便, 我们就换一个。

만약 이 시간에 네가 안 된다면, 우리 다른 시간으로 바꾸자.

A.6.2.6 조사

[六 22] 구조조사: 所

据我所知, 这件事不是真的。

내가 아는 바에 의하면 이 일은 사실이 아니다.

你所做的每件事儿我都支持。

네가 하는 모든 일을 나는 지지한다.

这部电影正是我所感兴趣的。

이 영화는 바로 내가 관심을 가진 영화이다.

[六 23] 어기조사: 罢了, 啦, 嘛

别生气, 我只是开个玩笑罢了。

화내지 마, 나는 그저 농담했을 뿐이야.

我终于把这个问题搞明白啦!

나는 마침내 이 문제를 이해했다!

什么事儿, 你快说嘛!

무슨 일이야, 빨리 말해 봐!

A.6.3 구

A.6.3.1 구조유형

[六 24] 수사 + 형용사 + 양사

一大杯茶	一长串葡萄	一小份米饭
차 라지 사이즈 한 잔	포도 큰 송이 하나	밥 작은 거 하나

A.6.3.2 고정구

A.6.3.2.1 4자구

[六 25] 或A或B

每位市民都为这座城市的发展做出过或大或小的贡献。

시민들은 저마다 이 도시의 발전을 위해 크고 작은 공헌을 했다.

各个企业都有一套或高或低的质量监测管理标准。
기업마다 높거나 낮은 품질 감독 관리 기준을 갖고 있다.

[六 26] 无A无B
妈妈无时无刻不在想念着国外留学的孩子。
엄마는 한시도 해외로 유학 간 자녀를 생각하지 않는 때가 없다.
这孩子再不管管就无法无天了。
이 아이는 더 단속하지 않으면 제멋대로 행동하게 될 것이다.

[六 27] A这A那
他总是很耐心地听她说这说那。
그는 항상 참을성 있게 그녀가 하는 이런 저런 말들을 듣는다.
他这个人真是麻烦, 总是嫌这嫌那的。
그 사람 정말 골치 아파, 맨날 이것도 싫다 저것도 싫다 하니.

[六 28] 左A右B
他左躲右闪, 终于把球踢进了球门。
그는 이리저리 비켜가더니 마침내 공을 골문에 차 넣었다.
第一次出门, 他兴奋得左瞧右看, 眼睛都不够用了。
처음 외출했을 때, 그는 흥분해서 이리저리 바라보느라 눈이 모자랄 지경이었다.
他左思右想, 觉得这件事不能这样就完了。
그는 아무리 생각해도, 이 일을 이렇게 끝낼 수 없다고 여겼다.

A.6.3.2.2 기타

[六 29] 不怎么
这件衣服不怎么好看, 换一件吧。
이 옷은 별로 예쁘지 않으니, 다른 것으로 바꿔라.
他不怎么在乎这些小事。
그는 이런 작은 일들에는 그다지 개의치 않는다.
他今天好像不怎么舒服。
그는 오늘 그다지 편치 않아 보인다.

[六 30] 不怎么样

她跳舞跳得不怎么样。

그녀는 춤을 그리 잘 추지 못한다.

甲: 这件衣服怎么样?

갑: 이 옷 어때?

乙: 不怎么样。

을: 그냥 그래.

[六 31] 好(不)容易

我好不容易给你争取来这个机会, 你怎么能不抓住呢?

내가 어렵게 가져다준 이 기회를 너는 어떻게 잡지 않을 수 있니?

你好容易走到这一步, 怎么能说放弃就放弃呢?

너는 가까스로 여기까지 왔으면서, 어떻게 포기하면 그만이라고 할 수 있니?

我好不容易说服他来参加比赛, 你不能让他走。

그가 시합에 참가하도록 내가 간신히 설득했으니, 너는 그를 가도록 내버려둬서는 안 된다.

[六 32] 那倒(也)是

现在看来, 那倒是个很好的办法。

지금 보니, 그것이 오히려 좋은 방법이다.

实在没办法, 那倒也是个办法。

정말 방법이 없다면, 그것도 오히려 방법이기도 하다.

甲: 如果能找到失败的原因, 那倒是件值得高兴的事。

갑: 만약 실패의 원인을 찾을 수 있다면, 오히려 기뻐할 일이지.

乙: 那倒也是。

을: 그건 그래

[六 33] 就是说/这就是说

就是说, 他是一个不诚实的人。

다시 말해서, 그는 불성실한 사람이다

这就是说, 责任不在你, 你千万不要怪自己。

말하자면 책임이 너한테 있지 않으니, 절대 자신을 탓하지 마라.

[六 34] 算了

这件事就这样算了吧。
이 일은 이 정도로 끝내자.
他不去算了, 不要为难他了。
그가 안 가면 그만이니, 그를 난처하게 하지 마라.
甲: 不行, 我得好好问问他。
갑: 안 되겠어. 내가 그에게 잘 좀 물어봐야 되겠어.
乙: 算了, 你说不过他的。
을: 그만둬. 너는 말로는 그를 당해낼 수가 없어.

A.6.4 고정형식

[六 35] A一 + 양사, B一 + 양사

他摔得很严重, 身上青一块, 紫一块。
그는 심하게 넘어져서 몸에 시퍼렇게 멍이 들었다.
大家你一句, 我一句, 搞得他反而没了主意。
모두들 저마다 한 마디씩 하는 바람에 그는 오히려 어떻게 해야 될지 몰랐다.
他俩说着话, 突然你一下儿, 我一下儿地打起来了。
그들 둘은 말을 하다가 갑자기 서로 한 대씩 때리면서 싸우기 시작했다.

[六 36] 东一A, 西一A

天黑还下雨, 他东一脚, 西一脚地赶回来了。
날도 저물고 비까지 내려서 그는 종종걸음으로 서둘러 돌아왔다.
他说话东一句, 西一句, 完全没有重点。
그는 말을 이랬다저랬다 하며, 전혀 요점이 없다.
他做事情总是东一下儿, 西一下儿, 既无计划更无耐心。
그는 일을 할 때 늘상 이랬다저랬다 하며, 계획도 없고 인내심은 더더욱 없다.

[六 37] 为了……而……

为了这么一件小事而生气, 不值得。
이런 사소한 일로 화내는 것은 쓸데없는 일이다.
他为了这次比赛而努力了很久。
그는 이번 시합을 위해서 오랫동안 노력했다.

这是为了讨论改善环境问题而召开的会议。

이것은 환경개선 문제를 논의하기 위해 개최된 회의이다.

A.6.5 문장성분

A.6.5.1 빈어

[六 38] 빈어의 의미 유형2

(1) 장소빈어

听见铃声, 他马上就进教室了。

벨 소리를 듣고 그는 곧바로 교실로 들어갔다.

他把东西都放桌子上了。

그는 물건들을 모두 탁자 위에 놓았다.

(2) 결과빈어

在中国农村, 盖房子是一件大事儿。

중국 농촌에서 집을 짓는 것은 큰 일이다.

新学期的学生太多了, 学校正在校园里建食堂。

새 학기에 학생들이 너무 많아서, 학교에서는 교내에 식당을 짓고 있다.

A.6.5.2 보어

[六 39] 방향보어5

상태 의미를 나타냄(파생용법): 동사/형용사 + 下来(변화)/下去(지속)/起来(수렴)/过来(회복)

老师一进教室, 同学们很快安静了下来。

선생님이 교실에 들어오자 학생들은 금방 조용해졌다.

他对工作的兴趣渐渐淡了下去。

그는 일에 대한 흥미가 점점 시들해졌다.

我们先把礼物藏起来。

우리는 먼저 선물을 감추었다.

经过医生的抢救, 他终于醒过来了。

의사의 응급처치로 그는 마침내 깨어났다.

A.6.6 문장의 유형

A.6.6.1 특수문형

[六 40] '把'자문4: 초래 표현

(1) 주어(무생물체) + 把 + 빈어 + 동사 + 기타성분

这双鞋把脚磨破了。

이 신발 때문에 발이 까졌다.

外面的声音把我吵醒了。

밖에서 나는 소리 때문에 나는 잠이 깼다.

(2) 주어 + 把 + 빈어(행위자) + 동사 + 기타성분

他把大伙儿笑得肚子疼。

그는 모두를 배꼽이 빠지도록 웃겼다.

他把爸爸气得一夜没睡。

그는 아빠를 화나게 해서 밤새 한숨도 못 자게 했다.

孩子把妈妈感动得流下了眼泪。

아이는 엄마를 눈물이 나도록 감동시켰다.

[六 41] 피동문4: 주어 + 被/叫/让 + 빈어 + 给 + 동사 + 기타성분

杯子被她不小心给摔碎了。

컵은 그녀가 부주의해서 깨졌다.

自行车叫小偷儿给偷走了。

자전거는 좀도둑에게 도둑맞았다.

这件事差点儿让我给忘了。

이 일은 하마터면 잊을 뻔했다.

A.6.6.2 복문

A.6.6.2.1 병렬복문

[六 42] 时而……, 时而……

这儿的天气变来变去, 时而晴天, 时而下雨。

이곳의 날씨는 변덕스러워서 맑았다가 비가 내렸다가 한다.

生活就是这样, 时而让人失望, 时而让人充满信心。

삶은 이렇게 때로는 사람을 실망시키기도 하고 때로는 자신감을 주기도 한다.

她的情绪很不稳定, 时而积极, 时而消极。
그녀는 정서가 매우 불안해서 어떤 때는 긍정적이었다가 어떤 때는 부정적이었다가 한다.

[六 43] 一时……一时……
年纪太大了, 身体一时好一时坏。
나이가 너무 많아서 건강이 좋았다 나빴다 한다.
这家公司的产量一时上升一时下降。
이 회사는 생산량이 늘었다 줄었다 한다.
他的情绪有波动, 一时高兴一时悲伤。
그는 감정의 기복이 심해서 기뻤다가 슬펐다가 한다.

A.6.6.2.2 연접복문

[六 44] ……便……
我一走出校门, 抬头便看见了她。
나는 교문을 나가자 마자 고개를 들어 그녀를 보았다.
她放下电话, 衣服没换便往医院赶。
그녀는 전화기를 내려놓고는 옷도 갈아입지 않은 채 급히 병원으로 갔다.
一回到家, 他便看到了桌子上的饭菜。
집에 돌아오자마자 그는 식탁 위에 차려진 음식을 보았다.

A.6.6.2.3 점층복문

[六 45] 不但不/不但没有……, 反而……
他不但不帮我, 反而还给我添麻烦。
그는 나를 도와주기는커녕 오히려 귀찮게 한다.
夏天过去了, 天气不但没有凉快, 反而更热了。
여름이 지났는데 날씨가 시원하기는커녕 오히려 더 더워졌다.
他不但没有鼓励我, 反而还批评了我一顿。
그는 나를 격려하기는커녕 오히려 한바탕 핀잔을 주었다.

[六 46] 不是……, 还/还是……
不是读完了就可以了, 还应该写一篇作文。
다 읽었다고 되는 것이 아니라 글 한 편을 더 써야 한다.

这事不是你想做就能做的, 还是要听听老板的意见。
이 일은 네가 하고 싶다고 할 수 있는 것이 아니라 사장의 의견을 좀 들어봐야 된다.

[六 47] 连……都/也……, ……更……
连大人都做不到, 孩子更做不到。
어른도 못 하는데 아이는 더 못 한다.
连老人也喜欢看, 孩子们更是喜欢得不得了。
노인도 즐겨 보는데, 아이들은 더 난리 나지.

A.6.6.2.4 선택복문
[六 48] 要么……, 要么……
你要么跟他一组, 要么自己一个人一组, 尽快决定吧。
너는 그와 한 조를 하던지 혼자 한 조를 하던지 빨리 결정해라.
面对困难, 我们要么被它吓倒, 要么战胜它。
어려움에 직면했을 때 우리는 놀라거나 이겨내거나 한다.
教室里的同学们要么在写作业, 要么在小声讨论。
교실에서 학생들은 숙제를 하거나 낮은 소리로 토론하고 있다.

A.6.6.2.5 전환복문
[六 49] 虽……, 但/可/却/也……
他年纪虽小, 但经验不少。
그는 비록 나이가 어리지만 경험은 많다.
我虽没得到奖励, 可仍然对自己充满信心。
나는 비록 상을 받지는 못했지만 여전히 스스로에 대해 자신감이 넘친다.
他虽失败了, 却仍然微笑面对。
그는 비록 실패했지만 여전히 미소를 지으며 마주하고 있다.
她虽病了, 也坚持来上课。
그녀는 비록 병이 났지만, 계속 수업하러 오고 있다.

A.6.6.2.6 가정복문
[六 50] ……, 要不然/不然……
大家要认真对待考试, 要不然会影响毕业的。

모두들 시험에 열심히 임해야 한다. 안 그러면 졸업에 지장을 줄 것이다.
你不用太担心, 不然我和你一起去。
너무 걱정하지 마라. 그렇지 않으면 내가 너와 같이 갈게.
外面下雨了, 不然我们明天再去吧。
밖에 비가 오는구나, 그렇지 않으면 내일 다시 가자.

A.6.6.2.7 조건복문

[六 51] 凡是……, 都……

凡是听到高兴的事, 他都和朋友分享。
무릇 기쁜 소식을 듣기만 하면, 그는 항상 친구와 함께 나눈다.
凡是跟他合作, 都能顺利完成任务。
무릇 그와 협력하면, 임무를 순조롭게 완수할 수 있다.
凡是对的, 我们都应该坚持。
무릇 옳은 일이라면 우리는 견지해야 한다.

A.6.6.2.8 양보복문

[六 52] 就算/就是……也……

就算成绩最好的同学也无法回答这个问题。
성적이 가장 좋은 학생이라 하더라도, 이 문제에 답할 수가 없다.
就是你想马上瘦下来也不能每天不吃饭。
네가 금방 살을 빼고 싶어도, 매일 밥을 안 먹을 수는 없다.
就算他错了你也不能说他, 他还小呢。
설령 그가 틀렸다 하더라도, 너는 그를 나무라면 안 된다. 그는 아직 어리니까.

A.6.6.2.9 축약복문

[六 53] 不……不……

你们两个人可真是不打不成交。
너희 두 사람은 정말 싸우지 않고는 친해질 수가 없구나.
这里的房价不问不知道, 一问吓一跳。
이곳의 집값은 물어보지 않으면 알 수 없지만, 물어보면 깜짝 놀랄 거야.
她今天一直在练习, 不达标准不休息。
그녀는 오늘 계속 연습하고 있는데, 기준에 도달하지 않으면 쉬지 않는다.

A.6.6.2.10 다중복문

[六 54] 이중복문2: 복문 + 복문

成功的基础是奋斗, 奋斗的收获是成功, 所以, 只有不断努力的人才有机会走上成功的高峰。

성공의 기초는 분투이고 분투의 성과는 성공이므로, 오직 끊임없이 노력하는 사람만이 성공의 최고봉에 오를 기회를 갖는다.

这个国王既不关心他的军队, 也不喜欢去看戏, 也不喜欢乘着马车去游玩儿, ——除非是要展示一下儿自己的新衣服。

이 국왕은 군대에도 관심이 없고 연극 보러 가는 것도 싫어하며 마차 타고 놀러 가는 것도 좋아하지 않는다. 오직 자신의 새 옷을 자랑하려는 것에만 관심이 있다.

承认错误, 才能正确看待出现在自己身上的问题；同时, 只有虚心接受别人的批评, 解决了自己的问题, 才能取得下一步的成功。

잘못을 인정해야 자신에게 발생한 문제를 정확히 볼 수 있다. 또한 다른 사람의 비판을 겸허히 받아들여 자신의 문제를 해결해야만 다음 단계의 성공을 거둘 수 있다.

A.6.7 강조의 방법

[六 55] '非……不可'를 사용하여 강조를 나타냄

不管天气怎么样, 我们非去不可。

날씨가 어떻든 간에, 우리는 가지 않으면 안 된다.

还有这么长准备时间呢, 你非要现在写完不可吗?

준비 시간이 아직 이렇게나 남았는데, 너는 꼭 지금 다 써야만 되겠니?

他正生着气呢, 你非现在说不可吗?

그가 화가 나 있는데, 너는 꼭 지금 말해야 되겠니?

A.6.8 구어형식

[六 56] X到Y头上来了

他都欺负到你头上来了, 你也不在乎吗?

그가 너를 이렇게까지 괴롭혔는데도, 너는 개의치 않는 거니?

人家都求到我们头上来了, 还是帮帮他们吧。

우리에게까지 도움을 요청했으니, 그들을 좀 도와주자.

这种好事儿怎么轮到我头上来了?

이런 좋은 일이 어떻게 내 차례까지 돌아왔을까?

[六 57] X就X吧

等等就等等吧，没有别的办法了。

좀 기다려야 되면 기다리자, 다른 방법이 없다.

少点儿就少点儿吧，总比没有强。

좀 적어도 괜찮아, 없는 것보다 나으니까.

晚点儿就晚点儿吧，来得及就行。

좀 늦으면 어때, 시간만 맞추면 돼.

[六 58] X是X

去是去了，就是不知道结果怎么样。

가긴 갔는데, 결과가 어떨지는 몰라.

好是好，但不知道老师会不会同意我们这样做。

좋긴 좋은데, 우리가 이렇게 하는 것에 대해서 선생님이 동의하실지 모르겠다.

这件衣服漂亮是漂亮，但也太贵了。

이 옷은 예쁘긴 한데, 너무 비싸다.

[六 59] 不X不……，一X……

不看不知道，一看吓一跳，这里变化太大了！

안 보면 몰라도, 일단 보면 깜짝 놀라. 여기 너무 달라졌어!

这题目看起来简单，不做不知道，一做真不会！

이 문제는 간단해 보여도, 안 풀면 모르겠지만, 막상 풀면 정말 어려워.

[六 60] 好你个X

好你个小偷儿，敢偷我的东西，我送你去警察局！

너 이 도둑놈아, 감히 내 물건을 훔치다니, 경찰서로 보내주마!

好你个大骗子，还好我聪明，没上你的当！

너 이 사기꾼아, 다행히 내가 똑똑해서 네게 속지 않았지!

好你个老王，一点儿忙都不帮我！

라오왕씨, 나를 조금도 도와주지 않는군요!

[六 61] 동사 + 什么(就)是什么

行啊！你说什么是什么，都听你的。

좋아! 네가 하는 말이면 뭐든지 다 들어 줄게.

哪有这么容易的, 你想什么就是什么?

그렇게 쉬운 일이 어디 있어, 네가 생각하는 대로 다 될 줄 알고?

[六 62] 早(也)不X, 晚(也)不X

早不来, 晚不来, 恰好要出门的时候他来了。

일찍도 늦게도 오지 않고, 공교롭게도 외출하려고 할 때 그가 왔다.

早也不走, 晚也不走, 需要他的时候他却走了。

그는 일찌감치 가지도 느지막하게 가지도 않고, 정작 필요할 때 가버렸다.

[六 63] 看/瞧把 + 빈어(행위자) + X得

真是小孩子呀, 看把他乐得。

정말 어린애 같아. 그가 좋아하는 것 좀 봐.

瞧把他得意得，都不知道自己是谁了。

그가 우쭐대는 것 좀 봐. 자기가 누군지도 모르고.

瞧把他吓得，都不知道说什么了。

그가 놀란 것 좀 봐. 무슨 말을 했는지도 몰라.

[六 64] 放着X不Y

你可别放着好日子不过, 在这儿找麻烦。

너는 편안한 생활을 놔두고, 여기 와서 귀찮게 하지 마라.

他放着好好的学不上, 非要跑去外面打工。

그는 학교나 열심히 다니지 않고, 굳이 밖에 나가 일을 하겠다고 한다.

[六 65] X来X去, 都是/就是……

不管我们怎么争来争去，都是没有用的。

우리가 아무리 옥신각신해봐야 아무 소용 없다.

说来说去, 就是没有统一的意见。

아무리 얘기해봐도 의견이 통일되지 않는다.

[六 66] X了就X了, (没)有……

坏了就坏了, 有什么大不了的?
망가졌으면 망가졌지, 뭐 그리 대단하다고?
输了就输了, 没有什么好难过的。
졌으면 졌지, 슬퍼할 것 없어.

[六 67] 这/那也不X, 那/这也不Y

这也不吃, 那也不喝, 结果就是身体越来越差。
먹지도 마시지도 않아서, 결국 건강이 갈수록 나빠졌다.
那也不合适, 这也不对, 我真的不明白她到底想怎样。
이도 저도 다 마음에 안 들어하니, 그녀가 도대체 무슨 생각을 하는지 정말 모르겠다.

A.7 7—9급 어법 포인트

A.7.1 품사

A.7.1.1 동사

[七—九 001] 능원동사: 需

父亲的身体需休养一段时间。
아버지의 몸은 한동안 요양이 필요하다.
我们仍需耐心等待。
우리는 여전히 인내심을 갖고 기다려야 한다.

A.7.1.2 대사

[七—九 002] 의문대사: 何

我们何时出发?
우리 언제 출발해?
不管你有何疑问, 都可以到办公室找我。
무슨 궁금한 점이 있으면, 언제든지 사무실로 나를 찾아와도 된다.

[七—九 003] 지시대사: 该, 另, 兹

该企业 另一回事 兹日

그 기업 다른 일 이 날

A.7.1.3 양사

[七—九 004] 명량사

(1) 栋, 粒, 枚, 则, 盏

四栋楼	三粒药	五枚硬币	一则新闻	一盏灯
건물 네 채	약 세 알	동전 다섯 개	뉴스 하나	등불 한 개

(2) 복합양사: 人次

接待三千人次

연인원 3천 명을 접대하다

A.7.1.4 부사

A.7.1.4.1 정도부사

[七—九 005] 极为

齐白石是极为杰出的画家。

치바이스는 매우 걸출한 화가이다.

能源汽车的发展前景极为广阔。

에너지 자동차의 발전 전망은 극히 밝다.

[七—九 006] 尽

坐在尽前头的是我女朋友。

맨 앞에 앉아 있는 사람이 내 여자친구이다.

尽北边有一个空位, 您可以考虑这个位置。

가장 북쪽에 빈 자리가 하나 있으니, 이 자리를 고려해 보세요.

[七—九 007] 蛮

她的分数蛮高的, 大学肯定能考上。

그녀는 점수가 아주 높아서, 대학에 틀림없이 합격할 것이다.

昨天刚下完雪, 今天蛮冷的。

어제 막 눈이 내린 뒤라, 오늘은 매우 춥다.

[七一九 008] 颇

我对这部电影的印象颇深。

나는 이 영화에 대한 인상이 꽤 깊다.

他对导游这份工作颇有兴趣。

그는 여행 가이드라는 이 일에 대해 몹시 흥미를 갖고 있다.

[七一九 009] 稍稍

听了他的话, 我稍稍松了一口气。

그의 말을 듣고, 나는 잠시 한숨을 돌렸다.

上海的夏天又闷又热, 稍稍一动就会出汗。

상하이는 여름이 무더워서, 조금만 움직여도 땀이 난다.

[七一九 010] 尤为

葡萄中的维生素含量尤为丰厚。

포도는 비타민 함량이 특히 풍부하다.

他对自己的要求尤为严格。

그는 자신에 대한 요구가 특히 엄격하다.

[七一九 011] 越发

听到这个消息, 同学们越发有热情了。

이 소식을 듣고, 학우들은 한층 열정이 생겼다.

随着年龄的增长, 他越发不喜欢出去旅行了。

나이가 들수록, 그는 여행 가는 것을 더욱 싫어하게 되었다.

A.7.1.4.2 범위, 협력부사

[七一九 012] 凡

凡事自己努力去做就好。

무릇 모든 일은 스스로 열심히 하면 된다.

凡年龄满十八岁的公民都有选举与被选举的权利。

만 18세 연령의 모든 시민은 선거와 피선거의 권리를 가진다.

[七—九 013] 皆
这已是人人皆知的事实。
이것은 이미 모두가 다 아는 사실이다.
这个比赛十六到十九岁的男性青少年皆可报名参加。
이 시합은 16-19세의 남자 청소년들이 모두 참가 신청을 할 수 있다.

[七—九 014] 统统
我们不得不承认这些材料统统没有价值。
우리는 이 자료들이 모두 가치가 없다는 것을 인정하지 않을 수 없다.
时间、地点、人物、事件, 她统统不记得。
시간, 장소, 인물, 사건을 그녀는 전부 기억하지 못한다.

[七—九 015] 唯独
全班同学都在认真听讲, 唯独他在睡觉。
반 학생들 전체가 열심히 강의를 듣는데, 유독 그만 잠을 자고 있다.
他什么都不在乎, 唯独受不了家人的不理解。
그는 아무것도 개의치 않지만, 유독 가족이 알아주지 않는 것에 대해서는 힘들어 한다.

A.7.1.4.3 시간부사
[七—九 016] 即
对待教育问题, 不宜忽视, 要严肃对待、有错即改。
교육 문제에 대해 소홀히 해서는 안 되며, 엄정히 다루되 잘못이 있으면 즉시 고쳐야 한다.
西北人张口即来的这种民歌, 是高原上一道美丽的风景。
서북 사람들이 즐겨 부르는 이런 민요는 고원의 아름다운 풍경과도 같다.

[七—九 017] 历来
王老师历来重视培养学生的动手能力。
왕 선생님은 예전부터 학생들의 실천력 함양을 중시해 왔다.
流行歌曲历来是社会文化不可以缺少的一部分。
유행가는 예로부터 사회문화의 필수불가결한 한 부분이다.

[七—九 018] 尚

这个调查到现在为止尚无进展。
이 조사는 지금까지도 아직 진전이 없다.
这个问题想研究明白, 尚需努力。
이 문제는 제대로 연구하려면 아직 노력이 필요하다.

[七—九 019] 向来

他这个人向来吃软不吃硬, 你不能硬来。
그라는 사람은 본래 부드럽게 하면 받아들이고 강하게 하면 반발하기 때문에 무리하게 밀어붙이면 안 된다.
他向来第一个到学校, 从未迟到过。
그는 줄곧 학교에 제일 먼저 와서, 여태까지 한 번도 지각한 적이 없다.

A.7.1.4.4 빈도, 중복부사

[七—九 020] 频频

他频频与朋友们以及他的竞争者们打招呼。
그는 친구와 그의 경쟁자들에게도 자주 인사를 건넸다.
气氛十分热烈, 大家频频举杯, 说笑不停, 非常高兴。
분위기가 매우 뜨거워서, 모두들 계속 술잔을 들고, 웃고 떠들면서 대단히 즐거워했다.

[七—九 021] 再度

这个班再度被评为“优秀班集体”。
이 반은 다시 한 번 ‘우수반’으로 평가 받았다.
两位好友三十年后再度相遇。
두 친한 친구는 30년 후에 다시 조우했다.

A.7.1.4.5 연관부사

[七—九 022] 亦

此人并不存在, 将来亦不会出现, 永远不会。
이 사람은 결코 존재하지 않으며, 앞으로도 나타나지 않을 것이고, 영원히 없을 것이다.
若能从失败中获得教训, 失败亦是成功。

실패에서 교훈을 얻을 수 있다면, 실패도 역시 성공이다.

A.7.1.4.6 부정부사

[七一九 023] 未

他至今还未和我联系。

그는 지금까지도 나와 연락을 하지 않는다

虽然他四十未到, 但已经是很成熟的经理了。

비록 그는 아직 마흔도 되지 않았지만, 이미 매우 의젓한 사장이 되었다.

[七一九 024] 勿

希望各位勿忘十年后的约定。

여러분께서는 10년 후의 약속을 잊지 마시기 바랍니다.

我在国外一切都很好, 勿念。

해외에서 잘 지내고 있으니, 걱정하지 마라.

A.7.1.4.7 방식부사

[七一九 025] 不由得

看着父亲粗糙的手, 我不由得流下了眼泪。

아버지의 투박한 손을 보고, 나도 모르게 눈물이 흘러내렸다.

看着毕业照, 我不由得开始回忆起往事。

졸업사진을 보면서, 나도 모르게 지난 일이 떠오르기 시작했다.

[七一九 026] 顺便

去老师办公室的时候, 他顺便把我的作业也交了。

선생님 사무실에 가는 김에, 그가 내 숙제도 제출해 주었다.

我到了上海, 顺便去看望了小学老师。

나는 상하이에 간 김에 초등학교 은사님을 찾아뵈었다.

[七一九 027] 一连

这场大雨一连下了十多天, 也就把工人们困在这里十多天。

이번 폭우는 열흘 넘게 계속 내려서, 노동자들을 여기에 열흘 이상 묶어 두었다.
他上了床, 在一连三天三夜没睡好以后终于能舒舒服服地睡上一觉了。
그는 잠자리에 들어, 연이어 사흘 밤낮을 제대로 자지 못하다가 마침내 편안하게 한잠 잘 수 있었다.

A.7.1.4.8 양태부사

[七一九 028] 按说

按说现在是蔬菜供应淡季, 可是这里的蔬菜种类还是不少。
정상대로라면 지금은 채소 공급 비수기이지만, 이곳의 채소 종류는 여전히 많다.
按说这个时候应该下雪了, 可今年一场雪还没下。
본래는 이맘때쯤이면 눈이 와야 되는데, 올해는 아직 한 번도 눈이 오지 않았다.

A.7.1.4.9 어기부사

[七一九 029] 必定

若是有个太太照顾着他, 他的生活必定不会那么乱七八糟了。
만약 그를 돌봐줄 아내가 있었다면, 그의 생활이 틀림없이 그렇게 엉망진창이 되지는 않았을 거야.
倘若他们想要人为地挽救这一文明, 必定会失败。
만약 그들이 이 문명을 인위적으로 살리려고 한다면, 반드시 실패할 것이다.

[七一九 030] 不妨

据说这个药效果很好, 你不妨试一试。
듣자 하니 이 약은 효과가 아주 좋다는데, 너는 한 번 먹어봐도 무방하다.
关于这个问题, 咱们不妨听一听别人的建议。
이 문제에 관해, 우리는 다른 사람의 의견을 들어봐도 괜찮다.

[七一九 031] 何必

我只是和你开玩笑, 何必当真呢?
나는 그저 네게 농담을 했을 뿐인데, 굳이 진담으로 받아들일 필요가 있니?
咱们是老同学, 何必这么客气。
우리는 동창인데, 굳이 이렇게 예의를 차릴 필요가 있니.

[七一九 032] 莫非

她今天没来学校，莫非出了什么事？
그녀는 오늘 학교에 오지 않았는데, 설마 무슨 일이 생긴 것은 아니겠지?
你平时不认真学习，莫非要等到期末考试了才开始紧张吗？
너는 평소에는 열심히 공부하지 않다가, 설마 기말고사 때가 되어서야 긴장하기 시작하는 거니?

[七一九 033] 白白

她忘了关水龙头，白白浪费了很多水。
그녀는 수도꼭지 잠그는 걸 잊어버려서, 공연히 많은 물을 낭비했다.
这次投资失败了，让公司白白损失了很多钱。
이번 투자가 실패하는 바람에 회사는 헛되이 많은 돈을 손해 봤다.

[七一九 034] 反倒

明明是你的错，怎么反倒怪我了？
분명히 네 잘못인데, 어째서 도리어 내 탓을 하니?
他越是在困难的时候反倒越能坚持。
그는 어려운 때일수록 오히려 잘 버틴다.

[七一九 035] 分明

我分明看他走过来了，怎么一下子就不见了呢？
나는 분명히 그가 걸어오는 것을 봤는데, 어째서 갑자기 안 보이는 거지?
让我三天就完成，你分明是在为难我。
사흘 내에 끝내라니, 네가 분명 나를 난처하게 하고 있구나.

[七一九 036] 怪不得

怪不得她没去爬山，原来昨天下雨了。
어쩐지 그녀가 등산하러 가지 않았다 했더니, 알고 보니 어제 비가 왔구나.
这姑娘漂亮，人品也好，怪不得有很多男孩儿喜欢她。
이 아가씨는 예쁘고 품성도 좋아서, 그래서 좋아하는 남자들이 많구나.

[七一九 037] 好在

好在你现在也在北京，你们可以互相照顾。

다행히 너도 지금 베이징에 있으니, 너희들은 서로 돕고 지내면 되겠다.

好在他病得不重，应该马上就能上班了。

다행히 그는 병이 심하지 않아서, 바로 출근할 수 있을 것이다.

[七一九 038] 乃

《红楼梦》乃古代小说的杰出代表。

『홍루몽』은 고대 소설의 백미이다.

失败乃成功之母。

실패는 성공의 어머니이다.

[七一九 039] 难怪

这道题非常难，难怪她一时答不出来。

이 문제는 아주 어려워서 어쩐지 그녀도 얼른 답을 못 하더라고.

他是个东北人，难怪他不怕冷。

그는 동북 사람이라, 어쩐지 추위를 안 탄다 했지.

[七一九 040] 偏偏

周围这么多漂亮的女生，你怎么偏偏喜欢她？

주위에 이렇게 예쁜 여학생이 많은데, 왜 하필이면 그녀를 좋아하니?

我们已经穿好衣服准备要走了，可孩子偏偏又醒了。

우리는 이미 옷을 다 입고 나가려고 하는데, 아이가 하필 또 깼다.

[七一九 041] 索性

衣服已经被雨淋湿了，我索性就合上了伞，直接在雨中散步了。

옷이 이미 비에 젖어서, 나는 아예 우산을 접고 직접 비를 맞으며 산책했다.

现在已经很晚了，我索性直接在外面吃完饭再回家好了。

지금은 이미 너무 늦어서, 차라리 그냥 밖에서 밥을 먹고 집으로 가는 게 낫겠다.

[七—九 042] 万万

万万不能开着煤气出门。

절대 가스를 틀어놓은 채 외출하면 안 된다.

触犯法律的事情是万万干不得的。

법에 저촉되는 일은 절대 하면 안 된다.

[七—九 043] 未免

这道题未免也太难了吧。

이 문제는 아무래도 너무 어려운 것 같다.

你这样说她, 未免也太过分了。

네가 그녀에 대해 이렇게 말하다니, 아무래도 너무 심했다.

[七—九 044] 无非

他这么做, 无非是为了早点儿回家。

그가 이렇게 하는 것은, 단지 일찍 집에 가기 위해서일 뿐이다.

她想要的无非是一份稳定的工作。

그녀가 원하는 것은 단지 안정된 직업일 뿐이다.

[七—九 045] 幸好

他来的时候, 幸好我在家, 不然他又该生气了。

그가 왔을 때 다행히 내가 집에 있었기에 망정이지, 그렇지 않았다면 그는 또 화를 냈을 것이다.

幸好你提醒了我, 要不我就忘了。

다행히 네가 나를 일깨워주었기에 망정이지, 그렇지 않았으면 나는 잊어버렸을 거야.

[七—九 046] 幸亏

幸亏你回来得早, 不然我就不知道怎么办才好了。

다행히 네가 일찍 왔길래 망정이지, 안 그랬다면 나는 어떻게 해야 좋을지 몰랐을 거야.

我们幸亏走了这条路, 才没碰到堵车。

우리는 다행히 이 길로 갔기에 교통 체증을 피할 수 있었다.

[七一九 047] 终究

他终究是个孩子, 你得耐心一点儿。

그는 어쨌든 어린 아이니까, 네가 인내심을 좀 가져야 돼.

你们对工作这么不负责任, 终究会出问题的。

너희가 일에 대해서 이렇게 무책임하면, 결국 문제가 생길 거야.

A.7.1.5 개사

A.7.1.5.1 방향, 경로를 끌어냄

[七一九 048] 顺着

雨水顺着我的头发滴了下来。

빗물이 내 머리카락을 따라 뚝뚝 떨어졌다.

我们就顺着这条路走, 走到哪儿算哪儿。

우리는 이 길을 따라서, 발길 닿는 대로 가보자.

A.7.1.5.2 대상을 끌어냄

[七一九 049] 当着

当着我的面, 你有什么想说的就都说出来吧。

내 면전에서, 네가 하고 싶은 말이 있으면 다 말해라.

我当着大家的面把礼物拆开了。

나는 사람들이 보는 앞에서 선물을 풀어보았다.

[七一九 050] 就5

他已就这个问题做了检讨。

그는 이미 이 문제에 대해 검토를 했다.

我想就如何找到自己满意的工作这个问题来谈一谈。

나는 어떻게 자신이 만족할 만한 일을 찾을 것인지에 대해 이야기해 보려고 한다.

A.7.1.5.3 의지, 근거를 끌어냄

[七一九 051] 趁

趁你还年轻, 一定要多尝试。

네가 아직 젊을 때, 반드시 많이 시도해 보아야 한다.

趁火车还没开, 你现在还能下车。
기차가 아직 출발하지 않은 틈을 타, 너는 지금 내릴 수 있다.

[七—九 052] 基于
这两种不同的人生态度是基于对人生不同的理解。
이 두 가지 다른 삶에 대한 태도는 인생에 대한 상이한 이해에 기반하고 있다.
你的结论都基于假设, 所以不可信。
너의 결론은 모두 가설에 기초하기 때문에 믿을 수 없다.

[七—九 053] 依
依你看, 这件事该怎么解决?
네가 보기에, 이 일은 어떻게 해결해야 할까?
这件事就依你的方案做吧。
이 일은 네 방안대로 하자.

A. 7.1.6 접속사
[七—九 054] 단어나 구를 연결: 及
工人、农民及士兵都参加了此次会议。
노동자, 농민 및 사병은 모두 이번 회의에 참석했다.
现急需煤炭、石油、电力及其他能源。
지금은 석탄, 석유, 전력 및 기타 다른 에너지가 시급하다.

[七—九 055] 절 또는 문장을 연결: 继而, 要不是
他本来不同意的, 可继而一想, 又觉得是一个好机会。
그는 원래 동의하지 않았는데, 뒤이어 생각해보니, 또한 좋은 기회라고 생각되었다.
人民币升值将会影响到中国的出口, 继而影响中国的经济增长。
인민폐의 평가절상은 앞으로 중국의 수출에 영향을 끼칠 것이며, 계속해서 중국의 경제성장에도 영향을 끼칠 것이다.
要不是老师帮我, 我也不能写好这篇文章。
선생님이 나를 도와주지 않으셨다면, 나도 이 글을 잘 쓸 수 없었을 것이다.
要不是他推迟回国, 也不会赶不上面试。
그가 귀국을 미루지 않았더라면, 면접에 늦지 않았을 것이다.

A. 7.1.7 조사

A. 7.1.7.1 구조조사

[七一九 056] 之

我们可以将北京描绘为一本梦之书。

우리는 베이징을 한 권의 꿈의 책으로 묘사할 수 있다.

由于做了好事, 做出了贡献, 因此他得到所爱之人的欣赏。

좋은 일을 하고, 기여한 공로로, 그는 사랑하는 사람들의 예쁨을 받았다.

A.7.1.7.2 어기조사

[七一九 057] 而已

这算什么, 只是一堆纸而已。

이것은 아무것도 아니다, 한 무더기의 종이일 뿐이다.

我不过是出于好奇, 随便问问而已。

나는 그냥 궁금해서 물어봤을 뿐이야.

[七一九 058] 矣

人生得一知己足矣。

인생은 자신을 알아주는 한 사람(지기)만 얻어도 족하다.

他的想法可谓多矣。

그는 생각이 많다고 말할 수 있다.

A. 7.2 단어

A. 7.2.1 구조유형

[七一九 059] 수사 + 양사 + 추상적인 사물

他有一身本领, 颇有才华。

그는 능력이 매우 많으며, 재능이 상당히 많다.

这里虽然听不见什么争吵声, 但并不是一团和气。

비록 여기서 어떠한 다툼의 소리는 들리지 않지만, 그러나 결코 모두가 화기애애하게 지내는 것은 아니다.

A.7.2.2 고정구

A.7.2.2.1 4자구

[七一九 060] 爱A不A

他瞧不起她, 对她总是一副爱理不理的样子。

그는 그녀를 깔보고, 언제나 그녀를 본체만체한다.

这是我的想法, 你爱听不听。

이것은 나의 생각이다. 당신이 듣든지 말든지

[七一九 061] 半A半B

他说话半真半假, 你不要完全相信他。

그의 말은 농담 반 진담 반이니, 너는 그를 온전히 믿으면 안된다.

突然听到明天放假的消息, 我一直半信半疑 。

갑자기 내일 방학이라는 소식을 듣고, 나는 줄곧 반신반의했다.

[七一九 062] 东A西B

她买东西就喜欢东挑西选。

그녀는 물건을 살 때, 너무 많이 고르고 고른다.

为了买到一张火车票, 我东奔西跑, 累得一身汗。

한 장의 기차표를 사기 위해서, 나는 동분서주 했고, 전신이 땀으로 젖을 만큼 피곤했다.

[七一九 063] 非A非B

这场悲剧的制造者非你非我, 另有他人。

이 비극을 만든 사람은 너도 아니고 나도 아니며, 다른 사람이 따로 있다.

我们非敌非友, 只是那天见过一面而已。

우리는 적도 친구도 아니다. 단지 그날 한 번 만난 적이 있을 뿐이다.

[七一九 064] 忽A忽B

叔叔书房的门关着, 里边的说话声忽高忽低。

삼촌 서재의 문이 닫힌 채, 안에서 대화하는 소리가 높았다 낮았다 한다.

他十分紧张, 心跳得忽快忽慢。

그는 매우 긴장해서, 심장박동이 빨랐다 늦었다 한다.

[七一九 065] 连A带B

几个小孩吓得连哭带叫。

몇 명의 아이들이 놀라서 울고불고 한다.

信是男朋友写的, 她高兴得连蹦带跳。

편지는 남자 친구가 쓴 것이어서, 그녀는 기뻐서 깡충깡충 뛰었다.

[七一九 066] 时A时B

小鸟发出的声音时长时短。

작은 새가 내는 소리가 때로는 길었다 때로는 짧았다 한다.

他的成绩时好时坏, 老师也拿他没办法。

그의 성적은 때로는 좋았다가 때로는 나빠서, 선생님도 그를 어떻게 할 방법이 없다.

[七一九 067] 自A自B

一路上老板自说自话唠叨了半天。

가는 내내 사장님이 혼잣말처럼 한참동안 잔소리를 했다.

想到你对我们工作的破坏, 我应该让你自作自受才对。

당신이 우리 일에 손해를 끼친 것을 생각한다면, 나는 당신에게 자신의 잘못에 대한 책임을 지게하는 것이 당연하다고 본다.

A.7.2.2.2 기타

[七一九 068] 巴不得

他一口气跑了半个多小时, 巴不得一步就到家。

나는 단숨에 30분을 넘게 달려서, 한 걸음에 집에 도착하기를 간절히 바란다.

我恨这个行业, 巴不得早点儿离开。

나는 이 업계가 싫어서 조금이라도 일찍 떠나고 싶다.

[七一九 069] 别提了

晚饭还没开始吃他就已经醉了, 后来就更别提了。

저녁식사를 시작하기도 전에 그는 이미 취했고, 나중에는 더 말할 나위도 없었다.

别提了，我根本都不认识那个人，他硬拉着我不让我走。
말도 마라, 나는 전혀 그 사람을 모르는데, 그가 나를 억지로 끌고 가서 나를 가지도 못하게 했다.

[七—九 070] 除此之外
他是个老师，除此之外，我不知道别的。
그가 선생님인 것 외에는, 나는 다른 것은 알지 못한다.
我只带了一个书包，除此之外什么都没带。
나는 책가방만 하나 가지고 왔을 뿐, 그외에는 아무것도 가지고 오지 않았다.

[七—九 071] 归根到底
人生归根到底是一个人的旅行。
인생은 결국 혼자만의 여행이다.
归根到底，成长是一种幸福。
결국, 성장이라는 것은 일종의 행복이다.

[七—九 072] 可不是
甲：什么？我们家出事了？
갑: 뭐라고? 너희 집에 사고가 났다고?
乙：可不是，警察都已经来了。
을: 맞아, 경찰도 이미 왔다니깐.
甲：小孩子长得真快啊！
갑: 애들 크는 것은 진짜 빠르구나!
乙：可不是，已经要上小学了。
을: 그러게 말이야, 벌써 초등학교에 가려고 해.

[七—九 073] 没说的
我愿意做这件事，那是没说的，只是我不知道还能做多长时间。
내가 이 일을 하고 싶은 것은 말할 필요도 없어. 다만 내가 얼마나 더 할 수 있을지는 알 수 없어.
新来的领导我都见过了，真是没说的！
새로 오신 책임자를 나는 벌써 만나 뵈었는데, 진짜 나무랄 데가 없어.

[七—九 074] 无论如何

无论如何, 他没有别的选择。

어쨌든 간에, 그에게는 다른 선택이 없다.

听到这里, 他无论如何也不答应。

여기까지 듣자, 어떻게 해도 그는 승낙하지 않았다.

[七—九 075] 由此可见

很多中国孩子从小学习书法, 由此可见书法在中国教育中的重要地位。

많은 중국아이들은 초등학교 때부터 서예를 배운다. 이렇게 볼 때, 서예는 중국교육에서 중요한 위치를 차지하고 있음을 알 수 있다.

他幻想着将来住在爷爷家里以后要干些什么事, 一遍遍说个没完, 由此可见, 他对母亲并没有什么舍不得。

그는 앞으로 할아버지 집에서 살게 된다면 무슨 일들을 할 것인지를 꿈꾸며 끊임없이 말을 했다. 이를 놓고 볼 때, 그가 어머니에 대한 어떠한 아쉬움도 없다는 것을 알 수 있다.

[七—九 076] 与此同时

太阳落山了, 几乎与此同时下起了大雨。

해가 지자, 거의 동시에 폭우가 쏟아지기 시작했다.

几个月之后, 他的眼睛开始不停地流眼泪, 与此同时他的视力也变得越来越差。

몇 달 뒤에, 그의 눈에서 끊임없이 눈물이 흐르기 시작했고, 이와 동시에 그의 시력도 점점 나빠졌다.

[七—九 077] 这样一来

这些小鸟总是在唱歌, 这样一来, 我家门前可热闹了。

이 작은 새들은 항상 노래를 지저귀었고, 이렇게 되자 우리 집 앞은 정말 시끌벅적해졌다.

他听了医生的话, 每天都去外面散步, 这样一来, 他的病很快就好了。

그는 의사의 말을 듣고, 매일 밖에 나가서 산책을 했다. 이렇게 되자, 그의 병은 매우 빨리 좋아졌다.

[七—九 078] 综上所说

综上所述, 如果希望交流顺利地进行, 需要大家共同努力。

이상의 내용을 종합하면, 만약 교류가 순조롭게 진행되기를 바란다면, 여러분 모두의 공통된 노력이 필요합니다.
综上所述, 随着科技的发展, 人们越来越依赖手机。
종합하자면, 과학기술이 발전함에 따라, 사람들은 점점 더 핸드폰에 의존하게 되었다는 것이다.

[七一九 079] 总的来说/总而言之
总的来说, 他的身体状态还算不错。
요컨대, 그의 건강 상태는 그런대로 괜찮다고 할 수 있다.
总而言之, 最重要的应该是过程, 而不是结果。
결론적으로, 가장 중요한 것은 당연히 과정이지, 결과가 아니다.
她的专业能力很不错, 工作态度总的来说也很端正, 是个很好的合作伙伴。
그녀의 전문 능력은 매우 좋고, 업무 태도도 전반적으로 단정하다고 할 수 있어, 아주 좋은 파트너이다.
总而言之一句话, 我不喜欢他。
한 마디로 나는 그를 좋아하지 않는다.

A.7.3 고정형식

[七一九 080] 不知……好
这件事很复杂, 不知如何解决才好。
이 일은 매우 복잡해서, 어떻게 해결하는 것이 좋을지 모르겠다.
看他紧张得手心都是汗, 我也不知说什么好。
그가 손바닥에 땀이 날 정도로 긴장하는 것을 보니, 나도 무슨 말을 해야 좋을지 모르겠다.

[七一九 081] 所谓……就是……
房内没有一样值钱的东西, 所谓家具就是这几把椅子。
방 안에 값어치 나가는 것이라고는 하나도 없다. 가구라는 것도 이 의자 몇 개뿐이다.
他所谓的好家庭就是住在一栋大房子里, 妻子穿着漂亮的衣服。
그가 말하는 좋은 가정이라는 것은 큰 집에서 살고, 아내가 예쁜 옷을 입고 있는 것이다.

[七一九 082] 无非/不过/只不过/只是……而已/罢了
不要相信他, 这无非是他的借口罢了。

그를 믿지 마라, 이것은 단지 그의 변명일 뿐이다.
我这么说没有其他意思，不过是想鼓励他而已。
내가 이렇게 말하는 것은 다른 뜻이 없다. 단지 그를 격려하고 싶어서 그런 것일 뿐이다.
她会做这道题，只不过假装不会而已。
그녀는 이 문제를 풀 수 있지만, 단지 못하는 척하는 것일 뿐이다.
大家都说爱情很快就会过去，剩下的只是习惯罢了。
사람들은 모두 사랑은 매우 빨리 지나갈 것이고, 남겨지는 것은 단지 습관일 뿐이라고 말한다.

[七一九 083] 以……为……
我们不能以自己为中心，要考虑别人的感受。
우리는 자기중심적이여서는 안되고, 다른 사람의 느낌도 고려해야 한다.
她以和平为主题，创作了一部小说。
그녀는 평화를 주제로 삼아서, 소설 한 편을 창작했다.

[七一九 084] 因……而……
我经常看到他因一件小事而快乐的场景。
나는 그가 작은 일 하나로 기뻐하는 경우를 자주 본다.
她胆子很大，不会因一些奇怪的声音而害怕。
그녀는 담이 커서, 이상한 소리 때문에 무서워하지는 않을 것이다.

A. 7.4 문장성분

A. 7.4.1 빈어
[七一九 085] 빈어의 의미유형3
(1) 방식빈어
为了方便取出来，他把钱存了个活期。
인출을 편리하게 하기 위해서, 그는 돈을 자유예금으로 저축했다.
为了节省时间，这封信还是寄航空吧。
시간을 절약하기 위해서라도, 이 편지는 항공우편으로 보냅시다.
(2) 도구빈어
他坚持每天写毛笔。

그는 매일 붓으로 쓰기를 고집한다.
他吃大碗, 我吃小碗。
그는 큰 그릇에 먹고, 나는 작은 그릇으로 먹는다.
(3) 재료빈어
新手养菊花, 该如何浇水?
새내기가 국화를 키우려면, 어떻게 물을 주어야 할까요?
他在脸上盖一张报纸睡着了。
그는 얼굴에 신문지 한 장을 덮고 잠을 자고 있다.
(4) 목적빈어
为了拍这部电影, 他到处去拉赞助。
이 영화를 찍기 위해서, 그는 곳곳에서 협찬을 받았다.
他在我们公司主要跑项目。
그는 우리 회사에서 주로 프로젝트를 담당하고 있다.

A. 7.4.2 보어

[七一九 086] 정도보어3

(1) 형용사/동사 + 得 + 不行
终于要去旅游了, 儿子兴奋得不行。
드디어 여행을 떠나게 되자, 아들은 흥분해서 어쩔 줄 몰라했다.
上学时我对体育课也是讨厌得不行。
학교에 다닐 때도 체육수업은 싫어서 죽을 지경이었다.
(2) 형용사/동사 + 得 + 要命/要死
他人不大, 但是脾气大得要命。
그는 덩치가 크지는 않은데, 성질이 어찌나 센지.
我最近太忙了, 每天累得要死。
나는 요즘 너무 바빠서 매일 피곤해서 죽을 지경이다.

[七一九 087] 상태보어3: '个'가 있는 보어

那个小女孩儿哭个不停, 说是找不到妈妈了。
그 어린 소녀는 하염없이 울면서 엄마를 찾을 수가 없다고 말했다.
他在我们面前说个没完。

그는 우리들 앞에서 끝도 없이 이야기 하고 있다.

A. 7.5 문장의 유형

A. 7.5.1 특수문형

[七—九 088] '把'자문5: 초래 표현

(주어+) 把 + 빈어(행위자) + 동사 + 了

去年她把丈夫死了, 后来父母也去世了。

작년에 그녀는 남편을 여의고, 그 후에 부모님도 돌아가셨다.

钱没挣着, 却把老公跑了。

돈은 벌지도 못했고, 도리어 남편이 도망갔다.

[七—九 089] 피동문5

(1) 被……所……

这是我第一次感到自己被一个人所吸引。

이것은 내가 처음으로 한 사람에게 끌렸다고 느낀 것이다.

没想到, 他竟然会被一个小学生所欺骗。

그가 초등학생에게 속아 넘어갈 줄 생각도 못했다.

(2) 为……所……

他这种行为, 为人类社会所不容。

그의 이런 행위는 인류사회에서 용납되지 않는다.

领导的这种行为往往不为人所信任。

지도자의 이러한 행위는 종종 사람들에게 신임을 얻지 못한다.

[七—九 090] 비교문6

(1) 比起……(来)

比起其他人, 我的想法太简单了。

다른 사람들과 비교해 보면, 나의 생각은 너무 단순하다.

比起唱歌来, 他更喜欢跳舞。

노래 부르는 것과 비교하면, 그는 춤추는 것을 더 좋아한다.

(2) A + 형용사 + 于 + B
人的自我实现过程重于结果。
사람의 자아실현 과정이 결과보다 중요하다.
在施工现场, 工人们的安全高于一切, 大于一切。
공사 현장에서는 인부들의 안전이 다른 어떤 것보다 중요하다.
(3) A + 比 + 명사 + 还 + 명사
他简直比强盗还强盗!
그는 진짜 강도보다 더 강도 같다!
在上流社会里, 他装得比绅士还绅士。
상류상회에서, 그는 신사보다 더 신사인 척 했다.

A.7.5.2 복문
A.7.5.2.1 병렬복문
[七—九 091] 一面……, 一面……
他一面听老师讲课, 一面认真记笔记。
그는 선생님의 수업을 들으면서, 열심히 필기를 했다.
他一面做作业, 一面看电视, 做事一点儿都不用心。
그는 숙제를 하면서 TV를 보았다. 일을 하는데 조금도 신경을 쓰지 않았다.

A.7.5.2.2 연접복문
[七—九 092] ……, 此后……
我们三年前见过一面, 此后再也没有见过。
우리는 3년 전에 한 번 만난 적이 있고, 그 이후에는 다시 만난 적이 없다.
她二十岁结了婚, 此后丈夫生病, 她照顾了四年。
그녀는 20살에 결혼을 했고, 그 후에 남편이 병들어, 그녀가 4년간 보살폈다.

[七—九 093] 起初……, ……才……
他起初没明白, 后来才理解了游戏的规则。
그는 처음에는 이해하지 못했는데, 이후에야 비로소 게임의 규칙을 이해했다.
我们起初不想参加的, 只是不好意思拒绝, 才去了那里。
우리는 처음에는 참가하기 싫었지만, 단지 거절하기가 미안해서 거기에 갔다.

A.7.5.2.3 점층복문

[七—九 094] 别说……, 连……也/都……; 连……也/都……, 别说……; 别说……, 即使……也……; 即使……也……, 别说……

别说是大学生了, 连小学生都比他写得好。

대학생은 말할 필요도 없고, 심지어 초등학생까지도 모두들 그보다 잘 쓴다.

我现在穷得连饭也吃不起了, 别说买新衣服了。

나는 지금 가난해서 심지어 밥조차 먹지 못할 지경인데, 새옷을 사는 것은 말할 필요도 없다.

别说爸爸, 即使是老师, 也说不出这种植物的名字。

아버지는 말할 것도 없고, 설령 선생님이라고 할지라도 이런 종류의 식물명을 말하지는 못한다.

即使是稍微有钱的家庭, 也禁不住她这么花钱, 别说普通家庭了。

설령 돈이 좀 있는 가정일지라도, 그녀가 이렇게 돈을 쓰는 것을 견디지 못할텐데, 보통 가정은 말할 필요도 없다.

[七—九 095] ……, 何况……

我不道歉, 何况根本不是我的错!

나는 사과하지 않을 것이다. 더군다나 결코 내 잘못이 아니다.

这道菜做起来很花时间的, 何况今天顾客那么多。

이 음식은 만드는 데 시간이 많이 걸리는데, 하물며 오늘은 손님이 그렇게 많다니.

[七—九 096] ……, 进而……

只有在这样的国家里, 教师才能充分发展, 进而保护他自己和公共利益。

오직 이런 나라에서만 교사가 충분히 성장할 수 있고, 나아가 그 자신과 공익을 보호할 수 있다.

遇到困难不要回避, 挺起身来向它挑战, 进而战胜它。

어려움에 부닥치면 회피하지 말고, 일어서서 어려움에 도전하고, 나아가 그것을 이겨내라.

[七—九 097] ……, 况且……

北京这么大, 况且你又是第一次来, 怎么能一下子就找到我家呢?

베이징은 이렇게 크고, 게다가 너도 처음 이곳에 왔으니, 어떻게 한 번에 우리 집을 찾을 수가 있겠니?

那时天已经黑了, 况且人又坐在车上, 肯定看不清楚。

그 때 날은 이미 어두워졌고, 게다가 사람들은 차 안에 앉아 있었으니, 분명히 명확하게 보지는 못했을 것이다.

[七—九 098] 连……, 更不用说……

连他都不会, 更不用说我了。

심지어 그도 못하는데, 나는 더 말할 필요도 없다.

我连上次的考试都没通过, 更不用说这次的了。

심지어 나는 지난번 시험도 통과하지 못했는데, 이번 시험은 더더욱 말할 필요가 없다.

他连这几个字都不会写, 更不用说写篇作文了。

그는 심지어 이 몇 개의 글자도 쓰지 못하는데, 글 한편을 쓴다는 것은 더 이상 말할 필요도 없다.

[七—九 099] ……, 乃至……

他的脸色、眼神, 乃至一举一动, 都被别人看得清清楚楚。

그의 안색, 눈빛, 더 나아가 일거수일투족이 모두 남들에게 낱낱이 보여졌다.

他熟悉北京, 也熟悉巴黎, 乃至全世界。

그는 베이징도 잘 알고, 파리도 잘 알며, 더 나아가서는 전세계도 잘 안다.

[七—九 100] ……, 且……

他办事严谨而认真, 且十分负责, 获得了领导的信任。

그는 일을 매우 엄격하고 성실하게 하며, 또한 매우 책임감도 있어, 책임자들의 신임을 얻었다.

这一条街又脏又乱, 总是很潮湿, 且一年四季总不免有种古怪气味。

이 거리는 더럽고 지저분하며, 항상 습하다. 게다가 일 년 사계절 내내 이상한 냄새가 난다.

[七—九 101] ……, 甚至于……

她不能忍受这种想法, 甚至于一秒钟也受不了。

그녀는 이러한 생각을 참을 수가 없었고, 심지어 1초도 견딜 수 없었다.

这个小姑娘始终都是那副模样, 甚至于一点儿也没长高。

이 여자아이는 항상 그 모습 그대로이다. 심지어 키도 조금도 크지 않았다.

A.7.5.2.4 선택복문

[七—九 102] 或……, 或……

他把信藏在某个秘密的地方了, 或一块石头下面, 或一棵树后面。

그는 편지를 어떤 비밀 장소에 숨겨두었는데, 돌 아래 또는 나무 뒤이다.

阿姨每次来我家都带着一群朋友, 或二三人, 或三四人, 大家说说笑笑。

아주머니는 매번 우리 집에 올 때마다 친구들을 데려 오는데, 두 세명 또는 서너명으로, 모두들 이야기로 웃음꽃을 피웠다.

[七一九 103] 宁可/宁愿……, 也……

他宁可饿着肚子去上课, 也不愿意吃垃圾食品。

그는 설령 배가 고픈 채로 수업을 가는 한이 있더라도, 불량식품 먹는 것을 원치 않았다.

他宁愿自己承担, 也不肯把责任推给别人。

그는 설령 자신이 책임을 지더라도, 책임을 다른 사람에게 전가하지는 않는다.

[七一九 104] 与其……, 不如……

与其去爬山, 还不如在家看电视。

등산을 가는 것보다 차라리 집에서 텔레비전을 보는 것이 낫다.

与其在这里浪费时间, 我们不如认真复习。

여기서 시간을 낭비하는 것 보다, 우리는 차라리 열심히 복습하는 것이 낫다.

[七一九 105] 与其……, 宁可/宁愿……

与其在这里洗半天的衣服, 我宁可去买新的。

여기서 반나절 동안 빨래를 하는 것보다, 나는 차라리 새것을 사러 가겠다.

与其跟他一组, 我宁愿一个人做这个项目。

그와 함께 한 조가 되는 것보다, 나는 혼자서 이 프로젝트를 하겠다.

A.7.5.2.5. 전환복문

[七一九 106] ……, 而……(则)……

绝大多数的人用感觉来思考, 而我却用思考来感觉。

절대 다수의 사람들은 느낌을 통해 사고를 하지만, 그러나 나는 사고를 통해 느낀다.

北方人过春节往往吃饺子, 而南方人的习俗则是吃汤圆。

북쪽 사람들은 설을 쇠면서 흔히 왕 만두를 먹지만, 남쪽 사람들의 풍습은 탕위안을 먹는 것이다.

[七一九 107] ……, ……倒/反倒……

我好心劝他, 他倒怪我, 真是好笑!

나는 그를 호의로 타일렀지만, 오히려 그가 나를 탓하니, 정말 웃긴다!

听护士这么一说, 他反倒放松了下来。
간호사 선생님이 이렇게 말하는 것을 듣고, 그는 오히려 긴장이 풀렸다.

A.7.5.2.6 가정복문

[七—九 108] 倘若/若……, ……

倘若这几个问题你都能解决, 你一定会获得成功。
만일 이 몇 가지 문제들을 당신이 해결할 수 있다면, 당신은 틀림없이 성공할 것이다.
若不小心, 是不是又会发生纠纷?
만약 조심하지 않는다면, 또 분쟁이 생기지 않을까요?

[七—九 109] 倘若/假设/假使/若……, 就/那(么)……

倘若一点儿音乐知识都没有, 就会遇到困难。
만약 약간의 음악적 지식도 없다면, 어려움을 겪게 될 것이다.
假设这是我们未来的家园, 那这个世界就不会再有饥饿的儿童。
만약 이것이 우리의 미래 보금자리라면, 그럼 이 세상에는 더 이상 배고픔에 굶주린 아이들이 없을 것이다.
假使一切能重新开始, 那么我绝不会选择这一条路。
만약 모든 것을 다시 시작할 수 있다면, 그렇다면 나는 절대로 이 길을 선택하지 않을 것이다.

[七—九 110] 幸亏……, 要不然/不然/要不/否则……

幸亏你提醒了我, 要不然我就忘了。
다행스럽게도 당신이 나를 일깨워 주어서 망정이지, 그렇지 않았더라면 나는 잊어버렸을 것이다.
幸亏有你帮忙, 不然我真不知道怎么办才好。
다행스럽게도 당신이 나를 도와주어서 망정이지, 그렇지 않았더라면 나는 진짜 어떻게 하는 것이 좋을지 몰랐을 것이다.

A. 7.5.2.7 조건복문

[七—九 111] 别管……, 都……

别管台下坐的是谁, 你都要充满信心。
무대 아래에 누가 앉아 있는지 상관하지 말고, 너는 자신만만하게 해라.

这样的话一出口, 别管是谁, 都得挨骂。
이런 말을 입밖에 내뱉으면, 누구든 욕을 먹는다.

[七一九 112] 任……, 也……

任他们怎么推, 也推不动。
그들이 아무리 밀어도 움직일 수 없었다.
任他是什么高职位的人, 也管不了我。
그가 어떤 고위직에 있는 사람일지라도, 나를 통제할 수는 없다.

A.7.5.2.8 인과복문

[七一九 113] (因)……, 故……

因不是体面的事情, 故不敢说出来。
체면이 서는 일이 아니어서, 감히 말을 할 수 없었다.
他已经适应了国外的生活, 故不打算再回国。
그는 이미 외국 생활에 적응했기 때문에, 다시 귀국할 생각이 없다.

[七一九 114] 鉴于……, ……

鉴于他的表现良好, 学校决定允许他回来上课。
그의 태도가 양호한 점을 고려해서, 학교는 그가 학교로 돌아와 수업하는 것을 허락하기로 결정했다.
鉴于他在处理这种问题上毫无经验, 公司决定派我来帮助他。
그가 이러한 문제를 처리하는 데 아무런 경험이 없다는 점을 고려해, 회사는 나를 파견해서 그를 돕기로 결정했다.

[七一九 115] (由于)……, 以致……

他睡过头了, 以致错过了第一节课。
그는 늦잠을 자서, 1교시 수업을 놓쳤다.
他由于学习不认真, 以致考了最后一名。
그는 공부를 열심히 하지 않았기 때문에, 꼴찌를 했다.

[七—九 116] ……, 以至于……

事情发展得太快, 以至于大家都难以反应。
일의 진행이 너무 빨라, 여러분 모두가 대응하기 어려울 정도이다.
这篇课文他读了很多遍, 以至于全文都背得出来。
이 본문을 그는 여러 번 읽어서, 본문 전체를 모두 외울 정도이다.

[七—九 117] 之所以……, 是因为/是由于……

这部电影之所以好看, 是因为内容很有趣。
이 영화가 재미있는 것은, 내용이 흥미롭기 때문이다.
妈妈之所以生气了, 是由于他不肯承认自己的错误。
어머니가 화를 내시는 것은, 그가 자기의 잘못을 인정하려고 하지 않기 때문이다.

A.7.5.2.9. 양보복문

[七—九 118] 固然……, 也……

那固然是我们的习惯, 也还需要有另外的理由。
그것이 물론 우리의 습관이기도 하지만, 또 다른 이유가 있어야 한다.
他的话固然给我安慰, 也使我难过。
그의 말이 물론 나에게 위로가 되었지만, 또한 나를 힘들게도 했다.

[七—九 119] ……固然……, 但是/可是/不过……

一个人的成功, 聪明固然重要, 但是努力更重要。
한 사람의 성공은 똑똑한 것이 물론 중요하지만, 노력이 더 중요하다.
网络固然给我们带来了便利, 可是也给我们带来了麻烦。
인터넷은 물론 우리에게 편리함을 주었지만, 또한 우리에게 번거로움을 주기도 했다.
这种方法固然有用, 不过也不能解决根本问题。
이런 방법이 물론 효과가 있기는 하지만, 근본적인 문제를 해결할 수는 없다.

[七—九 120] 即便……, 也……

即便你成绩好, 也不能骄傲。
비록 너의 성적이 좋다고 하더라도, 교만해서는 안 된다.
他眼神中充满的即便不是感动, 至少也是同情。
그의 눈빛에 가득 찬 것은 감동은 아니더라도, 최소한 동정일 것이다.

[七一九 121] 虽说……, 但是/可是/不过……

虽说他年纪小, 但是也不能过于任性。

비록 그의 나이가 어리다 하더라도, 너무 제멋대로 굴어서는 안 된다.

虽说中文很难, 可是它很有趣。

비록 중국어가 어렵긴 하지만, 그래도 재미는 있다.

虽说这是件小事, 不过我们应该重视起来。

비록 작은 일이라 하더라도, 우리는 마땅히 중시해야 한다.

[七一九 122] 纵然……, 也……

我们的意见纵然不一致, 也应当互相理解。

우리의 의견이 설령 일치되지 않는다고 하더라도, 서로를 이해해야 한다.

这事纵然不好, 也是他们之间的事, 就让他们自己处理吧。

이 일이 설령 좋지 않다 하더라도, 그들 사이의 일이니 그들이 스스로 처리하게 하자.

A.7.5.2.10 목적복문

[七一九 123] ……, 以……

政府用他们的名字命名这条街, 以纪念在战争中牺牲的战士。

정부는 그들의 이름을 이용해서 이 거리 이름을 지었는데, 전쟁에서 희생된 용사들을 기념하기 위해서이다.

老师采用新的教学方法, 以调动学生的积极性。

선생님은 새로운 교수방법을 이용해 수업을 하시는데, 학생들의 적극성을 유도하기 위해서이다.

[七一九 124] ……, 以免/免得……

出门在外看好你的东西, 以免丢失。

집 밖에서는 너의 물건을 잘 간수해서, 잃어버리지 않도록 해라

你把这个写下来, 免得过后忘记。

너는 이것을 받아 적어서, 나중에 잊어버리지 않도록 해라.

A.7.5.2.11 해설복문

[七一九 125] ……, 也就是说……

这是我的决定, 也就是说不关你的事。

이것은 나의 결정이다. 다시 말해 너랑 상관없는 일이다.
他说这是他新买的书, 也就是说他不想借给我们看。
그는 이것이 그가 새로 산 책이라고 말했다. 다시 말해, 나한테 빌려주기 싫다는 것이다.

A.7.5.2.12 축약복문

[七—九 126] (要+)동사 + 就 + 동사 + 个 + 보어

要玩就玩个痛快, 别总想工作。
놀려면 마음껏 놀아라, 자꾸 일만 생각하지 말고
喝就喝个够, 今天不醉不回家。
끝까지 마셔보자, 오늘 취하지 않으면 집에 안 간다.

[七—九 127] 동사(+빈어1) + 就 + 동사(+빈어1), 别……

走就走, 别用这个威胁我!
갈 테면 가라, 이걸 가지고 나를 위협하지 마라.
说几句就说几句, 别太在意。
몇 마디 할 테면 해 봐라, 너무 마음에만 담아 두지 말고.

A.7.5.2.13 다중복문

[七—九 128] 삼중 또는 삼중 이상의 복문

他对中文感兴趣, 而且对中国文化也十分好奇, 所以决定去中国留学, 但遭到了父母的反对。
그는 중국어에 관심이 있고, 게다가 중국문화에 대한 호기심도 매우 많다. 그래서 중국에 유학을 가기로 결정했다. 그러나 부모님의 반대에 부딪혔다.
大家不要只看外面的风景, 也不要只顾看手机, 要看好自己的物品, 以免产生不必要的损失。
여러분 바깥 풍경만 보거나 핸드폰만 보지 마시고, 자기 물건을 잘 챙겨서, 불필요한 손해가 발생하지 않도록 해주세요.
只要多练习, 你的中文就会有进步, 成绩也会提高, 自然也会得到奖学金。
연습을 많이 한다면, 너의 중국어 실력도 좋아지고, 성적도 올라갈 것이고, 자연스럽게 장학금도 받게 될 것이다.

A.7.6 강조의 방법

[七一九 129] 반어문3: 何必/何苦……呢?

这么简单的事儿我又何必一件事分两次做呢?

이렇게 간단한 일을 내가 두 번에 나누어 할 필요가 있겠는가?

我对谁都没有讲, 何苦事先就让他们伤心呢?

나는 아무에게도 말하지 않았는데, 무엇 때문에 미리 그들의 마음을 아프게 하겠는가?

A.7.7 구어형식

[七一九 130] (不过/但/可是)话又说回来, ……

话又说回来, 不能因为生病就失去希望。

다시 말하자면, 병이 걸렸다는 이유로 희망을 잃어서는 안 된다.

但话又说回来, 我们为什么不能把事情处理得对我们更有利呢?

다시 말해, 우리는 왜 일을 우리에게 더 유리하게 처리하지 못했을까?

[七一九 131] X(也)不是, 不X也不是

走不是, 不走也不是, 弄得我们不知道怎么办才好。

가는 것도 아니고, 안 가는 것도 아니고, 우리가 어떻게 하면 좋을지 정말 모르게 되었다.

笑也不是, 不笑也不是, 真让人尴尬。

웃는 것도 아니고, 안 웃는 것도 아니고, 진짜 사람을 난감하게 한다.

[七一九 132] X也好/也罢, Y也好/也罢

去也好, 不去也好, 反正不是什么大不了的事。

가든지 안 가든지, 어쨌든 뭐 그리 대단한 일은 아니다.

快乐也好, 伤心也好, 这个故事就要结束了。

즐겁든 슬프든, 이 이야기는 곧 끝날 것이다.

你也罢, 我也罢, 都帮不了什么忙。

너든 나든, 아무 것도 도울 수가 없다.

喜欢也罢, 愤怒也罢, 终究都是一种情绪。

좋든 싫든, 결국은 모두 감정일 뿐이다.

[七—九 133] X了又Y, Y了又X

他装了又拆, 拆了又装, 修理了一整天。

그는 조립했다가 분해하고, 분해했다가 또 조립하면서, 하루 온종일 수리를 했다.

小朋友写了又擦, 擦了又写, 正在认真地练习写汉字。

꼬마는 썼다가 지우고, 지우고 또 쓰며, 한자 쓰기를 열심히 연습하고 있다.

[七—九 134] X也X不……, Y也Y不……

妈妈还处于担心的状态中, 吃也吃不下, 睡也睡不着。

어머니는 여전히 걱정하는 중이라, 먹는 것도 먹지 못하시고, 잠도 주무시지 못한다.

父母与孩子的关系就是这样, 赶也赶不走, 留也留不住。

부모와 아이의 관계가 이렇다. 쫓아 내어도 쫓아낼 수 없고, 붙잡아도 붙잡아 두지 못한다.

[七—九 135] 别提(有)多X了

刚才买的那件衣服, 别提多好看了。

조금 전에 산 그 옷이 얼마나 예쁜지 말도 마라.

听到爸爸的声音, 她别提有多兴奋了。

아버지의 목소리를 듣자, 그녀가 얼마나 흥분했는지 말도 마라.

[七—九 136] 不知X的

不知怎么的, 我的眼泪止不住地往下流。

어떻게 된 건지 모르겠지만, 내 눈물이 그칠 줄 모르고 계속 흘렀다.

不知谁说的, 他才是凶手。

누가 말한 건지 모르겠지만, 그야 말로 살인범이다.

[七—九 137] 话(说)是这么说, 不过/可/可是……

话是这么说, 不过她还是不习惯。

말은 이렇게 하지만, 그러나 그녀는 여전히 익숙하지 않다.

说是这么说, 可对方要是真这么干, 那我们也做不了什么。

말은 이렇게 하지만, 그러나 상대방이 진짜 이렇게 한다면, 그럼 우리도 아무것도 할 수가 없다.

[七一九 138] 看/瞧你那(X)样

看你那伤心样, 还以为你这回真的好不到哪里去了。

슬퍼하는 네 모습을 보니, 이번에도 별로 좋을 것 같지 않구나.

瞧你那样, 还挺得意。

그런 꼴을 보고도, 아주 의기양양하구나.

[七一九 139] 看在X的面子上

我是看在她的面子上才答应的。

나는 그녀의 체면을 봐서 겨우 허락해 주었다.

三位客人看在老人的面子上又坐下了。

세 명의 손님은 노인의 체면을 봐서 다시 자리에 앉았다.

[七一九 140] 哪有X这么Y的/有X这样Y的吗?

哪有你这么过分的?好处全让你给占了。

너처럼 이렇게 심한 사람이 어디에 있니? 좋은 것은 전부 네가 차지했잖아.

哪有你这么直接的?给他留点儿面子呀。

너처럼 이렇게 직접적인 사람이 어디에 있니? 그의 체면도 좀 세워줘라.

有他这样做人的吗?总是在背后说人家坏话。

그처럼 이렇게 하는 사람이 있니? 항상 뒤에서 남을 험담하잖니.

[七一九 141] 什么X的Y的

什么你的我的, 都是大家的。

네 것 내 것이 어디에 있니, 모두 우리들의 것이다.

什么好的坏的, 我们买的都是一样的。

좋은 것 나쁜 것이 어디에 있니, 우리가 산 것은 모두 같은 것이다.

[七一九 142] 说到/想到哪儿去了

你看你, 说到哪儿去了, 我说的是买蛋糕的问题。

봐 봐, 어디까지 얘기했지, 내가 말하는 것은 케이크를 사는 문제야.

你想到哪儿去了!我肯定不会跟别人说的。

너는 어디까지 생각하는 거니? 나는 다른 사람한테 절대 이야기 하지 않을 거야.

[七—九 143] 无所谓X不X

无所谓好看不好看，我满意就行。

보기 좋든 보기 싫든 상관없다. 내가 만족하면 그만이다.

无所谓贵不贵，质量好就可以。

비싸든지 싸든지 상관없다, 품질만 좋으면 된다.

[七—九 144] 要X有/没X，要Y有/没Y

她要成绩有成绩，要形象有形象。

그녀는 성적이면 성적, 외모면 외모를 모두 갖추었다.

他要学历没学历，要胆子没胆子。

그는 학력이면 학력, 용기면 용기 어떤 것도 없다.

A.7.8 문단

A.7.8.1 형식에 따른 분류

[七—九 145] 연관어구를 가지는 경우

除了记忆能力差之外，我还有其他的缺点，这些缺点在很大程度上使我变得无知。因为我脑子慢、糊涂，周围环境稍有变化就会看不清楚。因此，即使是十分容易解开的谜，我也从不要求自己去解。

기억력이 부족한 것을 제외하고도, 나는 또 다른 결점이 있다. 이 결점들은 상당 부분 나를 무지하게 변화시켰다. 왜냐하면 내 머리는 느리고, 멍청하여 주위 환경이 조금이라도 변하면 분명하게 알아차리지 못하기 때문이다. 그러므로 설령 아주 쉽게 풀리는 수수께끼라도, 나는 여태껏 내 스스로 해결하려고 한 적이 없다.

您花上几天时间，到处寻找，也可能没有一点儿收获。假如一个上午能找到两三片化石，那么这个上午就可以说是终生难忘的时刻了。然而，上个月我们竟然有过三次"终生难忘的时刻"。

당신이 며칠 동안의 시간을 들여, 곳곳을 찾으러 다닌다 해도, 아무런 수확도 없을 수가 있다. 만약 어느 날 오전에 두세 조각의 화석을 찾았다면, 그럼 이날 오전은 인생에서 잊지 못할 순간이라고 할 수 있을 것이다. 그런데 뜻밖에도 우리는 지난달에 3번의 '인생에서 잊지 못할 순간'이 있었다.

[七—九 146] 연관어구가 없는 경우

风，更猛了。雪，更大了。我们每前进一步，更艰难了。

바람은 더욱 세졌다. 눈은 더욱 많이 내렸다. 우리가 한 걸음씩 나아갈 때마다 더욱 힘들어졌다.
盼望着, 东风来了, 春天的脚步近了。一切事物都像刚出生的孩子, 柔柔的, 嫩嫩的。草绿了, 花开了, 河面上的冰雪也开始融化了。
간절히 희망하자, 동풍이 불었다. 봄의 발자국이 가까워졌다. 모든 사물들이 막 태어난 아이처럼, 부드럽고, 말랑말랑했다. 풀잎이 파래지고, 꽃이 피고, 강 위의 눈 얼음도 녹기 시작했다.

A.7.8.2 의미에 따른 분류

[七—九 147] 연합관계: 병렬문단 연접문단, 점층문단, 선택문단, 해설문단, 개괄문단

在一起一年多了。时间虽然不长, 但是哥哥再也没有胃疼得起不来了, 那是因为我每天早上硬拉他起来吃早饭。我呢, 更是体会到了被人悉心照料的感觉。从此我们的生活就多了一份彼此间的牵挂。(承接句群)
함께 한 지 1년이 넘었습니다. 시간이 비록 길지는 않지만 형은 더 이상 위가 아파서 일어나지 못하지는 않습니다. 그것은 내가 매일 아침 그를 억지로 깨워서 아침을 먹게 했기 때문일 겁니다. 저는요, 또한 다른 사람에게 세심한 보살핌을 받고 있다는 느낌을 받았습니다. 이때부터 우리의 생활에는 서로에 대한 걱정이 한 가지 늘어났습니다. (연접문단)
运动场聚集了很多人。来长跑的有大学的音乐系教授、中文系教授, 有跳高运动员、跳远运动员、游泳运动员、长跑运动员, 有那个写了一部小说的作家, 还有各个大学的大学生。总而言之吧, 那时候小小的农场真可谓人才聚集, 全省的本事人基本上都到这里来了。(总括句群)
운동장에 많은 사람들이 모였다. 장거리 달리기에 참가한 사람에는 대학의 음악과 교수와 중문과 교수, 높이뛰기 선수, 멀리뛰기 선수, 수영 선수, 장거리 달리기 선수가 있고, 소설 한 편을 쓴 작가가 있으며, 게다가 각 대학의 대학생들도 있다. 결론부터 말하자면, 그때 작은 농장은 정말 인재들의 집합소라고 불릴 만했으며, 모든 성(省)의 능력 있는 거의 대부분의 사람들이 이곳에 왔다. (개괄문단)

[七—九 148] 수식관계: 조건문단, 인과문단, 목적문단, 전환문단, 가정문단, 양보문단

他们俩正是这样有思想的一对青年。在当时新思想的影响下, 他们走上了革命之路。不少人热情地歌颂了他们的反抗和爱情, 但是鲁迅先生以敏锐的目光看到了这种反抗和爱情中所包含的悲剧因素。(转折句群)
그 두 사람은 바로 이런 사상을 가진 젊은 커플이었다. 당시 새로운 사상의 영향 아래에서 그들은 혁명의 길로 들어섰다. 많은 사람들이 그들의 반항과 사랑을 열렬히 칭송했다. 그러나 루쉰 선생은 이런 반항과 사랑에 담긴 비극적 요소를 예리한 시선으로 바라보았다. (전환문단)
单位楼下的路口, 新开了两家卖早餐的店, 早餐的主要顾客, 是在附近写字楼上班的人。虽然卖着同样的早餐, 味道差不多, 价格也一样, 而且每天早上每家店前都排满了顾客, 但月底一计算, 东边胖大姐的利润却是西边瘦大姐的两倍多。仔细观察一番才发现, 原来差别竟出在经营策略上——瘦大姐坚持自己十几年卖早餐的传统方式, 每收一个顾客的钱, 就卷一个饼, 然后收下一个顾客的钱, 再卷一个饼。而胖大姐则截然不同, 她事先把做好的饼摆整齐, 自己只管收钱和找钱, 前面并排放着五双筷子, 让交完钱的顾客自己动手卷菜。(因果句群)
회사 건물 아래의 길목에 아침식사를 파는 가게 두 곳이 생겼다. 아침식사의 주요 고객은 인근 빌딩에 출근하는 사람들이다. 비록 두 곳은 동일한 아침 메뉴를 팔고 맛도 비슷하고 가격도 동일하며, 게다가 매일 아침 두 가게 앞에는 손님들의 줄로 가득하다. 그러나 월말에 계산을 해보면 동쪽의 뚱뚱한 아주머니의 이윤이 서쪽 마른 아주머니 보다 두 배 많았다. 자세히 관찰하고 나서야 차이가 경영 전략에서 비롯된 것임을 발견하였다. 마른 아주머니는 자신이 10년 넘게 아침을 판매한 전통방식을 고수했다. 손님의 돈을 받을 때마다, 빙을 하나 말았으며, 그리고 나서 다음 고객의 돈을 받으면, 다시 빙을 하나 말았다. 그러나 뚱뚱한 아주머니는 완전히 달랐다, 그녀는 미리 다 만들어진 빙을 가지런히 차려놓고, 자신은 돈을 받고 거스름 돈을 내어주는 것만을 관리했다. 앞에는 젓가락 다섯 쌍을 두고, 돈을 지불한 손님에게 직접 채소를 말도록 했다. (인과문단)

02 용어 대조표

12품사 등

한국어 용어(약칭)	중국어 용어
명사[명]	名词
대사[대]	代词
동사[동]	动词
형용사[형]	形容词
수사[수]	数词
양사[양]	量词
부사[부]	副词
개사[개]	介词
접속사[접]	连词
조사[조]	助词
의성사[의]	拟声词
감탄사[감]	感叹词
접두사[접두]	前缀
접미사[접미]	后缀

서문 용어표

한국어 용어	중국어 용어
3등급 9급수	三等九级
4가지 기준	四维基准
관용어	习用语
국가언어문자공작위원회	国家语言文字工作委员会
급수	级别
논설문	议论文
다문화 소통 능력	跨文化交际能力
단락(을 이루는)	成段

한국어 용어	중국어 용어
대외언어교류협력센터	中外语言交流合作中心
동시통역	同声传译
등급	等次
문단	语段
발췌 독해(독서의 종류 중 하나)	跳读
사회적 교류	社会交往
수행통역	陪同口译
순차통역	交替传译
어구	语句
언어 교류 능력	言语交际能力
언어 능력 수치화 지표	语言量化指标
언어문자규범표준심의위원회	语言文字规范标准审定委员会
언어문자정보관리사	语言文字信息管理司
중국어 수준 등급 표준	中文水平等级标准
중문(중국어)	中文
중요 독해(약독, 독서의 종류 중 하나)	略读
텍스트	语篇
화제와 임무	话题任务内容

어휘+어법포인트 용어표

한국어 용어	중국어 용어
'是'자문	'是'字句
'有'자문	'有'字句
'把'자문	'把'字句
'被'자문	'被'字句
4자구	四字格
가정문단	假设句群
가정복문	假设复句
감탄문	感叹句
감탄사	叹词

한국어 용어	중국어 용어
개괄문단	总括句群
개사빈어구	介宾短语
개사	介词
결과보어	结果补语
결과빈어	结果宾语
겸어구	兼语短语
겸어문	兼语句
경험태	经历态
고정구	固定短语
고정형식	固定格式
공기	共现
구	短语
구(명사성구)	词组
구어형식	口语格式
구조유형	结构类型
구조조사	结构助词
긍부정의문문	正反问句
기능유형	功能类型
능원동사	能愿动词
다중복문	多重复句
다항상황어	多项状语
다항한정어	多项定语
단문	单句
단어	词
단순방향보어	简单趋向补语
대사	代词
대상빈어	受事宾语
대상주어	受事主语
도구빈어	工具宾语
동격구	同位短语

한국어 용어	중국어 용어
동량보어	动量补语
동량사	动量词
동사보어구	动补短语
동사보어식이합구조	动补式离合词
동사빈어구	动宾短语
동사빈어식이합구조	动宾式离合词
동사	动词
동사구	动词短语
동사서술어문	动词谓语句
동사성구	动词性短语
동사성어구	动词性词语
동사중복사	重动词
동태조사/시태조사	动态助词
명량사	名量词
명사	名词
명사서술어문	名词谓语句
명사성어구	名词性词语
명사성구	名词性短语
목적문단	目的句群
목적복문	目的复句
목적빈어	目的宾语
무생물체	非生物体
무표지	无标记
문단	句群
문장	句子
문장성분	句子成分
문장유형(화용구조문)	句类
문형(통사구조문)	句型
반어문	反问句
방식부사	方式副词

한국어 용어	중국어 용어
방식빈어	方式宾语
방위구	方位短语
방위명사	方位名词
방향보어	趋向补语
범위부사	范围副词
변화태	变化态
병렬문단	并列句群
병렬복문	并列复句
보어	补语
복문	复句
복합양사	复合量词
부사	副词
부정부사	否定副词
비교문	比较句
비주어서술어문	非主谓句
비한정 지칭	不定指
빈도부사	频率副词
빈어	宾语
상태보어	状态补语
상황어	状语
생략	省略
서수	序数
서수사	序数词
서술어	谓语
선택문단	选择句群
선택복문	选择复句
선택의문문	选择问句
수량구	数量短语
수량보어	数量补语
수사	数词

한국어 용어	중국어 용어
수식관계	偏正关系
수식구	偏正短语
시간부사	时间副词
시량사	时量词
심리동사	心理动词
양보문단	让步句群
양보복문	让步复句
양사	量词
양태부사	情态副词
어기부사	语气副词
어기조사	语气助词
어림수	概数
어법 포인트	语法点
연관부사	关联副词
연관어구	关联词语
연동문	连动句
연속서술어구	连谓短语
연접문단	承接句群
연접복문	承接复句
연합관계	联合关系
연합구	联合短语
완료태	完成态
의문대사	疑问代词
의문문	疑问句
의문사의문문	特指问句
의문억양(어조)	疑问语调
의미상피동문	意念被动句
의성사	拟声词
이중복문	二重复句
이중부정	双重否定

한국어 용어	중국어 용어
이중빈어문	双宾语句
인과문단	因果句群
인과복문	因果复句
인칭대사	人称代词
임의지칭	任指
장소빈어	处所宾语
재료빈어	材料宾语
재지시	复指
전환문단	转折句群
전환복문	转折复句
절	分句
점층문단	递进句群
점층복문	递进复句
접두어	前缀
접미어	后缀
접속사	连词
정도보어	程度补语
정도부사	程度副词
정태부사	情态副词
조건문단	条件句群
조건복문	条件复句
조사	助词
존현문	存现句
주어	主语
주어서술어구	主谓短语
주어서술어문	主谓句
주어서술어서술어문	主谓谓语句
준접두어	类前缀
준접미어	类后缀
중복부사	重复副词

한국어 용어	중국어 용어
지속태	持续态
지시대사	指示代词
진행태	进行态
차용양사	借用量词
처리	处置
청원문	祈使句
초래	致使
추상적 사물	抽象事物
축약복문	紧缩复句
태	态
특수문형	特殊句型
파생용법	引申用法
판단의문문	是非问句
평서문	陈述句
품사	词类
피동문	被动句
한정어	定语
해설문단	解说句群
해설복문	解说复句
행위자	施事
행위자빈어	施事宾语
협력부사	协同副词
형용사	形容词
형용사서술어문	形容词谓语句
형용사성구	形容词性短语
형용사성어구	形容词性词语
형태소	语素

03 음절표

1급 음절표

1	ài	29	chuān	57	fàng	85	huā
2	bā	30	chuáng	58	fēi	86	huà
3	bà	31	cì	59	fēn	87	huài
4	ba	32	cóng	60	fēng	88	huān
5	bái	33	cuò	61	fú	89	huán
6	bǎi	34	dá	62	gān	90	huí
7	bān	35	dǎ	63	gàn	91	huì
8	bàn	36	dà	64	gāo	92	huǒ
9	bāng	37	dàn	65	gào	93	jī
10	bāo	38	dào	66	gē	94	jǐ
11	bēi	39	dé	67	gè	95	jì
12	běi	40	de	68	gěi	96	jiā
13	bèi	41	děng	69	gēn	97	jià
14	běn	42	dì	70	gōng	98	jiān
15	bǐ	43	diǎn	71	guān	99	jiàn
16	biān	44	diàn	72	guǎn	100	jiāo
17	bié	45	dōng	73	guì	101	jiào
18	bìng	46	dòng	74	guó	102	jiě
19	bù	47	dōu	75	guǒ	103	jiè
20	cài	48	dú	76	guò	104	jīn
21	chá	49	duì	77	hái	105	jìn
22	chà	50	duō	78	hàn	106	jīng
23	cháng	51	è	79	hǎo	107	jìng
24	chǎng	52	ér	80	hào	108	jiǔ
25	chàng	53	èr	81	hē	109	jiù
26	chē	54	fàn	82	hé	110	jué
27	chī	55	fāng	83	hěn	111	kāi
28	chū	56	fáng	84	hòu	112	kàn

113	kǎo
114	kě
115	kè
116	kǒu
117	kuài
118	lái
119	lǎo
120	le
121	lèi
122	lěng
123	lǐ
124	liǎng
125	líng
126	liù
127	lóu
128	lù
129	mā
130	mǎ
131	ma
132	mǎi
133	màn
134	máng
135	máo
136	me
137	méi
138	mèi
139	mén
140	men
141	mǐ
142	miàn
143	míng
144	ná

145	nǎ
146	nà
147	nǎi
148	nán
149	nǎo
150	ne
151	néng
152	nǐ
153	nián
154	nín
155	niú
156	nǚ
157	páng
158	pǎo
159	péng
160	piào
161	qī
162	qǐ
163	qì
164	qián
165	qǐng
166	qiú
167	qù
168	rè
169	rén
170	rèn
171	rì
172	ròu
173	sān
174	shān
175	shāng
176	shàng

177	shǎo
178	shào
179	shéi
180	shēn
181	shén
182	shēng
183	shī
184	shí
185	shì
186	shǒu
187	shū
188	shù
189	shuí
190	shuǐ
191	shuì
192	shuō
193	sì
194	sòng
195	sù
196	suì
197	tā
198	tài
199	tǐ
200	tiān
201	tiáo
202	tīng
203	tóng
204	tú
205	wài
206	wán
207	wǎn
208	wǎng

209	wàng
210	wén
211	wèn
212	wǒ
213	wǔ
214	xī
215	xí
216	xǐ
217	xì
218	xià
219	xiān
220	xiàn
221	xiǎng
222	xiǎo
223	xiào
224	xiē
225	xiě
226	xiè
227	xīn
228	xīng
229	xíng
230	xìng
231	xiū
232	xué
233	yàng
234	yào
235	yé
236	yě
237	yè
238	yī
239	yǐng
240	yòng

241	yǒu	249	zǎo	257	zhī	265	zǒu
242	yòu	250	zěn	258	zhōng	266	zuì
243	yǔ	251	zhàn	259	zhòng	267	zuó
244	yuán	252	zhǎo	260	zhù	268	zuǒ
245	yuǎn	253	zhè	261	zhǔn	269	zuò
246	yuàn	254	zhe	262	zhuō		
247	yuè	255	zhēn	263	zǐ		
248	zài	256	zhèng	264	zì		

2급 음절표

1	a	22	chūn	43	gǎi	64	huó
2	ān	23	cí	44	gǎn	65	huò
3	bǎn	24	dā	45	gāng	66	jí
4	bǎo	25	dài	46	gèng	67	jiǎ
5	bào	26	dān	47	gòng	68	jiǎn
6	bì	27	dāng	48	gǒu	69	jiǎng
7	biàn	28	dǎo	49	gòu	70	jiǎo
8	biǎo	29	dēng	50	gù	71	jiē
9	cái	30	dī	51	guàn	72	jié
10	cān	31	diào	52	guǎng	73	jǔ
11	cǎo	32	dìng	53	guo	74	jù
12	céng	33	dǒng	54	hǎi	75	kǎ
13	chāo	34	dù	55	hǎn	76	kāng
14	chén	35	duǎn	56	háng	77	kào
15	chēng	36	duàn	57	hēi	78	kē
16	chéng	37	fā	58	hóng	79	kōng
17	chóng	38	fǎ	59	hū	80	kòng
18	chǔ	39	fà	60	hú	81	kū
19	chù	40	fèn	61	hù	82	lā
20	chuán	41	fù	62	huàn	83	lán
21	chuī	42	gāi	63	huáng	84	lè

85	lí
86	lì
87	liǎn
88	liàn
89	liáng
90	liàng
91	liú
92	lǚ
93	lǜ
94	lùn
95	mài
96	mǎn
97	māo
98	mò
99	mù
100	niǎo
101	nòng
102	nǚ
103	pá
104	pà
105	pái
106	pèng
107	piān
108	pián
109	piàn
110	píng
111	pǔ
112	qí
113	qiān

114	qiáng
115	qiě
116	qīng
117	qíng
118	qiū
119	qǔ
120	quán
121	què
122	rán
123	ràng
124	rú
125	rù
126	sè
127	shěng
128	shǐ
129	shōu
130	shóu
131	shòu
132	shú
133	shǔ
134	shùn
135	sī
136	suàn
137	suī
138	suí
139	suǒ
140	táng
141	tǎo
142	tào

143	tè
144	téng
145	tí
146	tiě
147	tíng
148	tǐng
149	tōng
150	tóu
151	tuī
152	tuǐ
153	wàn
154	wáng
155	wéi
156	wèi
157	wēn
158	wù
159	xiāng
160	xiàng
161	xié
162	xìn
163	xū
164	xǔ
165	xuǎn
166	xuě
167	yán
168	yǎn
169	yáng
170	yǎng
171	yāo

172	yí
173	yǐ
174	yì
175	yīn
176	yín
177	yìn
178	yīng
179	yíng
180	yìng
181	yǒng
182	yóu
183	yú
184	yù
185	yún
186	yùn
187	zán
188	zāng
189	zhǎng
190	zhào
191	zhě
192	zhí
193	zhǐ
194	zhōu
195	zhǔ
196	zhuāng
197	zū
198	zǔ
199	zuǐ

3급 음절표

1	àn	32	guà	63	mìng	94	shè
2	bǎ	33	guài	64	mǒu	95	shèng
3	biāo	34	guāng	65	mǔ	96	shuāng
4	bō	35	guī	66	nèi	97	sǐ
5	bǔ	36	hā	67	niàn	98	tái
6	cǎi	37	hài	68	niáng	99	tán
7	chǎn	38	huá	69	nóng	100	tāng
8	cháo	39	hūn	70	nuǎn	101	tián
9	chǎo	40	jiāng	71	pāi	102	tiào
10	chèn	41	jǐn	72	pài	103	tòng
11	chí	42	jǐng	73	pàn	104	tū
12	chōng	43	kā	74	pàng	105	tǔ
13	chú	44	kǒng	75	pèi	106	tuán
14	chuàng	45	kǔ	76	pī	107	tuì
15	cǐ	46	kù	77	pí	108	wēi
16	cūn	47	kuàng	78	pǐn	109	wěi
17	cún	48	kùn	79	pò	110	wò
18	dāo	49	làng	80	qiáo	111	wū
19	dǐ	50	lián	81	qiǎo	112	xiǎn
20	dū	51	liǎo	82	qiè	113	xiāo
21	dùn	52	liè	83	qīn	114	xù
22	fán	53	lǐng	84	qìng	115	xuān
23	fǎn	54	lìng	85	qū	116	xùn
24	fǎng	55	lóng	86	quē	117	yā
25	fèi	56	luàn	87	qún	118	yān
26	fǒu	57	luò	88	réng	119	yàn
27	fū	58	má	89	róng	120	yōu
28	gài	59	mào	90	sài	121	yuē
29	gé	60	měi	91	sàn	122	zá
30	gū	61	mí	92	shā	123	zào
31	gǔ	62	mín	93	shàn	124	zé

125	zēng
126	zhǎn
127	zhāng
128	zhēng
129	zhěng
130	zhì
131	zhǒng
132	zhū
133	zhuā
134	zhuān
135	zhuǎn
136	zhuàng
137	zhuī
138	zī
139	zǒng
140	zú

4급 음절표

1	ā
2	ǎi
3	bài
4	báo
5	bèn
6	bīng
7	cā
8	cāo
9	cè
10	chè
11	chǐ
12	chōu
13	chuāng
14	chún
15	cū
16	cù
17	cùn
18	děi
19	dí
20	dǐng
21	dòu
22	dǔ
23	ě
24	ěr
25	fān
26	féi
27	fǔ
28	guā
29	guàng
30	hán
31	háo
32	huái
33	huǎn
34	huī
35	jiàng
36	jiū
37	jū
38	jú
39	juǎn
40	juàn
41	jūn
42	kuān
43	kuò
44	là
45	láng
46	léi
47	lěi
48	liǎ
49	liáo
50	liào
51	lín
52	lún
53	mèng
54	mì
55	miǎn
56	miáo
57	mō
58	mó
59	na
60	nào
61	níng
62	pán
63	péi
64	pó
65	qiǎn
66	qiē
67	qióng
68	quān
69	ruò
70	sǎn
71	sǎo
72	sēn
73	shài
74	shǎn
75	shǎng
76	shāo
77	shèn
78	shuā
79	shuài
80	sōng
81	sú
82	suān
83	sūn
84	suō
85	tǎng
86	tī
87	tì
88	tiāo
89	tiǎo
90	tiē
91	tǒng
92	tòu
93	tuō
94	wà
95	wān
96	wěn
97	wú
98	xián
99	xǐng
100	xiōng

101	xiù
102	xún
103	yá
104	yà
105	ya
106	yáo
107	yǐn
108	zǎi
109	zàn
110	zhàng
111	zhāo
112	zháo
113	zhé
114	zhèn
115	zhú
116	zōng

5급 음절표

1	bá
2	bàng
3	bí
4	bīn
5	bǐng
6	bó
7	cāi
8	chā
9	chāi
10	chái
11	chóu
12	chǒu
13	chòu
14	chuǎng
15	cōng
16	cuì
17	dāi
18	dǎn
19	dǎng
20	diū
21	duī
22	dūn
23	duǒ
24	fá
25	gǎo
26	gēng
27	gōu
28	guǐ
29	gǔn
30	guō
31	hè
32	hèn
33	hóu
34	hǔ
35	huāng
36	huǐ
37	ké
38	kěn
39	kuǎn
40	kuáng
41	kuī
42	lǎn
43	làn
44	lǎng
45	láo
46	lòu
47	luó
48	mà
49	mián
50	miǎo
51	mǐn
52	mú
53	nài
54	nàn
55	ǒu
56	pēn
57	pén
58	pǐ
59	pīn
60	pín
61	pō
62	pú
63	qiàn
64	qiāng
65	qiǎng
66	qiāo
67	qín
68	quàn
69	rǎn
70	rǎo
71	rào
72	rěn
73	rēng
74	ruǎn
75	rùn
76	sǎ
77	shǎ
78	shé
79	shě
80	shuāi
81	shuò
82	sōu
83	sǔn
84	tǎn
85	táo
86	tōu
87	tù
88	xiáng
89	xióng
90	yāng
91	yǎo
92	yōng
93	zāi
94	zāo
95	zèng
96	zhāi
97	zhěn
98	zūn

6급 음절표

1	āi
2	ái
3	ào
4	bǎng
5	bēn
6	bī
7	biǎn
8	cán
9	cǎn
10	cāng
11	cáng
12	chāng
13	chǒng
14	chòng
15	chuàn
16	dàng
17	diē
18	duān
19	duó
20	é
21	ēn
22	fěn

23	fèng
24	fó
25	gǎng
26	gǒng
27	guǎi
28	héng
29	hùn
30	juān
31	kān
32	kàng
33	kòu
34	kuà
35	la
36	lài
37	lú
38	lüè
39	mái
40	mán
41	mēng
42	méng
43	měng
44	miào

45	miè
46	móu
47	ní
48	niǔ
49	nù
50	nuò
51	pào
52	pìn
53	pū
54	pù
55	qià
56	qié
57	qú
58	rǔ
59	sāi
60	sàng
61	sháo
62	shěn
63	shuǎng
64	sū
65	tǎ
66	tà

67	tàn
68	tàng
69	tāo
70	tūn
71	wā
72	wá
73	wa
74	xuán
75	xuè
76	yūn
77	yǔn
78	zàng
79	zhā
80	zhà
81	zhái
82	zhài
83	zhuàn
84	zòng
85	zòu
86	zuān

7-9급 음절표

1	áng
2	āo
3	áo
4	bāi
5	bēng
6	bèng

7	biē
8	biè
9	bo
10	càn
11	cáo
12	cèng

13	chān
14	chán
15	chàn
16	chě
17	chěng
18	chèng

19	chì
20	chuāi
21	chuǎi
22	chuài
23	chuǎn
24	chuí

25	chǔn
26	chuō
27	chuò
28	còu
29	cuàn
30	cuī
31	cuō
32	dǎi
33	dèng
34	diān
35	diāo
36	dié
37	dīng
38	dǒu
39	dǔn
40	duò
41	fěi
42	fén
43	féng
44	fěng
45	gà
46	gàng
47	gěng
48	guǎ
49	guāi
50	gùn
51	hān
52	hén
53	hēng
54	hèng
55	hōng
56	hǒng

57	hòng
58	hǒu
59	huǎng
60	huàng
61	hún
62	huō
63	jiá
64	jiáo
65	jiǒng
66	juè
67	jùn
68	kǎi
69	kǎn
70	káng
71	kēng
72	kōu
73	kuā
74	kuǎ
75	kuāng
76	kuí
77	kuì
78	kūn
79	kǔn
80	lǎ
81	lāo
82	lào
83	lēi
84	léng
85	lèng
86	liē
87	liě
88	līn

89	lìn
90	liū
91	liǔ
92	lǒng
93	lǒu
94	lǔ
95	luán
96	luǎn
97	lūn
98	luǒ
99	mǎng
100	mēn
101	mèn
102	miù
103	mǒ
104	náng
105	náo
106	něi
107	nèn
108	nì
109	niàng
110	niào
111	niē
112	nǐng
113	nìng
114	nú
115	nüè
116	nuó
117	ò
118	ōu
119	pā
120	pān

121	pāng
122	pāo
123	páo
124	pēi
125	pēng
126	pěng
127	pì
128	piāo
129	piě
130	pīng
131	pōu
132	qiā
133	qiǎ
134	qiàng
135	qiào
136	qǐn
137	quǎn
138	rǎng
139	ráo
140	rě
141	rǒng
142	róu
143	ruì
144	sā
145	sà
146	sāng
147	sǎng
148	sāo
149	sào
150	sēng
151	shà
152	shāi

153	shē
154	shéng
155	shi
156	shuǎ
157	shuǎi
158	shuān
159	shuàn
160	sǒng
161	sòu
162	suǐ
163	tāi
164	tān
165	tiǎn
166	tuí
167	tún
168	tuó
169	tuǒ
170	tuò
171	wǎ
172	wāi
173	wāng
174	wēng
175	wō
176	xiā
177	xiá
178	xiáo
179	xiǔ
180	xú
181	xuàn
182	xuē
183	xūn
184	yǎ
185	yē
186	yuān
187	zā
188	zǎn
189	záo
190	zéi
191	zhá
192	zhǎ
193	zhǎi
194	zhān
195	zhē
196	zhóu
197	zhòu
198	zhuǎ
199	zhuài
200	zhuì
201	zhuó
202	zuàn

04 | 한자표

1급 한자표

1	爱
2	八
3	爸
4	吧
5	白
6	百
7	班
8	半
9	帮
10	包
11	杯
12	北
13	备
14	本
15	比
16	边
17	别
18	病
19	不
20	菜
21	茶
22	差
23	常
24	场
25	唱
26	车
27	吃
28	出

29	穿
30	床
31	次
32	从
33	错
34	答
35	打
36	大
37	蛋
38	到
39	道
40	得
41	地
42	的
43	等
44	弟
45	第
46	点
47	电
48	店
49	东
50	动
51	都
52	读
53	对
54	多
55	饿
56	儿

57	二
58	饭
59	方
60	房
61	放
62	飞
63	非
64	分
65	风
66	服
67	干
68	高
69	告
70	哥
71	歌
72	个
73	给
74	跟
75	工
76	关
77	馆
78	贵
79	国
80	果
81	过
82	还
83	孩
84	汉

85	好
86	号
87	喝
88	和
89	很
90	后
91	候
92	花
93	话
94	坏
95	欢
96	回
97	会
98	火
99	机
100	鸡
101	几
102	记
103	家
104	假
105	间
106	见
107	教
108	叫
109	觉
110	姐
111	介
112	今

113	进
114	京
115	净
116	九
117	就
118	开
119	看
120	考
121	渴
122	客
123	课
124	口
125	块
126	快
127	来
128	老
129	了
130	累
131	冷
132	里
133	两
134	零
135	六
136	楼
137	路
138	妈
139	马
140	吗
141	买
142	慢
143	忙
144	毛
145	么
146	没
147	妹
148	门
149	们
150	米
151	面
152	名
153	明
154	拿
155	哪
156	那
157	奶
158	男
159	南
160	难
161	脑
162	呢
163	能
164	你
165	年
166	您
167	牛
168	女
169	旁
170	跑
171	朋
172	票
173	七
174	期
175	起
176	气
177	汽
178	前
179	钱
180	请
181	球
182	去
183	热
184	人
185	认
186	日
187	肉
188	三
189	山
190	商
191	上
192	少
193	绍
194	身
195	什
196	生
197	师
198	十
199	时
200	识
201	事
202	试
203	视
204	是
205	手
206	书
207	树
208	谁
209	水
210	睡
211	说
212	四
213	送
214	诉
215	岁
216	他
217	她
218	太
219	体
220	天
221	条
222	听
223	同
224	图
225	外
226	玩
227	晚
228	网
229	忘
230	文
231	问
232	我
233	五
234	午
235	西
236	息
237	习
238	洗
239	喜
240	系

241	下
242	先
243	现
244	想
245	小
246	校
247	笑
248	些
249	写
250	谢
251	新
252	星
253	行
254	兴
255	休

256	学
257	样
258	要
259	爷
260	也
261	页
262	一
263	衣
264	医
265	影
266	用
267	友
268	有
269	右
270	雨

271	语
272	元
273	远
274	院
275	月
276	再
277	在
278	早
279	怎
280	站
281	找
282	这
283	着
284	真
285	正

286	知
287	中
288	重
289	住
290	准
291	桌
292	子
293	字
294	走
295	最
296	昨
297	左
298	作
299	坐
300	做

2급 한자표

1	啊
2	安
3	般
4	板
5	办
6	饱
7	报
8	背
9	笔
10	必
11	变
12	便
13	遍
14	表

15	部
16	才
17	参
18	餐
19	草
20	层
21	查
22	长
23	超
24	晨
25	称
26	成
27	楚
28	处

29	船
30	吹
31	春
32	词
33	带
34	单
35	但
36	当
37	倒
38	灯
39	低
40	典
41	掉
42	定

43	冬
44	懂
45	度
46	短
47	段
48	队
49	而
50	发
51	法
52	份
53	封
54	复
55	该
56	改

57	感
58	刚
59	更
60	公
61	共
62	狗
63	够
64	故
65	顾
66	观
67	惯
68	广
69	海
70	喊
71	合
72	河
73	黑
74	红
75	忽
76	湖
77	护
78	划
79	画
80	换
81	黄
82	活
83	或
84	级
85	急
86	己
87	计
88	际

89	绩
90	加
91	检
92	件
93	健
94	讲
95	交
96	角
97	饺
98	脚
99	接
100	街
101	节
102	结
103	借
104	斤
105	近
106	经
107	睛
108	静
109	久
110	酒
111	举
112	句
113	卡
114	康
115	靠
116	科
117	可
118	克
119	刻
120	空

121	哭
122	筷
123	拉
124	蓝
125	篮
126	乐
127	离
128	礼
129	理
130	力
131	利
132	例
133	脸
134	练
135	凉
136	亮
137	辆
138	量
139	留
140	流
141	旅
142	绿
143	论
144	卖
145	满
146	猫
147	末
148	目
149	鸟
150	弄
151	努
152	爬

153	怕
154	排
155	碰
156	篇
157	片
158	漂
159	平
160	瓶
161	普
162	其
163	骑
164	千
165	墙
166	且
167	青
168	轻
169	清
170	情
171	晴
172	秋
173	求
174	取
175	全
176	确
177	然
178	让
179	如
180	入
181	色
182	声
183	省
184	实

185	食
186	使
187	示
188	市
189	适
190	室
191	收
192	受
193	舒
194	熟
195	数
196	顺
197	司
198	思
199	算
200	虽
201	随
202	所
203	它
204	态
205	堂
206	讨
207	套
208	特
209	疼
210	提
211	题
212	铁
213	庭

214	停
215	挺
216	通
217	头
218	推
219	腿
220	完
221	碗
222	万
223	王
224	往
225	为
226	位
227	味
228	喂
229	温
230	闻
231	务
232	物
233	夏
234	相
235	响
236	向
237	像
238	鞋
239	心
240	信
241	姓
242	须

243	许
244	选
245	雪
246	言
247	颜
248	眼
249	阳
250	养
251	药
252	业
253	夜
254	宜
255	已
256	以
257	椅
258	亿
259	意
260	因
261	阴
262	音
263	银
264	印
265	应
266	英
267	迎
268	永
269	由
270	油
271	游

272	又
273	于
274	鱼
275	育
276	园
277	原
278	愿
279	越
280	云
281	运
282	咱
283	脏
284	澡
285	占
286	照
287	者
288	只
289	直
290	纸
291	钟
292	周
293	主
294	助
295	装
296	自
297	租
298	组
299	嘴
300	座

3급 한자표

1	按	31	创	61	赶	91	价
2	把	32	此	62	敢	92	架
3	搬	33	村	63	格	93	坚
4	保	34	存	64	各	94	简
5	被	35	达	65	根	95	建
6	币	36	代	66	功	96	将
7	标	37	待	67	姑	97	蕉
8	并	38	刀	68	古	98	较
9	播	39	导	69	挂	99	解
10	补	40	底	70	怪	100	界
11	布	41	调	71	管	101	金
12	步	42	订	72	光	102	仅
13	材	43	断	73	规	103	尽
14	采	44	顿	74	哈	104	紧
15	彩	45	烦	75	害	105	精
16	曾	46	反	76	何	106	景
17	察	47	范	77	互	107	警
18	产	48	防	78	华	108	境
19	厂	49	访	79	化	109	旧
20	朝	50	啡	80	环	110	救
21	吵	51	费	81	婚	111	具
22	衬	52	丰	82	积	112	剧
23	城	53	否	83	基	113	据
24	程	54	夫	84	及	114	决
25	持	55	福	85	极	115	绝
26	充	56	父	86	集	116	咖
27	初	57	付	87	纪	117	恐
28	除	58	负	88	技	118	苦
29	础	59	富	89	济	119	裤
30	传	60	概	90	继	120	况

121	困
122	浪
123	类
124	李
125	历
126	立
127	丽
128	连
129	联
130	烈
131	领
132	另
133	龙
134	录
135	乱
136	落
137	麻
138	冒
139	媒
140	每
141	美
142	迷
143	民
144	命
145	某
146	母
147	木
148	内
149	念
150	娘
151	农
152	暖

153	拍
154	牌
155	派
156	判
157	胖
158	配
159	批
160	皮
161	啤
162	品
163	评
164	苹
165	破
166	齐
167	奇
168	器
169	强
170	桥
171	巧
172	切
173	亲
174	庆
175	区
176	缺
177	裙
178	群
179	任
180	仍
181	容
182	赛
183	散
184	沙

185	衫
186	善
187	伤
188	设
189	社
190	深
191	神
192	升
193	胜
194	失
195	石
196	始
197	世
198	式
199	势
200	首
201	输
202	属
203	术
204	束
205	双
206	死
207	似
208	速
209	台
210	谈
211	汤
212	糖
213	甜
214	跳
215	痛
216	突

217	土
218	团
219	退
220	望
221	危
222	围
223	伟
224	卫
225	握
226	屋
227	武
228	舞
229	误
230	希
231	戏
232	显
233	险
234	线
235	乡
236	香
237	箱
238	象
239	消
240	效
241	血
242	形
243	幸
244	性
245	修
246	需
247	续
248	宣

249	训
250	压
251	烟
252	演
253	验
254	羊
255	义
256	艺
257	议
258	易
259	营
260	赢
261	泳

262	优
263	邮
264	预
265	员
266	约
267	杂
268	造
269	责
270	增
271	展
272	张
273	章
274	争

275	整
276	证
277	支
278	汁
279	值
280	职
281	止
282	指
283	至
284	志
285	制
286	终
287	种

288	众
289	猪
290	注
291	祝
292	抓
293	专
294	转
295	状
296	追
297	资
298	总
299	足
300	族

4급 한자표

1	阿
2	矮
3	案
4	暗
5	巴
6	摆
7	败
8	伴
9	薄
10	宝
11	抱
12	贝
13	倍
14	笨
15	毕
16	闭

17	避
18	编
19	辩
20	冰
21	兵
22	擦
23	财
24	操
25	测
26	抄
27	潮
28	彻
29	沉
30	诚
31	承
32	迟

33	尺
34	冲
35	虫
36	抽
37	窗
38	纯
39	刺
40	粗
41	促
42	寸
43	措
44	袋
45	戴
46	担
47	淡
48	登

49	敌
50	递
51	顶
52	斗
53	豆
54	独
55	堵
56	肚
57	锻
58	恶
59	耳
60	翻
61	肥
62	纷
63	奋
64	符

65	府
66	腐
67	妇
68	附
69	盖
70	隔
71	供
72	构
73	购
74	骨
75	固
76	瓜
77	官
78	逛
79	归
80	裹
81	含
82	寒
83	航
84	毫
85	厚
86	乎
87	呼
88	户
89	怀
90	缓
91	挥
92	汇
93	伙
94	货
95	获
96	圾
97	激
98	即
99	季
100	既
101	寄
102	减
103	渐
104	江
105	奖
106	降
107	阶
108	巾
109	劲
110	禁
111	惊
112	竟
113	镜
114	究
115	居
116	局
117	巨
118	距
119	聚
120	卷
121	均
122	棵
123	宽
124	矿
125	扩
126	括
127	垃
128	辣
129	郎
130	雷
131	泪
132	厘
133	俩
134	炼
135	良
136	粮
137	疗
138	聊
139	料
140	列
141	林
142	临
143	陆
144	律
145	虑
146	率
147	轮
148	络
149	码
150	帽
151	梦
152	秘
153	密
154	免
155	描
156	摸
157	模
158	默
159	闹
160	宁
161	浓
162	盘
163	培
164	婆
165	迫
166	妻
167	企
168	浅
169	穷
170	趋
171	趣
172	圈
173	权
174	泉
175	却
176	燃
177	弱
178	伞
179	扫
180	森
181	晒
182	闪
183	赏
184	尚
185	烧
186	申
187	甚
188	诗
189	施
190	湿
191	史
192	士

193	释	220	脱	247	牙	274	源
194	守	221	袜	248	亚	275	阅
195	授	222	弯	249	呀	276	载
196	售	223	微	250	延	277	赞
197	叔	224	维	251	严	278	则
198	殊	225	尾	252	研	279	择
199	暑	226	未	253	盐	280	战
200	述	227	谓	254	扬	281	丈
201	刷	228	稳	255	腰	282	招
202	帅	229	无	256	摇	283	召
203	松	230	吸	257	叶	284	折
204	俗	231	席	258	依	285	针
205	塑	232	细	259	姨	286	阵
206	酸	233	鲜	260	移	287	征
207	孙	234	咸	261	遗	288	政
208	缩	235	县	262	疑	289	之
209	躺	236	限	263	译	290	植
210	梯	237	项	264	益	291	址
211	替	238	销	265	引	292	质
212	填	239	型	266	映	293	治
213	挑	240	醒	267	勇	294	致
214	贴	241	兄	268	幼	295	智
215	童	242	胸	269	余	296	置
216	统	243	秀	270	与	297	逐
217	投	244	序	271	玉	298	著
218	透	245	寻	272	遇	299	综
219	途	246	迅	273	圆	300	阻

5급 한자표

번호	한자	번호	한자	번호	한자	번호	한자
1	碍	32	臭	63	肤	94	恢
2	岸	33	厨	64	扶	95	悔
3	拔	34	触	65	幅	96	惠
4	拜	35	闯	66	辅	97	击
5	版	36	辞	67	傅	98	肌
6	扮	37	聪	68	纲	99	辑
7	棒	38	脆	69	钢	100	籍
8	悲	39	呆	70	糕	101	挤
9	辈	40	贷	71	搞	102	夹
10	鼻	41	胆	72	革	103	甲
11	彼	42	旦	73	沟	104	驾
12	壁	43	弹	74	估	105	肩
13	宾	44	挡	75	鼓	106	艰
14	饼	45	德	76	冠	107	剪
15	玻	46	丢	77	鬼	108	键
16	博	47	冻	78	柜	109	郊
17	猜	48	洞	79	滚	110	胶
18	裁	49	毒	80	锅	111	戒
19	册	50	堆	81	汗	112	届
20	叉	51	吨	82	豪	113	竞
21	插	52	盾	83	核	114	敬
22	拆	53	朵	84	盒	115	拒
23	柴	54	躲	85	贺	116	俱
24	肠	55	尔	86	恨	117	军
25	尝	56	乏	87	猴	118	烤
26	偿	57	罚	88	胡	119	颗
27	倡	58	繁	89	糊	120	咳
28	乘	59	返	90	虎	121	肯
29	池	60	泛	91	滑	122	控
30	愁	61	仿	92	慌	123	库
31	丑	62	疯	93	灰	124	款

125	狂
126	亏
127	览
128	烂
129	朗
130	劳
131	梨
132	璃
133	厉
134	励
135	怜
136	帘
137	恋
138	邻
139	铃
140	龄
141	令
142	漏
143	逻
144	骂
145	漫
146	矛
147	贸
148	貌
149	煤
150	眠
151	秒
152	敏
153	摩
154	漠
155	幕
156	奈

157	耐
158	偶
159	陪
160	赔
161	喷
162	盆
163	披
164	脾
165	匹
166	骗
167	拼
168	频
169	凭
170	泼
171	葡
172	启
173	弃
174	签
175	欠
176	枪
177	抢
178	悄
179	敲
180	瞧
181	琴
182	勤
183	曲
184	劝
185	染
186	扰
187	绕
188	忍

189	扔
190	荣
191	绒
192	软
193	润
194	洒
195	杀
196	傻
197	扇
198	稍
199	蛇
200	舍
201	射
202	摄
203	伸
204	剩
205	拾
206	驶
207	饰
208	柿
209	寿
210	瘦
211	蔬
212	鼠
213	摔
214	硕
215	私
216	搜
217	肃
218	宿
219	碎
220	损

221	索
222	锁
223	抬
224	坦
225	逃
226	桃
227	萄
228	厅
229	偷
230	吐
231	兔
232	托
233	违
234	唯
235	委
236	胃
237	慰
238	卧
239	污
240	夕
241	析
242	悉
243	惜
244	吓
245	闲
246	献
247	详
248	享
249	歇
250	协
251	斜
252	辛

253	欣	265	乙	277	怨	289	震
254	雄	266	忆	278	灾	290	挣
255	熊	267	谊	279	仔	291	织
256	虚	268	饮	280	暂	292	执
257	询	269	硬	281	糟	293	珠
258	押	270	拥	282	赠	294	竹
259	鸭	271	幽	283	摘	295	筑
260	厌	272	尤	284	涨	296	撞
261	艳	273	犹	285	掌	297	紫
262	央	274	羽	286	珍	298	醉
263	邀	275	域	287	诊	299	尊
264	咬	276	豫	288	振	300	遵

6급 한자표

1	挨	18	仓	35	党	52	恩
2	傲	19	藏	36	档	53	番
3	罢	20	厕	37	岛	54	凡
4	榜	21	侧	38	蹈	55	犯
5	傍	22	策	39	盗	56	肺
6	胞	23	昌	40	滴	57	废
7	暴	24	畅	41	抵	58	氛
8	爆	25	炒	42	帝	59	粉
9	奔	26	撤	43	吊	60	愤
10	逼	27	撑	44	跌	61	峰
11	扁	28	崇	45	督	62	锋
12	拨	29	宠	46	赌	63	奉
13	波	30	储	47	渡	64	佛
14	捕	31	串	48	端	65	浮
15	踩	32	醋	49	蹲	66	副
16	残	33	搭	50	夺	67	肝
17	惨	34	诞	51	额	68	杆

69	岗
70	港
71	稿
72	攻
73	宫
74	巩
75	贡
76	孤
77	谷
78	股
79	刮
80	拐
81	贯
82	轨
83	跪
84	憾
85	耗
86	狠
87	横
88	衡
89	宏
90	洪
91	壶
92	幻
93	患
94	皇
95	辉
96	毁
97	绘
98	慧
99	昏
100	混

101	吉
102	疾
103	佳
104	嘉
105	尖
106	监
107	捡
108	剑
109	舰
110	践
111	鉴
112	箭
113	酱
114	骄
115	焦
116	揭
117	杰
118	洁
119	截
120	井
121	径
122	纠
123	捐
124	菌
125	刊
126	抗
127	扣
128	酷
129	跨
130	阔
131	啦
132	赖

133	栏
134	懒
135	牢
136	梁
137	谅
138	裂
139	灵
140	炉
141	露
142	略
143	嘛
144	埋
145	麦
146	馒
147	盲
148	梅
149	蒙
150	盟
151	猛
152	棉
153	妙
154	灭
155	膜
156	磨
157	墨
158	谋
159	墓
160	纳
161	泥
162	扭
163	怒
164	诺

165	盼
166	泡
167	炮
168	偏
169	贫
170	聘
171	屏
172	坡
173	扑
174	铺
175	欺
176	旗
177	恰
178	迁
179	牵
180	铅
181	谦
182	潜
183	歉
184	茄
185	侵
186	倾
187	渠
188	券
189	融
190	乳
191	若
192	塞
193	丧
194	勺
195	舌
196	涉

197	审
198	牲
199	圣
200	盛
201	薯
202	爽
203	税
204	寺
205	苏
206	素
207	塔
208	踏
209	叹
210	探
211	趟
212	掏
213	踢
214	添
215	田
216	铜
217	徒
218	吞
219	拖
220	挖
221	娃
222	哇
223	湾
224	顽
225	亡
226	旺
227	威
228	乌
229	伍
230	悟
231	牺
232	嫌
233	陷
234	祥
235	晓
236	胁
237	谐
238	械
239	薪
240	凶
241	袖
242	绪
243	悬
244	旋
245	循
246	讯
247	炎
248	沿
249	宴
250	洋
251	仰
252	氧
253	耀
254	野
255	液
256	仪
257	异
258	隐
259	忧
260	娱
261	愉
262	予
263	宇
264	欲
265	誉
266	援
267	缘
268	跃
269	晕
270	允
271	遭
272	扎
273	炸
274	宅
275	债
276	账
277	障
278	哲
279	镇
280	症
281	枝
282	殖
283	忠
284	肿
285	粥
286	诸
287	煮
288	驻
289	柱
290	赚
291	庄
292	壮
293	捉
294	咨
295	宗
296	纵
297	奏
298	祖
299	钻
300	罪

7-9급 한자표

1	哎
2	哀
3	唉
4	癌
5	蔼
6	艾
7	隘
8	昂
9	凹
10	熬
11	奥
12	澳
13	扒
14	叭
15	芭
16	靶
17	坝
18	霸
19	掰
20	柏
21	扳
22	颁
23	斑
24	拌
25	瓣
26	邦
27	绑
28	膀
29	谤
30	磅
31	镑
32	煲
33	堡
34	豹
35	曝
36	卑
37	碑
38	狈
39	惫
40	崩
41	绷
42	蹦
43	鄙
44	毙
45	痹
46	碧
47	蔽
48	弊
49	臂
50	鞭
51	贬
52	辨
53	辫
54	飙
55	憋
56	彬
57	滨
58	缤
59	丙
60	秉
61	柄
62	剥
63	伯
64	驳
65	泊
66	勃
67	舶
68	脖
69	搏
70	膊
71	卜
72	哺
73	怖
74	睬
75	惭
76	灿
77	苍
78	沧
79	舱
80	糙
81	曹
82	槽
83	蹭
84	岔
85	刹
86	诧
87	掺
88	搀
89	馋
90	禅
91	缠
92	铲
93	阐
94	颤
95	猖
96	嫦
97	敞
98	钞
99	巢
100	嘲
101	扯
102	臣
103	尘
104	辰
105	陈
106	趁
107	呈
108	惩
109	澄
110	橙
111	逞
112	秤
113	痴
114	弛
115	驰
116	齿
117	侈
118	耻
119	斥
120	赤
121	翅
122	仇
123	绸
124	畴

125	酬
126	稠
127	筹
128	瞅
129	橱
130	畜
131	揣
132	踹
133	川
134	喘
135	炊
136	垂
137	捶
138	锤
139	唇
140	醇
141	蠢
142	戳
143	绰
144	瓷
145	慈
146	磁
147	赐
148	匆
149	囱
150	葱
151	丛
152	凑
153	簇
154	窜
155	催
156	摧
157	粹
158	翠
159	搓
160	磋
161	挫
162	歹
163	逮
164	怠
165	丹
166	耽
167	荡
168	叨
169	捣
170	祷
171	悼
172	稻
173	蹬
174	邓
175	凳
176	瞪
177	堤
178	迪
179	涤
180	笛
181	蒂
182	缔
183	颠
184	巅
185	甸
186	垫
187	淀
188	惦
189	奠
190	殿
191	刁
192	叼
193	雕
194	钓
195	爹
196	迭
197	谍
198	叠
199	碟
200	丁
201	叮
202	盯
203	鼎
204	钉
205	董
206	栋
207	兜
208	抖
209	陡
210	逗
211	睹
212	杜
213	妒
214	兑
215	敦
216	盹
217	炖
218	哆
219	舵
220	堕
221	惰
222	讹
223	俄
224	娥
225	鹅
226	厄
227	遏
228	鳄
229	饵
230	伐
231	阀
232	帆
233	贩
234	芳
235	妨
236	肪
237	纺
238	绯
239	匪
240	诽
241	沸
242	芬
243	吩
244	坟
245	焚
246	粪
247	蜂
248	冯
249	逢
250	缝
251	讽
252	凤

253	孵
254	敷
255	伏
256	俘
257	袱
258	辐
259	抚
260	斧
261	俯
262	咐
263	赴
264	赋
265	腹
266	缚
267	覆
268	尬
269	丐
270	钙
271	溉
272	甘
273	竿
274	尴
275	冈
276	缸
277	杠
278	膏
279	戈
280	胳
281	鸽
282	搁
283	割
284	阁

285	耕
286	耿
287	弓
288	恭
289	躬
290	拱
291	勾
292	钩
293	沽
294	菇
295	辜
296	贾
297	雇
298	寡
299	卦
300	乖
301	棺
302	灌
303	罐
304	龟
305	闺
306	瑰
307	桂
308	棍
309	郭
310	骇
311	酣
312	函
313	涵
314	韩
315	罕
316	旱

317	捍
318	焊
319	撼
320	杭
321	浩
322	呵
323	禾
324	阂
325	荷
326	赫
327	鹤
328	嘿
329	痕
330	哼
331	恒
332	轰
333	烘
334	弘
335	虹
336	哄
337	喉
338	吼
339	弧
340	唬
341	沪
342	哗
343	猾
344	徊
345	淮
346	槐
347	唤
348	焕

349	痪
350	荒
351	凰
352	煌
353	恍
354	晃
355	谎
356	徽
357	卉
358	讳
359	贿
360	秽
361	浑
362	魂
363	豁
364	祸
365	惑
366	霍
367	讥
368	饥
369	缉
370	畸
371	稽
372	棘
373	嫉
374	脊
375	忌
376	剂
377	迹
378	祭
379	寂
380	颊

381	嫁
382	稼
383	奸
384	歼
385	兼
386	煎
387	拣
388	柬
389	俭
390	荐
391	贱
392	溅
393	姜
394	浆
395	僵
396	疆
397	桨
398	匠
399	浇
400	娇
401	椒
402	跤
403	礁
404	嚼
405	狡
406	绞
407	矫
408	搅
409	缴
410	轿
411	酵
412	皆

413	劫
414	捷
415	竭
416	诫
417	津
418	筋
419	锦
420	谨
421	晋
422	浸
423	茎
424	荆
425	晶
426	兢
427	阱
428	颈
429	窘
430	揪
431	灸
432	舅
433	拘
434	鞠
435	菊
436	橘
437	沮
438	矩
439	炬
440	惧
441	锯
442	倦
443	诀
444	掘

445	崛
446	爵
447	倔
448	君
449	钧
450	俊
451	峻
452	骏
453	竣
454	凯
455	慨
456	楷
457	勘
458	堪
459	侃
460	砍
461	槛
462	慷
463	扛
464	苛
465	磕
466	壳
467	垦
468	恳
469	啃
470	坑
471	吭
472	孔
473	抠
474	枯
475	窟
476	夸

477	垮
478	挎
479	筐
480	旷
481	框
482	窥
483	魁
484	馈
485	溃
486	愧
487	昆
488	捆
489	廓
490	喇
491	腊
492	蜡
493	兰
494	拦
495	婪
496	澜
497	揽
498	缆
499	滥
500	狼
501	廊
502	捞
503	唠
504	姥
505	涝
506	勒
507	垒
508	磊

509	蕾
510	棱
511	愣
512	黎
513	吏
514	隶
515	粒
516	莲
517	廉
518	敛
519	链
520	辽
521	僚
522	寥
523	潦
524	咧
525	劣
526	猎
527	拎
528	淋
529	赁
530	凌
531	陵
532	岭
533	溜
534	刘
535	浏
536	瘤
537	柳
538	遛
539	咙
540	胧

541	聋
542	笼
543	隆
544	窿
545	拢
546	垄
547	搂
548	陋
549	芦
550	卤
551	虏
552	鲁
553	赂
554	鹿
555	碌
556	吕
557	侣
558	铝
559	屡
560	缕
561	履
562	滤
563	孪
564	卵
565	掠
566	抡
567	伦
568	罗
569	萝
570	螺
571	裸
572	迈

573	脉
574	蛮
575	瞒
576	蔓
577	芒
578	氓
579	茫
580	莽
581	茅
582	髦
583	茂
584	玫
585	枚
586	眉
587	霉
588	昧
589	媚
590	魅
591	闷
592	萌
593	朦
594	孟
595	弥
596	谜
597	觅
598	泌
599	蜜
600	绵
601	勉
602	缅
603	苗
604	瞄

605	渺
606	庙
607	蔑
608	鸣
609	铭
610	谬
611	蘑
612	魔
613	抹
614	沫
615	陌
616	莫
617	寞
618	牡
619	亩
620	姆
621	沐
622	牧
623	募
624	睦
625	慕
626	暮
627	穆
628	呐
629	乃
630	囊
631	挠
632	恼
633	馁
634	嫩
635	尼
636	拟

637	逆
638	匿
639	腻
640	黏
641	酿
642	尿
643	捏
644	凝
645	拧
646	纽
647	奴
648	虐
649	挪
650	哦
651	欧
652	殴
653	呕
654	趴
655	帕
656	徘
657	潘
658	攀
659	叛
660	畔
661	乓
662	庞
663	抛
664	刨
665	袍
666	胚
667	沛
668	佩

669	抨
670	烹
671	棚
672	蓬
673	鹏
674	篷
675	膨
676	捧
677	劈
678	疲
679	辟
680	媲
681	僻
682	譬
683	飘
684	撇
685	乒
686	坪
687	萍
688	颇
689	魄
690	剖
691	仆
692	菩
693	朴
694	浦
695	谱
696	瀑
697	沏
698	栖
699	凄
700	戚

701	漆
702	歧
703	祈
704	棋
705	乞
706	岂
707	迄
708	泣
709	契
710	砌
711	掐
712	洽
713	虔
714	钳
715	遣
716	谴
717	嵌
718	呛
719	腔
720	乔
721	侨
722	俏
723	窍
724	翘
725	撬
726	怯
727	窃
728	钦
729	秦
730	禽
731	寝
732	擎

733	顷
734	丘
735	囚
736	驱
737	屈
738	躯
739	娶
740	拳
741	犬
742	雀
743	壤
744	攘
745	嚷
746	饶
747	惹
748	仁
749	韧
750	溶
751	冗
752	柔
753	揉
754	儒
755	辱
756	锐
757	瑞
758	撒
759	萨
760	桑
761	嗓
762	骚
763	嫂
764	臊

765	僧
766	纱
767	砂
768	鲨
769	厦
770	筛
771	删
772	煽
773	擅
774	膳
775	赡
776	捎
777	梢
778	哨
779	奢
780	慑
781	绅
782	肾
783	渗
784	慎
785	绳
786	尸
787	狮
788	蚀
789	矢
790	氏
791	侍
792	逝
793	嗜
794	誓
795	匙
796	兽
797	抒
798	枢
799	梳
800	疏
801	赎
802	署
803	蜀
804	曙
805	竖
806	恕
807	墅
808	耍
809	衰
810	甩
811	拴
812	栓
813	涮
814	霜
815	瞬
816	烁
817	丝
818	斯
819	撕
820	伺
821	祀
822	饲
823	肆
824	耸
825	讼
826	宋
827	诵
828	颂
829	艘
830	嗽
831	酥
832	溯
833	蒜
834	髓
835	遂
836	隧
837	嗦
838	塌
839	胎
840	汰
841	泰
842	贪
843	摊
844	滩
845	瘫
846	坛
847	痰
848	潭
849	毯
850	炭
851	碳
852	唐
853	塘
854	膛
855	倘
856	淌
857	烫
858	涛
859	滔
860	陶
861	淘
862	腾
863	藤
864	剔
865	屉
866	剃
867	涕
868	惕
869	舔
870	帖
871	廷
872	亭
873	艇
874	捅
875	桶
876	筒
877	凸
878	秃
879	涂
880	屠
881	颓
882	屯
883	驮
884	妥
885	拓
886	唾
887	蛙
888	瓦
889	歪
890	丸
891	挽
892	惋

893	婉
894	腕
895	汪
896	枉
897	妄
898	伪
899	纬
900	萎
901	畏
902	魏
903	瘟
904	纹
905	蚊
906	吻
907	紊
908	翁
909	涡
910	窝
911	沃
912	巫
913	呜
914	吴
915	侮
916	捂
917	勿
918	晤
919	雾
920	昔
921	晰
922	稀
923	锡
924	溪
925	熙
926	熄
927	膝
928	嬉
929	袭
930	媳
931	隙
932	虾
933	瞎
934	侠
935	峡
936	狭
937	辖
938	霞
939	仙
940	纤
941	掀
942	贤
943	弦
944	衔
945	宪
946	馅
947	羡
948	腺
949	厢
950	镶
951	翔
952	巷
953	橡
954	削
955	宵
956	萧
957	潇
958	淆
959	孝
960	肖
961	啸
962	邪
963	挟
964	携
965	泄
966	泻
967	卸
968	屑
969	懈
970	芯
971	馨
972	衅
973	猩
974	腥
975	刑
976	汹
977	羞
978	朽
979	绣
980	锈
981	嗅
982	吁
983	墟
984	徐
985	旭
986	叙
987	恤
988	酗
989	絮
990	婿
991	蓄
992	喧
993	玄
994	炫
995	靴
996	穴
997	勋
998	熏
999	旬
1000	巡
1001	汛
1002	驯
1003	逊
1004	丫
1005	鸦
1006	芽
1007	崖
1008	涯
1009	哑
1010	雅
1011	讶
1012	咽
1013	淹
1014	岩
1015	阎
1016	衍
1017	掩
1018	雁
1019	焰
1020	燕

1021	殃
1022	秧
1023	杨
1024	痒
1025	漾
1026	妖
1027	窑
1028	谣
1029	遥
1030	钥
1031	椰
1032	冶
1033	伊
1034	夷
1035	怡
1036	矣
1037	倚
1038	屹
1039	亦
1040	抑
1041	役
1042	绎
1043	弈
1044	疫
1045	逸
1046	裔
1047	溢
1048	毅
1049	翼
1050	荫
1051	姻
1052	殷

1053	瘾
1054	婴
1055	鹰
1056	荧
1057	盈
1058	莹
1059	蝇
1060	颖
1061	佣
1062	庸
1063	咏
1064	涌
1065	踊
1066	悠
1067	佑
1068	诱
1069	渔
1070	逾
1071	渝
1072	愚
1073	舆
1074	屿
1075	驭
1076	郁
1077	狱
1078	浴
1079	喻
1080	御
1081	寓
1082	裕
1083	愈
1084	冤

1085	渊
1086	袁
1087	曰
1088	岳
1089	悦
1090	粤
1091	匀
1092	陨
1093	孕
1094	酝
1095	韵
1096	蕴
1097	砸
1098	栽
1099	宰
1100	攒
1101	赃
1102	葬
1103	凿
1104	枣
1105	藻
1106	皂
1107	灶
1108	噪
1109	燥
1110	躁
1111	泽
1112	贼
1113	渣
1114	闸
1115	眨
1116	诈

1117	榨
1118	窄
1119	寨
1120	沾
1121	粘
1122	瞻
1123	斩
1124	盏
1125	崭
1126	绽
1127	蘸
1128	彰
1129	仗
1130	杖
1131	帐
1132	胀
1133	沼
1134	兆
1135	赵
1136	罩
1137	肇
1138	遮
1139	辙
1140	浙
1141	贞
1142	侦
1143	枕
1144	睁
1145	筝
1146	蒸
1147	拯
1148	郑

1149	芝
1150	肢
1151	脂
1152	旨
1153	帜
1154	峙
1155	挚
1156	秩
1157	窒
1158	滞
1159	稚
1160	衷
1161	仲

1162	舟
1163	州
1164	洲
1165	轴
1166	宙
1167	昼
1168	皱
1169	骤
1170	朱
1171	株
1172	烛
1173	拄
1174	嘱

1175	瞩
1176	贮
1177	铸
1178	爪
1179	拽
1180	砖
1181	撰
1182	妆
1183	桩
1184	幢
1185	坠
1186	缀
1187	拙

1188	灼
1189	卓
1190	浊
1191	酌
1192	琢
1193	姿
1194	兹
1195	滋
1196	踪
1197	粽
1198	揍
1199	卒
1200	佐

05 한자쓰기표

초등 한자쓰기표

1	爱
2	八
3	把
4	爸
5	吧
6	白
7	百
8	半
9	帮
10	包
11	北
12	备
13	本
14	比
15	边
16	别
17	病
18	不
19	才
20	菜
21	茶
22	差
23	长
24	常
25	场
26	唱
27	车
28	吃

29	出
30	穿
31	次
32	从
33	错
34	答
35	打
36	大
37	但
38	蛋
39	当
40	到
41	道
42	得
43	的
44	地
45	等
46	第
47	点
48	电
49	店
50	东
51	动
52	都
53	对
54	多
55	饿
56	儿

57	而
58	二
59	饭
60	方
61	房
62	放
63	飞
64	非
65	分
66	服
67	该
68	干
69	高
70	告
71	哥
72	歌
73	个
74	给
75	跟
76	更
77	工
78	关
79	贵
80	国
81	果
82	过
83	还
84	孩

85	汉
86	好
87	号
88	喝
89	和
90	黑
91	很
92	后
93	候
94	花
95	话
96	坏
97	欢
98	回
99	会
100	火
101	机
102	鸡
103	几
104	记
105	家
106	假
107	间
108	见
109	教
110	叫
111	觉
112	姐

113	介
114	借
115	今
116	进
117	净
118	九
119	酒
120	就
121	开
122	看
123	考
124	可
125	渴
126	课
127	口
128	块
129	快
130	来
131	老
132	了
133	累
134	冷
135	里
136	两
137	零
138	六
139	楼
140	路
141	妈
142	马
143	吗
144	买

145	忙
146	么
147	没
148	每
149	门
150	们
151	面
152	名
153	明
154	木
155	拿
156	哪
157	那
158	奶
159	男
160	南
161	难
162	呢
163	能
164	你
165	年
166	您
167	牛
168	女
169	怕
170	旁
171	跑
172	朋
173	票
174	七
175	期
176	起

177	气
178	汽
179	前
180	钱
181	请
182	球
183	去
184	然
185	让
186	热
187	人
188	认
189	日
190	肉
191	三
192	山
193	上
194	少
195	绍
196	谁
197	身
198	什
199	生
200	师
201	十
202	时
203	识
204	事
205	试
206	视
207	是
208	手

209	书
210	树
211	水
212	睡
213	说
214	四
215	送
216	诉
217	岁
218	所
219	他
220	她
221	太
222	体
223	天
224	听
225	同
226	外
227	完
228	玩
229	晚
230	网
231	忘
232	为
233	文
234	问
235	我
236	五
237	午
238	西
239	息
240	习

241	洗
242	喜
243	系
244	下
245	先
246	现
247	想
248	向
249	小
250	笑
251	些
252	写
253	谢
254	新
255	星

256	行
257	兴
258	休
259	学
260	样
261	要
262	也
263	一
264	衣
265	医
266	以
267	意
268	因
269	应
270	用

271	友
272	有
273	又
274	雨
275	语
276	远
277	院
278	月
279	再
280	在
281	早
282	怎
283	站
284	找
285	这

286	着
287	真
288	正
289	知
290	中
291	助
292	住
293	准
294	子
295	字
296	走
297	昨
298	作
299	坐
300	做

중등 한자쓰기표

1	啊
2	安
3	巴
4	班
5	般
6	板
7	办
8	宝
9	饱
10	报
11	抱
12	杯
13	贝
14	背

15	被
16	笔
17	必
18	变
19	便
20	遍
21	标
22	表
23	冰
24	兵
25	步
26	部
27	参
28	餐

29	草
30	层
31	查
32	产
33	厂
34	超
35	晨
36	称
37	成
38	城
39	虫
40	除
41	楚
42	处

43	串
44	床
45	吹
46	春
47	词
48	村
49	达
50	呆
51	带
52	单
53	旦
54	刀
55	倒
56	灯

57	低
58	弟
59	典
60	调
61	掉
62	定
63	丢
64	冬
65	懂
66	读
67	度
68	短
69	段
70	断
71	队
72	耳
73	发
74	法
75	烦
76	反
77	份
78	风
79	否
80	夫
81	父
82	妇
83	复
84	改
85	敢
86	感
87	刚
88	搞

89	各
90	公
91	共
92	狗
93	够
94	古
95	故
96	顾
97	瓜
98	挂
99	观
100	馆
101	管
102	惯
103	广
104	哈
105	海
106	喊
107	合
108	河
109	红
110	忽
111	湖
112	虎
113	护
114	划
115	华
116	化
117	画
118	换
119	黄
120	活

121	或
122	及
123	级
124	急
125	己
126	计
127	际
128	寄
129	绩
130	加
131	甲
132	尖
133	检
134	件
135	健
136	江
137	讲
138	交
139	角
140	饺
141	脚
142	接
143	街
144	节
145	结
146	斤
147	近
148	京
149	经
150	睛
151	静
152	究

153	久
154	举
155	句
156	卡
157	康
158	靠
159	科
160	克
161	客
162	刻
163	空
164	哭
165	筷
166	况
167	困
168	拉
169	蓝
170	篮
171	劳
172	乐
173	离
174	礼
175	李
176	理
177	力
178	利
179	例
180	连
181	脸
182	练
183	凉
184	俩

185	亮
186	辆
187	量
188	另
189	令
190	留
191	流
192	龙
193	论
194	旅
195	绿
196	麻
197	卖
198	满
199	慢
200	猫
201	毛
202	美
203	妹
204	米
205	灭
206	民
207	目
208	脑
209	念
210	鸟
211	弄
212	努
213	爬
214	排
215	牌
216	盘

217	胖
218	碰
219	篇
220	片
221	漂
222	平
223	苹
224	瓶
225	普
226	妻
227	其
228	骑
229	千
230	欠
231	且
232	青
233	轻
234	清
235	情
236	秋
237	求
238	区
239	取
240	全
241	确
242	扔
243	如
244	入
245	伞
246	色
247	商
248	烧

249	勺
250	舌
251	社
252	深
253	声
254	省
255	实
256	食
257	使
258	示
259	市
260	适
261	室
262	收
263	受
264	舒
265	输
266	熟
267	数
268	顺
269	司
270	思
271	算
272	虽
273	随
274	它
275	态
276	谈
277	汤
278	堂
279	讨
280	套

281	特
282	疼
283	提
284	题
285	田
286	条
287	庭
288	停
289	挺
290	通
291	痛
292	头
293	图
294	土
295	推
296	腿
297	碗
298	万
299	王
300	往
301	望
302	未
303	位
304	味
305	温
306	闻
307	无
308	务
309	物
310	误
311	夏
312	相

313	香
314	响
315	象
316	像
317	校
318	鞋
319	血
320	心
321	信
322	姓
323	兄
324	须
325	需
326	许
327	选
328	雪
329	压
330	牙
331	言
332	研
333	颜
334	眼

335	验
336	羊
337	阳
338	养
339	药
340	爷
341	业
342	页
343	夜
344	宜
345	乙
346	已
347	椅
348	亿
349	音
350	银
351	饮
352	印
353	影
354	永
355	由
356	油

357	右
358	于
359	鱼
360	与
361	玉
362	育
363	元
364	原
365	愿
366	约
367	越
368	云
369	运
370	咱
371	脏
372	澡
373	占
374	张
375	照
376	者
377	之
378	支

379	只
380	直
381	止
382	纸
383	志
384	种
385	重
386	周
387	猪
388	主
389	抓
390	转
391	装
392	桌
393	自
394	总
395	租
396	足
397	组
398	最
399	左
400	座

고등 한자쓰기표

1	矮
2	按
3	暗
4	摆
5	败
6	版
7	扮

8	伴
9	棒
10	保
11	悲
12	倍
13	笨
14	鼻

15	币
16	毕
17	闭
18	编
19	宾
20	饼
21	并

22	播
23	博
24	补
25	布
26	猜
27	材
28	财

29	采
30	彩
31	册
32	测
33	曾
34	叉
35	察
36	昌
37	尝
38	抄
39	朝
40	吵
41	沉
42	衬
43	诚
44	承
45	程
46	迟
47	持
48	尺
49	冲
50	充
51	抽
52	愁
53	丑
54	臭
55	初
56	础
57	传
58	船
59	窗
60	闯

61	创
62	此
63	聪
64	粗
65	存
66	寸
67	代
68	待
69	袋
70	担
71	胆
72	淡
73	挡
74	导
75	岛
76	德
77	敌
78	底
79	递
80	顶
81	订
82	冻
83	斗
84	豆
85	独
86	堵
87	肚
88	锻
89	堆
90	吨
91	顿
92	朵

93	恶
94	翻
95	凡
96	范
97	防
98	访
99	肥
100	费
101	奋
102	丰
103	封
104	疯
105	佛
106	肤
107	符
108	福
109	府
110	辅
111	腐
112	付
113	负
114	附
115	富
116	盖
117	概
118	赶
119	纲
120	钢
121	格
122	根
123	功
124	贡

125	构
126	购
127	估
128	姑
129	谷
130	骨
131	怪
132	官
133	光
134	归
135	规
136	鬼
137	柜
138	滚
139	害
140	含
141	寒
142	汗
143	航
144	何
145	盒
146	贺
147	恨
148	厚
149	呼
150	胡
151	互
152	户
153	怀
154	环
155	挥
156	皇

157	婚
158	伙
159	货
160	获
161	积
162	基
163	吉
164	极
165	即
166	集
167	挤
168	纪
169	技
170	季
171	济
172	既
173	继
174	夹
175	价
176	架
177	坚
178	艰
179	减
180	简
181	建
182	将
183	奖
184	较
185	解
186	界
187	巾
188	金

189	仅
190	紧
191	尽
192	禁
193	惊
194	精
195	景
196	警
197	竟
198	敬
199	境
200	镜
201	旧
202	救
203	居
204	局
205	巨
206	具
207	剧
208	据
209	距
210	决
211	绝
212	军
213	均
214	棵
215	恐
216	苦
217	宽
218	款
219	亏
220	括

221	辣
222	浪
223	雷
224	泪
225	类
226	历
227	立
228	丽
229	联
230	炼
231	良
232	疗
233	料
234	陆
235	烈
236	林
237	领
238	录
239	虑
240	乱
241	落
242	码
243	骂
244	麦
245	冒
246	贸
247	媒
248	梦
249	迷
250	秘
251	密
252	免

253	描
254	命
255	摸
256	模
257	末
258	某
259	母
260	闹
261	内
262	娘
263	宁
264	农
265	暖
266	偶
267	拍
268	派
269	判
270	盼
271	陪
272	配
273	盆
274	批
275	皮
276	匹
277	骗
278	拼
279	品
280	评
281	破
282	齐
283	奇
284	弃

285	器
286	强
287	墙
288	桥
289	瞧
290	巧
291	切
292	亲
293	晴
294	庆
295	曲
296	趣
297	圈
298	权
299	劝
300	缺
301	群
302	扰
303	忍
304	任
305	仍
306	容
307	赛
308	散
309	扫
310	森
311	杀
312	沙
313	傻
314	晒
315	闪
316	善

317	伤
318	赏
319	尚
320	舍
321	设
322	申
323	神
324	升
325	圣
326	胜
327	失
328	诗
329	石
330	史
331	始
332	士
333	世
334	式
335	势
336	释
337	守
338	首
339	寿
340	授
341	售
342	瘦
343	叔
344	暑
345	属
346	术
347	束
348	帅

349	双
350	爽
351	私
352	死
353	寺
354	似
355	宿
356	素
357	速
358	孙
359	台
360	糖
361	躺
362	甜
363	填
364	挑
365	跳
366	铁
367	童
368	突
369	团
370	退
371	托
372	亡
373	危
374	围
375	伟
376	卫
377	胃
378	谓
379	握
380	屋

381	武
382	舞
383	夕
384	吸
385	希
386	析
387	悉
388	惜
389	席
390	戏
391	吓
392	鲜
393	闲
394	显
395	险
396	县
397	线
398	乡
399	项
400	消
401	效
402	辛
403	形
404	醒
405	幸
406	性
407	凶
408	雄
409	修
410	秀
411	续
412	宣

413	寻
414	训
415	亚
416	烟
417	严
418	炎
419	盐
420	演
421	央
422	腰
423	咬
424	叶
425	依
426	移
427	遗
428	义
429	艺
430	议
431	译
432	易
433	益
434	谊

435	阴
436	引
437	英
438	迎
439	营
440	映
441	泳
442	勇
443	优
444	尤
445	邮
446	游
447	余
448	愉
449	预
450	园
451	员
452	圆
453	源
454	阅
455	晕
456	杂

457	灾
458	载
459	暂
460	赞
461	造
462	责
463	增
464	展
465	章
466	掌
467	丈
468	招
469	召
470	折
471	争
472	整
473	证
474	政
475	汁
476	织
477	值
478	职

479	址
480	指
481	至
482	制
483	治
484	致
485	智
486	终
487	钟
488	众
489	竹
490	注
491	祝
492	著
493	专
494	庄
495	状
496	追
497	资
498	综
499	族
500	醉

<편역자 소개>

김현철(연세대학교 교수, 연세대 중국연구원·공자아카데미 원장)
김진무(차이홍 공자아카데미 원장)

김세미(연세대학교 강사)
김소영(연세대 중국연구원 연구원)
김승현(연세대학교 강사)
김형은(연세대 중국연구원 연구원)
김홍매(신한대학교 교수)
문유미(전남대학교 교수)
박나현(연세대학교 강사)
박미애(연세대 중국연구원 전문연구원)
박응석(연세대학교 교수)
박지은(연세대 중국연구원 연구원)
서형규(연세대학교 강사)
성기은(연세대학교 강사)
송미령(서일대학교 교수)
송화영(한국항공대학교 교수)
유예림(연세대 중국연구원 전문연구원)
윤유정(경기대학교 교수)
이소윤(연세대 중국연구원 연구원)
이준섭((연세대 중국연구원 연구원)
임수경(연세대학교 강사)
임연정(단국대학교 교수)
조은경(장안대학교 교수)
진화진(연세대학교 강사)